国际资本流动

——风险分析与监测预警

International Capital Flow
Risk Analysis and Monitoring

杨海珍　李苏骁　史芳芳　等著

中国金融出版社

责任编辑：李　融　李林子
责任校对：孙　蕊
责任印制：陈晓川

图书在版编目（CIP）数据

国际资本流动——风险分析与监测预警/杨海珍，李苏骁，史芳芳等著. —北京：中国金融出版社，2019.6
ISBN 978 - 7 - 5220 - 0120 - 3

Ⅰ.①国…　Ⅱ.①杨…②李…③史…　Ⅲ.①国际资本—资本流动—研究　Ⅳ.①F831.7

中国版本图书馆 CIP 数据核字（2019）第 103031 号

国际资本流动——风险分析与监测预警
Guoji Ziben Liudong：Fengxian Fenxi yu Jiance Yujing

出版　中国金融出版社
发行
社址　北京市丰台区益泽路 2 号
市场开发部　（010）63266347，63805472，63439533（传真）
网上书店　http://www.chinafph.com
　　　　　　（010）63286832，63365686（传真）
读者服务部　（010）66070833，62568380
邮编　100071
经销　新华书店
印刷　北京市松源印刷有限公司
尺寸　169 毫米 ×239 毫米
印张　19.75
字数　393 千
版次　2019 年 6 月第 1 版
印次　2019 年 6 月第 1 次印刷
定价　58.00 元
ISBN 978 - 7 - 5220 - 0120 - 3
如出现印装错误本社负责调换　联系电话（010）63263947

前　言

从 2007 年美国次贷危机的悄然发生，到 2008 年全球金融危机的加速演变，再到 2009 年希腊债务危机的率先引爆，直至 2011 年欧元区主权债务危机的全面升级，此次金融动荡、危机的影响和传染与以往相比特点突出：第一，危机影响的全球性、广泛性。此次始于美国次贷危机的全球金融动荡、经济衰退和持续低迷，波及范围之广、涉及国家数量之多，为历次危机之最；第二，发生大幅金融动荡和危机的国家类型多样化，不仅包括广大的发展中国家，还包括了许多高收入或者经济发达的国家，如澳大利亚、挪威、瑞典、西班牙、葡萄牙等，既有以金融业为经济主导的国家（冰岛、英国等），亦包括以贸易为主导的国家（非洲地区的一些国家），发生危机的国家样本包含了五个大洲，各国经济特点各异；第三，影响深远、持续时间长，许多曾经的发达国家"不再发达"，不仅希腊、爱尔兰、葡萄牙等相对较小的欧洲国家经济金融受到重创，意大利、西班牙、法国、英国等老牌发达强国均受到重大牵连，经济难以实现复苏，大多数新兴市场国家亦陷入长久的经济停滞，世界各国几乎无一幸免。

造成此次金融危机的发生强度大、波及面广以及持续时间长的原因很多，其中一个关键原因是：20 世纪 90 年代以来，伴随着世界经济自由化、全球化的推进，全球资本流动规模快速增长、短期资本占比上升，证券投资基金、保险公司、对冲基金等大型机构投资者成为国际资本流动的主要参与者，这些机构持有巨量资金，在全世界寻找高收益投资机会，某些国家或者地区的优异经济表现以及优惠的经济政策会吸引国际资本大幅流入，进而催生当地发生信贷扩张、通货膨胀、资产价格泡沫等经济现象，经济、金融体系脆弱性累积并加剧，一旦遇到外部不利环境变化的冲击，或者内部局部风险的发生，或者经济增长不及预期，曾经大幅流入的资本可能会瞬间改变流动方向，该国或者该地区将发生资本流入急停或者资本外逃，进而导致本币贬值、资产价格泡沫破裂、经济增速下滑等经济现象，甚至引发银行危机、货币危机、债务危机等。

实际上，回顾 20 世纪 90 年代以来的历次金融危机不难发现，对于危机发生国家和地区，每一次危机前都伴随着国际资本的大量流入，而危机后则会发生大量流出，金融危机几乎总是与国际资本流动的剧烈波动相关。确实，资本在各个国家之间的自由流动能够实现资源的更有效配置，从而促进整个世界经济的发展，资本输入国和输出国都能从中获益，这也是众多学者和国际组织倡导国际资本自由流动的原因所在。但是，我们也应该看到，金融全球化特别是国际资本的全球流动加剧了金融领域风险因素的累积和传染，活跃在国际金融市场上的国际资本规模，已经远远超过了大多数国家，特别是发展中国家的经济规模以及金融体系所能承受的程度，它在为发展中国家带来资金、管理、技术以及更高经济增长潜力的同时，也为发展中国家带来了经济和金融的剧烈波动以及危机。

之于中国，20 世纪 80 年代实施改革开放以来，中国国际化程度显著提高，国际资本流动从小到大，目前已经发展到一个相当大的规模。从进出口贸易占国内生产总值比重来看，自 2001 年中国加入世界贸易组织以来，进出口贸易占国内生产总值比重快速上升，从 2001 年的 38.5%，到 2006 年达到 65.17% 的峰值，近年来由于世界经济增长环境恶化以及中国的经济转型和结构调整等原因，进出口贸易占国内生产总值比重逐步下降，2015 年、2016 年稳定在 39.5% 左右，2017 年依然达到 37.8%，而作为经济、金融最为发达和开放的美国，这个比重在 21 世纪以来从未超过 31%，2017 年美国进出口贸易占国内生产总值比重是 27.1%。从吸收外国直接投资（FDI）来看，近十年来，中国一直是全球第二大吸收 FDI 的国家（2003 年曾为全球第一），联合国贸易和发展会议（2012 年 1 月）亦称，虽然美国仍旧是外商投资的首选，但中国和美国之间的距离却在大大缩短，美国 2011 年吸收中国 FDI 总额已经达到 1240 亿美元，2017 年 FDI 为 1440 亿美元。从外汇储备来看，自 2006 年 9 月首次超越日本后一直位居世界第一，2014 年底中国外汇储备创历史性的纪录——38430.18 亿美元，随着近年来中国"走出去"战略、藏汇于民、汇率市场化改革等政策的实施，中国的外汇储备有所下降，2017 年底中国依然有 31399.49 亿美元的外汇储备。

中国经济在融入世界经济、获得经济开放收益的同时，也承受着世界经济、金融波动的影响和冲击，私人资本的跨境资本流动波动性的大幅增加，在 1998—2018 年间发生了 7 次净资本流动极端波动事件和 11 次资本流入或者资本流出的极端波动事件。当前，中国经济面临着复杂多变的外部环境以及困难重重的内部经济难题，在欧美国家经济增长乏力的局势下，贸易保护主义重新抬头，国内经济增长下行压力大，物价总水平虽得到控制但仍居高位，房价调控措施虽取得一定效果，但亦需防止下行、崩盘风险，中小企业受到紧缩政策影响，融资和经营均出现困难，股市跌跌不休、投资人迷茫恐慌，地方政府债务风险加大等，这一切将使中国需要面对的跨境资本流动波动风险的挑战越来越艰巨。

在此背景下，我们将团队近几年在国际资本流动波动、风险分析与监测预警方面的相关研究成果进行了梳理、更新，统纂、结集成书，期望这一研究成果的分享一方面对于本领域的后续学术研究工作能够起到抛砖引玉的作用，另一方面，对我国跨境资本流动风险预警系统的建设和完善产生实际借鉴价值。

本书的主要内容或者创新性研究成果如下：

（1）研究总结了20世纪90年代以来全球资本流动规模与结构的变迁和演化、全球主要国家和地区的国际资本以及跨境资本流动规模与结构的变迁和演化、中国跨境资本流动规模与结构的变迁和演化，并且运用复杂网络的方法对国际资本流动波动的关联性进行量化研究。研究结果表明，国际资本净流动波动的关联性强度依次为新兴市场国家之间、发达国家或地区和新兴市场国家之间、发达国家或地区之间。这表明新兴市场国家是国际资本净流动波动相互联动的中心，不仅在新兴市场国家内部有较强的联动性，而且易与发达国家或地区之间产生联动。

（2）对20世纪90年代以来国际证券资金流动的特征进行了全面、多角度的分析探究，包括国际资本流动的结构演化、国际证券资金流动的规模变迁、主要证券投资来源国和目标国、主要发达经济体和新兴市场经济体的跨境证券资金流动、国际证券资金流动在金融危机中的表现等。研究结果表明：从全球视角来看，发达经济体仍然是国际证券市场上的主要玩家，其发达、开放的金融市场和丰富的金融产品使其成为主要的证券资金来源国，同时也是主要的证券资金目标国；从中国视角来看，随着中国资本账户开放的持续推进，跨境证券资金流动的规模不断增加，波动性也显著增大；此外，国际证券资金流动在金融危机的传染中扮演着重要角色，当危机发生时，国际投资者倾向于在全球范围内收缩证券类投资，导致危机在全球蔓延。

（3）首次提出和研究界定了国际资本流动风险含义，即国际资本流动的相互关联或大幅波动导致的对一国经济金融体系可能产生的冲击。在此基础上，依据国际资本流动的可能性风险来源构建了国际资本流动风险的系统性分析框架，从国际资本流动关联性风险、资本大进风险和资本急停风险三个维度对国际资本流动风险的生成、触发机理进行阐述。我们研究和创立的国际资本流动风险分析框架的构建为国际资本流动的风险研究提供了理论基础，具有理论创新价值，也为各国监管部门进行跨境资本流动的风险监控提供了系统的分析思路和方向。

（4）基于本项目构建的国际资本流动风险的系统性分析框架，多角度、多层次地做了大量国际层面的实证研究和分析。第一，实证研究了国际间资本流动的相关性和风险传染效应，研究结果表明，对于主要地区之间国际资本流动的联动情况而言，亚洲和南美洲之间的联动性最为显著；对于主要新兴市场国家之间国际资本流动的联动情况而言，巴西和印度、巴西和南非、印度和南非、印度和中国之间国际资本流动联动性都相对较高，而俄罗斯和其他国家或地区之间的关系都不明显。第二，运用Spearman相关系数和复杂网络的方法对全球主要国家或地区间、不同经济体国家或地区间、不同区域国家或地区间的私人资本、直接投资、证券投资、其他投资资本净流动波动的联动性进行了分析。研究结果显示：全球主要国家或地区间私人资本净流动波动的关联度较高、联动性较强。在三类私人资本流动中，其波动性在全球主要国家或地区间的关联程度由强至弱依次为其他投资、证券投资和直接投资。不同经济体国家或地区间、不同区域国家或地区间的私人资本净流动波动呈现出同样的特征。在上述实证研究基础上，进一步地对全球主要国家或地区间私人资本流动波动普遍存在较强关联性的原因进行分析。研究结果显示全球主要国家或地区间私人资本净流动波动的联动性较强，季风效应是造成全球主要国家或地区间私人资本净流动波动联动性的重要原因之一，国家或地区间因素——金融、贸易关联因素也是显著性因素。第三，创新性地采用复杂网络分析法对国际证券资金流动的关联性风险进行实证研究。研究构建了包含 55 个国家或地区的国际证券资金流动相关关系网络和国际证券投资有向网络，依据节点重要性排序识别出系统重要性国家（或地区），并探究国际证券资金流动网络的演变以及金融危机对网络结构的影响。研究表明：① 随着时间的演变，国际证券资金流动网络越来越稠密，节点之间的关联关系日益增多，关联程度也逐渐增强，金融危机会对国际证券资金流动网络产生影响，一国倾向于在危机期间减少与其他国家之间的金融关联以抵抗风险；② 规模较大的新兴市场经济体与其他国家或地区证券资金流动的关联关系较显著，包括马来西亚、印度、波兰、土耳其、南非等；发达经济体主要扮演关联中介的作用，包括加拿大、日本、法国、新西兰等，这些国家均为系统重要性国家，应对其资本流动大幅波动的风险进行重点防范。第四，实证探究了国际证券资金流动大幅波动的风险——资本大进风险和资本急停风险。研究结果表明：①推动因素、拉动因素和传染效应在资本大进和资本急停的发生中均起着重要作用，与资本大进相比，资本急停更容易受到本国或本地区宏观经济基本面因素的影响，较高的经济增速、较高的利率水平和较高的股票市场收益率都会降低一国发生资本急停的概率，而过快的信贷扩张会导致资本急停发生的可能性增加；②资本账户开放程度的提高有助于降低一国或地区发生极端波动风险的概率，尤其是有助于降低资本大进风险的发生；③资本大进之后往往容易发生资本急停，因为资本大进会推高资产价格和信贷规模，使得一国或地区金融体系的脆弱性增加，从而增加一国或地区未来发生资本急停风险的可能性。第五，识别和研究了新兴市场国家以及中国跨境资本大进风险与影响因素。研究结果表明：①在国际资本流入风险影响因素中，国际推动因素 VIX 风险指数与资本流入风险为负相关关系，表明国际投资者风险偏好上升时，流入新兴经济体的资本减少，风险降低，研究成果对于相关部门管理国际资本流入风险具有借鉴意义；②全球流动性宽松、美国 GDP 增长、国内股票市场价格上升会降低中国跨境资本流动风险的发生，而我国经济的增长会吸引资本大量流入，增加资本流动风险发生的可能。第六，计量研究了发达国家或地区和新兴市场国家金融自由化程度与国际资本流动剧烈波动之间的关系，研究表明：金融自由化会显著降低发达国家或地区证券投资流入发生大进的概率，这可能与发达国家或地区证券市场相对成熟和发达有关；而对于新兴市场国家而言，金融自由化在显著提高其他投资大进发生概率的同时，还会显著增加资本总流入发生大进的可能性。第七，研究了新兴市场国家国际资本流动风险影响因素，结果表明：外汇储备/GDP 和 GDP 增长率水平与资本流入风险大小成正比，而经常账户余额/GDP 和 M_2/GDP 与资本流入风险大小成反比。此外，空间计量模型的结果表明区域经济组织关系能显著降低新兴市场国家国际资本流入风险，而地理位置关系则会显著提高其国际资本流入发生风险的概率。

（5）基于本项目构建的国际资本流动风险的系统性分析框架，多角度、多层次地做了大量中国层面的实证研究，主要包括：①研究了中国资本账户开放进程中跨境证券资金流动给股票市场、外汇市场带来的影响和冲击，研究表明，跨境证券资金流动的大量涌入会导致本币升值和股票市场收益率的提高，跨境证券资金流动、人民币汇率和中国股票市场收益率之间存在非线性的联动关系，当处于资本市场化进程较快、外汇市场和股票市场波动性较大的区制阶段时，三者的联动关系更加明显；波动溢出方面，从波动溢出角度探究跨境证券资金流动对中国外汇市场和股票市场的影响，即跨境证券资金流动的波动性增加是否也会导致中国外汇市场和股票市场的波动性加剧；跨境证券资金流动的波动性会传导至股票市场和外汇市场，外汇市场的波动性也会对跨境证券资金流动产生影响，而股票市场的波动性对跨境证券资金流动的影响不显著。因此，在我国继续推进资本账户开放、汇率形成机制市场化改革的过程中，应注意防范因跨境证券资金流动大幅波动导致的股票市场和外汇市场的波动，避免市场间的风险传染。②研究了中国跨境短期资本流动规模与资产价格及人民币汇率预期变动之间的动态关系，结果表明，中国房地产市场、股票市场上涨会吸引短期跨境资本流入；美元利率上升和人民币贬值预期会引致短期跨境资本的流出；短期跨境资本流入会造成国内利率降低，但对房地产市场、股票市场的影响不显著；中国房地产市场与股票市场之间会有联动效应，人民币的贬值预期也会引致房地产价格下降。③研究了跨境资本流动对中国主要股份制银行稳健性的影响，结果表明，2006 年至 2012 年中国十大银行的稳健性处于好转上升趋势，2013 年转为下降态势，2014 年第一季度继续下降；中国跨境资本净流动规模的上升很可能会降低我国银行稳健性；直接投资和证券投资对我国银行稳健性影响并不显著，其他投资净流动规模的增加很可能会降低我国银行稳健性，应该重点关注和监测其他投资流动的变化。研究成果对于相关部门管理跨境资本流动风险具有借鉴意义。④运用马尔可夫区制转移模型与自回归滞后模型相结合的动态模型对我国跨境热钱影响因素进行探究，结果表明，我国跨境热钱流动存在双区制，即"高风险"和"低风险"区制。在"高风险"区制中，我国跨境热钱是潜在流出状态，且仅有风险因素会显著影响其变动状况；而在"低风险"区制中，我国跨境热钱呈现潜在流入趋势，此时，不仅受风险因素影响，其追逐短期利益的性质也开始体现，与利率波动和汇率波动的关系显著增强，并且还受其自身预期的正向影响。⑤对我国20 世纪 90 年代末以来跨境资本流动的极端波动风险进行界定与识别，从流动方向、流动类型和国内外经济环境变化角度对我国历次跨境净资本流入极端波动风险进行具体的原因分析，结果表明，我国跨境资本流动在1998—2018年间发生了7次净资本流动极端波动风险和11次总资本流动极端波动风险，说明我国跨境资本流动极端风险的发生较为频繁，我国在跨境资本流动风险的监测与防范中要密切关注跨境资本流动的极端波动风险；我国净资本流动极端波动由外国资本流入和本国资本流出的变化共同决定，因此需要对导致外国资本流入和本国资本流出极端波动的各个影响因素变化情况进行实时监测，同时需要注意不同因素对外国投资者和本国投资者投资决策的不同影响；我国跨境资本流动的极端波动风险受国际推动因素和国内拉动因素的共同影响，其中国际推动因素的影响尤为显著；我国跨境资本流动的风险管理要在密切关注国内外经济金融环境变化的基础上，高度关注全球经济增长情况、全球风险规避变化和发达国家货币政策对我国的溢出效应等国际层面因素的改变；不同类别的资本流动在不同时期对我国跨境资本流动极端波动风险的贡献程度不同。值得注意的是，我国每次跨境资本极端波动的发生都伴随其他投资流动的极端变化，而随着我国资本账户进一步开放，证券投资流动近年来的贡献程度也越来越大；基于我国跨境资本会受国内外各种因素的复杂影响，我国跨境资本流动的管理还需要通过促进本国经济增长和金融稳定来提高本国抵御跨境资本流动极端波动冲击的能力，只有这样才能从根本上防范资本流动风险。

（6）基于上述理论与实证研究结果，我们总结提出以下观点：跨境资本流动风险体现在跨境资本流动的异常以及异常的跨境资本流动对产出、货币市场、外汇市场、资本市场等经济基本面和金融市场的冲击。由此，我们提出了构建立方体的跨境资本流动风险监测预警体系理念和预警模型建设思路。该体系是以跨境资本流动风险的监测识别为中心，围绕其引起外汇市场、货币市场、资产价格市场等主要金融细分市场的波动，运用分市场指标预警方法、空间向量法和多维信号分析法从分市场指标和综合预警指数角度多维度构建跨境资本流动风险预警模型。我们的预警思路是：跨境资本流动风险的发生，对于经济实力雄厚、金融发展程度高的国家而言，其经济系统抵御风险能力较强，部分跨境资本流动风险不足以构成经济、金融市场的动荡，因此，考察跨境资本流动风险发生期间，外汇市场、货币市场和资产价格市场的极端波动，依据金融分市场的波动具体判断跨境资本流动风险预警与否。研究结果表明：跨境资本流动风险对我国的经济基本面和金融细分市场均造成一定程度的干扰和破坏，其中，2008年第二季度至2009年第一季度的跨境资本大进风险、2009年第四季度至2010年第三季度期间的跨境资本急停风险影响尤剧，金融监管部门应重视金融细分市场的变化情况特别是外汇市场的变动，及时采取措施防范跨境资本流动风险；跨境资本流动风险立方体预警体系既研究金融细分市场压力指数的极端波动判断风险的影响程度，也参考综合预警指数发出的预警信号判断风险的预警与否，同时围绕风险和平均状态的偏离水平以及偏离夹角曲线走势，多层次、全方位地综合高效预警跨境资本流动风险；对于防范和化解跨境资本流动风险，政府需要监管和引导并重，一方面，运用多种方法全方位、多角度地监测跨境资本极端波动及其高度关联的金融细分市场变化，另一方面，有序推进资本市场开放，合理规范地引导跨境资本流入，及时有效地管控跨境资本流出；另外，本书构建的跨境资本流动风险立方体预警体系，指标均为同步指标，在后续的研究中，将会继续深入探讨跨境资本流动预警方法，加入先行指标，以改进和完善本书的跨境资本流动风险立方体预警体系。

　　本书是一个团队研究成果，其中，杨海珍参与和指导全书各章的研究和撰写工作，各章的主笔人员分别为：李苏骁（第一章、第二章、第六章、第八章、第九章、第十六章）、史芳芳（第四章、第七章、第十章、第十三章）、宓超和尹琪（第三章、第五章）、王俏（第七章、第十二章）、王初照（第十一章）、黄秋彬（第十四章）、纪学阳（第十五章）、罗杭（第十七章）、王开阳（第十七章以及全书的梳理）。另外，本书各章在大的研究领域和内容上既有一定关联，同时又是相对独立的研究问题和内容，并且，因为本书研究成果历时五年，有些内容是早年研究成果，所以，在研究样本以及研究期间方面有所差异。

　　在本书的研究和写作过程中，我们得到了许多领导、同行和朋友的鼓励、指导、支持和帮助。要特别感谢中国科学院数学与系统科学研究院的杨晓光研究员、荷兰格罗宁根大学 Jakob de Haan 教授、中央财经大学荆中博副教授给予的具体指导和帮助！本书的研究得到了国家自然科学基金面上项目"新时期国际资本流动特征及我国跨境资本流动风险预警"（71273257）、国家自然科学基金重点项目"大数据环境下金融风险传导与防范研究"（71532013）的研究资金支持，感谢国家自然科学基金委以及上述相关基金课题讨论班上各位老师和同学对本书研究工作的贡献！

　　国际资本流动风险的机理、识别和监管是一个复杂而动态变化着的难题，我们的工作只是一个开始，囿于作者学识有限，研究中一定存在许多缺陷和不足，欢迎学术同行及广大读者批评指正，从而推动我们以及领域内研究工作的改进和完善。

杨海珍

2018 年 2 月

目　　录

第 1 章　20 世纪 90 年代以来
国际资本流动的特征

20 世纪 90 年代以来，随着世界经济全球化的深化、跨国公司的不断壮大和金融工具的创新活跃，全球资本流动的规模持续扩大，波动性也显著增加。一方面，国际资本的流入缓解了落后国家的资金缺口，促进了新兴市场国家的经济发展；另一方面，国际资本的异常波动会增加金融系统的脆弱性，甚至会引发银行危机、货币危机乃至经济衰退和危机。为加深对国际资本流动变化及其规律的认识，本章对 20 世纪 90 年代以来国际资本流动的特征进行分析、总结，包括国际资本流动的含义与构成、国际资本流动的变化特点、全球国际资本流动的规模及结构演化以及中国跨境资本流动的特征演变。

1.1　国际资本流动含义与构成

国际资本流动是指资本从一个国家或地区转移到另一个国家或地区①。资本的内涵丰富，包括金融资本、实物资本、人类资本、知识资本等，本书界定的国际资本流动是指金融资本的跨境转移，主要涵盖货币黄金、特别提款权、货币和存款、债务证券、贷款、股权和投资基金份额、金融衍生品和雇员认股权、其他应收/应付款等［IMF《国际收支手册》（第六版）］。国际资本流动主要通过直接投资、证券投资、衍生品投资、国际借贷、贸易融资等方式实现。对一国国际资本流动的考察，基本数据来源于一国的国际收支平衡表（Balance of Payment，BOP)②。国际收支平衡表中，金融账户的总差额即为一国国际资本的净流动，包括直接投资、证券投资、金融衍生工具和雇员认股权、其他投资以及储备资产各部分的差额总和。其中，直接投资、证券投资、其他投资和衍生品投资记录了企业、机构和个人等经济主体的跨境投资、增资、撤资行为，属于私人资本流动的范畴；储备资产变动记录了货币当局为满足融资需求和汇率

---

① 此处的国家或地区对应的是"居民"与"非居民"的概念。按照 IMF 的定义，所谓"居民"是指在一个国家经济领土内具有同一经济利益中心的机构单位，包括政府、个人、企业、非营利机构等。

② 国际收支平衡表即对一个国家或地区一定时期内与其他国家或地区进行经济技术交流过程中所发生的贸易、非贸易、资本往来以及储备资产的实际动态所作的系统记录。

稳定而进行资产买卖导致的资本流动，属于官方资本流动的范畴①。一般来讲，从全球视角来看资本的跨境转移我们称之为国际资本流动（International capital flows），而从某个特定国家视角来看国家间资本的跨境转移我们称之为跨境资本流动（Cross - boarder capital flows）。

按照国际资本投资目的及其功能的差异，IMF《国际收支手册》（第六版）将国际资本流动分为五类：直接投资、证券投资、金融衍生品投资、其他投资和储备资产变动②，国际资本流动的功能分类和金融资产类别的关系如表 1.1 所示。

表 1.1　　　　　金融资产类别与国际资本流动职能类别的关系

《2008 年国民账户体系》的金融资产和负债分类	职能类别				
	直接投资	证券投资	金融衍生品（储备除外）和雇员认股权	其他投资	储备资产
AF1 货币黄金和特别提款权					
AF11 货币黄金：					
金块					X
未分配黄金账户					X
AF12 特别提款权				X	X
AF2 货币和存款：					
AF21 货币				X	X
AF221 银行间头寸				X	X
AF229 其他可转让存款	X			X	X
AF29 其他存款	X			X	X
AF3 债务证券	X	X			X
AF4 贷款	X			X	X
AF5 股权和投资基金份额：					
AF51 股权：					
AF511 上市股份	X	X			X

---

① 误差与遗漏项目是国际收支平衡表的轧平项目，反映了统计误差，也反映了逃避监管的隐性资本流动。

② 分析可知，储备资产基本涵盖大部分的金融资产类别；其他投资主要包括各类货币和存款、贷款等债务类投资工具；证券投资主要包括债券、上市和未上市的股票、货币市场基金和其他投资基金；直接投资则涵盖大部分金融资产类别，与证券投资和其他投资多有交叉，其区分的方式是投资期限较长，并可以对被投资方施加影响和控制。

续表

《2008 年国民账户体系》的金融资产和负债分类	职能类别				
	直接投资	证券投资	金融衍生品（储备除外）和雇员认股权	其他投资	储备资产
AF512 非上市股份	X	X			x
AF519 其他股权	X			x	
AF52 投资基金份额或单位：					
AF521 货币市场基金份额或单位	x	X			X
AF522 其他投资基金份额或单位	x	X		x	X
AF6 保险、养老金和标准化担保计划：					
AF61 非人寿保险技术准备金	x			X	
AF62 人寿保险和年金权益	x			X	
AF63 养老金权益				X	
AF64 养老基金对养老金管理人的债权	X			X	
AF65 对非养老金福利的权益				X	
AF66 启动标准化担保的准备金	X			X	
AF7 金融衍生产品和雇员认股权：					
AF71 金融衍生产品：					
AF711 远期型合约			X		X
AF712 期权			X		X
AF72 雇员认股权			X		
AF8 其他应收/应付款：					
AF81 贸易信贷和预付款	X			X	
AF89 其他应收/应付款	X			X	

注：X 表示最详细工具类别可适用的职能类别（x 表示情况不太常见）。

资料来源：IMF《国际收支手册》（第六版）表 6.1。

（1）直接投资是指投资参与企业的生产经营活动、拥有实际管理和控制权的国际投资方式。直接投资不仅包括对现金、厂房、机械设备、交通工具、通信、土地等各种有形资产的投资，也包括和对专利、商标、咨询服务、土地使用权等无形资产的投资。国际直接投资的主要形式有：绿地投资（Greenland Investment），即跨国公司等投资主体在东道国境内依照东道国法律设置的部分或全部资产所有权归外国投资者所有的企业，可以采用独资、合资或合作经营等投资方式；并购投资（Merger and Acquisition Investment），即用现金或有价证券购买国外企业的股份达到拥有实际控制权的比例；利润再投资，即投资者把国外投资所获利润留在东道国进行的再投资。直接投资不仅会为东道国带来资本，还会带来先进的技术和管理经验，一般投资期限较长，波动性较小。

（2）证券投资是指没有被列入直接投资或储备资产的、有关债务或股本证券的跨境交易和头寸，包括权益投资和债券投资。权益投资是指投资者购买东道国发行的供外国投资者购买的股票，包括东道国在本国证券市场发行的供国际投资者购买的股票、东道国在国外证券市场上发行的供外国投资者购买的股票以及以在本国国内交易的股票为基础证券向国际投资者发行的存托凭证（Depository Receipts, DR）；债券投资是指投资者购买东道国发行的供外国投资者购买的债券，包括政府债券和企业债券等（杨海珍，2011）。与直接投资不同，证券投资一般不会对被投资方的管理决策施加影响，而是直接参与金融市场。国际证券投资所涵盖的金融资产主要包括债券、上市和未上市的股票、货币市场基金和其他投资基金（见表1.1），这些金融工具投资对市场信息的反应灵敏，流动性和灵活性较强，因此也具有较大的波动性。

（3）金融衍生品和雇员认股权是基于金融风险的交易，因此单独列为一类。金融衍生品是指与另一个特定金融工具、指标或商品挂钩的金融工具，可以在金融市场上对特定金融风险本身（如利率风险、汇率风险、股票和商品价格风险、信用风险等）进行交易，当投资者购买另一经济体的金融衍生品时，则发生金融衍生品项目下的国际资本流动；雇员认股权是指向公司雇员提供的一种购买公司股权的期权，当发行期权的公司是雇员所在经济体之外另一经济体的居民单位时，则发生雇员认股权项目下的国际资本流动。现阶段，金融衍生品和雇员认股权项目下的国际资本流动规模较小。

（4）其他投资主要包括其他股权、货币和存款、贷款（包括基金组织信贷资金的使用以及来自基金组织的贷款）、贸易信贷以及其他应收/应付款。其中，货币和存款项记录了中央银行、存款性公司、政府以及其他部门在境外的货币和存款变动；贷款项记录了一国或地区利用国际银行机构的中介功能引进国际资本的方式；国际贸易信贷是指一切为开展或支持国际贸易而进行的各种信贷活动，包括进出口商相互间为达成贸易而进行的资金或商品信贷活动、银行及其他金融机构以及政府机构或国际金融机构为支持国际贸易而进行的资金信贷活动、信用担保、出口信用保险活动等（王仁祥、胡国晖，2005）。

（5）储备资产变动是指货币当局为满足融资需求和汇率稳定，进行资产买卖导致的资本流动，属于官方资本流动的范畴。储备资产主要包括货币黄金、特别提款权、在国际货币基金组织的储备头寸和其他储备资产。

1.2 国际资本流动变化特点

随着20世纪90年代以来国家经济金融自由化相关政策的实施以及新兴市场

国家经济发展步伐的加速，全球国际资本流动的规模持续增加，并呈现出以下新特点。

第一，短期国际资本流动总规模脱离实体经济发展并不断扩大，表现出过度虚拟化的特点。尤其是近些年来，国际短期资本的波动越发频繁，它们的流动多受利益驱动，哪里风险低、利润高，便流向哪里，很难通过把握其运动规律进行预测，大大增加了国际资本流动给一国或地区经济带来的风险。

第二，投资形式多样化。20 世纪 90 年代以前，外商直接投资、银行借贷、政府借贷等是国际资本流动的主要形式，但随着世界经济发展和全球化浪潮的迅猛推进，国际资本流动的形式和内容也逐步走向多元化，一些具有创新性、灵活性、效率较高且时代性特征明显的国际融资方式受到广大国际投资者的青睐，如国际证券融资和跨国并购等。2017 年，全球企业跨国并购金额达 6939.62 亿美元，占全球资本总规模 12680 亿美元的 55%，成为全球资本流动的主要脉象，这些新渠道弥补了传统投融资方式的不足，开拓了当前传统与新兴国际资本流动方式相互促进、多样发展的新局面。

第三，私人资本流动成为国际资本的主角。私人资本流动即对应非官方资本流动，以新兴市场和发展中国家为例，21 世纪以来，受本国的经济增长形势和资本账户开放进程发展的影响，这些国家私人资本流动总体上呈现出上升趋势，虽然受 2008 年国际金融危机以及 2012 年欧洲危机深化的影响，新兴市场和发展中国家总体私人资本流动在危机期间出现大幅下跌，但到 2013 年其值远远超过 21 世纪初的水平。其中，亚洲新兴市场和发展中国家私人资本流入规模增长最大，其次是拉丁美洲和欧洲。

第四，国际资本流动具有明显的"趋利避害"性，但其"避害"性更加明显。2008 年以前，国际资本大量流入正在高速增长的新兴市场国家，随着 2008 年国际金融危机的爆发和逐步蔓延，全球风险增大，虽然新兴经济体国家经济基本面并未出现恶化，但国际资本出现"奔稳"（flight to quality）现象，从新兴市场国家大量撤出，主要流向美国。20 世纪 90 年代亚洲金融危机爆发时也出现类似情形，这说明相比于利益，国际资本流动对风险更敏感。

国际资本流动出现以上特点，主要归因于以下几方面。第一，较多国家和地区采取对外开放政策和浮动汇率制度，为国际资本流动的自由化提供了基础。在对外开放方面，截至 1997 年末，国际货币基金组织（IMF）的成员中，实现资本账户自由化的国家和地区个数与经常账户自由化的国家和地区个数合计值占总体成员的 78%；在浮动汇率制度方面，1997 年亚洲金融危机后，全球已有 99 个国家和地区采用浮动汇率制度，截至目前，已经几乎不存在严格采用固定汇率制度的国家和地区。第二，新兴市场和发展中国家国内政策调整和市场运行效率改善促进私人资本流动规模进一步扩张。在全球化不断加深的背景下，新兴市场和发展中国家对其经济结构和制度进行了调整和改革，进一步减少政府对市场的干预，促进资源的合理配置，从而吸引国际资本的投资。第三，金融创新和通信技术的发展为资本跨境流动提供了载体。为了避免汇率、利率等金融风险以及规避资本管制、金融监管等约束，交易者基于传统交易工具进行创新，使跨境投资更加灵活、多样化；另外，现代电子通信设施的发展提高了资本在国际金融市场中的流动性，使得国际间投资更加方便、自由。第四，国家间宏观经济政策的协调性增强以及国际经济合作组织的发展，为资本自由化趋势创造了良好的条件和适宜环境。为了迎合全球化发展的需要，各国都采取相应措施来加强国家间经济合作和联系，国际经济组织也迅速发展，这在客观上推动了跨境资本的自由流动和转移。

1.3　全球资本流动的规模及结构演化

随着世界经济全球化的深化、跨国公司的不断壮大和金融工具的创新，全球资本流动的规模持续扩大。20世纪90年代以来，全球资本流动的规模基本保持着稳步增长的态势。如图1.1所示，1990年全球资本流动规模为2370.95亿美元，2008年达到16888.49亿美元，规模增长了6倍，1990—2008年资本流动规模的年均增速为12.11%，除了2001年受美国科网泡沫破裂的影响资本流动规模下降14.84%以外，其他年份资本流动规模均保持了较高的增速。2009年以来，随着世界经济不确定性的增加，全球资本流动也停止了持续增长的态势。美国次贷危机席卷全球后，贸易额大幅收缩，全球主要经济体的经济增速普遍下滑，2009年国际资本流动规模比上年下降了34.17%至11051.04亿美元，为20世纪90年代以来的最大跌幅，比2008年资本流动规模顶峰时减少近6000亿美元；2010—2011年，在各国积极的财政和货币政策推动下，全球资本流动规模分别实现19.74%和8.06%的增长；2012年以来，受国际金融危机和欧债危机以及地缘政治风险的累积影响，世界经济持续低位运行、复苏缓慢，在此背景下，全球资本流动的规模小幅变化，2013—2017年资本流动规模的增速分别为-7.50%、1.10%、0.50%、-6.59%和1.07%。2018年全球资本流动总规模保持增长，增速为8.50%。

从全球资本流动的结构上看，发达经济体与新兴市场和发展中经济体呈现出显著不同的结构特征（见图1.2）。直接投资方面，20世纪90年代以来，发达经济体一直是直接投资的来源国，直接投资净流出的规模由1990年的643.89亿美元增加到2008年顶峰时期的6412.33亿美元，规模增加了9倍，2009年以来受国际金融危机的影响，直接投资净流出的规模大幅下降，2015年仅为695.33亿美元；与之对应，新兴市场和发展中经济体则一直是直接投资的流入国，且直接投资流入规模不断增加，由1997年的1550.31亿美元增加至2011年顶峰时期的5305.84亿美元，金融危机后也保持了较大的直接投资流入规模。新

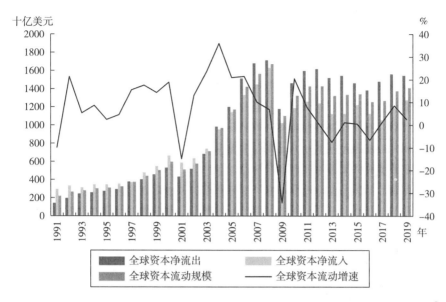

数据来源：根据 IMF 2018 年 10 月 "世界经济展望" 数据库计算所得，部分数据为 IMF 预测值①。

图 1.1　全球国际资本流动的规模

兴市场和发展中经济体的科技、管理经验相对缺乏使得它们纷纷采取一系列措施引进外资，加之其金融市场的不断开放、投资环境的不断改善和相对较高的经济增速，新兴市场和发展中经济体吸引了大量的直接投资。

　　证券投资方面，20 世纪 90 年代以来，发达经济体的证券资金在大部分时间内呈现净流入的状态。具体看来，1990—2001 年，证券资金净流入规模较小，基本维持在 1000 亿~2000 亿美元之间；2002—2008 年，随着全球流动性的增加和各经济体资本市场的繁荣，发达经济体证券投资净流入的规模大幅增加，由 2002 年的 3962.05 亿美元增加到 2008 年的 15739.16 亿美元；2009 年以来，受国际金融危机和欧洲主权债务危机的累积影响，发达经济体证券资金净流入规模逐年下降，2014—2018 年呈现净流出的状态，且净流出不断扩大，2018 年发达经济体证券投资净流出 3895.40 亿美元，欧元区、日本等发达经济体的经济增长趋缓和股票市场持续低迷是发达经济体总体呈现资本净流出状态的主要原因。与发达经济体相比，新兴市场和发展中经济体的证券投资规模较小，但波动性较大。如图 1.2 所示，2000—2008 年间的大部分年份，新兴市场和发展中经济体呈现证券资金净流出的态势，2009—2013 年，由于新兴市场和发展中经济体经济增长相对强劲、股票市场表现较佳吸引了证券投资的持续涌入，2009 年证

①　全球资本净输出等于经常项目顺差的国家的经常项目盈余之和，全球资本净输入等于经常项目逆差的国家的经常项目赤字之和，全球资本流动规模为全球资本净输入额与全球资本净输出额的平均值。

券资金净流入 818.83 亿美元，2012 年达到顶峰，证券资金净流入 2344.36 亿美元。

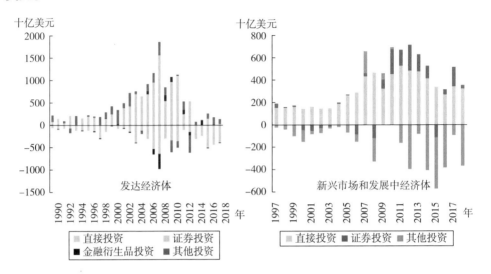

数据来源：IMF 2018 年 10 月"世界经济展望数据库"。

图 1.2　国际资本流动结构变迁：发达经济体与新兴市场和发展中经济体

1.4　中国跨境资本流动的特征演变

国际资本流动分为私人资本流动和官方资本流动，其中，直接投资、证券投资和其他投资的变动属于私人资本流动的范畴，储备资产的变动属于官方资本流动的范畴，此外，净误差与遗漏项反映了逃避监管的隐性资本流动。20 世纪 90 年代以来中国跨境资本流动的总体态势如图 1.3 所示。

私人资本流动方面。1990—2013 年，我国的私人资本流动基本维持净流入的状态，并且净流入的规模不断增加，由 1991 年的 46 亿美元增加至 2013 年峰值时期的 3430 亿美元，资金净流入规模增加了 70 余倍；2014 年，我国结束了长期以来的经常账户顺差、资本和金融账户顺差的"双顺差"格局，私人资本流动呈现流出态势，2014—2016 年分别实现资本净流出 514 亿美元、4345 亿美元和 4161 亿美元。究其原因，2014 年以来美国复苏态势明显，美元走强，而与此同时，中国的经济增速出现结构性放缓，美联储加息使人民币不断贬值，这些因素导致以逐利为目的的私人资本撤出中国。2017 年，私人资本流动重新转为净流入状态，私人资本净流入 1486 亿美元，其原因有两个：一方面，我国相关部门遏制非理性对外投资的措施效果显著；另一方面，对外负债在经历了一段去杠杆后呈现出逐渐稳定的态势。

官方资本流动方面。20 世纪 90 年代以来，我国的官方资本流动一直呈现净流出的态势，且流出规模不断增加，2015 年，受人民币贬值预期加剧和藏汇于民过程的推进，我国的储备资产逐渐减少，官方资本呈现净流入的状态。2015—2016 年分别实现官方资本净流入 3429 亿美元和 4437 亿美元。直到 2017 年 2 月，受我国贸易顺差渐稳、资本外流放缓以及非美元货币升值等因素影响，外汇储备开始恢复增长。

净误差与遗漏项目是一个轧平项目，反映的是统计误差、跨年交易口径不一、故意逃避管制等原因造成的国际收支借贷两方不相等的差额，它在一定程度上能反映跨境资本通过隐性渠道流动的情况。1990—2001 年，我国的误差与遗漏项目长期出现在借方，表明中国存在资本外逃的现象；2002—2008 年，误差遗漏项目转向贷方，人民币升值预期和中国股市的上涨行情使"热钱"纷纷流入中国；2009 年，受国际金融局势动荡、我国经济增速放缓等因素的影响，我国再一次出现长期的潜在的资本外逃，且规模不断扩大，2009 年资本外逃规模为 414 亿美元，2017 年资本外逃规模为 2219 亿美元。

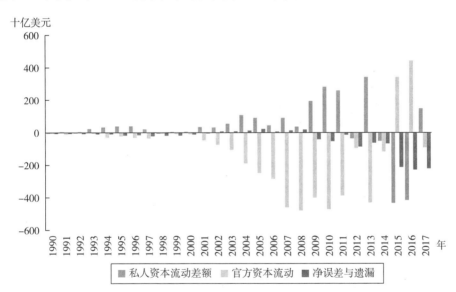

数据来源：中国国家外汇管理局。

图 1.3　中国跨境资本流动结构特征

私人资本流动涵盖直接投资、证券投资、金融衍生工具和其他投资。图 1.4 描述了 20 世纪 90 年代以来中国私人资本流动的结构变迁。

直接投资一直是中国跨境资本流动的重要组成部分。1990 年以来，中国积极地引进外资，直接投资一直呈现净流入的状态，净流入规模从 1990 年的 27 亿美元增加至 2011 年峰值时期的 2317 亿美元，2014—2016 年，外商直接投资的流入规模大幅下降，2015 年外商直接投资净流入仅为 621 亿美元，不足 2011 年的 30%，2016 年外商直接投资净流出 417 亿美元。究其原因，一方面，中国劳动力、土地、租金等成本竞争力优势逐渐减弱，对外资的吸引力降低，导致外来直接投资的增速放缓；另一方面，随着"一带一路"倡议的实施、我国企业的国际竞争力增强和全球资源配置理念的成熟，我国对外投资大幅增加，2015 年中国对外直接投资流量已跃居全球第二①，规模达到 1456.7 亿美元。在两方面的综合作用下，我国直接投资的净流入大规模下降。2017 年以来，受国内主要经济指标表现良好和人民币汇率升值等因素影响，国内投资主体对外投资动力下降，同时，中央开始加强对对外直接投资的规范力度，国家发展改革委、商务部、外汇局对非理性对外投资加强了审核和监督管理，特别是房地产、酒店、影城、娱乐业、体育俱乐部等领域的非理性对外投资，使 2017 年我国对外直接投资有了大幅的下降，实现直接投资项目下资本净流入 663 亿美元。

证券投资也是中国跨境资本流动的重要组成部分。1990—2000 年，中国跨境证券资金流动的规模维持在 100 亿美元以内，2001 年开始，随着中国资本账户开放进程的推进，证券资金流动的规模显著增加，波动性也不断增大。2001 年证券资金净流出 194.05 亿美元，2003—2004 年证券资金分别净流入 114.37 亿美元和 197.43 亿美元。2005—2006 年中国证券资金呈现净流出的状态，净流出规模分别达到 47.09 亿美元和 684.16 亿美元，主要是本国投资者在全球范围内配置资产导致的资金流出。国际金融危机爆发后，全球各主要经济体推行的量化宽松政策导致全球流动性增加，加之中国具有相对较高的经济增速，吸引了证券资金的持续涌入，2007—2014 年证券资金净流入规模由 164.42 亿美元增加至 824.29 亿美元。2015 年中国证券投资项下出现了自 2007 年以来的首次净流出，资金净流出规模达到 664.7 亿美元，2016 年延续这一态势，资金净流出 523 亿美元。具体看来，合格境内机构投资者（QDII）、沪港通等购买境外股票等资产的渠道不断便利化使境内主体加大全球资产配置是证券资金净流出的主要原因。

其他投资项目包括除直接投资和证券投资以外的所有金融交易，主要分为贸易信贷、贷款、货币和存款等。与直接投资相比，中国其他投资项下的资金流动波动性较大，呈现流入和流出交替出现的特征。2014—2016 年，其他投资项下的资本流出规模较大，分别为 2788 亿美元、4340 亿美元和 3167 亿美元。2017 年其他投资项下资金净流入 744 亿美元，其主要原因是我国企业更为积极地运用外部贷款，获得境外贷款规模增加。由于资本账户并未实现完全开放，中国金融衍生工具项下的资本流动规模较小。

---

① 数据来源：中华人民共和国商务部《2015 年度中国对外直接投资统计公报》。

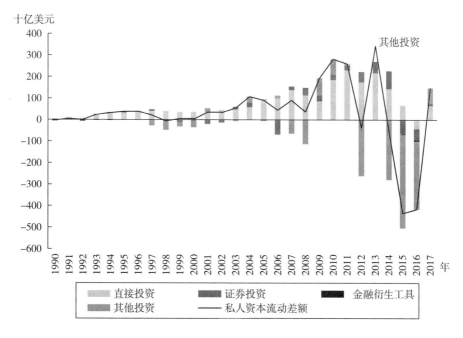

数据来源：中国国家外汇管理局。

图1.4　中国私人资本流动结构特征

参考文献

[1] 王仁祥，胡国晖．国际金融学［M］．武汉：武汉理工大学出版社，2005．

[2] 杨海珍．国际资本流动研究：动因、影响、管制与风险预警［M］．北京：中国金融出版社，2011．

第 2 章　国际资本流动风险
含义与分析框架

国际资本是把"双刃剑"，对一国的宏观经济、货币市场、金融市场都会产生重要的影响：一方面，它为发展中国家注入了急需的发展资金和技术，缓解了落后国家的资金缺口，对其经济发展起到促进作用；另一方面，国际资本的异常波动会增加金融系统的脆弱性，国际资本的大量涌入会导致资产价格泡沫、信贷扩张、通货膨胀等（Forbes 和 Warnock，2012；Tillmann，2013），而之后的资本流入急停则通常会引发货币贬值、资产价格泡沫破裂、经济增速放缓，甚至会引发银行危机和货币危机（Calvo 等，2004；Calvo 和 Talvi，2005）。20 世纪90 年代以来，全球几次重大的金融危机（如 1992 年的欧洲货币体系危机、1994年的墨西哥金融危机、1997 年的亚洲金融危机、2008 年的国际金融危机）都伴随着国际资本的大进大出，这充分表明国际资本流动对一国的金融安全有着重要影响。

因此，在现有文献和理论的基础上，本章研究定义了国际资本流动风险，并依据国际资本流动的可能性风险来源构建了国际资本流动风险的系统性分析框架，从国际资本流动关联性风险、资本大进风险和资本急停风险三个维度对国际资本流动风险的生成、触发机理进行阐述，从而为后续章节进行国际证券资金流动的风险探究提供全面、系统的分析思路。

2.1　国际资本流动风险的讨论与界定

风险的概念在不断发展演变。早期，风险被界定为未来可能结果发生的不确定性，强调风险是未来可能发生的结果与期望结果之间差异的离散程度，差异越大则风险越大（Mowbray，1969；Baranoff，2004），这一定义指出了风险是结果的不确定性，但未区分有利结果和不利结果。进一步地，Rosenbloom（1972）和 Barseghyan 等（2013）指出风险是损失发生概率的不确定性，强调了不利结果为风险，且以不利结果发生的概率为风险大小的度量，但没有考虑不利结果影响程度的大小。由此，在险价值（Value at Risk，VaR）的概念被提出，即风险是指在已知结果可能性概率分布的前提下，特定置信度条件下投资者的期望损失，这一概念于 2004 年经国际清算银行（BIS）在《巴塞尔协议Ⅱ》（*Basel Ⅱ*）中推广后得到了业界的广泛认可和使用。我们遵循以上风险的概念演化，试图从国际资本流动给一国经济体可能带来的损失出发来界定国际资本流动的风险。

现阶段，鲜有研究对国际资本流动的风险进行系统性阐述，国家外汇管理局资本流动脆弱性分析和预警体系课题组（2005）提出了资本流动脆弱性的概念，他们认为，"资本流动脆弱性是经济体受资本流动影响所表现出的脆弱性。在内外各种因素影响下，资本大进大出容易对一国经济产生较大冲击，一定条件下还有可能触发货币金融危机甚至政治、经济和社会危机，这就是资本流动的脆弱性"。他们的研究进一步指出，资本流动的脆弱性包括三层意思：第一，跨境资本流动只是造成资本流动脆弱性的必要条件，资本流动本身并不产生脆弱性；第二，经济结构和体制性问题是经济脆弱性的内在原因，大量实证研究表明，大多数经济转型国家产生脆弱性是由国内宏观经济恶化、金融体系不健全或者市场过度开放等原因造成的；第三，国际经济环境变化是经济脆弱性的外生原因。

在此基础上，我们试图对国际资本流动的风险含义进行界定。首先，我们讨论和界定的国际资本流动风险是站在某一具体国家的立场上的，指的是该国跨境资本流动的大幅波动对其经济、金融体系可能产生的冲击，导致本国经济金融体系的脆弱性加剧或者危机爆发。跨境资本流动的大幅波动主要有两个原因，一是全球范围内国际资本流动的关联性会导致一国的跨境资本流动受到其他国家的影响而发生大幅波动，二是对每个国家来说，其自身经济金融特征引致的跨境资本流动的大进大出或者大幅波动。具体来讲，国际资本流动具有较强的关联性，一国跨境资本流动的大幅波动会传导至其他国家，容易发生多米诺骨牌效应，导致其他国家跨境资本流动的大幅波动——资本流入大进、资本流入急停或者资本外逃，进而使风险在不同国家之间发生传染。一般来说，资本流入大进会催生资产价格泡沫、信贷扩张、通货膨胀等经济现象，从而导致金融体系脆弱性加剧；资本流入急停或者资本外逃会导致本币贬值、资产价格泡沫破裂、经济增速下滑等经济现象，甚至引发银行危机和货币危机。因此，本章接下来将对国际资本流动关联性、资本大进和资本急停三个维度的风险生成、触发机理进行详细阐述。

2.2　国际资本流动关联性与来源

随着经济全球化和金融经济一体化进程的不断推进，不同国家之间国际资本流动的关联性日益突出，一个国家国际资本的大量涌入或急停可能会引发其他相关国家在同一时期也发生资本的大量涌入或急停，使金融风险从一个国家传染至另一个国家。国际资本流动的关联性主要是由于三方面的原因：共同的宏观经济冲击、国家之间实际的贸易金融关联以及投资者的共同行为，我们将其归纳为季风效应、溢出效应以及投资者的羊群行为和恐慌行为。

2.2.1 季风效应

季风效应是指相同的宏观经济环境冲击（如主要经济体的经济、金融变化等）导致的不同国家之间的国际资本流动呈现联动性的特征。具体来看，主要经济体的利率水平是导致新兴市场国家资本流动变化的重要因素（Eichengreen 和 Mody，1998）。如 20 世纪 90 年代初期，较低的国际利率水平使新兴市场国家的投资更具吸引力，资金大规模流入新兴市场经济体，而 1994 年美国利率水平的上升伴随着流入拉美地区资本的缩减，最终导致墨西哥危机（Calvo 等，1993）。Ahmed 和 Zlate（2014）认为美国的量化宽松政策导致国际金融危机后国际证券资金大规模流向新兴市场国家。2015 年以来，美国利率水平的提高也导致国际资本回流，许多新兴市场国家都经历了私人资本的净流出。

国际宏观经济环境的负向冲击也是导致不同国家（尤其是新兴市场国家）国际资本流动呈现一致性特征的重要原因。当金融危机发生时，国际资本倾向于撤出新兴市场国家而涌向具有避险作用的发达经济体（Fratzscher，2012）；危机期间全球经济增速的下滑也会导致资本流动规模的普遍下降。

2.2.2 溢出效应

溢出效应是指某个国家经历的负面冲击通过国际贸易、信贷、投资组合变化等渠道传递到其他国家，导致两个国家的国际资本流动同时呈现大规模撤出的现象。溢出效应强调的是不同国家之间经济、金融活动的内在相依性导致的资本流动联动性。

不同国家之间的贸易关联和信贷关联使一国资本流动的变动产生溢出效应。当一国经济发生危机时，会呈现资产价格下跌、汇率大幅贬值、经济增速大幅下滑等宏观经济表现，经济基本面的恶化会通过国际贸易渠道和信贷渠道传染到上游或下游经济体，使贸易伙伴的宏观经济经受负面冲击，从而导致其国际资本流动的大幅变动。基于 58 个国家和地区 1980—2009 年的数据，Forbes 和 Warnock（2012）的实证研究表明，与发生国际资本流动极端波动风险的国家或地区有较强的贸易关联和金融关联会显著增加一国或地区发生同样的国际资本流动极端波动风险的概率。

区域关联是指处于同一区域的国家其国际资本流动呈现更强的同向波动的特征，Froot 等（2001）基于 44 个经济体 1994—1998 年的日度国际资本流动的数据对各经济体资本流动的相关性进行研究，研究发现总体来看各个经济体的资本流动存在微弱的正相关性，处于同一区域的经济体相关性更强，并且这种区域相关性随着时间的推进更加明显。究其原因，处于同一区域的经济体一般具有相似的经济结构、经济发展模式等特征，使国际资本倾向于同时流入或流出同一区域的经济体。

此外，国际投资者的投资组合调整也是国际资本流动关联性产生的重要原因。Gelos（2013）认为，机构投资者基于指数的业绩衡量标准①及其投资组合再平衡策略是金融市场风险传染的重要途径。在危机期间，投资者的资产组合再平衡过程使一国资本流动的变化对其他国家产生影响，从而导致传染的发生。Broner 等（2006）构建了两个投资者的两国模型对这种传染机制进行了分析。假设存在 A、B 两国，投资者都进行了较高比重的资产配置，当 A 国发生金融危机时，其资产收益率下降，投资者的风险规避程度会提高，因此会调整其投资组合向基准指数靠拢，卖出 A 国的资产并同时卖出同样配置了较高资产比重的 B 国资产，危机从 A 国传染至 B 国。基于 1996 年 1 月至 2000 年 12 月国际证券基金投资的数据，作者构建了金融相依度指数用来刻画两国或地区是否具有同样的较高配置比重的投资基金，并分析金融相依度指数是否会影响一国或地区被传染的可能性。研究发现，与危机国家或地区金融相依度较高的国家或地区危机期间资产收益率下降较多。Ilyina（2005）的研究进一步表明，基于相对收益评价机制的机构投资者在金融危机传染中的作用较明显，而基于绝对收益评价机制的机构投资者在金融危机传染中的作用并不显著。

2.2.3　羊群行为与恐慌行为

若把不同国家之间国际资本流动的关联性看作风险在不同国家之间的传染渠道或者传染源的话，季风效应和溢出效应属于基于经济基本面的显性传染渠道，而投资者行为导致的资本流动属于隐性传染渠道。研究表明，全球金融市场的高度融合使两个看似没有关联的金融市场之间发生危机传染的可能性显著提高，其中，投资者行为是这种现象产生的主要原因，具体表现为跨国投资者的羊群行为和恐慌行为（Aitken，1998；Dornbusch 等，2000）。

（1）羊群行为

羊群行为是指市场参与者因为观察到其他市场参与者买卖资产而采取相似策略的行为。其产生的原因之一是信息不对称，即投资者认为可以通过观测其他投资者的行为获取信息，因此模仿其他投资者进行投资。Lakonishok 等（1992）认为，因为机构投资者比个人投资者更容易获取其他投资者的交易信息，因此羊群效应更加显著。实证研究表明新兴市场的共同基金存在一定程度的羊群行为。如 Borensztein 和 Gelos（2003）基于 1996—2000 年共同基金投资的

---

① 基金经理的激励机制是一种相对激励机制，即基金经理的绩效取决于他管理的资产收益率与基准指数收益率的差值。

月度数据计算了全球主要地区的 HM 指数[1]，研究表明，全球主要地区的共同基金投资都存在显著的羊群行为，且羊群行为在一定程度上会增加一国或地区股票市场的波动率。基于 1996—2004 年的共同基金投资数据，Hsieh 等（2011）的研究表明羊群行为在亚洲市场上也广泛存在，并且羊群行为在亚洲金融危机期间和危机后更加显著。

投资者的羊群行为使不同类型的投资者在投资决策的过程中相互影响，当一国国际资本流动出现异常波动时，投资者通过观察其他投资者的行为同时进行资产组合的调整，并对其他国家的情况进行重估，导致不同国家和市场之间国际资本流动共同波动的加剧。

（2）恐慌行为

恐慌行为是指某种外在的因素促使短期资本突然大规模从尚具备偿债能力的债务人那里撤回，或者撤回对经济基本面尚好的国家的投资，是一种集体行为。Kaminsky 等（2001）认为，当一国资产价格发生下跌时，投资者会产生恐慌行为，同时会减少对其他国家的投资。投资者的这种恐慌行为使危机在国家间传染，甚至传染至经济基本面良好的国家。基于 13 只美国共同基金 1993 年 4 月至 1999 年 1 月的数据，Kaminsky 等（2004）研究发现证券投资基金在基金管理者和基金投资者中都存在恐慌的现象。个人投资者的基金申购和赎回行为会加剧机构投资者的恐慌行为，在经济基本面仍然较好的情况下，个人投资者的资金撤离使基金管理者也不得不卖出资产，进而使恐慌从一个国家传染至另一个国家。例如，在 1994 年墨西哥金融危机期间，比索汇率狂跌，股票价格下降，与之相邻的巴西国际证券投资随之减少了 5%；在 1998 年俄罗斯危机期间，同为新兴市场国家的马来西亚国际证券投资减少了约 30%。

不同国家的证券投资在面临危机时的表现不同，表明国际证券投资的传染效应不仅与外部负面冲击有关，也与本国的经济金融状况有关。当一国的经济金融脆弱性累积，在外部冲击发生时更容易经历证券投资的大规模撤离。例如，在 1998 年俄罗斯债务危机期间，捷克本国经济也陷入困境，因此经历了更大程度的资金撤退。同时，对外国投资者施加更多限制、政治不稳定等因素也会影响跨国投资者在危机期间的行为（Kaminsky 等，2002）。

综上所述，图 2.1 对国际资本流动关联性的产生渠道进行了归纳总结，国际资本流动的关联性主要是由三个方面的原因导致，即季风效应、溢出效应以及投资者行为。全球经济金融环境的变化和主要经济体的宏观政策变化会导致不

---

① Lakonishok 等（1992）首次提出了羊群行为的量化方法，即机构投资者在多大程度上超出预期地与其他投资者做相同的交易。计算方式如下：

$HM_{i,t} = \mid p_{i,t} - E(p_{i,t}) \mid - E \mid p_{i,t} - E(p_{i,t}) \mid$，其中，$p_{i,t} = \dfrac{No.\ of\ buyers(i,t)}{No.\ of\ buyers(i,t) + No.\ of\ sellers(i,t)}$。$E(p_{i,t})$

是期望值，会随着时间变化而变化，可以设定为所有国家的买方机构投资者数量除以总机构投资者数量。

同国家（尤其是新兴市场国家）之间的国际资本流动呈现联动性的特征；溢出效应使国家 A 的风险通过贸易关联、信贷关联、区域关联和资产组合调整渠道传染至国家 B，使两国的资本流动呈现同向波动的趋势；此外，国际投资者的羊群行为、恐慌行为使风险在不同国家之间传染，国际资本流动呈现联动性特征。国际资本流动较强的关联性特征使当一国的国际资本流动发生大幅波动时会传导至其他国家，容易发生多米诺骨牌效应，导致风险在不同国家之间发生传染，因此被认为是国际资本流动风险的重要维度之一。

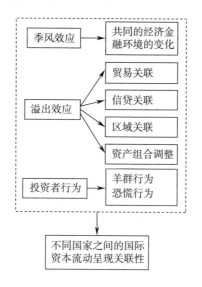

图 2.1　国际资本流动关联风险的生成机理

2.3　国际资本流入大进的风险分析

资本大进是指短时期内的资本大量涌入，英文是"Surge"（Ghosh 等，2014）或者"Bonanza"（Reinhart 和 Reinhart，2008）。实证研究表明，大量的资本涌入会导致实际汇率升值和经常账户的恶化，同时也会带来资产价格的泡沫、信贷扩张和经济金融周期波动性的增加（Reinhart 和 Reinhart，2008；Cardarelli 等，2010；Forbes 和 Warnock，2012；Calderon 和 Kubota，2014）。Reinhart 和 Reinhart（2008）认为资本大进事件会显著提高金融危机发生的可能性。可见，资本大进会使金融部门和非金融部门的系统脆弱性累积，是可能引发一国经济金融风险的来源之一。本部分分别从泡沫经济、汇率升值、货币政策独立性三个方面对资本大进的风险生成、触发机理进行详细阐述。

2.3.1 资本流入大进与泡沫经济

泡沫经济是指一国的虚拟经济以超过实体经济增速的速度过度膨胀，出现资产价格暴涨、信贷规模扩张、经济虚假繁荣的现象，而这种虚假繁荣缺乏实体经济的支撑。国际资本的大量涌入会带来两方面的影响：一方面，当国际资本投向一国实体经济部门时，会带来先进的技术和管理经验，推动东道国的经济发展；另一方面，当大量的国际资本涌入虚拟经济部门（如房地产市场和股票市场）时，资产价格泡沫随之产生，尤其是对于发展中国家来说，房地产市场和股票市场缺乏必要的监管以及成熟的市场运作经验，大量以逐利为目的的短期资本流入会迅速涌向房地产市场和股票市场，催生资产价格泡沫。进一步地，资本市场的繁荣使企业抵押品价格上升，从而导致银行的资产负债表扩张、信贷增加，反过来催生资产价格的进一步上涨。在这种正反馈的机制下，金融部门和非金融部门的系统脆弱性不断累积。

纵观 20 世纪以来的历次金融危机，从 20 世纪 80 年代的拉美债务危机、1997 年亚洲金融危机、2008 年国际金融危机至 2010 年的欧洲主权债务危机，每次危机的酝酿阶段都伴随着国际资本的大量涌入以及随之而来的资产泡沫。以亚洲金融危机为例，亚洲国家和地区在 20 世纪 90 年代维持了较高的经济增长率、较高的储蓄率和投资率，使国际投资者对亚洲国家和地区充满信心，在全球流动性充裕的背景下，以套利为目的的、以股票市场和外汇市场投机为目的的短期资本大量涌入，房地产市场和股票市场高企，为国际投资者袭击埋下了伏笔。类似地，国际金融危机爆发前夕大量的资金流向股票和房地产市场，金融体系杠杆率上升，美国按揭贷款占 GDP 的比重由 1997 年的 60% 上升至 2007 年的 105%；欧债危机之前，欧元区的成立使希腊、意大利、西班牙等国家可以较低的成本获得外部融资，2008 年希腊经常账户赤字占 GDP 的比重达到 15%，同时期的葡萄牙也有 13% 之多，资金大量涌入金融市场，低利率促进了消费和房地产相关的借贷（Obstfeld，2013），房地产价格指数飙升，金融脆弱性大大增加。

2.3.2 资本流入大进与汇率升值

汇率是两国货币的比价，在直接标价法下，汇率表示为单位外币的本币价值，也即外币的价格。汇率风险是指经济实体以外币定值或衡量的资产与负债、收入与支出，以及未来的经营活动预期产生现金流的本币价值因货币汇率的变动而产生损失的可能性。汇率是由外汇市场上外币的供求关系决定的。对于采用浮动汇率制度的国家来说，随着一国国际资本的大量涌入，外汇市场上的外币供大于求，外币价格下降，本币升值；而对于采用固定汇率制度的国家来说，国际资本大量涌入时，本国货币面临升值压力，货币当局在外汇市场上抛售本国货币以维持汇率稳定，从而导致本国货币供给的增加（见第 2.3.3 节的分析）。

在浮动汇率制度下，资金大量涌入带来的汇率升值会使一国出口产品价格上升，净出口规模下降，经常账户恶化（Cardarelli 等，2010）。持续的货币升值和经常账户恶化会使一国的国际竞争力下降，增加一国的经济脆弱性。以亚洲金融危机为例，1995—1997 年，日元兑美元贬值超过 50%，亚洲国家和地区出口竞争力下降、出口增速急剧下跌、经常账户恶化，由此吸引国际投机大鳄攻击泰铢，泰国当局耗尽外汇储备抵制泰铢贬值，货币危机爆发。

2.3.3　资本流入大进与货币政策独立性

货币政策独立性是指一国央行能够不受外国政策干扰而自主地从本国实际情况出发制定并且实施货币政策。它包含两层含义：一是央行可以独立自主地制定对本国发展有利的货币政策来调控宏观经济与预期之间的差距，而不受外国政策的干扰（例如政治和经济政策）；二是央行拥有自主的可控的货币政策工具来调控宏观经济并达到预期目标，而不受外国政治或经济因素的影响。关于资本流动对货币政策独立性的研究由来已久，Mundell 和 Fleming（1963）研究了开放经济条件下的"三元困境"，即在资本完全自由流动的经济体中，固定汇率制下，为维持汇率的稳定，货币政策独立性难以保证；浮动汇率制下，货币政策非常有效。由此，一国货币政策独立性、汇率稳定和资本自由流动不能同时实现。随后，Krugman（1999）进一步提出了"三元悖论"（Trilemma），他认为，亚洲金融危机爆发的主要原因是资本账户开放的情况下还要维持固定汇率制度。Obstfeld 和 Taylor（2003）从"三元悖论"的角度出发，探讨了 19 世纪以来资本自由流动对一国货币政策施加的约束。具体来说，1870—1914 年的金本位制时期，国际资本市场逐渐融合，为维持固定汇率制度和日益增长的资本流动，许多国家牺牲了国内经济的稳定健康运行，如美国财政部曾为维持美元与黄金的固定比率导致 1891—1897 年国内的严重通胀；1914—1945 年两次世界大战期间，为了控制本国汇率稳定和货币政策独立性，大部分国家采取贸易和资本账户管制政策，国际资本流动量大幅缩减；1945—1971 年布雷顿森林体系时期，世界范围内的固定汇率制度重新建立，牺牲了国际资本的自由流动；1971年至今，全球资本账户开放进程加速，资本流动的规模和波动性逐渐增加，大多数发达国家选择采取浮动汇率制度以维持本国货币政策的独立，小的发展中国家为维持固定汇率制选择货币局制度或直接盯住美元的汇率制度，放弃货币政策的独立性，大的发展中国家（智利、巴西、墨西哥等）则逐步开放其资本账户，货币政策盯住国内通胀。

如前所述，在固定汇率制度下，国际资本流动会影响一国货币政策的独立性。当一国国际收支出现盈余时，国际资本会通过三个渠道流入国内：一是通过企业和居民形成企业和居民持有外汇，二是通过商业银行形成商业银行持有外汇，三是通过中央银行形成国家外汇储备，中央银行购买外汇资产的行为直接投放了基础货币，从而形成外汇占款，基础货币通过乘数效应扩大货币供给，具体影响机制如图2.2所示。

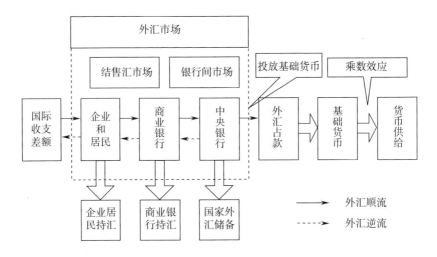

图2.2 外汇占款影响货币供给机制

以中国为例（见图2.3），为应对长期以来人民币升值的压力，2000—2015年中国外汇占款规模不断增加，由2000年1月的15016.2亿元增加到2015年2月峰值时期的293419.99亿元；与此同时，外汇占款的同比增速波动下降，表明人民币升值压力逐渐释放，人民银行对外汇市场的冲销干预减少。2015年3月

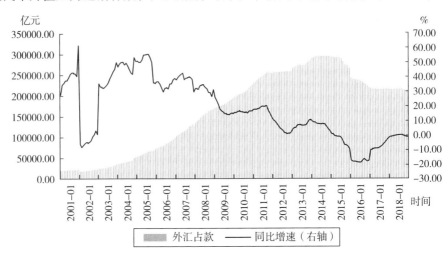

数据来源：中国人民银行网站。

图2.3 中国的外汇占款及同比增速

以来，外汇占款逐渐减少，原因是美国经济的强劲复苏、美联储加息等因素使美元不断走强，国内经济增长结构性下行，资金逐渐流出中国，在此背景下，人民币贬值压力增加，人民银行出售外汇资产以稳定人民币汇率，外汇占款下降。2017 年以来，外汇占款维持在 2.1 万亿元的水平。

此外，国际资本的大量涌入会给一国带来资产价格的大幅上升、银行信贷扩张、汇率升值、经常账户恶化等风险，而国际资本流动的顺周期特征会使这类风险不断强化累积。理论研究表明，资本流动应该是逆周期的（counter - cy - clical）：当其经济受到负面冲击时，经济体会向国外借款以维持相同的消费水平，外部资金流入；当经济发展较好时，国内储蓄增加，偿还外部借款，资金外流。钱纳里和斯特劳斯（1966）的"双缺口"理论表明，当一国存在投资—储蓄缺口时，外资的流入会拉动投资，促进经济增长。但实证研究表明，国际资本流动往往呈现顺周期（pro - cyclical）的特征。如 Kaminsky 等（2004）研究了 1960—2003 年 104 个国家的资本流入、财政政策、货币政策和经济周期的关系，研究发现国际资本净流入在大部分发达国家和发展中国家都是顺周期的，其资本流动周期和宏观经济政策的周期（货币政策和财政政策）也是相互强化的。Broner 等（2013）的研究同样表明国际资本流动是顺周期的。资本流动的顺周期特征可能是以下几种原因造成的：第一，生产力发展的正向冲击导致储蓄和投资的同时增加，若投资增加大于储蓄，会吸引国际资本的净流入；第二，短暂的刺激政策会导致消费的突然上升（Calvo，1987；Calvo 和 Végh，1999），大量的消费需求需要通过外部借款来满足；第三，发展中国家的外部借款可获得性通常随经济周期的变化而变化，经济周期较好时，国家的借款风险溢价比较低，因此发展中国家借入大量国际贷款（Lane 和 Tornell，1998）；第四，经济周期上行时期一般伴随着资产价格的上涨以及银行信贷的扩张，短期国际资本会涌入以追求较高的收益。

国际资本流动的顺周期特征使一国经济过热时更多的国际资本涌入，国际资本的大量涌入又一次加剧资产价格泡沫、本币升值、经常账户恶化等经济现象，这种正反馈的效应使一国金融部门和非金融部门的系统脆弱性不断累积，为金融危机的爆发提供了条件。

综上所述，图 2.4 归纳了国际资本大进的风险生成机理。国际资本的大量涌入会导致一国资产价格的大幅上升、银行信贷扩张、汇率升值、经常账户恶化等经济现象，对于实施固定汇率制度的国家来说，国际资本的大量涌入会影响其货币政策的独立性，导致货币供应增加、通货膨胀率上升，这些现象都是经济过热的表现。此外，顺周期的国际资本流动会加剧经济过热的现象，导致一国金融系统的脆弱性持续累积。

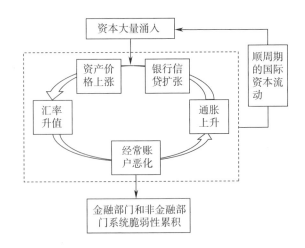

图 2.4　资本大进风险的生成机理

2.4　国际资本流入急停的风险分析

资本急停是指突然发生的国际资本流入的大幅度减少（Edwards，2004）。资本急停通常会给一国带来巨大的金融风险和经济波动，如汇率贬值、外部融资成本上升、银行不良信贷增加等，甚至会导致银行危机和货币危机（Calvo，1998；Calvo 等，2004；Calvo 和 Talvi，2005；Calderón 和 Kubota，2013）。资本急停是国际资本流动大幅波动导致的可能引发经济金融风险的直接原因。本部分从资本急停可能导致的危机出发对资本急停的风险进行梳理，包括货币危机、银行危机和债务危机。

2.4.1　资本流入急停与货币危机

货币危机是指一国货币的大幅度贬值。货币危机一般识别方法为：在不考虑储备损失和利率变动的情况下，一国货币对美元或相关基准货币（如英镑、欧元）年贬值率超过25%（Frankel 和 Rose，1996），Reinhart 和 Rogoff（2008）将临界值定为15%。国内外学者普遍认为，国际资本流动的大进大出会诱发货币危机，并形成了有代表性的三代货币危机理论。

第一代货币危机理论的代表人物是 Krugman（1979）以及 Flood 和 Garber（1984），研究背景是20世纪70年代末80年代初拉美国家的货币危机。理论假定政府为解决赤字问题会无限制地发行纸币，央行为维持固定汇率制度会持续抛售外汇直至储备消耗殆尽，最终引发货币危机。该理论着重强调扩张性的国内经济政策与固定汇率制度之间的固有矛盾是导致货币危机的主要原因，当经济基本面恶化时，政府维持固定汇率的承诺变得不可信，资本大量外逃，致使国际储备枯竭，固定汇率制度崩溃、货币危机爆发。正如 Krugman 所言，货币危机的爆发，根源常常在于政府不愿意采用维持固定汇率制度所需的财政和货币政策。

第二代货币危机理论的代表人物是 Obstfeld（1996）。模型假定政府不一定在储备耗尽之后才放弃固定汇率，而是会在维持固定汇率制度和放弃固定汇率制度之间权衡两种做法的成本和收益，以最大化其目标函数，且市场投资者和政府的目标函数相互包含，双方均根据对经济发展和对方行为的预期不断修正自己的选择，进行动态博弈。当市场参与者预期政府不会继续维持固定汇率时，其交易行为发生改变引发跨境资本流动流出，最终使危机自我实现。国际投资者的羊群行为和恐慌行为助推了危机的爆发。因此，第二代货币危机模型被称为"自我实现"危机模型。

第三代货币危机理论建立在第一、第二代基础之上，由一系列解释模型共同构成，其特点是从企业、银行以及外国债权人等微观主体的行为入手探讨危机的成因。第三代货币危机理论具有代表性的是道德风险模型、流动性危机模型、企业资产负债表模型等。（1）道德风险模型。该模型从道德风险的角度解释亚洲金融危机的发生，代表人物有 Mckinnon 和 Pill（1998）以及 Corsetti、Pesenti 和 Roubini（1999）。该模型认为，金融机构在得到政府或明或暗的担保、却未受到充分监督的情况下，会产生严重的道德风险，助长其从事高风险投机活动。Krugman 补充认为，在国际资本自由流动的条件下，金融机构的道德风险就转化为金融资产和房地产泡沫的过度累积，从而导致危机爆发。（2）流动性危机模型。Chang 和 Velasco（1999）认为，新兴市场货币危机是国际流动性不足导致的危机的"自我实现"。如果一国金融系统短期外币债务超过了它当时可获得的外币数量，那么该国金融系统就处于国际流动性不足的状态。当国内存款人和国外贷款人出现恐慌时，存款人都试图从银行提取存款，同时国外贷款人拒绝将贷款延期，银行被迫过早地进行资产清算并因此破产，导致危机爆发。（3）企业资产负债表模型。该模型以 Krugman（1999）为代表。Krugman 认为，东南亚货币危机的根源在于企业资产负债表恶化。本币贬值、高利率以及销售额的下降恶化了企业的资产负债表，削弱了企业财务状况，从而导致投资者信心的丧失。投资者的悲观情绪导致货币危机的蔓延。

2.4.2　资本流入急停与银行危机

银行危机一般通过两类事件来识别：（1）银行挤兑导致一家或多家金融机构倒闭、合并或者被公共部门接管；（2）在没有出现银行挤兑的情况下，一家重要的金融机构倒闭、合并、被接管或向政府申请大规模救助，同时其他金融机构也发生类似事件（Reinhart 和 Rogoff，2008）。

资本流动与银行危机的研究颇多。Reinhart 和 Rogoff（2008）从大跨度、系统性、定量化的研究视角，分析了涵盖了近 8 个世纪以来 66 个国家和地区的金融危机，包括银行危机。实证结果表明，资本自由流动与银行危机之间存在极高的相关性，在国际资本流动自由度较高的时期，银行危机的爆发频率也较高，如图 2.5 所示。作者又计算了两个概率：银行危机的无条件概率以及在资本大进三年的窗口期中银行危机的条件概率，结果表明，条件概率显著大于无条件概率，大多数国家和地区（61%）在资本大进前后更容易出现银行危机。

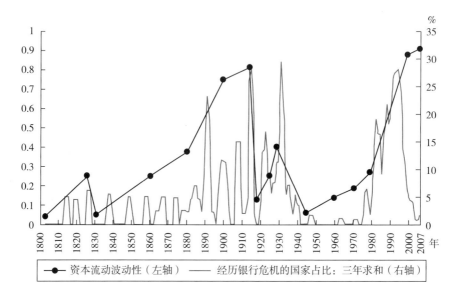

注：图 2.5 来自 Reinhart 和 Rogoff（2008），图片展示了 1800 年至 2007 年资本流动波动指数与银行危机发生的关系。资本流动波动指数计算方法来自 Obstfeld 和 Taylor（2003）。

图 2.5　资本流动和银行危机：1800—2007 年

国际资本的急停可以通过三种途径导致银行危机：第一，初期国际资本的大量涌入导致银行的可贷资金增加，诱发商业银行盲目扩张信贷，资产违约风险增加，当资本急停发生时，银行的不良贷款增加；第二，短期资本的大量流入扩大银行机构的外部短期负债，资金若投向长期项目会导致期限和币种的双重"错配"，一旦出现资本外逃，汇率大幅贬值，银行资产负债表恶化，货币危机和银行危机相伴而生（Kaminsky 和 Reinhart，1999）；第三，短期国际资本多投向收益较高的证券市场，推高股价，如果发生突发事件，股市中的资金就会出现恐慌迅速撤离，导致股价暴跌，金融证券市场的银行信贷就会缩水贬值，这种风险大到一定程度会引发银行危机乃至金融危机。

2.4.3　资本流入急停与外债危机

外债指一国对国外债权人的全部负债，包括官方债务和私人债务。外债可以缩小甚至是填补债务国的两个缺口（投资缺口和外汇缺口），并为其提供融资，不但在一定程度上可以缓解资本流入国资金短缺的问题，而且还可以通过外债引入先进技术、管理经验及人才，提高生产效率，促进经济增长和可持续发展。但与此同时，过度依赖外债也会增加流入国资金供应的不确定性，在国际金融和经济形势低迷或者债权国经济出现衰退、通货膨胀严重的时候，流入债务国的贷款总量就会减少。此外，如果债务国对所借债务使用不当（例如大部分用于消费从而减少投资及储蓄能力，降低偿债能力），那么债务国就不得不借新债还旧债，形成恶性循环，债务风险累积到一定程度就会爆发外债危机。本研究界定的外债危机是指在国际借贷领域中，主权国家在到期日未能支付本金或利息的现象。历史上最大的外债违约发生在 2001 年的阿根廷，违约债务达到 950 亿美元，最终通过债务减免和延长利息支付来解决。

由于大多数发展中国家经济发展程度落后、生产技术水平低下，因此会大量引入外资发展国内经济，其中外债是很重要的组成部分。外资除了进入实体经济部门以外，还会进入高收益的泡沫经济部门，助长泡沫经济，甚至引发经济危机。发展中国家的债务危机主要是以下三个原因造成的：资本过度流入、债务结构不合理以及债务利用不当。针对第一点，1973 年至 1982 年，非产油发展中国家的债务从 1301 亿美元增加至 6124 亿美元，负债率从 115.4% 提高到143.3%，这也直接导致了随后的拉美债务危机；20 世纪 80 年代的国际债务危机爆发时，发展中国家债务总量高达 7000 亿美元，而随后 2 年这些国家中的 31个被要求进行债务重组，重组规模高达 1673 亿美元；20 世纪 90 年代初发展中国家债务总量高达 1.2 万亿美元，1997 年亚洲金融危机前债务总量相较 1990 年增加近一倍。此外，联合国贸易与发展会议（UNCTAD）1997 年的报告显示，1994 年发展中国家的最不发达地区外债总额占 GDP 比重高达 32%，远远超过8% 的安全线和世界银行划定的 50% 的重债界限。针对第二点，债务有长期和短期之分，长期债务的特点就是还款期限较长，资金可利用的余地较大，而短期债务则要求还款时间短，资金的流动性强，与此同时可利用的余地较小。理想的外债结构应该是长、短期以一定比例搭配，这样既引入了外资，还不会出现偿债问题。然而发展中国家为了引入大量资金以发展本国经济，本国债务中的短期债务比例过大，从而导致偿债高峰期过于集中，造成偿债问题。针对第三点，发展中国家一方面产业结构不合理，而外资进入这些部门加剧了这种不合理，所以从长远来看资本并没有得到有效利用，所带来的宏观经济效益也不会很大，另一方面缺乏高效管理债务的能力，许多贷款投向没有生产能力的领域，其中还会滋生寻租和腐败的现象，这些都会造成外资利用效率下降，并严重削弱还本付息的能力。

资本急停主要通过两个渠道引发外债危机：第一，资本急停会导致本国货币的大幅贬值，使政府很难偿还高利息所增加的债务负担，引发外债危机（Dreher 等，2005）；第二，资本急停释放的消极信号使一国的外部融资成本上升，债务国很难以较低成本借款。如 2010—2011 年欧债危机期间，惠普等信用评级机构迅速下调了希腊等国家主权债务评级，希腊、葡萄牙、爱尔兰等国 10 年期国债利率息差（与德国相比）飙升。

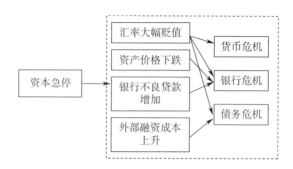

图 2.6　资本急停风险的生成机理

综上所述，图 2.6 归纳了资本急停的风险机理。具体来看，资本急停导致的本币大幅贬值会直接引发货币危机；汇率贬值、资产价格下跌、银行不良贷款的增加会使银行的资产负债表恶化，引发银行危机；而汇率贬值和资本外逃导致的外部融资成本上升使一国发生债务危机的可能性增大。此外，一国货币危机、银行危机和债务危机的发生并非相互独立，而是相互影响。如图 2.7 所示，货币危机的发生会提高银行、公共部门和私人部门的外债成本，导致银行危机和债务危机发生的可能性增加；一国的债务违约会导致本国货币贬值，也会提高银行的外部融资成本；政府对银行危机进行救助会使本国流动性过剩，引发货币危机，并且提高财政债务规模，增加发生货币危机的可能性。

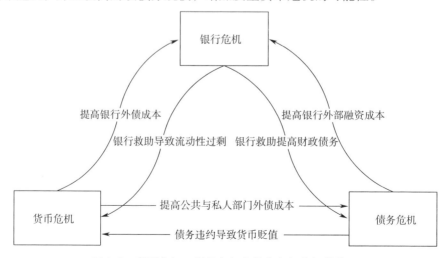

图 2.7　货币危机、银行危机和债务危机之间的关系

2.5　国际资本流动风险系统性分析框架

在理论研究和文献总结的基础上，本章研究定义了国际资本流动风险，即国际资本流动风险是国际资本流动的相互关联或大幅波动导致的对一国经济金融体系可能产生的冲击。在此基础上，本章依据国际资本流动的可能性风险来源构建了国际资本流动风险的系统性分析框架，如图 2.8 所示，即国际资本流动的风险主要来源于：国际资本流动的关联性、资本大进的风险以及资本急停的风险。

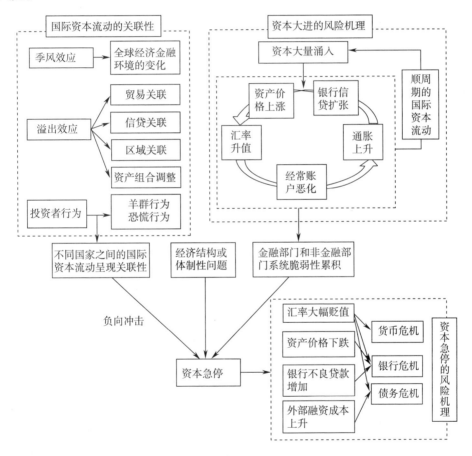

图 2.8　国际资本流动风险系统性分析框架

第一，不同国家之间的国际资本流动具有较强的关联性，一国国际资本流动的大幅波动会传导至其他国家，容易发生多米诺骨牌效应，导致风险在不同国家之间发生传染。不同国家之间的国际资本流动主要通过以下三个渠道发生关联：一是全球经济金融环境的变化和主要经济体的宏观政策变化会导致不同国家（尤其是新兴市场国家）之间的国际资本流动呈现联动性的特征；二是发生于国家 A 的经济金融风险通过贸易关联、信贷关联、区域关联和资产组合调整等渠道传染至国家 B，从而使国际投资者同时撤出对两国的投资，两国的资本流动呈现同向波动的趋势；三是投资者的羊群行为和恐慌行为使不同类型的投资者在投资决策的过程中相互影响，当一国国际资本流动出现异常波动时，投资者通过观察其他投资者的行为也同时进行资产组合的调整，并对其他国家的情况进行重估，导致不同国家和市场之间资本流动共同波动的加剧。

第二，资本大进是国际资本流动风险的重要来源，国际资本的大量涌入会导致一国资产价格的大幅上升、银行信贷扩张、汇率升值和经常账户恶化，对于实施固定汇率制度的国家来说，国际资本的大量涌入会影响其货币政策的独立性，导致货币供应增加、通货膨胀率上升，这些现象都是经济过热的表现。此外，顺周期的国际资本流动会加剧经济过热的现象，导致一国金融体系和非金融体系的系统脆弱性持续累积，为投机者的冲击埋下了伏笔。

第三，资本大进往往伴随着资本急停而发生，而资本急停是导致一国发生金融危机的直接原因之一。资本急停导致的本币大幅贬值会直接引发货币危机；汇率贬值、资产价格下跌、银行不良贷款的增加会使银行的资产负债表恶化，引发银行危机；而汇率贬值和资本外逃导致的外部融资成本上升使一国发生债务危机的可能性增大。

此外，本国经济结构或体制性的问题也是可能引发资本流动风险的原因，大多数转型经济体由于国内宏观经济恶化、金融体系不健全或市场过度开放等原因导致经济体不能实现对国际资本的有效配置，容易受到投机型资本流动的冲击，抵御资本流动大幅波动的能力较弱。

构建国际资本流动风险分析框架为一国进行国际资本流动风险的监管提供了系统的思路和方向。首先，我们应密切关注与我国有较强贸易和金融关联国家或地区的国际资本流动变化，防范其他国家或地区的金融风险对我国金融市场产生负面的溢出效应；其次，监管当局也应密切关注资本大量涌入带来的风险，当观察到资产价格的大幅上升、银行信贷扩张、汇率升值、通货膨胀率上升等经济过热的现象时，及时采取调控措施降低金融部门和非金融部门的杠杆，促进经济平稳健康发展；最后，资本急停往往是导致金融危机发生的直接原因，监管当局应密切关注大规模资金撤出的影响，在必要条件下采取外汇管制等措施减缓资金外流的趋势，引导汇率预期，保障金融市场的平稳运行。

在对国际资本流动风险含义进行讨论界定的基础上，本章构建了国际资本流动风险分析框架，系统性地分析了风险的可能性来源和传播机理，为风险监控提供了系统的思路和方向。以本章构建的国际资本流动风险分析框架为基础，本书对国际证券资金流动的风险展开深入研究。

参考文献

[1] AITKEN B. Have Institutional Investors Destabilized Emerging Markets? [J]. Contemporary Economic Policy, 1998, 16 (2): 173 – 184.

[2] AHMED S, ZLATE A. Capital Flows to Emerging Market Economies: A Brave New World? [J]. Journal of International Money and Finance, 2014, 48: 221 – 248.

[3] BORENSZTEIN E, GELOS R G. A Panic – prone Pack? The Behavior of E-merging Market Mutual Funds [J]. IMF Staff Papers, 2003, 50 (1): 43 – 63.

[4] BRONER F, DIDIER T, ERCE A, SCHMUKLER S L. Gross Capital Flows: Dynamics and Crises [J]. Journal of Monetary Economics, 2013, 60 (1): 113 – 133.

[5] BRONER F A, GELOS R G, REINHART C M. When in Peril, Retrench: Testing the Portfolio Channel of Contagion [J]. Journal of International Economics, 2006, 69 (1): 203 – 230.

[6] CALDERÓN C, KUBOTA M. Sudden stops: Are Global and Local Investors Alike? [J]. Journal of International Economics, 2013, 89 (1): 122 – 142.

[7] CALDERÓN C, KUBOTA M. Ride the Wild Surf: an Investigation of the Drivers of Surges in Capital Inflows [R]. World Bank Policy Research Working Paper 6753, 2014.

[8] CALVO G A. On the Costs of Temporary Policy [J]. Journal of Development Economics, 1987, 27 (1 – 2): 245 – 261.

[9] CALVO G A. Capital Flows and Capital – market Crises: the Simple Economics of Sudden Stops [R]. Working Paper, 1998.

[10] CALVO G A, IZQUIERDO A, MEJIA L F. On the Empirics of Sudden Stops: the Relevance of Balance – sheet Effects [R]. National Bureau of Economic Research Working Paper, 2004.

[11] CALVO G A, LEIDERMAN L, REINHART C M. Capital Inflows and Real Exchange Rate Appreciation in Latin America: the Role of External Factors [J]. International Monetary Fund Staff Papers, 1993, 40 (1): 108 – 151.

[12] CALVO G A, TALVI E. Sudden Stop, Financial Factors and Economic Collpase in Latin America: Learning from Argentina and Chile [R]. National Bureau of Economic Research Working Paper, 2005.

[13] CALVO G A, VÉGH C A. Inflation Stabilization and BOP Crises in Developing Countries. In Handbook of Macroeconomics [M]. 1999, 1: 1531 – 1614.

［14］CARDARELLI R, ELEKDAG S, KOSE M A. Capital Inflows: Macroeconomic Implications and Policy Responses ［J］. Economic Systems, 2010, 34 (4): 333 – 356.

［15］CHANG R, VELASCO A. Liquidity crises in emerging markets: theory and policy ［J］. NBER Macroeconomics Annual, 1999, 14: 11 – 58.

［16］CORSETTI G, PESENTI P, ROUBINI N. What caused the Asian currency and financial crisis? ［J］. Japan and the world economy, 1999, 11 (3): 305 – 373.

［17］DORNBUSCH R, PARK Y C, CLAESSENS S. Contagion: Understanding How it Spreads ［J］. The World Bank Research Observer, 2000, 15 (2): 177 – 197.

［18］DREHER A, HERZ B, KARB V. Is There a Causal Link between Currency and Debt Crises? ［R］. Working Paper, 2005.

［19］EICHENGREEN B, MODY A. Interest Rates in the North and Capital Flows to the South: is there a Missing Link? ［J］. International Finance, 1998, 1 (1): 35 – 57.

［20］FLOOD R P, GARBER P M. Collapsing Exchange – rate Regimes: Some Linear Examples ［J］. Journal of International Economics, 1984, 17 (1): 1 – 13.

［21］FORBES K J, WARNOCK F E. Capital Flow Waves: Surges, Stops, Flight and Retrenchment ［J］. Journal of International Economics, 2012, 88 (2): 235 – 251.

［22］FRANKEL J A, ROSE A K. Currency Crashes in Emerging Markets: An Empirical Treatment ［J］. Journal of International Economics, 1996, 41 (3): 351 – 366.

［23］FRATZSCHER M. Capital flows, Push versus Pull Factors and the Global Financial Crisis ［J］. Journal of International Economics, 2012, 88 (2): 341 – 356.

［24］FROOT K A, O' CONNELL P G J, SEASHOLES M S. The Portfolio Flows of International Investors ［J］. Journal of Financial Economics, 2001, 59 (2): 151 – 193.

［25］GELOS G. International Mutual Funds, Capital Flow Volatility, and Contagion – A Survey. In Caprio G, Beck T, Claessens S, Schmukler S. (eds), The Evidence and Impact of Financial Globalization ［M］. Amsterdam, Elsevier, 2013: 131 – 143.

［26］GHOSH A R, QURESHI M S, KIM J I, ZALDUENDO J. Surges ［J］. Journal of International Economics, 2014, 92 (2): 266 – 285.

［27］HSIEH S, TAI Y Y, VU T B. Do Herding Behavior and Positive Feedback Effects Influence Capital Inflows? Evidence from Asia and Latin America ［J］. The International Journal of Business and Finance Research, 2008, 2 (2): 19 – 34.

［28］ILYINA A. Investment Restrictions and Contagion in Emerging Markets ［R］. Working Paper, 2005.

［29］KAMINSKY G, LYONS R, SCHMUKLER S. Mutual Fund Investment in E-merging Markets: An Overview. In S. Claessens and K. Forbes (Eds.), International financial contagion ［M］. Springer US, 2001: 157 – 185.

［30］KAMINSKY G, LYONS R, SCHMUKLER S. Liquidity, Fragility and Risk: the Behavior of Mutual Funds During Crises ［R］. Working Paper, 2002.

［31］KAMINSKY G L, REINHART C M. The Twin Crises: the Causes of Banking and Balance – of – payments Problems ［J］. American Economic Review, 1999: 473 – 500.

［32］KAMINSKY G L, REINHART C M, VÉGH C A. When it Rains, it Pours: Procyclial Capital Flows and Macroeconomic Policies ［J］. NBER Macroeconomics 2004 (19): 11 – 53.

［33］KRUGMAN P. A Model of Balance – of – payments Crises ［J］. Journal of Money, Credit and Banking, 1979, 11 (3): 311 – 325.

［34］KRUGMAN P. Balance Sheets, the Transfer Problem, and Financial Crises. In International Finance and Financial Crises ［M］. Springer, 1999: 31 – 55.

［35］LAKONISHOK J, SHLEIFER A, VISHNY R W. The Impact of Institutional Trading on Stock Prices ［J］. Journal of Financial Economics, 1992, 32 (1): 23 – 43.

［36］LANE P, TORNELL A. Why aren't Latin American Saving Rates Procyclical? ［J］. Journal of Development Economics, 1998, 57: 185 – 200.

［37］MCKINNON R I, PILL H. International overborrowing: a decomposition of credit and currency risks ［J］. World Development, 1998, 26 (7): 1267 – 1282.

［38］MOWBRAY A H, BLANCHARD R H, WILLIAMS C A. Insurance: its Theory and Practice in the United States ［R］. Working Paper, 1995.

［39］OBSTFELD M. Models of Currency Crises with Self – fulfilling Features ［J］. European Economic Review, 1996, 40 (3): 1037 – 1047.

［40］OBSTFELD M. Finance at center stage: Some lessons of the euro crisis ［R］. Working Paper, 2013.

［41］OBSTFELD M, TAYLOR A M. Globalization and Capital Markets. In Globalization in Historical Perspective ［M］. University of Chicago Press, 2003: 121 – 188.

［42］REINHART C M, ROGOFF K S. This Time is Different: A Panoramic View of Eight Centuries of Financial Crises ［R］. National Bureau of Economic Research, 2008.

［43］TILLMANN P. Capital Inflows and Asset Prices：Evidence from Emerging Asia ［J］. Journal of Banking and Finance，2013，37（3）：717－729.

［44］WILLIAMS C A，HEINS R M. Risk Management and Insurance ［M］. New York，McGraw Hill，1985.

［45］胡宣达，沈厚才. 风险管理学基础——数理方法 ［M］. 南京：东南大学出版社，2001.

［46］国家外汇管理局资本流动脆弱性分析和预警体系课题组. 金融脆弱性分析：中国跨境资本流动监测预警体系构建 ［M］. 北京：中国商务出版社，2005.

第3章 全球主要经济体资本流动波动关联性特征研究

3.1 引言

在全球化的背景下，国际资本流动越来越密切，且流向呈现出如下特点：在经济平稳发展时期，大量国际资本倾向于流入经济增长较快的新兴市场和发展中经济体；而在发生金融危机时，大量国际资本又会寻觅安全岛，流向金融市场较为发达和成熟的发达经济体。因而，全球主要国家或地区间的国际资本流动波动应该具有一定的关联性。那么，全球主要国家或地区国际资本流动波动的关联性如何？不同区域国际资本流动波动的关联性是否有所差异？新兴市场及发展中经济体与发达经济体的国际资本流动波动的关联性是否呈现不同特征？为了弄清上述问题，本章通过计算相关系数对全球、不同区域、新兴市场及发展中经济体和发达经济体的国际资本流动波动的关联性进行分析。

3.2 国际资本流动波动含义及其度量

国际资本流动波动是指国际资本流动偏离其长期趋势的程度。本章的研究对象是国际资本流动中的私人资本流动及构成私人资本流动的直接投资、证券投资和其他投资三类不同的资本流动，因其最能反映基于市场行为的私人部门的投资意愿，并且其波动性和对一国经济造成的危害要比官方资本流动大，所以选取私人资本净流动的波动及直接投资、证券投资和其他投资三类资本净流动的波动作为分析变量。

借鉴 Neumann 等（2009）、Mercado 和 Park（2011）、Lee 等（2013）等学者对资本流动波动的算法，本章私人资本净流动波动的计算是经 GDP 标准化的过去五年私人资本净流动的标准差，其计算方法如下：

$$CFV_{i,t} = \sqrt{\frac{1}{n} \sum_{k=t-19}^{t} \left(\frac{CF_{i,k}}{GDP_{i,k}} - \mu \right)^2} \tag{3.1}$$

式（3.1）中，$\mu = \frac{1}{n} \sum_{k=t-19}^{t} \left(\frac{CF_{i,k}}{GDP_{i,k}} \right)$；$CF_{i,k}$ 是第 i 个国家或地区在第 k 时期的

私人资本净流动；$GDP_{i,k}$ 是第 i 个国家或地区在第 k 时期的国内生产总值。

类似地，直接投资、证券投资、其他投资资本净流动波动的计算分别如式（3.2）~（3.4）所示：

$$FDIV_{i,t} = \sqrt{\frac{1}{n}\sum_{k=t-19}^{t}\left(\frac{FDI_{i,k}}{GDP_{i,k}} - \mu\right)^2} \qquad (3.2)$$

$$PIV_{i,t} = \sqrt{\frac{1}{n}\sum_{k=t-19}^{t}\left(\frac{PI_{i,k}}{GDP_{i,k}} - \mu\right)^2} \qquad (3.3)$$

$$OIV_{i,t} = \sqrt{\frac{1}{n}\sum_{k=t-19}^{t}\left(\frac{OI_{i,k}}{GDP_{i,k}} - \mu\right)^2} \qquad (3.4)$$

私人资本净流动、直接投资、证券投资和其他投资资本净流动的数据来源于国际货币基金组织（IMF）的 BOP 数据库[①]，私人资本净流动为非储备资产性质的金融账户差额，即直接投资差额、证券投资差额和其他投资差额之和；GDP数据来源于 CEIC 数据库。

3.3 研究方法与样本选择

3.3.1 Spearman 相关系数与复杂网络

在分析方法的选择上，本章采取 Spearman 相关系数和复杂网络相结合的方法来分析不同国家和地区间国际资本流动波动的关联性。

通过相关系数来分析金融市场的关联性是最常用的方法。由于 Pearson 相关系数对数据要求较为严格，被分析的变量不仅要各自服从正态分布，而且还要服从联合正态分布，而 Spearman 相关系数是秩相关系数，其原理是对两个变量的秩次计算线性相关系数，对变量的分布没有要求，因此，本章选取 Spearman相关系数来分析国际资本流动波动的关联性（张文彤、闫洁，2004）。

根据 Spearman 相关分析结果，将会得到 47 个国家和地区两两的 Spearman相关系数，由于样本国家和地区数较多，两两分析相关性会得到 1081 组Spearman 相关系数，如果直接展示 Spearman 相关分析结果，不仅显得不够直观，而且很难找出这些国家和地区国际资本流动波动关联的主要特征。基于这个原因，本章选择用复杂网络的方法对 Spearman 相关分析中显示出来的显著相关关系进行刻画。复杂网络是由节点与通过一定规则形成的连接节点的边所构成（赵明等，2012），对应到本章中，国际资本流动波动关联网络的节点就是各个国家或地区，各个国家或地区之间的连线，即国际资本流动波动关联网络的边，

---

① http：//data. imf. org/? sk = 7A51304B－6426－40C0－83DD－CA473CA1FD52&ss = 1390030341854.

是根据两个国家或地区之间国际资本流动波动的相关性是否显著来建立。

复杂网络与 Spearman 相关分析相结合不仅能够直观地反映出两两国家或地区间国际资本流动波动的相关关系，还能通过分析复杂网络的统计性指标从整体把握国际资本流动波动关联网络的特点。国际资本流动波动的 Spearman 相关系数用 SPSS 软件进行分析，国际资本流动波动关联网络用 Gephi 软件进行绘制和分析。

本节对复杂网络分析法进行介绍，以便于对实证结果进行分析（郭雷、许晓鸣，2006；赵明等，2012；汪小帆等，2012；巴曙松，2013）。具体来看，一个网络可以抽象为一个由点集 V 和边集 E 组成的图 $G = (V, E)$，其中 V 是所有节点（Nodes）的集合，E 是所有边（Edges）的集合，(i, j) 表示从节点 i 到节点 j 的连接，$i = 1, 2, \cdots, N. (i, j) \in V^2$。根据网络的边是否有向和是否有权重，网络可以分为四种类型：加权有向图、加权无向图、无权有向图和无权无向图。

网络也可以用邻接矩阵 $A(G)$ 表示。$A(G) = (a_{i,j})_{N \times N}$ 为 N 阶矩阵，邻接矩阵第 i 行第 j 列的元素 $a_{i,j}$ 定义如下：若存在从顶点 i 指向顶点 j 的边，$a_{i,j} = 1$；若不存从顶点 i 指向顶点 j 的边，$a_{i,j} = 0$。对于无向网络有 $a_{i,j} = a_{j,i}$。根据节点间关系的强弱还可以对网络的边赋予权重，即产生一个权重矩阵 $W(G)$，$w_{i,j}$ 表示从顶点 i 指向顶点 j 的边的权重。若存在从顶点 i 指向顶点 j 的权重为 $w_{i,j}$ 的边，$a_{i,j} = w_{i,j}$；若不存从顶点 i 指向顶点 j 的边，$a_{i,j} = 0$。因此对于无向网络有 $w_{i,j} = w_{j,i}$。接下来，我们从网络的基本拓扑性质出发对网络进行分析。

网络的拓扑性质是指与网络中节点的大小、位置、性质、功能以及节点之间的连接方式无关而仅与网络中有多少个节点以及哪些节点之间有边相连这些基本特征相关的性质[①]。本研究关注的网络拓扑性质包括网络平均度、网络密度、平均最短路径长度与聚类系数。

（1）网络平均度（Average Degree）

节点的度是复杂网络最基本的描述性指标，无向网络中节点 i 的度（Degree）k_i 是指与节点 i 相连的边的条数，节点的度越大，表示与该节点相连的节点越多，该节点在网络中越重要。网络中所有节点的度的算数平均值为该网络的平均度，反映整个网络中平均与每个节点相连的节点数。

无向网络的网络平均度表达式为

$$k_i = \sum_{j=1}^{N} a_{i,j} = \sum_{j=1}^{N} a_{j,i}^* \qquad (3.5)$$

有向网络中节点的度包括出度（Out‑degree）和入度（In‑degree），节点 i 的出度指从节点 i 指向其他节点的边的数目，节点 i 的入度指从其他节点指向节点 i 的边的数目。整个网络的平均出度和平均入度是相同的。

---

① 几何对象的拓扑性质是指该对象在连续变形下保持不变的性质，连续变形是指允许伸缩和扭曲等变形，但不允许割裂和黏合。

（2）网络密度（Density）

一个网络的密度为网络的实际边数与任意两个节点都相连的边数之比，包含 N 个节点的网络的密度 ρ 是指网络的实际边数 M 与任意两个节点都相连的网络边数之比。密度用来度量网络的完整性，一个完整的网络其密度为 1。对于无向网络，$\rho = \dfrac{M}{\frac{1}{2}N(N-1)}$；对于有向网络，$\rho = \dfrac{M}{N(N-1)}$。

（3）平均路径长度（Average path length）

网络中节点 i 和节点 j 之间的最短路径是指连接这两个节点的边数最少的路径，节点 i 和节点之间的距离 $d_{i,j}$ 是指连接这两个节点最短路径上的边的条数。网络的平均路径长度被定义为任意两个节点之间的距离的平均值，反映了网络中节点之间连接的紧密程度，其表达式为

$$L = \frac{1}{\frac{1}{2}N(N-1)} \sum_{i \geqslant j} d_{i,j} \tag{3.6}$$

研究表明，尽管许多实际的网络节点数巨大，但是网络的平均路径却非常小，即小世界现象。对于国际资本流动网络来说，平均路径长度是使任意两个国家或地区的资本流动产生关联的国家或地区的平均个数。

（4）聚类系数（Clustering coefficient）

聚类系数是指与第 i 个国家或地区相关联的两个国家或地区也存在直接关联的概率。假设网络中节点 i 的度为 k_i，则网络中节点 i 的聚类系数定义为

$$C_i = \frac{E_i}{\frac{1}{2}k_i(k_i-1)} \tag{3.7}$$

其中，E_i 是节点 i 的 k_i 个相邻节点之间实际存在的边数。一个网络的聚类系数定义为网络中所有节点的聚类系数的平均值，聚类系数可以反映网络的结构特征。

3.3.2 样本选取与数据来源

为了从整体把握 20 世纪 90 年代以来全球国际资本流动波动的关联情况，并且能够分析出不同类型私人资本流动波动关联性的区域特征和不同经济体的特征，首先需要搜集样本并对每个国家或地区的私人资本流动波动性进行计算，然后选用合适的方法分析全球主要国家或地区国际资本流动波动的关联情况、不同经济体以及不同区域国际资本流动波动的关联情况，最后对分析结果进行描述和解读。

在选取样本时主要考虑以下几点：（1）样本期间尽量涵盖 1990 年至 2015 年，这样可以尽可能多地将具有传染特征的危机期间包含进来；（2）样本国家和地区在全球经济金融方面具有比较重要的地位和较大影响力；（3）样本国家

和地区尽可能多且来自不同区域,这样既可以分析区域间国际资本流动的关联性,也可以分析区域内国际资本流动的关联性;(4)样本尽量涵盖具有不同特征的国家和地区,既要包含发达国家和地区,也要包含新兴市场国家和地区;(5)样本国家和地区的经济是相对开放的,因为经济相对封闭的国家和地区很难受到外部不利冲击的影响,也很少与其他国家和地区在国际资本流动上有联系;(6)数据可得。基于以上考虑,最终选取的样本时间为 2000 年第一季度至2013 年第四季度,选取的国家和地区共计 47 个,其中发达国家和地区 24 个,包括澳大利亚、中国香港、日本、韩国、新西兰、新加坡、奥地利、捷克、丹麦、芬兰、法国、德国、爱尔兰、意大利、荷兰、挪威、葡萄牙、西班牙、瑞典、瑞士、英国、加拿大、美国、以色列,新兴市场及发展中国家 23 个,包括孟加拉国、中国(不含中国香港地区)、印度、印度尼西亚、马来西亚、巴基斯坦、菲律宾、泰国、土耳其、越南、匈牙利、波兰、罗马尼亚、俄罗斯、乌克兰、阿根廷、巴西、智利、哥伦比亚、墨西哥、秘鲁、委内瑞拉、南非。47 个样本国家和地区中,有 16 个亚太地区国家和地区、20 个欧洲地区国家、9 个美洲地区国家、1 个非洲国家和 1 个中东国家。

3.4　研究结果与分析

3.4.1　全球主要经济体间国际资本流动波动关联性分析

根据 2005 年第一季度至 2013 年第四季度 47 个国家或地区两两之间私人资本、直接投资、证券投资和其他投资净流动波动的相关关系网络,全球主要国家或地区间私人资本净流动的波动大多数是显著正相关的,这表明全球化程度较高,私人资本净流动波动显示出较强的关联性。只有阿根廷的私人资本净流动波动与大多数国家或地区的私人资本净流动波动呈现显著的负相关性。

从三类私人资本净流动波动的关联性来看,其他投资资本净流动波动有显著关联的国家或地区最多,其次是证券投资资本净流动波动,直接投资资本净流动波动有显著关联的国家或地区最少。

直接投资净流动波动方面,全球主要国家或地区间的直接投资资本净流动波动相关关系有正有负,其中大部分亚洲国家和美洲国家之间直接投资资本净流动的波动具有显著的关联关系,少数国家或地区如孟加拉国、印度尼西亚、阿根廷、澳大利亚、中国香港、捷克与大多数国家直接投资资本净流动波动呈现负相关关系。

证券投资净流动波动方面,中国、菲律宾、阿根廷、委内瑞拉与全球主要国家证券投资资本净流动波动关联性较弱,其他国家和地区相互之间的证券投资资本净流动波动的关联性较强,以色列的证券投资资本净流动波动虽与其他国家或地区呈现出较强相关性，但大都呈负相关。

其他投资净流动波动方面，全球大多数国家和地区之间都显示出较强的关联性。英国、挪威和阿根廷显示出与大多数国家和地区不同的特征：挪威的其他投资资本净流动波动与美洲地区的新兴市场国家、欧洲地区的新兴市场国家、亚洲地区的发达国家或地区具有较强的关联性，与欧洲发达国家的关联性较弱；英国的其他投资资本净流动波动只与新兴市场中的印度、俄罗斯、巴西以及发达国家中的日本、奥地利、荷兰、挪威、以色列具有关联性，且都为显著负相关性；阿根廷的其他投资资本净流动波动与大多数国家和地区为负相关关系，即大多数国家和地区其他投资资本净流动波动性较高时，阿根廷的其他投资资本净流动波动性反而较低。

表 3.1 从网络平均度、网络聚类系数、网络密度和网络平均最短路径长度四个方面对私人资本净流动波动、直接投资净流动波动、证券投资净流动波动和其他投资净流动波动的相关关系网络进行了描述。从网络平均度来看，私人资本净流动波动相关关系网络、直接投资净流动波动相关关系网络、证券投资净流动波动关系网络的平均度分别为 37.745、29.362、35.545 和 42.766，即在 47 个样本国家和地区中，平均每个国家和地区与 38 个国家和地区的私人资本净流动波动有显著相关性、与 29 个国家和地区的直接投资净流动波动有显著相关性、与 36 个国家和地区的证券投资净流动波动有显著相关性、与 43 个国家和地区的其他投资净流动波动有显著相关性，表明大多数国家和地区的国际资本流动波动都关联在一起；从三类资本流动波动的关联程度看，国家或地区间的其他投资净流动波动联系得最为紧密，其次是证券投资净流动波动，而国家或地区间直接投资净流动波动的关联最弱。

从网络聚类系数来看，私人资本净流动波动相关关系网络的聚类系数为 0.907，即与单个国家或地区私人资本净流动波动有显著相关性的其他国家或地区之间也具有显著相关性的比例平均为 90.7%，表明该网络的聚类程度较高，反映出全球化程度较高。在三类资本净流动波动相关关系网络中，其他投资净流动波动相关关系网络的聚类系数大于证券投资和直接投资，表明相对于证券投资和直接投资，其他投资的波动性出现关联的国家和地区更多。

表 3.1   国际资本流动波动相关关系网络的描述性统计

网络类型	网络平均度	网络聚类系数	网络密度	网络平均最短路径长度
私人资本净流动波动	37.745	0.907	0.821	1.18
直接投资净流动波动	29.362	0.728	0.638	1.36
证券投资净流动波动	35.545	0.887	0.827	1.17
其他投资净流动波动	42.766	0.967	0.930	1.07

注：由于孟加拉国、巴基斯坦和罗马尼亚三个国家的证券投资净流动数据缺失，所以证券投资净流动波动关联图中不包含这三个国家，该网络的节点数为 44 个。其他网络的节点数为 47 个。

从网络密度来看，私人资本净流动波动相关关系网络的密度达 0.821，即任意两个国家或地区间的私人资本净流动波动具有显著相关性的概率为 0.821，表明全球主要国家或地区间的私人资本净流动波动的关联性较强。在三类私人资本流动中，其他投资净流动波动相关关系网络的密度大于证券投资，直接投资净流动波动相关关系网络的密度最小，表明全球主要国家或地区间国际资本流动波动的关联性主要体现在其他投资和证券投资资本流动的波动上。

从网络平均最短路径长度来看，私人资本净流动波动相关关系网络的平均最短路径长度为 1.18，说明网络中各个国家或地区私人资本净流动波动的关联非常密切。在三类私人资本流动中，其他投资净流动波动相关关系网络的平均最短路径长度最短，几乎每两个国家或地区的其他投资净流动波动都有显著的相关关系，证券投资和直接投资净流动波动相关关系网络的平均最短路径长度也很短，但略长于其他投资。

通过分析国际资本净流动波动相关关系网络的四个统计性指标可以看出，在全球化背景下，全球主要国家或地区间私人资本净流动波动显示出较强的关联性，不仅相关关系显著，而且相互关联的国家或地区较多。对私人资本净流动波动的关联性贡献最大的是其他投资，其次是证券投资，直接投资净流动波动的关联性相对弱一些。

其他投资和证券投资都属于短期性资本，其他投资资本流动主要为国际间货币市场上的资本流动，证券投资主要为国际间证券市场上的资本流动，两者对市场波动更加敏感，容易出现羊群效应，易于在短期内变现和流通；直接投资则属于长期资本，一般是出于获取长期利益的需要而投资于厂房、机械设备、专利、商标等企业的实物资产，短期内不容易变卖（Sula 和 Willett，2009）。所以，相对于直接投资来说，其他投资和证券投资净流动波动更容易受短期市场的影响而出现波动性，因而全球主要国家或地区间的其他投资和证券投资净流动波动体现出较强的关联性也不难理解。

3.4.2　不同经济体间国际资本流动波动关联性分析

由于新兴经济体金融体系比较脆弱，而发达经济体的金融体系相对成熟一些（王东风，2007），这两类不同的经济体在国际资本流动波动的关联性上可能呈现不同的特征，发达国家或地区内部和与新兴经济体之间、新兴市场国家内部和与发达经济体之间的国际资本流动波动的关联性也可能不同。这部分主要对新兴经济体和发达经济体这两类不同经济体内部和这两类经济体之间的私人资本、直接投资、证券投资和其他投资资本净流动波动的关联性进行分析。

3.4.2.1　不同经济体私人资本净流动波动关联性分析

表3.2 描述了新兴经济体内部、发达经济体内部、新兴经济体与发达经济体

之间的私人资本净流动波动相关关系的网络密度，结果表明发达经济体之间的私人资本净流动波动的关联度最强，其次是新兴经济体与发达经济体之间私人资本净流动波动的关联，新兴经济体之间的私人资本净流动波动的关联度最弱。

表 3.2　　　　　不同经济体私人资本净流动波动相关关系网络的网络密度

网络类型	新兴经济体	发达经济体	新兴经济体与发达经济体之间
网络密度	0.771	0.895	0.806

注：新兴（发达）经济体私人资本净流动波动相关关系网络的网络密度 = 样本中私人资本净流动波动具有显著相关性的新兴市场（发达）国家或地区两两组合数/样本中所有新兴市场（发达）国家和地区两两组合数，新兴经济体与发达经济体私人资本净流动波动相关关系网络的网络密度 = 样本中私人资本净流动波动具有显著相关性的新兴市场和发达国家或地区两两组合数/样本中所有新兴市场和发达国家或地区两两组合数。

图 3.1（A）和（B）分别描述了单个新兴市场国家和单个发达国家或地区

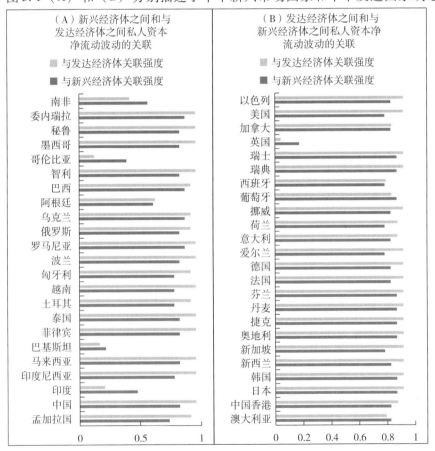

注：单个国家或地区的私人资本净流动波动与发达（新兴）经济体的关联强度 = 样本中与该国家或地区私人资本净流动波动有显著相关性的发达（新兴市场）国家或地区两两组合数/样本中所有发达（新兴市场）国家和地区两两组合数。

图 3.1　不同经济体私人资本净流动波动的关联

的私人资本净流动波动分别与新兴经济体和发达经济体私人资本净流动波动的关联程度。结果表明在新兴经济体中，除了南非、哥伦比亚、巴基斯坦和印度以外，其他新兴市场国家与发达经济体和新兴经济体在私人资本净流动波动上都有较高的关联程度，且与发达经济体的关联程度要强于与新兴经济体的关联程度；在发达经济体中，除了英国与发达经济体和新兴经济体的私人资本净流动波动的关联度较低以外，其他发达国家和地区与新兴经济体和发达经济体均有较高的关联度，这其中除了葡萄牙和澳大利亚以外，其他发达国家和地区与发达经济体的关联度要高于与新兴经济体的关联度。

上述现象可能与发达国家和地区较为成熟的金融市场和较为开放的投资环境有关。发达国家和地区金融市场更为成熟，开放度更高，投资经验更为丰富，私人资本更加活跃，发达国家或地区间的私人资本净流动波动的关联程度可能因此更强一些。

3.4.2.2　不同经济体直接投资资本净流动波动关联性分析

表3.3 描述了新兴经济体内部、发达经济体内部、新兴经济体与发达经济体之间国家或地区间的直接投资资本净流动波动相关关系的网络密度，结果表明新兴经济体与发达经济体之间的直接投资资本净流动波动的关联度强于新兴经济体内部和发达经济体内部国家或地区之间的直接投资资本净流动波动的关联度。

表 3.3　不同经济体直接投资资本净流动波动相关关系网络的网络密度

网络类型	新兴经济体	发达经济体	新兴经济体与发达经济体之间
网络密度	0.625	0.616	0.656

注：新兴（发达）经济体直接投资资本净流动波动相关关系网络的网络密度 = 样本中直接投资资本净流动波动具有显著相关性的新兴市场（发达）国家或地区两两组合数/样本中所有新兴市场（发达）国家和地区两两组合数，新兴经济体与发达经济体直接投资资本净流动波动相关关系网络的网络密度 = 样本中直接投资资本净流动波动具有显著相关性的新兴市场和发达国家或地区两两组合数/样本中所有新兴市场和发达国家和地区两两组合数。

图3.2（A）和（B）分别描述了单个新兴市场国家和单个发达经济体国家或地区的直接投资资本净流动波动分别与新兴经济体、发达经济体直接投资资本净流动波动的关联程度。从图3.2中可以看出，样本中大部分新兴市场国家的直接投资资本净流动的波动与发达经济体的关联度要比新兴经济体大一些，而样本中大部分发达国家和地区的直接投资资本净流动的波动与新兴经济体的关联度要比发达经济体大一些。结果表明，不同经济体之间的相互直接投资比同一经济体内的相互直接投资要活跃一些。

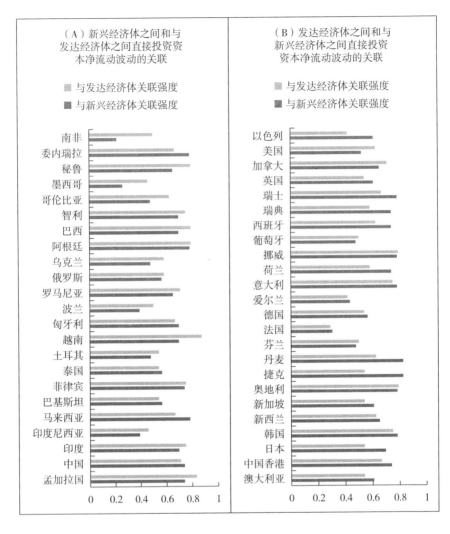

注：单个国家或地区的直接投资资本净流动波动与发达（新兴）经济体的关联强度 = 样本中与该国家或地区直接投资资本净流动波动有显著相关性的发达（新兴市场）国家或地区两两组合数/样本中所有发达（新兴市场）国家和地区两两组合数。

图3.2　不同经济体直接投资资本净流动波动的关联

3.4.2.3　不同经济体证券投资资本净流动波动关联性分析

表3.4描述了新兴经济体内部、发达经济体内部、新兴经济体与发达经济体之间国家或地区间的证券投资资本净流动波动相关关系的网络密度，结果表明发达经济体内部国家或地区之间的证券投资资本净流动波动的关联度最强，其次是发达经济体与新兴经济体之间证券投资资本净流动波动的关联，新兴经济

体内部国家之间的证券投资资本净流动波动的关联度最弱。这可能与发达经济体的证券市场更为成熟和开放有关。

表 3.4　不同经济体证券投资资本净流动波动相关关系网络的网络密度

网络类型	新兴经济体	发达经济体	新兴经济体与发达经济体之间
网络密度	0.732	0.906	0.819

注：新兴（发达）经济体证券投资资本净流动波动相关关系网络的网络密度＝样本中证券投资资本净流动波动具有显著相关性的新兴市场（发达）国家或地区两两组合数/样本中所有新兴市场（发达）国家和地区两两组合数，新兴经济体与发达经济体证券投资资本净流动波动相关关系网络的网络密度＝样本中证券投资资本净流动波动具有显著相关性的新兴市场和发达国家或地区两两组合数/样本中所有新兴市场和发达国家和地区两两组合数。

图 3.3（A）和（B）分别描述了单个新兴市场国家和单个发达经济体国家

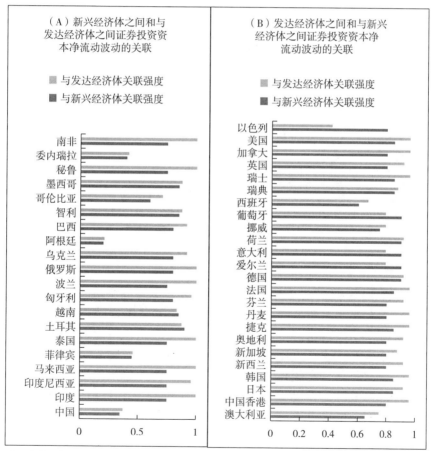

注：单个国家或地区的证券投资资本净流动波动与发达（新兴）经济体的关联强度＝样本中与该国家或地区证券投资资本净流动波动有显著相关性的发达（新兴市场）国家和地区两两组合数/样本中所有发达（新兴市场）国家和地区两两组合数。

图 3.3　不同经济体证券投资资本净流动波动的关联

或地区的证券投资资本净流动波动分别与新兴经济体和发达经济体证券投资资本净流动波动的关联程度。从图3.3中可以看出，发达国家或地区无论是与新兴经济体证券投资资本净流动的波动还是发达经济体的证券投资资本净流动的波动都具有显著的关联性，但发达经济体内部的证券投资资本净流动波动的关联性更强一些；新兴经济体中除委内瑞拉、阿根廷、菲律宾和中国外，其他样本国家与发达经济体和新兴经济体的证券投资资本净流动波动也体现出较强的关联性，但新兴经济体内部的关联性要弱于新兴经济体与发达经济体之间的关联性。

3.4.2.4　不同经济体其他投资资本净流动波动关联性分析

表3.5描述了新兴经济体内部、发达经济体内部、新兴经济体与发达经济体之间国家或地区间的其他投资资本净流动波动相关关系的网络密度，结果表明新兴经济体内部国家之间的其他投资资本净流动波动的关联度最强，其次是新兴经济体与发达经济体之间其他投资资本净流动波动的关联，发达经济体内部国家或地区之间的其他投资资本净流动波动的关联度相对最弱。

表3.5　　不同经济体其他投资资本净流动波动相关关系网络的网络密度

网络类型	新兴经济体	发达经济体	新兴经济体与发达经济体之间
网络密度	0.972	0.891	0.928

注：新兴（发达）经济体其他投资资本净流动波动相关关系网络的网络密度＝样本中其他投资资本净流动波动具有显著相关性的新兴市场（发达）国家或地区两两组合数/样本中所有新兴市场（发达）国家和地区两两组合数，新兴经济体与发达经济体其他投资资本净流动波动相关关系网络的网络密度＝样本中其他投资资本净流动波动具有显著相关性的新兴市场和发达国家或地区两两组合数/样本中所有新兴市场和发达国家和地区两两组合数。

图3.4（A）和（B）分别描述了单个新兴市场国家和单个发达经济体国家或地区的其他投资资本净流动波动分别与新兴经济体和发达经济体其他投资资本净流动波动的关联程度。结果表明，样本中所有新兴市场国家和除英国与挪威以外的所有发达国家和地区，其其他投资资本净流动的波动无论是与新兴经济体还是发达经济体都有很强的关联性；对发达国家或地区来说，其与新兴经济体之间其他投资资本净流动波动的关联性要略强于其经济体内部的关联性；对新兴市场来说，其他投资资本净流动波动的关联性在新兴经济体内部和其与发达经济体之间的关联并无太大差别。

对以上结果的解释可能是由于新兴市场经济体的证券市场不太成熟，其大部分融资通过银行借贷完成，因而其他投资资本在新兴经济体中更为活跃。

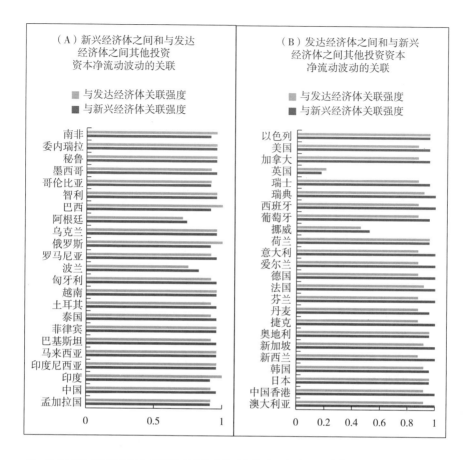

注：单个国家或地区的其他投资资本净流动波动与发达（新兴）经济体的关联强度＝样本中与该国家或地区其他投资资本净流动波动有显著相关性的发达（新兴市场）国家或地区两两组合数/样本中所有发达（新兴市场）国家和地区两两组合数。

图 3.4 不同经济体其他投资资本净流动波动的关联

3.4.3 不同区域经济体间国际资本流动波动关联性分析

国家或地区之间国际资本流动波动的关联性可能因地域关系的远近而有所不同，下面进一步地分地区深入探究，对亚洲地区、欧洲地区、美洲地区内部国家或地区之间的国际资本流动关联性以及这些区域间国家或地区之间的国际资本流动关联性进行分析。

3.4.3.1 不同区域私人资本净流动波动关联性分析

表 3.6 描述了亚太、欧洲、美洲各区域内部以及区域间的私人资本净流动波动相关关系的网络密度，结果表明欧洲区域内部国家之间的私人资本净流动波

动的关联度最强，欧洲地区与亚太地区、美洲地区的私人资本净流动波动的关联度也较强，亚太地区、美洲地区内部和这两个区域之间的私人资本净流动波动的关联度相对较弱。这可能与欧洲一体化关系密切。

表 3.6　　　　不同区域私人资本净流动波动相关关系网络的网络密度

区域	亚太区域	欧洲区域	美洲区域	亚太区域与欧洲区域之间	亚太区域与美洲区域之间	欧洲区域与美洲区域之间
网络密度	0.775	0.889	0.722	0.841	0.819	0.822

注：亚太（欧洲、美洲）地区私人资本净流动波动相关关系网络的网络密度＝样本中私人投资资本净流动波动具有显著相关性的亚太（欧洲、美洲）地区内的国家或地区两两组合数/样本中亚太（欧洲、美洲）地区内所有国家和地区两两组合数，两个不同区域间私人资本净流动相关关系网络的网络密度＝样本中私人资本净流动波动具有显著相关性的两个不同区域间国家或地区两两组合数/样本中两个不同区域间所有国家和地区两两组合数。

图 3.5（A）、（B）、（C）分别描述了亚太地区、欧洲地区和美洲地区单个国家或地区与不同区域私人资本净流动波动的关联程度。亚太地区国家或地区的私人资本净流动波动与欧洲地区的关联性较高；美洲地区国家的私人资本净流动波动与欧洲和亚太地区的关联性较高；欧洲地区国家则与亚太、欧洲、美洲地区的关联度都很高。

3.4.3.2　不同区域直接投资资本净流动波动关联性分析

表 3.7 描述了亚太、欧洲、美洲各区域内部以及区域间的直接投资资本净流动波动相关关系的网络密度，结果表明亚太与美洲区域间的直接投资资本净流动波动的关联度最强，其次是亚太区域内部的直接投资资本净流动波动的关联度，其他区域内部以及区域之间的直接投资资本净流动波动的关联度相对较弱。这种现象反映出亚太地区和美洲地区直接投资往来密切，可能与亚太地区新兴市场良好的经济发展前景有关。

表 3.7　　　　不同区域直接投资资本净流动波动相关关系网络的网络密度

区域	亚太区域	欧洲区域	美洲区域	亚太区域与欧洲区域之间	亚太区域与美洲区域之间	欧洲区域与美洲区域之间
网络密度	0.692	0.611	0.556	0.638	0.729	0.672

注：亚太（欧洲、美洲）地区直接投资资本净流动波动相关关系网络的网络密度＝样本中直接投资资本净流动波动具有显著相关性的亚太（欧洲、美洲）地区内的国家或地区两两组合数/样本中亚太（欧洲、美洲）地区内所有国家和地区两两组合数，两个不同区域间直接投资资本净流动相关关系网络的网络密度＝样本中直接投资资本净流动波动具有显著相关性的两个不同区域间国家或地区两两组合数/样本中两个不同区域间所有国家和地区两两组合数。

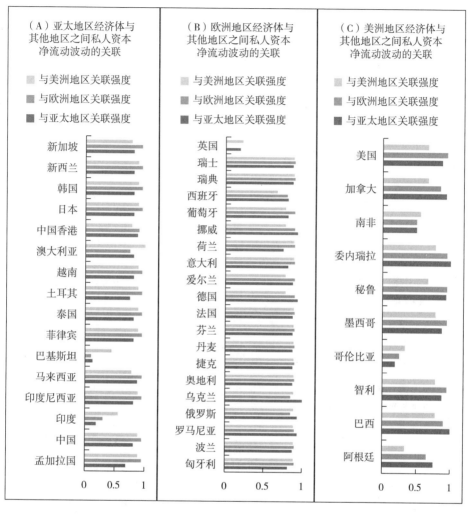

注：单个国家或地区的私人资本净流动波动与亚太（欧洲或美洲）地区经济体的关联强度＝样本中与该国家或地区私人资本净流动波动有显著相关性的亚太（欧洲或美洲）地区国家或地区数/样本中所有亚太（欧洲或美洲）地区国家和地区数。

图 3.5　不同区域私人资本净流动波动的关联

图 3.6（A）、（B）、（C）分别描述了亚太地区、欧洲地区和美洲地区单个国家或地区与不同区域直接投资资本净流动波动的关联程度。图（A）中，半数以上的亚太地区国家和地区的直接投资资本净流动波动与美洲地区的直接投资资本净流动波动的关联性要高于它们与亚太地区和欧洲地区的关联性，这与图（C）中传达的观点一致，即样本中除墨西哥和阿根廷外的其他美洲地区国家的直接投资资本净流动波动与亚太地区的直接投资资本净流动波动显示出较强的关联性，与欧洲地区的关联性也较高，反而美洲地区内部的关联性较弱。从图

（B）中可以看出，与其他国家和地区直接投资资本净流动波动关联较高的欧洲地区国家与亚太和美洲地区的关联度要高于欧洲地区。

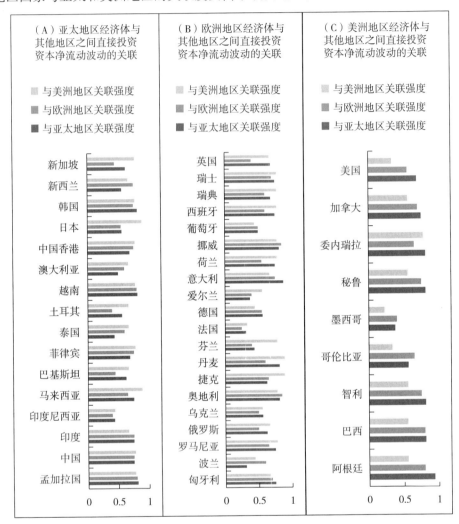

注：单个国家或地区的直接投资资本净流动波动与亚太（欧洲或美洲）地区经济体的关联强度＝样本中与该国家或地区直接投资资本净流动波动有显著相关性的亚太（欧洲或美洲）地区国家或地区数/样本中所有亚太（欧洲或美洲）地区国家和地区数。

图3.6 不同区域直接投资资本净流动波动的关联

3.4.3.3 不同区域证券投资资本净流动波动关联性分析

表3.8描述了亚太、欧洲、美洲各区域内部以及区域间的证券投资资本净流动波动相关关系的网络密度，结果表明欧洲区域内部的证券投资资本净流动波动的关联度最强，这可能还是要归因于欧洲一体化；其次是亚太地区与欧洲地

区之间的证券投资资本净流动波动的关联度，其他区域内部以及区域之间的证券投资资本净流动波动的关联度相对较弱。

表 3.8　　　不同区域证券投资资本净流动波动相关关系网络的网络密度

区域	亚太区域	欧洲区域	美洲区域	亚太区域与欧洲区域之间	亚太区域与美洲区域之间	欧洲区域与美洲区域之间
网络密度	0.780	0.942	0.639	0.879	0.746	0.789

注：亚太（欧洲、美洲）地区证券投资资本净流动波动相关关系网络的网络密度 = 样本中证券投资资本净流动波动具有显著相关性的亚太（欧洲、美洲）地区内的国家或地区两两组合数/样本中亚太（欧洲、美洲）地区内所有国家和地区两两组合数，两个不同区间证券投资资本净流动波动相关关系网络的网络密度 = 样本中证券投资资本净流动波动具有显著相关性的两个不同区域间国家或地区两两组合数/样本中两个不同区域间所有国家和地区两两组合数。

图 3.7（A）、（B）、（C）分别描述了亚太地区、欧洲地区和美洲地区单个

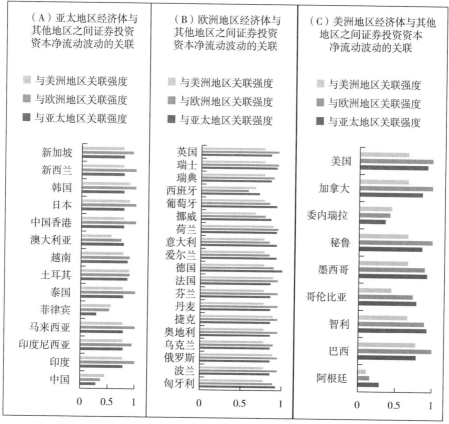

注：单个国家或地区的证券投资资本净流动波动与亚太（欧洲或美洲）地区经济体的关联强度 = 样本中与该国家或地区证券投资资本净流动波动有显著相关性的亚太（欧洲或美洲）地区国家或地区数/样本中所有亚太（欧洲或美洲）地区国家和地区数。

图 3.7　不同区域证券投资资本净流动波动的关联

国家或地区与不同区域证券投资资本净流动波动的关联程度。从图3.7中可以看出欧洲地区是与其他两个地区证券投资资本净流动波动的关联程度较高的地区，而且欧洲地区内国家间的证券投资资本净流动波动关联程度也较高，欧洲地区与不同区域的国家或地区在证券投资资本净流动波动上有显著关联的国家平均占80%以上。

3.4.3.4 不同区域其他投资资本净流动波动关联性分析

表3.9描述了亚太、欧洲、美洲各区域内部以及区域间的其他投资资本净流动波动相关关系的网络密度，结果表明亚太区域内部两两国家或地区的其他投资资本净流动波动都有显著的关联性，是其他投资资本净流动波动关联度最强的区域，欧洲区域内部及其与其他两个区域之间的其他投资资本净流动波动的关联度相对较弱。亚太新兴市场是最主要的新兴市场地区，而新兴市场的其他投资资本非常活跃、关联度强，亚太地区其他投资波动的强关联性可能与此有关。

表3.9   不同区域其他投资资本净流动波动相关关系网络的网络密度

区域	亚太区域	欧洲区域	美洲区域	亚太区域与欧洲区域之间	亚太区域与美洲区域之间	欧洲区域与美洲区域之间
网络密度	1.000	0.847	0.972	0.934	0.979	0.894

注：亚太（欧洲、美洲）地区其他投资资本净流动波动相关关系网络的网络密度＝样本中其他投资资本净流动波动具有显著相关性的亚太（欧洲、美洲）地区内的国家或地区两两组合数/样本中亚太（欧洲、美洲）地区内所有国家和地区两两组合数，两个不同区域间其他投资资本净流动波动相关关系网络的网络密度＝样本中其他投资资本净流动波动具有显著相关性的两个不同区域间国家或地区两两组合数/样本中两个不同区域间所有国家和地区两两组合数。

图3.8（A）、（B）、（C）分别描述了亚太地区、欧洲地区和美洲地区单个国家或地区与不同区域其他投资资本净流动波动的关联程度。从图3.8中可以看到，除欧洲地区的英国和挪威外，三大区域的各个国家或地区无论是与区域内的其他国家或地区还是与区域外的国家或地区在其他投资资本净流动波动上都显示出较强的关联性；与证券投资资本净流动波动的关联情况不同的是，亚太地区和美洲地区国家或地区与欧洲地区其他投资资本净流动波动的关联性最弱，亚太地区国家或地区和美洲地区国家之间显示出较强的其他投资资本净流动波动的关联性。

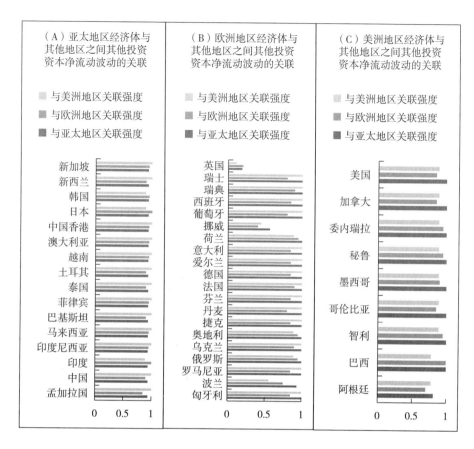

注：单个国家或地区的其他投资资本净流动波动与亚太（欧洲或美洲）地区经济体的关联强度 =
样本中与该国家或地区其他投资资本净流动波动有显著相关性的亚太（欧洲或美洲）地区国家或地区
数/样本中所有亚太（欧洲或美洲）地区国家和地区数。

图 3.8　不同区域其他投资资本净流动波动的关联

3.5　本章小结

本章对全球主要国家或地区间、不同经济体国家或地区间、不同区域国家
或地区间的私人资本、直接投资资本、证券投资资本、其他投资资本净流动波
动的关联性进行了分析。分析结果如下。

全球主要国家或地区间私人资本净流动波动的关联度较高，达 80% 以上，
且大部分呈显著正相关关系。在三类私人资本流动中，其他投资资本净流动波
动在全球主要国家或地区间的关联度最强，达 90% 以上，其次是证券投资，直
接投资资本净流动波动在全球主要国家或地区间的关联度最弱；全球主要国家
和地区其他投资和证券投资资本净流动波动的关联性基本都呈显著正相关性，

而直接投资资本净流动波动的关联有正有负。

不同经济体之间，无论是新兴市场国家还是发达国家和地区，其私人资本净流动波动都与发达国家和地区有更强的关联度，与新兴经济体的关联度较弱。三类私人资本流动中，直接投资资本净流动波动在不同经济体国家或地区之间的关联度要强于各个经济体国家或地区之间的关联度；证券投资资本净流动波动方面，新兴市场国家之间的关联度稍弱于新兴市场国家与发达国家或地区之间的关联度以及发达国家或地区之间的关联度；其他投资资本净流动波动方面，发达国家或地区与新兴市场国家或地区之间的关联度以及新兴市场国家之间的关联度稍强于发达国家或地区之间的关联度。

不同区域的国家或地区之间，欧洲地区国家与亚太地区、美洲地区国家或地区表现出较强的私人资本净流动波动关联度。三类私人资本流动中，整体来说，其他投资资本净流动波动的关联性要强于直接投资资本净流动波动的关联性，但两者有共同的区域特点，即相比于各区域内部和其他区域之间的关联性，亚太地区和美洲地区国家或地区之间的其他投资资本净流动波动和直接投资资本净流动波动关联度更强。证券投资资本净流动波动方面，欧洲区域内部国家之间、欧洲区域与其他两个区域国家或地区之间的关联度更强。

参考文献

［1］LEE H H, PARK C Y, BYUN H S. Do Contagion Effects Exist in Capital Flow Volatility？［J］. Journal of the Japanese & International Economies, 2013, 30 (4)：76 - 95.

［2］MERCADO R V, Park C Y. What Drives Different Types of Capital Flows and Their Volatilities in Developing Asia？［R］. Asian Development Bank Working Paper Series on Regional Economic Integration, 2011, No. 84.

［3］NEUMANN R, PENL R, TANKU A. Volatility of Capital Flows and Financial Liberalization：Do Specific Flows Respond Differently？［J］. International Review of Economics & Finance, 2009, 18 (3)：488 - 501.

［4］SULA O, WILLETT T D. The Reversibility of Different Types of Capital Flows to Emerging Markets［J］. Emerging Markets Review, 2009, 10：296 - 310.

［5］巴曙松，左伟，朱元倩. 金融网络及传染对金融稳定的影响［J］. 财经问题研究, 2013 (2)：3 - 11.

［6］郭雷，许晓鸣. 复杂网络［M］. 上海：上海科技教育出版社, 2006.

［7］王东风. 新兴市场金融脆弱性研究［D］. 沈阳：辽宁大学, 2007.

［8］汪小帆，李翔，陈关荣. 网络科学导论［M］. 北京：高等教育出版社, 2012.

［9］张文彤，闫洁．SPSS 统计分析基础教程［M］．北京：高等教育出版社，2004.

［10］赵明，牛亚兰，钟金秀，梁凤军，罗茳升，郑木华．网络的平均度对复杂网络上动力学行为的影响［J］.广西师范大学学报：自然科学版，2012，30（3）：88－93.

第4章 全球各地区及主要新兴市场国家资本流动联动性实证研究

4.1 引言

国际资本流动联动效应，是指由于不同国家间的实体经济溢出效应、金融关联性、投资者行为、信息不对称、羊群效应或者其他隐性不明原因的存在，导致不同国家或地区间国际资本流动相关系数上升或出现过度的协同效应。在金融全球化不断加深的背景下，国际金融、贸易等渠道的溢出效应逐步蔓延，各国国际资本流动的联动和共振性愈发明显，如全球经济市场向好时，"风险资产"受到青睐，国际资本会向经济增长较快的新兴市场国家流动，而一旦风向逆转，全球风险水平上升或发生金融危机时，国际资本又会回到美国避险。在此背景下，研究不同地区和国家之间跨境资本的联动性有助于从一个新视角考察多个经济体间存在的联系，这不仅有利于国际投资者对其投资组合进行合理配置，还可以为各国监管者制定相关决策提供参考依据。

为了更好地刻画国际资本流动的联动性和溢出效应，本章首先对国际资本流动联动性的机理进行梳理，并对度量金融传染的相关方法进行了简单的回顾和总结，在此基础上，选取 Kendall 秩相关系数和 SJC - Copula 函数，考察全球主要地区和主要新兴市场国家国际资本净流动之间的一般联动性和尾部传染性。

4.2 国际资本流动联动性机理分析

4.2.1 国际资本流动传染原因分析

金融全球化带来的直接后果之一是国际资本可以跨越国界迅速流动，这也为国际资本流动的联动和传染提供渠道。"联动性"或"传染"常用于形容不同经济体实体经济和虚拟经济间的紧密联系和依赖性，最早可追溯到 20 世纪 90 年代欧洲货币危机时期，1997 年亚洲金融危机之后，传染一词才成为经济学的标准术语。例如，当受到某一负面冲击时，国际资本大量流出甲国的同时，乙国也出现跨境资本流出趋势，在此，联动性强调，乙国跨境资本大量流出的原因是甲国跨境资本出现了大量流出。

　　结合已有相关文献（Calvo 和 Reinhart，1996；Dornbusch 和 Park，2000；Diebold 等，2000；Cheng 等，2011 等），可以将不同国家间跨境资本流动联动效应归因于两大类的原因：第一，基于经济基本面层面关联的直接传染，即若干国家同时受某一经济层面因素变动影响，其跨境资本流动的关联性加强，或一国跨境资本流动情况通过贸易、直接投资、金融市场等的关联性影响到另一个国家的跨境资本流动情况；第二，投资者情绪、预期以及羊群效应等不可观察因素导致的间接传染效应，该传染渠道并非能实际观察到，而是需要结合市场实际情况，对各国跨境资本流动关联程度显著提高而做出的合理推测。

　　具体来看，直接渠道包括前章所述的季风效应、溢出效应、投资组合与资产负债再平衡以及汇率传染。相对于季风效应和溢出效应而言，投资组合与资产负债再平衡更侧重于对微观层面的金融机构对国际资本流动传染影响的分析。Diamond 和 Dybvig（1983）为该方面的研究提供了基础，他们的主要贡献在于将银行资产分配问题创新性地与理性预期、一般均衡思想结合，为从微观层面研究传染问题提供基础。伴随着金融全球化，金融机构逐步向国际化、全球化的跨国经营发展，由跨国企业之间的互相关联、资产负债再平衡和投资策略调整而引发的国际资本流动传染也越来越频繁。

　　此外，汇率是用来衡量不同币种进行兑换的比率，汇率的变动会影响国际资本在全球金融市场间的流动。目前，大多数国家汇率采用间接法来表示，该方法中汇率上升说明本国货币贬值，会对进口起到抑制性作用，对出口起到促进性作用，这样会导致流入本国资本增加，反之，会发生国际资本流出。在现实中，一些国家为了促进贸易或竞争同一出口国，而使各自货币竞相贬值的情况时有发生，这样很可能会导致这些国家间国际资本流动传染程度由于汇率的一致性变动而显著上升。

　　在金融全球化发展的背景下，几乎不可能将不同经济体间国际资本流动的传染性与直接传染渠道一一对应。Diebold 等（2000）的研究指出，高度整合的全球市场，显著地增加了表面上并没有直接联系的金融市场发生危机传染的概率，即我们所说的间接传染渠道，本章从以下两个方面进行阐述。

　　（1）信息不对称

　　信息不对称引起的国际资本流动传染指，国际金融市场上不同投资者所能获得的信息客观上存在一定的偏差，这种偏差会根据市场情况进行动态调整，对国际投资者的投资策略造成影响，从而在一定程度上表现为国际资本流动的传染性。Calvo 和 Mendoza（2002）指出，即使投资者是理性的，信息不对称和其获取成本的存在也会引发金融市场上的"羊群效应"。早期研究就认为市场中投资者所获得的信息存在不对称性，相对于一般投资者，一些成熟或机构投资者能够得到更完全或内幕信息；尽管一般投资者可以通过一定方式向知情投资者获取信息，但信息的获取需要一定的成本，成本的存在会导致国际金融市场非有效；另外，知情投资者也可能释放不准确的信息，使一般投资者得到的信息不真实（Dasgupta，2004），这些都会导致传染发生。Grossman 和 Stiglitz（1980）就发现信息获取成本会导致非有效市场。此外，不同类型投资会相互影响，当一国国际资本流动出现异常情况时，投资者会理性地对其他国家情况进行重估，这就很可能会加大不同国家跨境资本流动的联动性。

（2）投资者非理性预期

相对于信息不对称因素而言，投资者非理性预期是国际投资者对市场主观理解偏差的存在，改变了投资者对市场的预期，从而引发的国际资本联动性加强的现象。Dornbusch 等（2000）发现，即使每一个投资者理性地选取自身最优投资策略，不同经济体的国际资本也可能呈现流动特点和相似性过强现象，并且经济基本面和其他直接传染渠道都无法解释这种现象。值得一提的是，投资者跟风和相互模仿行为也会引起多个经济体间国际资本流动传染。Kim 和 Wei（2002）指出投资者之间对对方行为的相互模仿也是导致金融传染现象的一个原因。其中，有关对外汇交易中基金经理的研究发现，由于对基金的评价并非取决其绝对收益，而是取决于自身在同业中相对业绩，大多基金经理过分注重自己的名声，这使大多机构投资者的投资策略趋同化，进而导致国际资本流动的传染现象。此外，受金融危机等极端负面事件的影响，投资者对某一市场风险厌恶程度的改变也会引起国际资本流动的传染现象。就拿两个相互独立的经济体甲和乙来说，假设丙国是它们共同的投资国，丙国市场中投资者行为的不确定性会使其市场风险厌恶程度增加，进而增加甲国和乙国投资者的风险厌恶程度，并影响其投资的行为，甲国和乙国投资者会由此将资金从丙国市场向本国撤回，使两国国际资本流动情况呈正相关关系。

4.2.2　金融传染度量方法研究

本节主要对现有度量金融传染的方法进行回顾，并根据各方法的优缺点及适用情况，选取相应方法以度量不同地区及国家间跨境资本流动的联动性。

（1）线性度量方法

金融传染度量早期主要通过考察各个金融市场某变量间的相关性是否有显著变化来判断是否发生传染，该相关性可以通过构造相应的统计量来实现，如 Spearman 相关系数 ρ、线性回归以及因子模型等，除了这些简单的线性统计模型外，还有学者运用 Probit、Tobit 等拟线性统计模型检验某市场受一定冲击后，不同市场发生同一事件的条件概率是否显著地增加（Caramazza 等，2004）。这些方法的优点是简单，容易操作和理解，因此被广泛用于各种传染渠道的检验，如 Jorion 和 Zhang（2009）利用线性回归模型证明公司间在破产前后存在金融传染，其传染是通过信贷关系进行的。但这些模型的缺陷是不能刻画金融传染的传播机制和变化路径，所以这些方法缺乏足够的画面来解释其结果，往往两变量间可能并不存在传染关系，而只存在协同关系。此外，线性回归模型还必须面临样本容量少，内生性、异方差等难题。

由于发挥传染效应会受不同市场情况的影响而存在一定的时滞，这时，向量自回归模型（以下简称 VAR 模型）就可以充分发挥其优势，使这种关系得到充分体现，VAR 模型是由 Sims 于 1980 年提出的一种新型系统回归计量模型，可以将它看成一元时序模型和联立方程的混合，主要用于对不同时序变量联动性和误差项对内生变量冲击的分析研究中。它与一般联立方程组模型所不同的是，其将考虑的所有相关变量纳入一个系统中，并认为模型中所包含的变量都是内生变量，从而避免一般联立方程组中对内生变量和外生变量的划分等复杂问题，可以在一定程度上缓解回归分析中可能存在的内生性问题。运用 VAR 模型还可以使模型设计较少地受经济理论的约束和限制，这主要是由于经济理论在整个模型的构建中所起的作用有限，即只能决定模型中变量的选择和其滞后期的确定。由于 VAR 模型中的解释变量只包含其自身的滞后变量，所以该模型能够刻画变量之间的动态关联。

此外，格兰杰因果检验方法也是检验金融系统传染性的利器。由于格兰杰因果检验并不过度依赖全面、系统的参数估计，对不同变量进行格兰杰因果关系检验分析，能较有效避免由于不能符合传统基于参数估计方法中的假设而存在的遗漏变量和异方差性等问题。例如，要想判断在金融危机发生时期，两国国际资本流动波动关系是否发生传染效应，我们可以运用格兰杰因果检验来达到目的，即如果格兰杰因果检验结果表明，金融危机前期和危机期两个国家间国际资本流动波动都不存在因果关系，则说明在金融危机期间这两个国家国际资本流动不存在传染；若发现危机前期两个国家国际资本流动的波动性不存在格兰杰因果关系，而在危机期间存在格兰杰因果关系，则表明其在金融危机期存在传染；若金融危机前期和危机期的两个国家间国际资本流动波动都存在因果关系，此时用格兰杰因果检验将不能判断是否在金融危机期间存在传染，还须运用脉冲响应分析进行进一步研究才可以得到结论。脉冲响应分析是指当给某一变量一个冲击后，系统所做出的响应，可以用来刻画冲击对其他变量影响的动态变化情况，包括冲击的强度和持续时间。上例中，若出现第三种情况，且运用脉冲响应分析结果为，危机中两国国际资本流动的脉冲响应相较于其危机前期有显著的增加，则可证明两国国际资本流动存在传染效应，若没有实质的变动，则说明不存在传染效应。

但值得注意的是，虽然 VAR 模型以及格兰杰因果检验模型可以用来检验金融传染效应是否存在，但它们对于金融传染的检验也依旧无法避免陷入分析的结果可能只是存在协同关系，而没有传染的困境。

（2）非线性度量方法

为了克服回归模型中误差项方差对时间和其自身的依赖性，Engle（1982）

和 Bollerslev，Chou 和 Kroner（1992）分别提出了自回归条件异方差（ARCH）模型和广义自回归条件异方差（GARCH）模型，之后又得到较多学者的改进，并被广泛应用于股市波动性方面的研究。但由于其结构较复杂，一般很少将外生变量加入模型中，且在被运用于检验是否存在金融传染现象时，并不能克服线性模型存在的其他局限性，如只能检验出不同变量之间是否存在协同关系，而不能确定是否有传染以及证明其相关性是否发生结构性变化。因此，ARCH 模型和 GARCH 模型很少被应用于检验金融传染现象。

随后，马尔可夫区制转移模型、极值理论、Copula 函数以及一些非参数、智能方法等非线性模型被引入检验金融传染性的分析中。Hamilton（1989）提出了马尔可夫区制转移模型，并将之应用于分析经济周期阶段性转变的研究中，之后在金融分析中也得到广泛的应用。马尔可夫区制转移模型的实质是状态变量（一般为两状态，也可多状态）与普通线性模型的结合，正是由于这点，有的学者参照线性模型研究，将该模型用于检验和研究金融传染渠道的分析中（Kraft 和 Steffensen，2007）。但 Fratzscher（1999）的研究指出当不同市场间存在高度的非线性金融传染时，马尔可夫区制转移模型检验能力有限。此外，马尔可夫区制转移模型的局限性还体现在其只较适合用于分析正态分布的双变量或三变量的情形。

极值定理也被应用于检验不同金融市场间金融变量波动相关性或尾部相关性的研究中（Hartmann 等，2004；Bae 等，2003）。极值理论是一种用来预测和评估异常、极端等极值事件风险的模型。极值事件指的是发生概率很小，但一旦发生会带来极大损失甚至具有毁灭性的事件。极值定理主要包含两个关键要素：极值分布和阈值选择问题。假设 $X_1, X_2, \cdots, X_n$ 是一组服从独立同分布的随机变量，来源于总体函数 $F(x)$，其最大值 $F_{\max}$ 和最小值 $F_{\min}$ 如下：

$$F_{\max} = \max\{X_1, X_2, \cdots, X_n\}, F_{\min} = \min\{X_1, X_2, \cdots, X_n\} \tag{4.1}$$

对于传统的估计方法而言，将样本数据分布情况近似为总体分布函数 $F(x)$，然后就可由此推出极大值和极小值分布函数：

$$F_{\max}(x) = P(F_{\max} \geq x) = P(X_1 \geq x, \cdots, X_n \geq x) = F^n(x), x \in R$$

$$F_{\min}(x) = P(F_{\min} \leq x) = 1 - P(F_{\min} \geq x) = 1 - [1 - F^n(x)]^n, x \in R$$

而极值理论只需选取尾部样本即可建模，Fisher 和 Tippet（1928）指出通过线性变换，其极大值函数分布将最终向 Gumbel 分布、Frechet 分布和 Weibull 分布三种分布簇收敛：

Gumbel 分布：

$$\Phi_\alpha(x) = \begin{cases} 0, & x \leq 0 \\ \exp\{-x^{-\alpha}\}, & x \geq 0 \end{cases}, \alpha > 0 \tag{4.2}$$

Frechet 分布：

$$\Lambda(x) = \exp\{-e^{-\alpha}\}, x \in R \tag{4.3}$$

Weibull 分布：

$$\Psi_\alpha(x) = \begin{cases} 1, x > 0 \\ \exp\{-(-x)^{-\alpha}\}, x \leqslant 0 \end{cases}, \alpha > 0 \tag{4.4}$$

对于极值模型来说，选取合理的阈值是至关重要的一步，因为若选取的阈值过低，很可能会使选取样本数据由于不符合"极值"的条件，而影响参数估计的无偏性，反之，若设定较高的阈值，则会使超过该临界的数据过少，而导致参数估计的方差大大提高，使参数估计的有效性受到影响。当确定模型中的阈值后，可将之作为临界值对样本进行筛选并进行建模，从而可以将有限的尾部数据有效利用起来。目前，主要有计算法和图解法两大类方法可以用来对其阈值进行求解。

一般而言，大多金融数据的分布都是厚尾、尖峰分布，与现有传统分布，尤其是正态分布的假设并不相符。极值理论的优点是可以较好地对金融序列的这些尾部数据进行刻画，该方法不仅能在一定程度上弥补传统风险模型的缺陷，如 VaR 方法，克服其低估风险的问题，而且只须考虑尾部样本，并通过样本数据外推的方式来建立总体极值分布模型，对样本整体分布函数没有既定假设，因此还可以克服传统统计方法将样本分布看成实际总体分布，并将其产生微小误差传递甚至放大到极值分布估计中的局限性。但极值定理检验金融传染的局限性在于其需要在模型建立前对渐进依赖结构进行设定，且其极值阈值的设置也具有一定的主观性。

此外，由于金融传染和病菌在人群中的传染很类似，即关乎到金融系统存亡，所以生存模型也经常被运用于刻画不同市场间金融变量传染。Davis 和 Lo（2001）等将生存模型引入金融传染的研究中，并运用该模型对信用违约传染进行分析。需要指出的是，在生存分析中，研究对象的存活时间一般不是我们较常用的正态分布函数，而是一些特殊随机变量的分布函数，即服从均匀分布、韦数分布、对数正态分布、韦布尔分布、伽马分布等。这些不同分布的模型应用范围有所不同，如均匀分布生存模型应用比较广泛，指数分布生存模型主要用于机器设备等固定资产使用年限，以及金融领域的保险业等领域，韦布尔分布则往往用于解决短期人口分布问题等。

相对以上方法而言，Copula 函数在刻画金融传染方面更具优势。Copula 函数也叫连接函数或者相依函数，它将不同函数的边缘分布和它的联合分布函数联系在一起。Sklar（1959，1996）对 Copula 函数的定义进行界定，令 F 是边缘分布函数 $F_1(\cdot), \cdots, F_n(\cdot)$ 的联合分布函数，若 $F_1(\cdot), \cdots, F_n(\cdot)$ 连续，则存在唯一的 Copula 函数 C，使得：

$$F(x_1, \cdots, x_n) = C[F_1(x_1), \cdots, F_n(x_n)] \tag{4.5}$$

上式的密度函数 $C[F_1(x_1),\cdots,F_n(x_n)]$ 作为衡量不同变量的相关结构。Copula 家族可以划分为三大类：阿基米德族 Copula 函数、椭圆族 Copula 函数和混合型，前两类 Copula 函数较常用。

其中椭圆族 Copula 在金融领域的广泛应用主要归因于其相对简易的函数性质以及容易实现模拟等优点，其定义为：假设 F 为服从椭圆分布的一个多元累积分布函数，其边缘分布函数用 F_i 来表示，F_i^{-1} 代表该边缘分布函数的逆函数，则椭圆 Copula 形式可以表示为

$$C(x_1,\cdots,x_n) = F[F_1^{-1}(x_1),\cdots,F_n^{-1}(x_n)] \tag{4.6}$$

椭圆族 Copula 函数包括高斯 Copula 函数（Nomal Copula 或 Gaussian Copula）和 t – Student Copula 函数。其中，高斯 Copula 函数是指多元正态分布的连接函数，即假设其边缘分布函数 F_i 服从正态分布，而 t – Student Copula 函数假设其边缘分布函数 F_i 服从多元 t – Student 分布。

相比而言，阿基米德族 Copula 更擅长对尾部风险或非对称性风险的刻画，其对某一变量的边缘分布没有设定限制，这也更适合用来拟合现实数据。此外，阿基米德族 Copula 的构建也相对更为灵活。该类函数本质是运用一单调函数 φ（算子）而构造的，其形式如下：

$$C(x_1,\cdots,x_n) = \varphi^{\alpha}[\varphi(x_1) + \cdots + \varphi(x_n)] \tag{4.7}$$

φ^{α} 是函数 φ 的分位函数，通过选择不同的 φ 函数将得到不同形式的阿基米德族 Copula 函数，在一般实际应用研究中，常用的主要有三种类型：Gumbel Copula 函数、Clayton Copula 函数和 Frank Copula 函数。当算子为 $\varphi(t) = (-\ln t)^{\theta}$ 时对应 Gumbel Copula，该函数能较好拟合实际应用中上尾数据，也常用于刻画上尾部风险；当算子为 $\varphi(t) = \dfrac{1}{\theta}(t^{-\theta} - 1)$ 时对应 Clayton Copula 函数，该函数适合刻画下尾部风险；当算子为 $\varphi(t) = -\ln\dfrac{e^{-\theta_t} - 1}{e^{-\theta} - 1}$ 时，对应 Frank Copula 函数，主要用来刻画尾部数据分布是对称型的风险。

4.3 国际资本流动传染度量指标构建

本章选取 Kendall 秩相关系数来衡量两变量间一般联系的紧密程度，然而，这种线性和拟线性相关系数法的缺点是不能很好刻画不同国家或地区间国际资本流动的非线性及尾部相关性。而国际资本流动的这种尾部相关性代表不同国家或地区发生国际资本流动极端波动时的相关性，在一定程度上可用来表示国际资本流动风险传染程度。Rodriguez（2007）对 Copula 函数进行的理论和实证研究发现该函数能够很好拟合跨金融市场之间的非线性相关性，并且还可以为处理风险分析中不同随机变量的尾部相关性提供方便。此外，对变量进行单

调性的变换，其 Copula 函数保持不变，由 Copula 函数导出的相关性度量值也不会随之而改变。因此，本章除了运用一般的线性相关系数描述不同国家或地区间国际资本流动的联动效应外，还选取 Copula 函数来刻画国际资本流动风险传染程度，该方法可以弥补线性相关系数不能捕捉非线性和尾部相关性的不足。

Copula 函数能够在不考虑国际资本流动联合分布的情况下考察不同国家国际资本流动间的关联关系。本章采用式（4.5）的密度函数 $C[F_1(x_1),\cdots,F_n(x_n)]$ 作为衡量不同国家或地区之间国际资本流动风险传染程度的指标。考虑到各国国际资本流动数据表现出明显的尖峰厚尾现象，使用服从正态分布的 Copula 函数并不能较好捕捉国际资本流动序列的尾部特征。因此，本章选择 Patton（2006）提出的 SJC - Copula 函数来度量不同国家和地区间国际资本流动风险传染性，该函数是对 Joe - Clayton - Copula 函数进行推导而得到的，它较擅长刻画尾部数据相关程度，其定义如下：

$$C_{SJC}(u,v|\tau^U,\tau^L) = 0.5[C_{JC}(u,v|\tau^U,\tau^L) + C_{JC}(1-u,1-v|\tau^U,\tau^L) + u + v - 1]$$

$$C_{JC}(u,v|\tau^U,\tau^L) = 1 - (1 - \{[1-(1-u)^K]^{-\gamma} + [1-(1-v)^K]-1\}^{-\frac{1}{\gamma}})^{\frac{1}{K}}$$

$$(4.8)$$

其中，$\gamma = -\dfrac{1}{\log_2 \tau^L}$；$K = -\dfrac{1}{\log_2(2-\tau^U)}$；$\tau^U \in (0,1)$；$\tau^L \in (0;1)$；$u = F_1(x_1)$；$v = F_2(x_2)$。

4.4　研究思路和样本选取

基于前面的分析，本章主要考察北美洲、非洲、南美洲、欧洲、亚洲五个地区之间国际资本流动的传染特征。考虑数据可获得性，以及权衡国家数量和样本数据时间长度，最终选取 42 个具有代表性的国家作为本章研究地区的从 2005 年第一季度到 2014 年第二季度间的国际资本流动的研究样本，北美洲主要包括美国、加拿大、墨西哥、哥斯达黎加、巴拿马；非洲地区主要考虑南非；南美洲地区包括阿根廷、巴西、哥伦比亚、秘鲁、智利；欧洲地区的国家样本包括：英国、意大利、以色列、希腊、西班牙、瑞典、葡萄牙、挪威、荷兰、芬兰、法国、德国、丹麦、冰岛、爱尔兰、匈牙利、土耳其、罗马尼亚、拉脱维亚、克罗地亚、白俄罗斯、爱沙尼亚；亚洲地区的国家包括中国、韩国、日本、约旦、印度尼西亚、印度、泰国、斯里兰卡、吉尔吉斯斯坦。

考虑到只研究地区间国际资本流动可能缺乏针对性，本章还研究了主要新兴市场国家，即金砖五国——中国、印度、巴西、俄罗斯、南非之间国际资本流动之间的传染性，受中国资本流动数据开始时间的影响，最终选取 1998 年第三季度到 2013 年第二季度区间的数据作为研究样本。本章中国际资本流动的数据主要指的是国际资本净流动。

本章研究思路是首先运用 Kendall 秩相关系数来对不同地区和主要新兴市场国家国际资本流动的一般联动性进行统计描述,然后,再运用 SJC – Copula 函数对其做进一步风险传染性分析。

4.5 区域间国际资本流动传染性分析

4.5.1 区域间国际资本流动联动性分析

随着全球金融自由化程度的发展,国际资本流动的联动趋势也越来越明显,2008 年国际金融危机后,美国量化宽松政策推动国际资本流向主要新兴市场国家便是例证。国际资本流动作为影响一国经济发展的重要因素,研究其在不同地区和国家之间的联动性有助于我们从另一个角度考察多个经济体间存在的联系。这不仅有利于国际投资者对其投资组合进行合理配置,还可以为各国监管者决策提供参考依据。

为了对各主要地区间国际资本流动的关联程度进行分析,本节运用 Kendall 秩相关系数对所研究区域间国际资本流动的一般联动性进行分析,结果如表 4.1 所示。我们可以发现,欧洲、南美洲和非洲这三者之间相互关联性较弱,亚洲和北美洲、亚洲和欧洲国际资本流动之间的整体联动性相对较强,且呈负相关关系,即当国际资本流入亚洲时,欧洲和北美洲跨境资本流动呈净流出状态的概率较大。这与现实也是相符的,2008 年后受国际金融危机和欧洲危机的影响,美国和欧洲地区经济发展低迷,新兴市场国家成为全球经济增长主要贡献者,国际资本从美国等北美洲地区以及欧洲地区流出,流向中国等主要亚洲新兴市场国家,2014 年以来,随着美国经济复苏和退出量化宽松,主要新兴市场国家经济增长瓶颈问题显现,在亚洲主要新兴经济体国际资本流出压力加大的情况下,美国等北美洲地区将成为国际资本的主要接收国。

亚洲和北美洲、欧洲国际资本流动之间呈负相关关系的原因可能是北美洲和欧洲地区是发达国家的聚集地,而亚洲地区大多为新兴市场国家,受发达国家和新兴市场国家自身特点以及投资风险等因素不同的影响,国际资本在这两者中配置出现此消彼长的变化。亚洲和南美洲之间有较强的正相关关系,即当亚洲发生资本流入时,南美洲也会出现同样的状况,这可能是由于亚洲主要国家与南美洲贸易关系密切,也就是说贸易渠道可能是导致亚洲和南美洲国际资本流动的联动性较高的原因。

表 4.1　各地区国际资本流动相关系数

地区	北美洲	亚洲	欧洲	南美洲	非洲
北美洲	1				
亚洲	− 0.1664	1			
欧洲	− 0.0185	− 0.1607	1		
南美洲	− 0.0270	0.2119	− 0.0896	1	
非洲	− 0.0498	− 0.0498	0.0811	0.0669	1

4.5.2　区域间国际资本流动风险传染性分析

根据本章第三节构建的风险传染度量指数，对各主要地区之间国际资本流动风险传染情况进行分析，其下尾部风险传染结果如表 4.2 所示，由于上尾部传染指数都小于千分之一，所以在文章中未给出结果。值得注意的是，区域间国际资本流动风险传染指数与其一般联动性存在较大差异，从第 4.5.1 节的结论可知，区域间国际资本流动关联效应整体较低，而表 4.2 表明，某些洲之间国际资本流动下尾部风险传染程度相对较高，即北美洲、南美洲和非洲三者之间，亚洲和非洲之间以及亚洲和南美洲之间的风险传染程度较高。当北美洲、南美洲和非洲三者中任一地区国际资本流动风险或极端流出时，很可能引起国际资本流动风险或其从另外两个地区大量流出；亚洲地区国际资本流动极端流出会引起南美洲和非洲同样的变化；反之，南美洲或非洲国际资本流动的大量流出也会引起亚洲地区相应变化。

表 4.2　区域间国际资本流动风险传染指数（下尾部传染）

地区	北美洲	亚洲	欧洲	南美洲	非洲
北美洲	1				
亚洲	0.119	1			
欧洲	0.001	0.001	1		
南美洲	0.494	0.478	0.001	1	
非洲	0.440	0.263	0.001	0.590	1

4.6　主要新兴市场国家国际资本流动风险传染分析

4.6.1　主要新兴市场国家国际资本流动风险传染分析

巴西、印度、中国、俄罗斯作为新兴市场投资的代表，高盛首席经济学家吉姆·奥尼尔首次于2001年运用"金砖四国"（BRIC）这一概念来代表这四个国家；之后，金砖国家的经济以及其资本市场发展状况引起了国际学术界和投资者的关注。自从2010年南非加入后，它们的英文简写变为"BRICS"，被称为"金砖五国"。随着金砖五国经济的迅速发展，其在国际中扮演角色也日益凸显。由于在资源禀赋和产业结构方面存在互补性，如中国产出大量优质且廉价的工业品，印度具有丰富的矿石原料，以及俄罗斯等国家提供能源资源，这为金砖国家经贸合作奠定了基础，其经济往来也愈发频繁，金融合作方面也持续加强。在金砖国家经济密切的背景下，很有必要从国际资本流动联动性的角度，考察其经济关联性。

各金砖国国际资本流动的联动性结果表明，金砖五国中，印度和巴西、巴西和南非、印度和南非、印度和中国两两之间联动效应较强，如表4.3所示。其中，印度和巴西之间关联效应较强可能是因为两者都曾是殖民地，在很早之前就建立了关系，巴西和南非也是在殖民地时期就开始了贸易往来，印度和南非都是印度洋沿海地区，早在古代时期就开始贸易关系，而中国和印度为两大文明古国，经济较高速增长、均为农业大国等众多相似之处，以及贸易伙伴关系等因素都可能会加强两者资本流动的联动关系。

表4.3　　　　　　　　　　　主要新兴市场国际资本流动的相关系数

新兴市场国家	巴西	印度	南非	俄罗斯	中国
巴西	1				
印度	0.3711	1			
南非	0.3396	0.4541	1		
俄罗斯	−0.0251	0.0427	0.1584	1	
中国	0.128	0.2402	0.0941	−0.1327	1

4.6.2　主要新兴市场国家国际资本流动风险传染

通过运用SJC－Copula函数对金砖五国国际资本流动风险传染程度的度量发现，与各大洲国际资本流动不同，金砖五国国际资本流动的联动性和风险传染的度量结果大体是一致的，即巴西和印度、巴西和南非、印度和南非、印度和中国之间国际资本流动风险传染性较高，如表4.4所示。与第4.6.1节相同，由于上尾部传染指数都很小，本节只给出下尾部传染系数。其结果表明，巴西和印度、巴西和南非、印度和南非、印度和中国任意两者相互之间，任一个国家发生国际资本极端流出时，很可能会使另一个国家国际资本流动极端的流出，而金砖五国中其他国家之间国际资本流动风险传染程度并不明显。

表 4.4　　　　　　　　　主要新兴市场间风险传染指数（下尾部传染）

新兴市场国家	巴西	印度	南非	俄罗斯	中国
巴西	1				
印度	0.247	1			
南非	0.384	0.431	1		
俄罗斯	0.076	0.001	0.004	1	
中国	0.099	0.202	0.038	0.001	1

总体而言，无论是从国际资本流动的联动性还是其风险传染角度分析，巴西和印度、巴西和南非、印度和南非、印度和中国的国际资本流动之间的关系都比较密切。俄罗斯和其他国家之间的关系都不明显，这种差异可能是因为相对其他金砖国，俄罗斯的经济较为成熟。

4.7　本章小结

本章对国际资本流动传染的原因以及度量方法进行梳理和总结，在此基础上，构建适合度量国际资本流动风险传染的方法，并从一般联动关系和风险传染两个角度，对主要地区和主要新兴市场国家国际资本流动的传染性进行分析，结果如下。

第一，对于主要地区——北美洲、非洲、南美洲、欧洲、亚洲国际资本流动之间传染情况而言，其一般联动性和风险传染效应的结果有所不同。从一般联动性结果来看，这些地区间国际资流动关联度较弱，尤其是欧洲、南美洲和非洲，其三者之间相互的关联度都不到 10%，相对而言，亚洲和北美洲、亚洲和欧洲国际资本流动之间的整体联动性相对较强，且呈负相关关系；从风险传染角度来看，这些地区之间国际资本流动上尾传染程度几乎接近于零，而下尾部风险传染程度相对较高，其中北美洲、南美洲和非洲三者之间，亚洲和非洲之间以及亚洲和南美洲之间的风险传染程度最高。

第二，对于主要新兴市场国家——中国、印度、巴西、南非、俄罗斯国际资本流动之间传染情况而言，其一般联动性和风险传染效应的结果几乎是一致的，即巴西和印度、巴西和南非、印度和南非、印度和中国之间国际资本流动联动性和风险传染性都相对较高，而俄罗斯和其他国家之间的关系都不明显，这种差异可能是因为相对其他金砖国，俄罗斯的经济较为成熟。

参考文献

[1] CALVO S G, REINHART C M. Capital Flows to Latin America: Is There

Evidence of Contagion Effects? [R]. ID 636120, Rochester, NY: Social Science Research Network, 1996.

[2] DORNBUSCH R, Park Y C, CLAESSENS S. Contagion: Understanding How It Spreads [J]. The World Bank Research, 2000, 15 (2): 177 – 197.

[3] DIAMOND D W, DYBVIG P H. Bank Runs, Deposit Insurance and Liquidity [J]. Journal of Political Economy, 1983, 91 (3): 401 – 419.

[4] DIEBOLD F X, SCHUERMANN T, STROUGHAIR J D. Pitfalls and Opportunities in the Use of Extreme Value Theory in Risk Management [J]. The Journal of Risk Finance, 2000, 1 (2): 30 – 35.

[5] CHENG K, Lu F, YANG X. Copula Contagion Index and Its Efficiency [J]. Applied Financial Economics, 2011, 22 (12): 989 – 1002.

[6] DASGUPTA A. Financial Contagion through Capital Connections: A Model of the Origin and Spread of Bank Panics [J]. Journal of the European Economic Association, 2004, 2 (6): 1049 – 1084.

[7] GROSSMAN S J, STIGLITZ J E. On the Impossibility of Informationally Efficient Markets [J]. The American Economic Review, 1980, 70 (3): 393 – 408.

[8] MASSON P R, Contagion: Monsoonal Effects, Spillovers and Jumps Between Multiple Equilibria [R]. ID 882708, Rochester, NY: Social Science Research Network, 1998.

[9] AHMED S, ZLATE A. Capital Flows to Emerging Market Economies: A Brave New World? [J]. Journal of International Money and Finance, 2014, 48: 221 – 248.

[10] CALVO G A, MENDOZA E G. Rational Contagion and The Globalization of Securities markets [J]. Journal of International Economics, 2002, 51 (1): 79 – 113.

[11] KIM W, WEI S J. Foreign Portfolio Investors Before and During A Crisis [J]. Journal of International Economics, 2002, 56 (1): 77 – 96.

[12] SCHINASI G J, SMITH R T. Portfolio Diversification, Leverage and Financial Contagion [J]. IMF Staff Papers, 2000, 47 (2): 159 – 176.

[13] CARAMAZZA F, RICCI L, ALGADO R S. International Financial Contagion in Currency Crises [J]. Journal of International Money and Financial, 2004, 23 (1): 51 – 70.

[14] JORION P, ZHANG G. Credit Contagion from Counterparty Risk [J]. Journal of Finance, 2009, 64 (5): 2053 – 2087.

[15] ENGLE R F. Autoregressive Conditional Heteroscedasticity with Estimates of the Variance of United Kingdom Inflation [J]. Econometrica, 1982, 50 (4): 987 – 1007.

[16] BOLLERSLEV T, CHOU R Y, KRONER K F. ARCH Modeling in Finance: A Review of The Theory and Empirical Evidence [J]. Journal of Econometrics, 1992, 52 (1 – 2): 5 – 59.

[17] HAMILTON J D. A New Approach to the Economic Analysis of Nonstationary Time Series and the Business Cycle [J]. Econometrica, 1989, 57 (2): 357 – 384.

[18] KRAFT H, STEFFENSEN M. Bankruptcy, Counterparty Risk, and Contagion [J]. Review of Finance, 2007, 11 (2): 209 – 252.

[19] FRATZSCHER M. What Causes Currency Crises: Sunspots, Contagion or Fundamentals? [R]. ECO99/39, European University Institute, 1999.

[20] HARTMANN P, STRAETMANS S, DE VRIES C G. Asset Market Linkages in Crisis Periods [J]. Review of Economics and Statistics, 2004, 86 (1): 313 – 326.

[21] BAE K H, KAROLYI G A, STULZ R M. A New Approach to Measuring Financial Contagion [J]. Review of Financial Studies, 2003, 16 (3): 717 – 763.

[22] FISHER R A, TIPPETT L H C. Limiting Forms of the Frequency Distribution of the Largest or Smallest Member of a Sample [J]. Mathematical Proceedings of the Cambridge Philosophical Society, 1928, 24 (2): 180 – 190.

[23] DAVIS M, Lo V. Modelling Default Correlation in Bond Portfolios [M]. Mastering Risk Volume 2: Applications, London: Financial Times Prentice Hall, 2001, 2: 141 – 151.

[24] SKLAR A. Random Variables, Distribution Functions, and Copulas – A Personal Look Backward and Forward [M]. Institute of Mathematical Statistics Lecture Notes – Monograph Series. Hayward, CA: Institute of Mathematical Statistics, 1996: 1 – 14.

[25] RODRIGUEZ J. Measuring Financial Contagion: A Copula Approach [J]. Journal of Empirical Finance, 2007, 14 (3): 401 – 423.

[26] PATTON A. Modelling Asymmetric Exchange Rate Dependence [J]. International Economic Review, 2006, 47 (2): 527 – 556.

第5章 全球主要经济体资本流动波动关联性的原因研究

5.1 引言

全球主要国家或地区间国际资本流动波动普遍存在显著的关联性，本章试图对引起这种大范围国际资本流动波动关联性的原因进行分析和探讨。基于本书第3章对国际资本流动波动关联原因的分析，引起全球主要国家或地区间国际资本流动波动出现关联性可能是由共同外部冲击，也就是"季风效应"引起的；也有可能是由国家或地区间的贸易联系、金融联系、拥有相似的基本面等国家或地区间的个别因素引起的。因此，全球主要国家或地区间国际资本流动波动出现较强关联性的主要原因是共同因素还是国家或地区间的个别因素是本章想要探讨的问题。

5.2 国际资本流动波动关联性原因计量模型建立

检验国家或地区间因素——贸易联系和金融联系是不是全球主要国家或地区间国际资本流动波动出现较强关联性的主要原因，涉及两两国家或地区之间的贸易往来和投资往来，由于受到数据和操作可行性的限制，直接分析国家或地区间个别因素对全球主要国家或地区间资本流动波动关联的影响有一定难度，所以本章从另外一个角度来分析全球主要国家或地区间资本流动波动的主要原因，即分析共同因素——季风效应对全球主要国家或地区间国际资本流动波动关联的影响，通过分析季风效应对全球主要国家或地区间国际资本流动波动关联的影响，可以间接反映出国家或地区间因素——贸易联系和金融联系对全球主要国家或地区间国际资本流动波动关联的影响程度。

为了检验季风效应是否是导致全球主要国家或地区间的私人资本净流动波动出现关联性的主要原因，本章将全球主要国家或地区剔除掉季风效应影响后的私人资本净流动波动的关联性与未剔除季风效应影响的私人资本净流动的关联性进行对比，由于未剔除季风效应影响的全球主要国家或地区间私人资本净流动波动存在较强的关联性，如果剔除掉季风效应影响后这些国家或地区间的私人资本净流动波动仍然存在较强的关联性，那么说明季风效应不是导致全球主要国家或地区间私人资本净流动波动出现关联性的主要原因，国家或地区间个别因素才是导致全球主要国家或地区间私人资本净流动波动关联的主要原因，否则说明季风效应是导致全球主要国家或地区间私人资本净流动波动出现关联性的主要原因。具体做法如下。

（1）每个国家或地区的私人资本净流动波动与季风效应因素做回归，得到的残差项即为剔除掉季风效应影响的该国或该地区私人资本净流动的波动序列；

（2）用每个国家或地区的残差序列做相关分析，得到这些国家或地区间剔除季风效应影响后的私人资本净流动波动的关联情况；

（3）将得到的剔除季风效应影响后的私人资本净流动波动的关联结果与第 3 章得到的私人资本净流动波动的关联结果进行对比分析，得出结论。

5.2.1 模型的建立

私人资本净流动波动中剔除季风效应的模型如下：

$$CFV_i = c_i + \alpha ME + \varepsilon_i \tag{5.1}$$

式（5.1）中，CFV_i 代表第 i 个国家或地区的私人资本净流动的波动；ME 为一组季风效应变量组成的向量；α 是未知系数构成的向量；c_i 为常数项；ε_i 为残差项，也是第 i 个国家或地区剔除掉季风效应影响后的私人资本净流动的波动。

类似地，直接投资、证券投资、其他投资资本净流动波动中剔除季风效应的模型如式（5.2）～（5.4）所示：

$$FDIV_i = c_i + \alpha ME + \varepsilon_i \tag{5.2}$$

$$PIV_i = c_i + \alpha ME + \varepsilon_i \tag{5.3}$$

$$OIV_i = c_i + \alpha ME + \varepsilon_i \tag{5.4}$$

全球主要国家或地区间剔除掉季风效应影响后的私人资本净流动的波动的关联性仍然用 Spearman 相关系数和复杂网络相结合的方法进行分析。

5.2.2 变量选取

国际资本流动波动的相关变量如下。

CFV：私人资本净流动的波动，用经 GDP 标准化的过去五年的私人资本净流动的标准差计算得到；

$FDIV$：直接投资资本净流动的波动，用经 GDP 标准化的过去五年的直接投资资本净流动的标准差计算得到；

PIV：证券投资资本净流动的波动，用经 GDP 标准化的过去五年的证券投资资本净流动的标准差计算得到；

OIV：其他投资资本净流动的波动，用经 GDP 标准化的过去五年的其他投资资本净流动的标准差计算得到。

季风效应指的是所有国家和地区面临的共同外部冲击，受共同因素影响的国家和地区会出现相似的反应，从而造成国际资本流动波动的关联。这些共同因素主要包括世界利率的变动、石油等大宗商品价格的变化、全球避险情绪的变化、全球性的经济衰退等全球冲击（Masson，1998；Forbes 和 Chinn，2004）。因此，*ME* 向量主要涵盖了上述变量。根据 Masson（1998）、Forbes 和 Chinn（2004）、Ahmed 和 Zlate（2014）等前人的研究成果，季风效应变量包括以下几种。

IR：世界利率，用美国实际利率来代表；

CP：大宗商品价格，用所有初级商品的大宗商品价格指数来代表；

VIX：S&P500 市场波动率指数，用来衡量市场风险或者全球避险情绪的变化；

GDP：全球经济增长，用美国的实际 GDP 增长率来代表。

5.2.3　样本选取

为了与第 3 章未剔除季风效应影响的国际资本流动波动的关联性结果具有可比性，本章选取的样本仍然与第 3 章相同，即总共 47 个国家和地区，包括澳大利亚、中国香港、日本、韩国、新西兰、新加坡、奥地利、捷克、丹麦、芬兰、法国、德国、爱尔兰、意大利、荷兰、挪威、葡萄牙、西班牙、瑞典、瑞士、英国、加拿大、美国、以色列在内的 24 个发达国家和地区以及孟加拉国、中国（不含香港地区）、印度、印度尼西亚、马来西亚、巴基斯坦、菲律宾、泰国、土耳其、越南、匈牙利、波兰、罗马尼亚、俄罗斯、乌克兰、阿根廷、巴西、智利、哥伦比亚、墨西哥、秘鲁、委内瑞拉、南非 23 个新兴市场及发展中国家。样本时间从 2000 年第一季度至 2013 年第四季度。

5.2.4　数据来源

私人资本、直接投资、证券投资和其他投资资本净流动的数据来源于国际货币基金组织的 BOP 数据库；各国或地区的 GDP 数据、大宗商品价格指数、美国实际利率、美国经济增长数据来源于 CEIC 数据库；VIX 数据来源于 Thomson Reuters 数据库。

5.3　全球主要经济体间国际资本流动波动关联性原因分析

用每个经济体剔除掉季风效应影响后的私人资本净流动波动序列进行 Spearman 相关性分析，得到全球主要国家或地区间的私人资本净流动波动相关关系网络、直接投资净流动波动相关关系网络、证券投资净流动波动相关关系网络和其他投资净流动波动相关关系网络的网络特征如表 5.1 所示。

表 5.1　剔除季风效应影响后的国际资本流动波动相关关系网络的描述性统计

网络类型	网络平均度	网络聚类系数	网络密度	网络平均最短路径长度
私人资本净流动波动	32.979	0.850	0.717	1.253
直接投资净流动波动	24.681	0.665	0.537	1.467
证券投资净流动波动	32.182	0.825	0.748	1.252
其他投资净流动波动	37.532	0.891	0.816	1.184

注：由于孟加拉国、巴基斯坦和罗马尼亚三个国家的证券投资资本净流动数据缺失，所以证券投资净流动波动关联图中不包含这三个国家，该网络的节点数为 44 个。其他网络的节点数为 47 个。

从剔除季风效应影响后的私人资本净流动波动相关关系网络的平均度、聚类系数、密度和平均最短路径长度的数据来看，在 47 个样本国家和地区中，平均每个国家或地区与 33 个国家和地区的私人资本净流动波动有显著相关性，与单个国家或地区私人资本净流动波动有显著相关性的其他国家或地区之间也具有显著相关性的比例平均为 85%，两两国家或地区间私人资本净流动波动有显著相关关系的比例占 72%，私人资本净流动波动相关关系网络的平均最短路径长度为 1.25，连通性较强。这些结果表明剔除季风效应影响后的全球主要国家或地区间的私人资本净流动波动仍然具有较强的关联度。

在剔除季风效应影响后的三类私人资本净流动波动的相关关系网络中，其他投资净流动相关关系网络的平均度最大、密度最大、聚类系数最大、平均最短路径长度最短，其次是证券投资资本净流动相关关系网络，平均度最小、密度最小、聚类系数最小、平均最短路径长度最长的网络是直接投资净流动相关关系网络，这一结果与未剔除季风效应影响的三类私人资本净流动波动的关联性类似，即都是短期性资本净流动波动的关联性强于长期资本净流动波动的关联性。

对比剔除季风效应影响后与未剔除季风效应影响的私人资本、直接投资、证券投资和其他投资资本净流动波动相关关系网络的特征统计量，可以看到，剔除季风效应影响后的私人资本、直接投资、证券投资和其他投资资本净流动波动相关关系网络的平均度、聚类系数和密度要分别小于未剔除季风效应影响的私人资本、直接投资、证券投资和其他投资资本净流动波动相关关系网络的平均度、聚类系数和密度，这说明季风效应是导致全球主要国家或地区间国际资本流动波动出现关联性的原因之一，但不是主要原因，因为剔除季风效应影响后的两两国家或地区间的国际资本流动波动仍然存在普遍的显著相关性。因此，导致全球主要国家或地区间国际资本流动波动出现关联性的主要原因应该是国家或地区间个别因素，如国与国之间的贸易联系、金融联系等。

5.4 不同经济体间国际资本流动波动关联性原因分析

表 5.2 描述了新兴经济体内部、发达经济体内部、新兴经济体与发达经济体之间国家或地区间的私人资本、直接投资、证券投资和其他投资资本净流动波动相关关系网络的密度，与表 3.2 至表 3.5 的结果对比发现，剔除掉季风效应影响后相同经济体内、不同经济体间国家或地区间的私人资本、直接投资、证券投资和其他投资资本净流动波动的关联度有所减弱，但减弱的程度不大，存在私人资本、直接投资、证券投资和其他投资资本净流动波动显著关联的国家或地区仍然占半数以上。由此说明，季风效应对不同经济体国际资本流动波动关联性影响较小，不同经济体国际资本流动波动关联性应该主要受国家或地区间个别因素的影响。

表 5.2   剔除季风效应影响后不同经济体私人资本净流动波动相关
关系网络的网络密度

网络类型	新兴经济体	发达经济体	新兴经济体与发达经济体之间
私人资本净流动波动	0.668	0.761	0.717
直接投资净流动波动	0.545	0.507	0.547
证券投资净流动波动	0.731	0.748	0.763
其他投资净流动波动	0.830	0.793	0.821

注：新兴（发达）经济体私人（直接投资、证券投资、其他投资）资本净流动波动相关关系网络的网络密度＝样本中私人（直接投资、证券投资、其他投资）资本净流动波动具有显著相关性的新兴市场（发达）国家或地区两两组合数/样本中所有新兴市场（发达）国家和地区两两组合数，新兴经济体与发达经济体私人资本（直接投资、证券投资、其他投资）净流动波动相关关系网络的网络密度＝样本中私人资本（直接投资、证券投资、其他投资）净流动波动具有显著相关性的新兴市场和发达国家或地区两两组合数/样本中所有新兴市场和发达国家和地区两两组合数。

5.5 不同区域经济体间国际资本流动波动关联性原因分析

表 5.3 描述了亚太、欧洲、美洲各区域内部以及区域间的私人资本、直接投资、证券投资和其他投资资本净流动波动相关关系网络的密度，与表 3.6 至表 3.9 的结果对比发现，剔除掉季风效应影响后各区域内部、不同区域间国家或地区间的私人资本、直接投资、证券投资和其他投资资本净流动波动的关联度有较小程度的减弱，但仍然显示出较强的关联性。

私人资本净流动波动方面，剔除季风效应影响后，亚太地区与美洲地区国家间的关联性变为最高，甚至超过欧洲地区内部国家间的关联性，而在剔除季风效应影响前，这两个区域间的关联度是三个区域间关联度最低的，说明季风效应对亚太和美洲地区国家或地区间私人资本净流动波动的关联性影响最小；直接投资净流动方面，剔除季风效应影响后，除亚太地区内部国家或地区间的关联性几乎未受影响外，其他区域内、区域间的关联性都出现一定程度的下降；证券投资净流动方面，剔除季风效应影响后，关联度减弱最多的是欧洲区域内部，其他区域内、区域间的关联性几乎不受影响，美洲区域内部国家间的证券投资资本净流动波动的关联度反而有所增强；其他投资净流动方面，剔除季风效应影响后，关联度减弱最多的是亚太区域内部，欧洲地区和美洲地区间的其他投资资本净流动波动的关联性几乎不受影响，其他区域内、区域间的关联性有不同程度的减弱。

由此说明，季风效应对不同区域国际资本流动波动关联性影响较小，不同区域国际资本流动波动关联性应该主要受国家或地区间个别因素的影响。

表 5.3　　　　剔除季风效应影响后不同区域私人资本净流动波动相关
关系网络的网络密度

网络类型	亚太区域	欧洲区域	美洲区域	亚太与欧洲区域之间	亚太与美洲区域之间	欧洲与美洲区域之间
私人资本净流动波动	0.700	0.737	0.694	0.728	0.771	0.722
直接投资净流动波动	0.675	0.484	0.417	0.566	0.597	0.506
证券投资净流动波动	0.736	0.819	0.667	0.786	0.738	0.772
其他投资净流动波动	0.808	0.711	0.861	0.822	0.840	0.850

注：亚太（欧洲、美洲）地区私人资本（直接投资、证券投资、其他投资）净流动波动相关关系网络的网络密度 = 样本中私人投资资本（直接投资、证券投资、其他投资）净流动波动具有显著相关性的亚太（欧洲、美洲）地区内的国家或地区两两组合数/样本中亚太（欧洲、美洲）地区内所有国家和地区两两组合数，两个不同区域间私人资本（直接投资、证券投资、其他投资）净流动波动相关关系网络的网络密度 = 样本中私人资本（直接投资、证券投资、其他投资）净流动波动具有显著相关性的两个不同区域间国家或地区两两组合数/样本中两个不同区域间所有国家和地区两两组合数。

5.6　本章小结

本章对季风效应是否是导致全球主要国家或地区间国际资本流动波动出现关联的主要原因进行了检验。检验结果表明：

首先，整体来说，剔除季风效应影响后的全球主要国家或地区间的私人资本净流动波动的关联程度、直接投资净流动波动的关联程度、证券投资净流动波动的关联程度和其他投资资本净流动波动的关联程度均有所减少，但关联性仍然显著。其次，新兴经济体和发达经济体内部以及两个经济体之间、亚太区域、欧洲区域和美洲区域内部以及不同区域之间的国家或地区间各类私人资本净流动波动的关联情况也出现类似的结论。最后，季风效应的确会增强国家或地区间的私人资本流动波动的关联性，是造成全球主要国家或地区间私人资本净流动波动关联性的原因之一，但不是最主要的原因。

参考文献

［1］AHMED S，ZLATE A．Capital Flows to Emerging Market Economies：A Brave New World？［J］．Journal of International Money and Finance，2014，48：221 - 248．

［2］FORBES K J，CHINN M D．A Decomposition of Global Linkages in Financial Markets Over Time［J］．The Review of Economics and Statistics，2004，86（3）：705 - 722．

［3］MASSON P R．Contagion：Monsoonal Effects，Spillovers and Jumps between Multiple Equilibria［R］．IMF Working Paper，1998．

第6章　国际证券资金流动关联性分析

6.1　引言

国际证券资金流动是由国际证券投资导致的资金从一个国家或地区转移到另一个国家或地区，它是国际资本流动的重要组成部分。对国际资本流动的分类可以让我们清晰地认识到国际证券资金流动与其他种类的国际资本流动的差别。与直接投资、贸易信贷等其他类型的国际资本流动相比，国际证券投资对市场信息的反应更加敏锐，流动性和灵活性较强。当一国金融市场表现较好时，国际证券资金快速涌入以实现获利，催生资产价格泡沫；当有负面冲击来临时，国际证券资金则倾向于快速撤离危机国家，导致资产价格的进一步下跌。因此，相对于直接投资等长期资本流动形式，国际证券资金流动的波动性较大，对一国金融市场的冲击也比较明显，甚至会导致金融危机在不同区域之间的快速传染。鉴于此，本章拟针对投资期限较短、灵活性较强、波动性较大的国际证券资金流动的关联性风险展开研究。

20世纪90年代以来，随着经济全球化和金融经济一体化进程的不断推进，全球各个经济体、金融机构之间的关联性日益增强。作为各国金融联系的重要媒介，国际资本流动的关联性逐渐受到关注。本书第2章的分析表明，不同国家或地区之间的国际资本流动主要因为以下原因发生关联：第一，全球性的经济金融环境变化和主要经济体的宏观政策变化会导致不同国家或地区（尤其是新兴市场国家）之间的国际资本流动呈现联动性的特征；第二，发生于国家（或地区）A的经济金融风险通过贸易关联、信贷关联、区域关联和资产组合调整等渠道传染至国家（或地区）B，从而使国际投资者同时撤出对两个国家（或地区）的投资，两者的资本流动呈现同向波动的特征；第三，投资者的羊群行为和恐慌行为使不同类型的投资者在投资决策的过程中相互影响，当一国或地区国际资本流动出现异常波动时，投资者通过观察其他投资者的行为也同时进行资产组合的调整，并对其他国家和地区的情况进行重估，导致不同国家（或地区）和市场之间资本流动共同波动的加剧。

由于国家或地区间资本流动的相互关联会使一国或地区国际资本流动的大幅波动传导至其他国家和地区，发生多米诺骨牌效应，导致风险在不同国家或地区之间发生传染，因此我们认为不同国家或地区之间国际证券资金流动的关联性也是其风险的重要来源。本章拟对国际证券资金流动的关联性风险进行分析，以期为证券资金流动的风险防范提供有力的实证支撑。为了探求和明晰全球主要国家或地区间国际证券资金流动的关联性特征及其演变，本章采用网络分析法①，构建了两个网络对不同国家或地区之间证券资金流动的关联性进行研究。首先，本研究构建了国际证券资金流动相关关系网络（International Portfolio Correlation Network，IPCN），其节点包含 55 个国家和地区，边为 55 个国家和地区两两之间的相关系数，以期对国家或地区间证券资金流动的相关关系进行刻画。IPCN 网络的构建拟回答以下研究问题：哪些国家和地区的国际证券资金流动与其他国家和地区有较强的关联性？2008 年国际金融危机的发生是否会改变各个国家或地区之间的关联关系？进一步地，本研究又构建了国际证券投资有向网络（International Portfolio Investment Network，IPIN）。所谓有向网络是指对各国或地区之间的证券资产持有关系进行刻画的网络，其中的节点为各个国家或地区，由国家（或地区）i 指向国家（或地区）j 的边代表国家（或地区）i 持有国家（或地区）j 发行的证券资产，边的权重为国家（或地区）i 持有的国家（或地区）j 的证券资产的总规模。我们基于 CPIS 数据库 2001—2015 年的证券资产配置数据构建了 IPIN 网络，并试图回答下列研究问题：2001—2015 年 IPIN 的网络结构是否发生了显著变化？金融危机的发生对 IPIN 网络的影响如何？全球重要的资金来源国（或地区）和资金接收国（或地区）是否发生演变？

本章的研究对于政策制定者和风险管理者都具有重要的现实意义，了解和识别系统性重要国家（或地区）有利于一国提前识别风险，从而进行有针对性的风险防范。本章的具体安排如下：第二部分对相关文献进行综述，第三部分对研究方法进行简单介绍，第四部分和第五部分分别构建了国际证券资金流动相关关系网络（IPCN）和国际证券投资有向网络（IPIN）并进行分析探究，最后一部分进行小结。

6.2 国际证券资金流动关联性风险的相关研究

本部分从两方面对相关文献进行综述，一是对国际证券资金关联性的相关文献进行梳理，二是对网络分析法在国际金融领域的应用进行回顾。

关于国际资本流动关联性的研究相对匮乏，现有研究多采用统计方法对资本流动的关联性进行描述分析。如 Froot 等（2001）计算了 1994 年 8 月 1 日至 1998 年 12 月 31 日，55 个国家和地区日度国际证券投资的相关系数，并绘制了相关系数矩阵图进行分析，结果表明各国或地区国际证券投资的相关系数显著

---

① 网络分析法可以对不同个体之间的关联关系进行描述，网络由一系列的节点和边组成，节点可以是个人、企业或者国家等，边代表了节点之间产生关联的途径。

为正，其中同一区域国家或地区的相关性更加明显，特别是亚洲和欧洲的发达国家和地区以及拉丁美洲国家之间。特别地，国家或地区之间国际证券投资的相关系数在危机期间显著提高，表明在负面冲击发生时，各国或地区的证券资金流动呈现更大幅度的同向波动的特征。基于 1980—2009 年 49 个新兴市场和发展中国家的数据，Lee 等（2013）探究了一国的资本流动波动性是否会对其他国家有影响，即国际资本流动的波动性是否存在区域间的溢出效应。研究表明国家间国际资本流动的波动性存在显著的溢出效应，与直接投资相比，证券投资和其他投资的波动性溢出效应更加显著。

关于网络分析法在金融领域的应用起步较晚。2007 年次贷危机的爆发和蔓延使得金融系统关联性和金融传染的问题得到广泛关注，Schweitzer 等（2009）在 Science 发表的题为《经济网络的新挑战》的文章中指出，经济系统（包括机构、银行、国家等）越来越呈现相互依存的特征，这些相依性主要通过跨境的信贷和投资网络、贸易关联、供应链的关联等方式产生，网络分析法是对这些关联性进行刻画和分析的有效工具。由此，Schweitzer 等（2009）描述了一个包含 41 个节点的全球金融网络实例，其中每个节点表示一个大的非银行类的金融机构，每一条边表示两个机构之间存在的关联，如交易量和投资资本等。作者通过分析网络的拓扑结构发现，由全球主要非银行类金融机构构成的网络具有很强的连通性，各个金融机构之间普遍存在关联关系，使金融系统容易发生风险的传染。Garas 等（2010）基于量化每个节点传播功能的 K–壳分解法构建了包含 206 个国家和地区的全球经济网络，其中的边是大公司之间的附属关系，边的权重值对应附属企业的数量，K–壳分解的结果表明位于外壳的是连接相对松散的、传播能力较弱的国家，位于核心部分的是传播能力最强的 12 个国家，包括美国、德国、法国、日本、中国、比利时等。

随着全球经济金融一体化的程度不断提高，关注于全球经济、金融网络分析的文献逐渐涌现（Allen 和 Babus，2008；Allen 和 Gale，2000；Freixas 等，2000；Acemoglu 等，2015；Chinazzi 等，2015；Diebold 和 Yılmaz，2014；Gai 和 Kapadia，2010；Leitner，2005；Oatley 等，2013）。现有研究构建的国际金融网络可以分为两类：微观层面以金融机构为节点构建的网络以及宏观层面以国家为节点构建的网络。大量文献聚焦于金融机构之间的关联关系分析（Battiston 等，2012；Cocco 等，2009；Hale，2012）。如 Battiston 等（2012）运用国际金融危机期间（2008.03—2010.03）美国联邦储备银行向金融机构发放贷款的数据，探究贷款在金融机构间以及在不同时段的分布，并运用复杂网络的方法探究这些机构之间的相依关系，引入了 Debt Rank 算法识别出系统重要性金融机构[①]。作

---

① 系统重要性金融机构即如果此金融机构发生违约会导致系统性违约事件的发生。

者发现 22 家金融机构接收了大部分的联邦储备银行贷款，是系统性重要的金融机构，并对金融体系的稳定性产生重要的影响。Hale（2012）构建了全球银行间的信贷网络，网络节点包括来自 141 个国家的 7938 家商业银行，网络的边是银行间的借贷关系。作者研究发现，经济衰退和银行危机会使得银行间的新的信贷关联形成减少，2008—2009 年的国际金融危机对银行间新信贷关系的形成有负面影响，危机期间信贷网络的中心由发展中国家转向发达国家。随着各国金融联系的不断加强以及数据可得性的提高，部分研究开始以国家为节点构建网络，主要包括刻画各国进出口贸易关系的国际贸易网络（Garlaschelli 和 Loffredo，2005；Li 等，2003；Serrano 和 Boguná，2003）和刻画各国资本流动关系的国际金融网络（Chinazzi 等，2013；Minoiu 和 Reyes，2013；Schiavo 等，2010）。具体来看，Minoiu 和 Reyes（2013）基于跨境银行间资本流动的数据构建了 1978—2010 年 184 个国家的全球银行资金流动网络，作者研究发现，全球银行资金流动网络的密度是顺周期的，经济周期的上行阶段网络密度增加，各国银行间关联性增加，而经济下行阶段网络密度下降。Schiavo 等（2010）的研究表明，国际贸易网络比国际金融网络的密度更高，富裕国家（人均 GDP 更高的国家）与其他国家的关联性更加紧密，而较贫穷的国家一般是通过与中心节点产生关联从而与网络其他国家产生关联。

特别地，Chinazzi 等（2013）构建了基于各国证券投资的国际金融网络，其中节点为 70 个国家和地区，边为各国或地区之间证券市场上的资产持有关系，作者研究发现，2008 年的国际金融危机使国际间的金融投资显著下降，并且导致了国际金融网络拓扑结构的改变，但是并未对核心—外围国家和地区结构产生影响。此外，作者的研究发现与其他国家和地区具有较强关联性的国家或地区受到危机的影响较小，因为负面冲击可以通过网络很快得到分散。

综上所述，网络分析法在金融领域的应用有了初步的进展，但运用网络方法分析国际资本流动联动性的文献较少。网络分析法可以清晰刻画各国之间资本流动的关联关系，对网络拓扑结构和重要节点的分析可以区分系统重要性国家，为一国证券资金流动的风险防范提供依据。因此，本章拟运用网络分析法对国际证券资金流动之间的联动性进行分析。

6.3 国际证券资金流动相关关系网络的构建

本章拟通过构建国际证券资金流动相关关系网络对国际证券投资在不同国家和地区之间的关联性进行分析，识别出其资金波动对其他国家和地区有重要影响的节点，即系统重要性国家或地区，以期为风险防范提供实证支持。复杂网络的基本拓扑性质和节点重要性指标参考第 3 章。本节的样本区间为 1990 年第一季度至 2015 年第四季度，样本国家和地区共计 55 个，包括 37 个发达国家和地区以及 18 个新兴市场国家，样本国家和地区如附表 6.1 所示。

6.3.1 网络特征描述

为探究不同国家或地区之间国际证券资金流动的关联性，本研究构建了国际证券资金流动相关关系网络（International Portfolio Correlation Network，IPCN）。网络的构建步骤如下：首先，用各国或地区国际证券资金净流动除以当期 GDP 以剔除规模的影响；其次，计算 55 个样本国家和地区国际证券资金流动两两之间的相关系数；最后，55 个样本国家和地区两两相关性计算共得到 1485 组相关系数，本研究保留了显著性水平为 0.1 的相关系数构建网络，网络的节点是 55 个样本国家和地区，对应边的权重为两两之间的相关系数。

网络构建完成后，本节从网络平均度、网络密度、平均最短路径长度与聚类系数四个方面对国际证券资金流动相关关系网络的拓扑性质进行描述。如表 6.1 所示，IPCN 的网络平均度为 10.291，即在 55 个样本国家和地区中，平均每个国家或地区与 10.291 个国家和地区的证券资金流动有显著的关联性；网络密度为 0.191，即网络中任意两个节点都相连的比率是 0.191，这表明 IPCN 网络是一个相对稀疏的网络；网络平均路径长度为 1.97，即使得任意两个国家或地区的资本流动产生关联的国家或地区平均数为 1.97，也即任意两个国家或地区之间平均通过两个其他国家或地区就可以产生关联，这也表明 IPCN 网络具有小世界现象的特征；此外，网络平均聚类系数为 0.259，即与单个国家或地区证券资金流动有显著相关性的其他国家或地区之间也具有显著相关性的比率平均为 25.9%。

表 6.1   **国际证券资金流动相关关系网络的特征描述**

区间	网络平均度	网络密度	网络平均路径长度	网络直径	网络平均聚类系数
全样本	10.291	0.191	1.97	4	0.259

6.3.2 系统重要性经济体

由于不同国家和地区的经济规模、经济发展程度、地域重要性等因素有所差异，国家或地区之间资本流动联动性的程度也不尽相同，经济体量大、金融市场化程度高的国家和地区与其他国家和地区的联动性更加显著。因此，我们在本章中提出了系统性重要国家（或地区）的概念，即该国家或该地区资本流动的变化与较多的国家（或地区）产生关联、关联程度较强。本节中，我们基于每个节点在 IPCN 网络中的位置对节点的重要性进行分析，得出系统重要性国家（或地区），重要性排序依照三个指标：度中心性、介数中心性和特征向量中心性。

一个节点的度中心性即一个节点的度，也即有多少节点与此节点发生关联，度越大意味着节点越重要。分析可知，度较大的节点包括马来西亚、印度、土耳其、新西兰、波兰、南非等，它们的度分别为 21、20、19、18、17、15，表明规模较大的新兴市场国家与其他国家和地区的证券资金流动关联性显著；发达国家和地区中，西班牙、加拿大、芬兰、日本和法国的度值也比较高；值得注意的是，美国在 IPCN 网络中的度中心性较小，仅与 11 个国家有显著的关联性，原因是美国在国际投资中通常扮演着安全岛的角色，当负面冲击发生时，证券投资撤出其他国家和地区而纷纷涌入美国，因此美国与其他国家和地区的关联效应不显著；此外，中国的度中心性也比较小，这与我国现阶段证券市场并未完全开放有关。

一个节点的介数中心性刻画了节点的信息传输能力，介数越高的国家（或地区）其作为资本流动关联性中介的作用越明显。与度中心性不同，介数较高的国家大部分为发达国家，包括加拿大、日本、法国、新西兰等，表明发达国家和地区更多扮演了关联中介的角色；此外，规模较大的新兴市场国家也有较高的介数，包括马来西亚、土耳其、印度、波兰、南非等。介数较高的国家不仅拥有比较开放的且规模较大的证券市场，其优越的地理位置也是发挥关联中介作用的重要原因，如土耳其位于欧亚两个大洲的交界处，波兰则是连接东西欧的重要桥梁。

一个节点的特征向量中心性与其邻居节点的中心性得分的总和成正比，即节点的重要性同时也取决于邻居节点的重要性。具体来看，特征向量中心性的分析结果与度中心性类似，规模较大的新兴市场国家与其他国家和地区的证券投资关联性较大，主要包括马来西亚、印度、土耳其、波兰、南非，发达经济体中，新西兰的特征向量中心性较大。

综上所述，依照节点的度中心性、介数中心性和特征向量中心性对节点的重要性进行排序可知，规模较大的新兴市场经济体与其他国家和地区证券资金流动的关联关系较显著，包括马来西亚、印度、波兰、土耳其、南非等；发达经济体主要扮演关联中介的作用，包括加拿大、日本、法国、新西兰等；这些国家均为系统重要性国家，应对其资本流动大幅波动的风险进行重点防范。

6.3.3 金融危机前后对比

进一步地，为探究国际证券资金流动相关关系网络在金融危机前后是否发生变化，本研究将样本时间分为两个时间段构建网络模型，样本区间分别为 1990 年第一季度至 2007 年第四季度、2008 年第一季度至 2015 年第四季度。

分阶段网络的特征描述如表 6.2 所示。从网络平均度指标来看，金融危机前后的网络平均度分别为 8.218 和 10.218，表明危机后平均每个国家或地区跟更多个国家和地区的证券资金流动有显著的关联关系；从网络密度指标来看，危机前的网络密度为 0.152，危机后增加至 0.189，表明危机后 IPCN 网络中各个节点的关联性加强；从网络平均聚类系数来看，网络平均聚类系数显著增加，由0.229 增加至0.327，表明与某个国家或地区的国际证券资金流动有显著关联的其他国家或地区之间的关联关系也显著增加。可见，随着时间的推移，IPCN 网络的密度增加，各国或各地区的证券资金流动关联性日益增强。

表6.2　　　　　　　分阶段国际证券资金流动相关关系网络的特征描述

区间	网络平均度	网络密度	网络平均路径长度	网络直径	网络平均聚类系数
1990Q1—2007Q4	8.218	0.152	2.105	4	0.229
2008Q1—2015Q4	10.218	0.189	2.034	3	0.327

为探究金融危机前后系统重要性国家（或地区）是否发生变化，我们从度中心性和介数中心性两个指标出发对危机前后各个国家和地区的重要性进行对比。从度中心性的角度来看，金融危机前度中心性较高的国家有西班牙、斯洛文尼亚、芬兰、印度等；金融危机后，新兴市场经济体的度中心性显著增加，包括马来西亚、印度、南非、巴西、土耳其、波兰等，表明金融危机后新兴市场经济体之间、新兴市场经济体与其他国家和地区之间的国际证券资金流动关联性显著增强。从介数中心性的角度来看，金融危机前介数中心性较高的国家主要是发达经济体，包括西班牙、加拿大、芬兰等，印度的介数中心性也相对较高；金融危机后，新兴市场国家作为各国和各地区关联中介的作用也日益凸显，马来西亚、新加坡、南非等都具有较高的介数中心性。

综上所述，对比金融危机前后的 IPCN 网络，其网络密度显著增加，表明危机后各个经济体之间国际证券资金流动的关联关系更加紧密。特别地，金融危机后新兴市场国家的作用日益凸显，规模较大的新兴经济体（如马来西亚、印度、南非等）与其他国家和地区的直接关联性和作为关联中介的作用都显著增加。究其原因，21 世纪以来新兴市场经济体的经济腾飞推动了其金融市场的深化，各国和各地区不断推动的证券市场自由化改革也使国际证券投资更加便利，从而使新兴市场国家的资金流动与其他国家和地区的关联性增强。

6.4　国际证券投资有向网络构建

为了进一步探究各个国家或地区国际证券投资之间的关联关系，本研究又构建了国际证券投资有向网络（International Portfolio Investment Network，IPIN）。所谓有向网络是指对各国（或地区）之间的证券资产持有关系进行刻画的网络，其中的节点为各个国家（或地区），由国家（或地区）i 指向国家（或地区）j 的边代表国家（或地区）i 持有国家（或地区）j 发行的证券资产，边的权重为国家（或地区）i 持有的国家（或地区）j 的证券资产的总规模（以百万美元表示，USD million）。各国和各地区证券资产的相互持有数据来自 IMF 的 CPIS 数据库，IMF 对各国和各地区持有的跨境证券资产进行调查统计，统计的资产类别不仅包括总的证券投资规模，还包括它的细分项目：权益投资、债务投资（短期债务和长期债务），最终汇总成各国或各地区互相持有的跨境证券资产。CPIS 数据库在调查伊始仅涵盖 29 个国家和地区，2001 年起涵盖了 71 个国家和地区。本研究涵盖的样本包括 56 个国家和地区，除了前面研究所包含的 51 个国家和地区外①，还涵盖了 5 个重要的金融中心和资金配置中心，包括百慕大群岛、开曼群岛、格恩西岛、泽西岛以及卢森堡。本研究采用 CPIS 的数据对 2001—2015 年的国际证券投资有向网络进行刻画，并试图回答以下问题：2001—2015 年间 IP-IN 的网络结构是否发生了显著变化？金融危机的发生对 IPIN 网络的影响如何？全球重要的资金来源国（或地区）和资金接收国（或地区）是否发生演变？

6.4.1 网络结构演变

本研究分别构建了 2001—2015 年的国际证券投资有向网络，从网络平均度、网络平均加权度、网络密度和网络平均聚类系数四个维度对网络结构的演变进行分析。其中，有向网络的平均出度等于平均入度；由于边的权重为国家或地区间互相持有的证券资产的总规模，网络的平均加权度为各个国家或地区平均持有的证券资产规模。

表 6.3 展示了 2001—2015 年 IPIN 网络结构的变化。研究表明，2001—2015 年 IPIN 网络结构发生了显著的变化，节点之间的关联性明显增强。从网络平均度来看，2001 年网络的平均出/入度为 32.536，2015 年增加至 44.286，表明 56 个样本国家和地区中与一国或地区发生证券投资关联的国家和地区由 33 个增加至 44 个。从网络平均加权度来看，网络的平均加权度也由 2001 年的 1824.70 亿美元增加至 2015 年的 6565.30 亿美元，这表明国际间国际证券投资的总规模显著增加，2015 年 56 个样本国家和地区平均持有的证券资产规模为 2001 年的 3.6 倍。从网络密度来看，2001—2015 年网络密由 0.592 上升至 0.805，意味着网络中任意两个节点之间有证券投资关系的比率由 59.2% 增加至 80.5%。网络平均聚类系数由 0.752 增加至 0.807。一系列的结果表明，随着时间的推移，IPIN 网络越来越稠密，节点之间的关联关系日益增多，关联程度也逐渐增强。

金融危机的爆发也会对网络结构的演变产生影响。如表 6.3 所示，2008 年国际金融危机期间网络平均度、网络密度和网络平均聚类系数均低于 2007 年，各国互相持有的证券资产规模（网络平均加权度）也由 2007 年的 5529.20 亿美元显著下降至 4127.02 亿美元，2010 年欧债危机时期各项指标也出现了显著下降，表明金融危机会使得各国的证券投资方式和结构发生改变，一国或地区倾

---

① 其中，CPIS 数据库未包含克罗地亚、爱尔兰、摩洛哥、秘鲁四个国家的跨境资产配置。

向于减少与其他国家和地区的金融关联以抵抗风险。

表 6.3　　　　　　　国际证券投资有向网络结构演变：2001—2015 年

年份	网络平均入/出度	网络平均加权度（十亿美元）	网络密度	网络平均聚类系数
2001	32.536	182.470	0.592	0.752
2002	34.465	207.790	0.627	0.749
2003	36.090	287.018	0.656	0.768
2004	36.429	332.920	0.662	0.778
2005	38.143	370.639	0.694	0.783
2006	38.804	472.075	0.706	0.799
2007	39.375	552.920	0.716	0.8
2008	38.268	412.702	0.696	0.791
2009	41.500	518.815	0.755	0.807
2010	40.518	486.994	0.737	0.797
2011	41.357	523.530	0.752	0.804
2012	42.518	587.033	0.773	0.818
2013	43.000	650.624	0.782	0.817
2014	44.054	664.901	0.801	0.835
2015	44.286	656.530	0.805	0.837

6.4.2　全球重要资金来源国（或地区）和资金接收国（或地区）

在对 2001—2015 年网络结构演变的分析基础上，本部分对重要的证券投资来源国（或地区）和接收国（或地区）进行分析，观察全球重要的资金来源国（或地区）和资金接收国（或地区）是否发生显著变化。具体来看，节点的出度表示一国或地区持有多少其他国家和地区的证券资产，节点的出度越大表明该国家或地区越多的参与其他国家和地区的证券市场投资；节点的出强度表示一国或地区持有的其他国家和地区证券资产的总规模，节点的出强度越大表明该国或该地区提供的证券投资资金越多，该国或该地区作为证券投资来源国的地位越重要。类似地，节点的入度越大表明越多的国家和地区投资该国或该地区的证券市场，节点的入强度越大表明该国或该地区吸引的证券投资资金越多，该国或该地区作为证券投资接收国（或地区）的地位越重要。基于此，本研究分别对 2001 年、2005 年、2010 年和 2015 年 IPIN 网络的出度、入度、出强度、入强度进行对比，以探究 2001—2015 年全球重要资金来源国（或地区）和资金接收国（或地区）的演变。

对比结果如表 6.4 所示，从出度来看，欧洲发达国家倾向于将其证券投资分散至更多的国家和市场，出度较高的国家和地区包括奥地利、比利时、丹麦、芬兰、法国、德国、英属的格恩西岛和泽西岛等，2001—2015年的历史演变不明显，相对集中的地理位置和相互之间高度开放的证券市场使欧洲发达国家具有便利的对外投资条件。从入度来看，入度较高的国家大多为发达国家，包括美国、英国、德国、法国、荷兰等，这些国家经济高度发达、证券市场开放程度高，全球的证券投资者倾向于投资于此。值得注意的是，2015年新兴市场国家的吸引力显著增强，巴西吸引了大量国家的证券投资。从出强度来看，美国是全球最主要的证券资金来源国，其次是英国、日本、卢森堡等。从入强度来看，证券投资资金仍然大规模流入发达国家，包括美国、英国、德国、法国等，开曼群岛也因其宽松的税收环境吸引了大量证券投资。

　　总的来看，2001—2015年全球主要的证券资金来源国（或地区）和接收国（或地区）并未发生显著的结构性改变，发达国家和地区在全球证券市场中起到主导作用，美国是全球最大的证券资金来源国，也是最大的证券资金接收国。但值得注意的是，随着新兴市场国家证券市场的不断开放，流入新兴市场的国际证券投资资金日益增多。2001年新兴市场国家的入度较小，美国、德国、法国、英国等发达国家的入度较大；2015年，新兴市场国家的入度显著提高，除美国、英国等发达国家保持较高的入度以外，巴西、中国、墨西哥、新加坡、南非、土耳其等新兴市场国家的入度显著增加。

表6.4　全球重要资金来源国（或地区）和资金接收国（或地区）的演变

	出度					入度			
排序	2001年	2005年	2010年	2015年	排序	2001年	2005年	2010年	2015年
1	澳大利亚	澳大利亚	澳大利亚	澳大利亚	1	美国	英国	英国	美国
2	比利时	比利时	丹麦	丹麦	2	英国	美国	美国	英国
3	根西岛	丹麦	法国	芬兰	3	根西岛	法国	荷兰	卢森堡
4	意大利	法国	德国	法国	4	法国	德国	法国	巴西
5	卢森堡	德国	意大利	德国	5	荷兰	荷兰	卢森堡	开曼群岛
6	瑞士	根西岛	卢森堡	根西岛	6	意大利	比利时	德国	荷兰
7	美国	意大利	挪威	意大利	7	加拿大	瑞士	意大利	瑞士
8	丹麦	卢森堡	瑞士	日本	8	卢森堡	意大利	瑞士	韩国
9	荷兰	荷兰	英国	泽西岛	9	瑞士	加拿大	瑞典	法国
10	英国	瑞士	美国	卢森堡	10	瑞典	卢森堡	澳大利亚	德国
	出强度					入强度			
排序	2001年	2005年	2010年	2015年	排序	2001年	2005年	2010年	2015年
1	美国	美国	美国	美国	1	美国	美国	美国	美国
2	英国	英国	日本	卢森堡	2	英国	英国	英国	英国

续表

	出强度				入强度			
3	日本	日本	法国	日本	3	德国	德国	德国	卢森堡
4	卢森堡	卢森堡	英国	英国	4	法国	法国	法国	开曼群岛
5	德国	法国	卢森堡	德国	5	荷兰	荷兰	卢森堡	法国
6	法国	德国	德国	法国	6	意大利	卢森堡	荷兰	德国
7	意大利	荷兰	意大利	荷兰	7	卢森堡	日本	开曼群岛	荷兰
8	荷兰	意大利	瑞士	中国香港	8	日本	意大利	意大利	日本
9	瑞士	瑞士	中国香港	加拿大	9	开曼群岛	开曼群岛	西班牙	意大利
10	比利时	比利时	比利时	瑞士	10	加拿大	西班牙	日本	加拿大

6.5　本章小结

经济全球化和金融经济一体化进程的不断推进使得各个国家或地区之间资本流动的关联性日益增强，使一国（或地区）国际资本流动的大幅波动更加容易传导至其他国家和地区，为各国或各地区国际资本流动风险的管理提出了新的挑战。基于第 2 章的机理研究，我们将这种由国际资本流动的相互关联导致的本国或本地区跨境资本流动的大幅波动称为国际资本流动的关联性风险。

本章运用复杂网络分析法对国际证券资金流动的关联性风险进行探究。首先构建了国际证券资金流动相关关系网络（IPCN 网络），样本涵盖 37 个发达国家和地区和 18 个新兴市场国家。依照节点的重要性指标对系统重要性国家（或地区）进行识别可知，规模较大的新兴市场经济体与其他国家和地区证券资金流动的关联关系较显著，包括马来西亚、印度、波兰、土耳其、南非等；发达经济体主要扮演关联中介的作用，包括加拿大、日本、法国、新西兰等；这些国家均为系统重要性国家，应对其资本流动大幅波动的风险进行重点防范。对比金融危机前后的 IPCN 网络可知，金融危机后网络密度显著增加，表明随着时间的推移，各个经济体之间国际证券资金流动的关联关系更加紧密。特别地，金融危机后新兴市场国家的作用日益凸显，规模较大的新兴经济体（如马来西亚、印度、南非等国）与其他国家和地区的直接关联性以及作为关联中介的作用都显著增加。

为了进一步探究各个国家或地区国际证券投资之间的关联关系，本研究又构建了国际证券投资有向网络（IPIN 网络）。研究结果表明，随着时间的推移，IPIN 网络越来越稠密，节点之间的关联关系日益增多，关联程度也逐渐增强。此外，金融危机会使得各国或各地区的证券投资方式和结构发生改变，一国或地区倾向于减少与其他国家和地区的金融关联以抵抗风险。从全球重要的资金来源国（或地区）和资金接收国（或地区）角度来看，发达国家和地区仍然在全球证券市场中起到主导作用，美国是全球最大的证券资金来源国，也是最大的证券资金接收国。但值得注意的是，随着新兴市场国家证券市场的不断开放，流入新兴市场国家的证券投资资金日益增多，新兴市场国家在国际证券市场上的参与度明显增加。

综上所述，发达国家和地区经济发展水平和金融自由化水平较高，仍然是国际证券市场中主要的资金提供者和资金接收者，但随着新兴市场国家证券市场的不断开放，规模较大的新兴市场国家也成为较受欢迎的国际证券投资目的地。此外，规模较大新兴市场国家与其他国家和地区国际证券资金流动的关联性比较显著，包括马来西亚、印度、波兰、土耳其、南非等，监管当局应对其资本流动大幅波动的风险进行重点防范，避免对我国的金融市场产生过大冲击。

参考文献

［1］ACEMOGLU D, OZDAGLAR A, TAHBAZ – SALEHI A. Systemic Risk and Stability in Financial Networks ［J］. The American Economic Review, 2015, 105 (2)：564 –608.

［2］ALLEN F, BABUS A. Networks in Finance, in Networkd – based Strategies and Compretencies ［M］. Wharton School Publishing, 2008.

［3］ALLEN F, GALE D. Financial Contagion ［J］. Journal of Political Economy, 2000, 108 (1)：1 –33.

［4］BATTISTON S, PULIGA M, KAUSHIK R, TASCA P, CALDARELLI G. Debtrank：Too Central to Fail? Financial Networks, the Fed and Systemic Risk ［J］. Scientific Reports, 2012, 2：541.

［5］CHINAZZI M, FAGIOLO G, REYES J A, SCHIAVO S. Post – mortem Examination of the International Financial Network ［J］. Journal of Economic Dynamics and Control, 2013, 37 (8)：1692 –1713.

［6］CHINAZZI M, FAGIOLO G. Systemic Risk, Contagion, and Financial Networks：A Survey ［R］. Working Paper, 2015.

［7］COCCO J F, GOMES F J, MARTINS N C. Lending Relationships in the Interbank Market ［J］. Journal of Financial Intermediation, 2009, 18 (1)：24 –48.

［8］DIEBOLD F X, YıLMAZ K. On the Network Topology of Variance Decompositions：Measuring the Connectedness of Financial Firms ［J］. Journal of Econometrics, 2014, 182 (1)：119 –134.

［9］FREIXAS X, PARIGI B M, ROCHET J C. Systemic Risk, Interbank Relations, and Liquidity Provision by the Central Bank ［J］. Journal of Money, Credit and

Banking, 2000: 611 – 638.

[10] FROOT K A, O CONNELL P G J, SEASHOLES M S. The Portfolio Flows of International Investors [J]. Journal of Financial Economics, 2001, 59 (2): 151 – 193.

[11] GAI P, KAPADIA S. Contagion in Financial Networks [C]. Proceedings of the Royal Society of London A: Mathematical, Physical and Engineering Sciences. The Royal Society, 2010.

[12] GARAS A, ARGYRAKIS P, ROZENBLAT C, TOMASSINI M, HAVLIN S. Worldwide Spreading of Economic Crisis [J]. New Journal of Physics, 2010, 12 (11): 113043.

[13] GARLASCHELLI D, LOFFREDO M I. Structure and Evolution of the World Trade Network [J]. Physica A: Statistical Mechanics and its Applications, 2005, 355 (1): 138 – 144.

[14] HALE G. Bank Relationships, Business Cycles, and Financial Crises [J]. Journal of International Economics, 2012, 88 (2): 312 – 325.

[15] LEE H H, PARK C Y, BYUN H S. Do Contagion Effects Exist in Capital Flow Volatility? [J]. Journal of the Japanese and International Economies, 2013, 30: 76 – 95.

[16] LEITNER Y. Financial Networks: Contagion, Commitment, and Private Sector Bailouts [J]. The Journal of Finance, 2005, 60 (6): 2925 – 2953.

[17] LI X, JIN Y Y, CHEN G. Complexity and Synchronization of the World Trade Web [J]. Physica A: Statistical Mechanics and its Applications, 2003, 328 (1): 287 – 296.

[18] MINOIU C, REYES J A. A Network Analysis of Global Banking: 1978 – 2010 [J]. Journal of Financial Stability, 2013, 9 (2): 168 – 184.

[19] OATLEY T, WINECOFF W K, PENNOCK A, DANZMAN S B. The Political Economy of Global Finance: A Network Model [J]. Perspectives on Politics, 2013, 11 (1): 133 – 153.

[20] SCHIAVO S, REYES J, FAGIOLO G. International Trade and Financial Integration: A Weighted Network Analysis [J]. Quantitative Finance, 2010, 10 (4): 389 – 399.

[21] SCHWEITZER F, FAGIOLO G, SORNETTE D, VEGA – REDONDO F, VESPIGNANI A, WHITE D R. Economic Networks: the New Challenges [J]. Science, 2009, 325 (5939): 422 – 425.

[22] SERRANO M A, BOGUNá M. Topology of the World Trade Web [J]. Physical Review E, 2003, 68 (1): 015101.

附表6.1 样本国家和地区

序号	国家/地区	序号	国家/地区
1	阿根廷	29	韩国
2	澳大利亚	30	立陶宛
3	奥地利	31	马来西亚
4	比利时	32	墨西哥
5	巴西	33	摩洛哥
6	保加利亚	34	荷兰
7	加拿大	35	新西兰
8	智利	36	挪威
9	中国	37	巴基斯坦
10	哥伦比亚	38	秘鲁
11	克罗地亚	39	菲律宾
12	塞浦路斯	40	波兰
13	捷克共和国	41	葡萄牙
14	丹麦	42	罗马尼亚
15	爱沙尼亚	43	俄罗斯
16	芬兰	44	新加坡
17	法国	45	斯洛文尼亚
18	德国	46	南非
19	希腊	47	西班牙
20	中国香港	48	瑞典
21	匈牙利	49	瑞士
22	印度	50	泰国
23	印度尼西亚	51	土耳其
24	爱尔兰	52	乌克兰
25	以色列	53	英国
26	意大利	54	美国
27	日本	55	委内瑞拉
28	哈萨克斯坦		

第7章 国际资本流入风险界定
及其影响因素实证研究

7.1 引言

20世纪以来，国际资本流动在推动全球经济发展中的角色日益凸显。值得一提的是，迅速发展的新兴市场国家逐渐受到国际资本的青睐。从20世纪90年代以来，流入新兴市场和发展中国家的私人国际资本大幅增加，其波动幅度也逐步增大，如图7.1所示。国际资本的大量涌入对新兴经济体是一把双刃剑：一方面，国际资本的流入缓解了新兴市场国家的资金短缺问题，增加了可贷资金的供给，资金成本的降低将使投资增加，进而有利于改善这些国家投资环境，促进其经济增长（Henry，2000 & 2003）；另一方面，国际资本流入的大幅增加（capital inflow surges，简称"资本流入大进"）将导致实际汇率升值和经常账户恶化，带来资产价格泡沫、信贷扩张、通货膨胀加剧等经济过热风险，同时将显著增加资本急停和逆转的概率，在新兴市场国家的金融监管、市场发展、法律制度以及金融机构运作存在薄弱环节时，容易放大经济周期，导致宏观经济风险的上升和经济金融脆弱性的累积，为危机的发生埋下隐患（Reinhart和Reinhart，2009；Cardarelli等，2010；Tillmann，2013；杨海珍等，2015）。一旦国际资本流入急停或者逆转将会给这些国家外汇市场以及国内金融市场带来较大的冲击，容易导致金融危机的爆发，给该国乃至全球金融体系造成极大的挑战（Calvo，1998；Calvo和Talvi，2005）。回顾全球几次重大金融危机可以发现，从1994年的墨西哥金融危机、1997年的东南亚金融危机、2008年的国际金融危机到2010年的欧洲主权债务危机，每次危机发生之前都伴随大量国际资本涌入新兴经济体，一些学者（Reinhart和Reinhart，2008；Milesi-Ferretti和Tille，2011）的研究也证实了国际资本流入大幅增加和金融危机密切相关。

本章的目的在于，借鉴相关新兴市场的国际经验数据，在充分考虑各国经济承受风险能力的基础上，对国际资本流入给这些经济体带来的风险进行界定和度量，并进一步对影响国际资本流入风险的因素进行分析。进一步地，我们还将探讨经济贸易关系和地域关系对一国跨境资本流入风险的影响，以期为新兴市场国家的国际资本流动风险管理和防范提供经验借鉴。

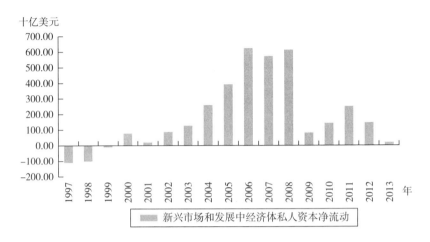

注：数据来源于 IMF "世界经济展望数据库"（World Economic Outlook Database）。

图 7.1　新兴市场和发展中国家私人资本流动

7.2　文献回顾

伴随着金融自由化大潮在全球范围内的推进，学术界关于对国际资本流动风险的研究也不断深化，较早期有关国际资本流动风险的研究主要将国际资本流动与危机联系在一起，且大多集中于理论研究。如 Krugman（1979）提出在政府的扩张性政策使经济基本面恶化时，国际资本的投机行为将会引发货币危机。Radelet 和 Sachs（2000）认为危机前夕，国际资本的大量流入隐藏着巨大风险，而资本流动的逆转（abrupt reversal in capital flows）会进一步使危机恶化。近期也有实证研究表明金融危机总是伴随着资本流动的大幅波动（Milesi-Ferretti 和 Tille，2011；Broner 等，2013）。

现有文献中关于国际资本流入风险的研究主要集中在国际资本流入波动和极端波动的度量、识别和影响因素等方面。一类文献研究了国际资本流入波动性的影响因素，主要包括制度质量、宏观经济政策的可靠性、金融自由化、金融开放程度与资本管制等（Neumann 等，2009；Broto 等，2011；刘莉亚等，2013）。还有一类文献针对国际资本流入的极端波动情况进行了界定、识别和影响因素研究，认为国际资本流入的大幅波动行为会给一国带来巨大风险（Forbes 和 Warnock，2012）。金祥荣等（2006）运用外汇占款年增长率是否超过 30% 来判断国际资本是否过度流入，并在此基础上建立了中国资本流动脆弱性风险的预警系统；一些学者用净资本流动的数据对国际资本流动的极端波动进行了界定，将资本大进（surges 或 bonanza）定义为净资本流入的大量增加，将资本急停（sudden stops）定义为净资本流入的大量减少，分析了两者与金融危机的关系，并实证研究了大进和急停的影响因素（Calvo，1998；Calvo 等，2004；Calvo 等，2008；Reinhart 和 Reinhart，2008；Ghosh 等，2014）；另一些学者则用总资本流动的数据，从总资本流入（gross capital inflows）和总资本流出（gross capital outflows）两个角度出发，把资本流入大进和流入急停分别定义为总资本流入的急剧增加和急剧减少，把外逃（flight）和回撤（retrenchment）分别定义为总资本流出的急剧增加和急剧减少，并对其影响因素进行了探究（Rothenberg 和 Warnock，2011；Broner 等，2013；Calderón 和 Kubota，2013；杨海珍和史芳芳，2017）；此外，Forbes 和 Warnock（2012）对非居民资本流入和居民的资本流出进行了区分，将非居民的资本大量流入和流入的大幅减少行为分别定义为大进和急停，居民资本的大量流出和其流出的大幅减少定义为外逃和回流，运用 1980—2009 年 58 个国家和地区的季度数据，对这四种巨幅波动行为的影响因素进行研究。

不难看出，在全球化的背景下，有关国际资本流动大幅波动以及资本大量流入可能带来的金融风险已引起学术界的关注。然而，目前的研究尚存在以下的不足：一方面，大多文献都只是从金融危机或资本流动可能引发的金融风险层面对国际资本流动风险进行定性分析，缺乏对资本流动风险的量化研究；另一方面，现有为数不多的定量方面研究，往往只从统计学角度出发，对资本流动的异常波动进行定义，如将国际资本流入大进本身定义为风险，然后将该定义套用于不同国家，而事实上，不同经济体经济实力不同，其承受资本流动冲击的能力不同，国际资本巨幅波动可能给某些国家经济带来动荡的同时，另一些国家却仍能保持平稳运行，因此，还缺乏能结合一国实体经济承受能力来对国际资本流入波动带来的风险进行度量，找出影响其风险的主要因素，为国际资本流动的金融安全监测提供依据的研究，这也是本章内容的主要贡献所在。

7.3　国际资本流入风险模型的建立

7.3.1　时间和国家的选取

本章在具体国家样本数据选取方面，按照以下思路进行筛选：首先，主要按照 IMF 2010 年建立的对金融部门早期预警中所涉及的新兴市场国家列表进行筛选；其次，剔除相关指标不全或时间长度过短的国家；最后，综合权衡样本变量数据可获得性以及时间长度等因素限制，选取 29 个新兴市场国家 2000 年第一季度到 2014 年第四季度为研究样本，包括巴西、保加利亚、智利、中国、哥伦比亚、捷克、爱沙尼亚、匈牙利、印度、印度尼西亚、以色列、韩国、拉脱维亚、立陶宛、马来西亚、墨西哥、摩洛哥、尼日利亚、秘鲁、菲律宾、波兰、罗马尼亚、俄罗斯、斯洛文尼亚、南非、泰国、土耳其、乌克兰和委内瑞拉。本章资本流动的数据全部来源于国际货币基金组织及其国际金融统计数据库（IFS）。

7.3.2 影响因素的选取

现有多数研究将国际资本流动的波动归因于国际以及国内经济、金融环境等宏观层面的因素（金祥荣等，2006；Forbes 和 Warnock，2012；Ghosh 等，2014）。为了能较全面地捕捉到可能影响国际资本流入风险的相关因素，本章全面考虑了国际因素和国家层面因素，其中，国际因素包括世界经济增长、利差和全球风险水平，国家层面的因素主要涵盖了宏观经济、金融发展、对外经济等领域，具体见表7.1。

国际因素方面，美国作为全球系统中第一大经济体，其经济、金融市场发达开放，主导着全球经济的发展，是全球最安全的国家。此外，美元是世界货币，美国是全球的"水龙头"。基于此，我们运用美国实际经济增长率来代表全球经济情况，并将美国利率水平作为世界利率的参照，以此计算各国国内与国际间的利差。根据 Forbes 和 Warnock（2012）以及 Ghosh 等（2014）的研究，采用 VIX 指标[①]来反映全球风险水平。国家层面的因素方面，由于大宗商品价格与国际资本流动息息相关，我们将其也纳入考虑范围。GDP 增长率和信贷增长可以分别用来反映一国宏观经济运行状况和金融发展程度。外汇储备/GDP 能够根据当前各个国家国民经济水平来度量外汇储备的充足率，该指标常用来衡量一国短期偿付风险的能力，其比值越高说明抵御短期偿付风险的能力越强。经常项目顺差/GDP 用来衡量一国的创汇能力，一般而言，创汇能力的大小也会影响到资本流动的波动。此外，大宗商品价格以及该比例会通过影响市场对汇率变动的预期而影响资本流动。表7.1 中各经济指标数据主要来源于万得（Wind）数据库。另外，参照 Forbes 和 Warnock（2012）等相关研究考虑了汇率预期和对外开放程度等指标。

表7.1 影响因素汇总

影响因素		代理变量	变量均值	变量标准偏差
国际因素	世界经济增长	美国经济实际增长率	1.65	1.91
	利差	各国与美国货币市场中利率差价，即3个月国债利差	3.98	5.68
	全球风险	VIX 指标	20.54	8.66

[①] 芝加哥期权期货交易所波动性指数，反映全球投资者风险情绪。

续表

影响因素		代理变量	变量均值	变量标准偏差
国家层面因素	信贷增长	国内信贷增长率	15.22	16.15
	大宗商品价格	大宗商品价格指数的变动率	91.98	29.26
	外汇储备/GDP	外汇储备与 GDP 的比率	0.77	0.40
	汇率预期	实际有效汇率的周期性成分（REER）	0.10	6.05
	经济增长	国内经济增长速度	4.01	4.64
	经常项目顺差/GDP	经常项目顺差与 GDP 的比率	-0.70	6.85
	对外开放程度	进口与出口总额与 GDP 的比率	0.73	0.38

7.3.3　国际资本流入风险界定

为了检验引起大量资本流动的因素是否与影响资本正常流动的因素相同，本节运用本章的样本数据对国际资本流动进行分位回归。此外，还给出一般线性回归的回归结果以方便进行比较，回归结果如表 7.2 所示。从表 7.2 可知，整体上，所有变量的符号与预期是一致的。分位回归结果（2）～（6）表明，各变量对国际资本流动的影响会依赖于资本流动量的大小。具体而言，经济增长速度和 M_2/GDP 对整体资本流动分布的下端部分影响较大，因为无论从系数的绝对大小还是其显著程度来看 GDP 增长率从十分位回归到九十分位回归的结果逐步降低，M_2/GDP 只对较低分布资本流动的有显著影响。而外汇储备/GDP 和外汇储备/M_2 对整体资本流动分布的上端部分影响较大，其中，外汇储备/GDP 对下十分位的资本流动没有显著影响，外汇储备/M_2 只对五十分位和七十五分位的资本流动有显著影响。考虑到资本流动的正常波动一般不会给一国带来较大风险，因此，本书初步计划对资本流动极端波动行为引起的风险进行研究。

表 7.2　　　　　　　　　　净资本流动影响因素分位数回归结果

影响因素	普通回归	分位回归				
		10th	25th	50th	75th	90th
	(1)	(2)	(3)	(4)	(5)	(6)
外汇储备/GDP	-26758 ***	-19757	-28911 ***	-13590 ***	-10511 ***	-13895 **
	(-3.18)	(-0.81)	(-2.99)	(-4.64)	(-4.65)	(-2.12)
外汇储备/M_2	12060	11131	11915	4786 **	2431 *	1352
	(1.63)	(0.83)	(1.62)	(2.09)	(1.68)	(0.34)
经常账户顺差/GDP	11490 ***	16905 **	15466 ***	10164 ***	9641 ***	11379 ***
	(3.21)	(2.06)	(3.98)	(8.29)	(10.11)	(7.44)

续表

影响因素	普通回归	分位回归				
		10th	25th	50th	75th	90th
	（1）	（2）	（3）	（4）	（5）	（6）
M$_2$/GDP	－ 617 **	－ 4668 ***	－ 662	－ 296 *	61	89
	（－ 2.10）	（－ 2.88）	（－ 1.42）	（－ 1.89）	（1.05）	（0.35）
GDP 增长率	－ 445 ***	－ 643 ***	－ 438 ***	－ 128 ***	－ 32 **	－ 53
	（－ 7.67）	（－ 5.44）	（－ 5.92）	（－ 2.98）	（－ 2.3）	（－ 0.95）
常数项	167	－ 1144	－ 1019 *	23	222 *	1456 **
	（0.27）	（－ 0.83）	（－ 1.66）	（0.09）	（1.95）	（2.57）

注：括号里为 z 值，*** 代表 1% 显著性水平；** 代表 5% 显著性水平；* 代表 10% 显著性水平。

　　国际资本流动风险一般表现为国际资本流动的波动性对一国金融市场和金融体系带来的冲击，主要突出现为对利率、汇率、通胀、资产价格以及金融危机的影响。由此可见，国际资本流动风险的定义是相当宽泛的，因此，本书研究第一步，也即最关键的工作是对国际资本流动风险进行合理的界定，之后方能剥丝抽茧，逐层分析研究国际资本流动风险影响因素问题。首先，过去 30 年来新兴市场国家经济迅速发展，我们认为国际资本合理的波动是在其经济能力承受范围之内的，因此，确定我们的研究对象为国际资本流动的极端波动行为，参考 Ghosh 等（2012）的方法对新兴市场国家净资本流动异常波动行为进行识别①，若第 t 期发生资本净流动巨幅变动（用 C 表示），则 $C_{it} = 1$ ，否则 $C_{it} = 0$ ；其次，国际资本净流动的极端波动可以分别从极端流入风险和极端流出风险两个角度进行研究，本书主要从其极端流入风险角度进行；最后，根据相关经济理论，当国际资本大量流入一国时，不但会引起该国汇率的大幅波动，甚至还会造成国内流动性过剩以及通货膨胀等现象。基于此，本书认为，若在第 i 个国家 t 期间，跨境资本净流动出现极端流入（$C_{it} = 1$）时，该国的汇率（E_{it}）、通胀（I_{it}）和利率（R_{it}）的绝对值变动量至少有一个排列在研究期间其变动量整体分布的前 30% ，我们就认为国际资本流入给该国带来了风险，我们用 Y_{it} 来表示，即

$$Y_{it} = \begin{cases} 1 \quad if \ \{C_{it} = 1\} \ \cap \ \Big\{ \{E_{it} \in (bottom \ 30^{th} \ of \ D_{E_{it}})\} \\ \quad \cup \ \{I_{it} \in (top \ 30^{th} \ of \ D_{I_{it}})\} \ \cap \ \{R_{it} \in (top \ 30^{th} \ of \ D_{R_{it}})\} \Big\} \\ 0 \quad otherwise \end{cases} \quad (7.1)$$

其中，$D_{E_{it}}$、$D_{I_{it}}$、$D_{R_{it}}$ 分布代表汇率、通胀和资产价格变动量绝对值的分布。

――――――――――

　　① Forbes 和 Warnock（2012）将国际资本流动分为国民资本流出和国外资本流入，并分别对这两种资本流动极端波动行为进行研究，而我们更关注国际资本给一国经济带来的不稳定性，所以更适合用净资本流动数据来反映。

国际资本流入风险识别结果如图 7.2 所示。根据度量结果可知，在 2008 年国际金融危机爆发前，随着大量国际资本的涌入，新兴市场国家国际资本流入的风险逐步增大，金融危机爆发后，回落趋势明显，到 2009 年其风险水平已低于危机前的水平，这可能是因为危机爆发后大量国际资本撤离新兴市场国家，其流入风险也因此明显降低。

注：纵坐标代表出现资本流入风险的新兴市场国家占比。

图 7.2　新兴市场国家资本流入风险走势

7.4　描述性统计分析

在对国际资本流入风险进行鉴别的基础上，本节分别对发生国际资本流入风险时期和未发生国际资本流入风险时期各个经济变量的平均水平进行统计，并进行对比，结果如表 7.3 所示。其结果说明除了对外开放程度外，其他变量在发生资本流入风险期和非风险期都有显著的不同，其中，外汇储备/GDP、经济增长在资本流入风险期的均值水平显著高于其非风险期，而经常账户顺差/GDP 的均值在国际资本流入风险期显著低于非风险期，这初步说明外汇储备/GDP、经济增长与国际资本流入风险发生概率正相关，而经常账户顺差/GDP 与国际资本流入风险发生概率呈负相关关系。

表 7.3　　　　　　　　国际资本流入风险期和非风险期经济变量均值

经济变量	风险期	非风险期	差异
世界经济增长	1.651	1.650	0.001 （0.00）
利差	4.11	3.95	0.16 （0.39）

经济变量	风险期	非风险期	差异
全球风险	19.90	20.71	−0.81 * （−1.35）
信贷增长	23.12	13.09	10.03 *** （9.25）
大宗商品价格	102.87	89.03	13.84 *** （6.94）
外汇储备/ GDP	0.79	0.73	−0.05 ** （−1.95）
汇率预期	1.04	−0.16	1.20 *** （2.86）
经济增长	5.49	3.62	1.87 *** （5.90）
经常项目顺差/GDP	−4.22	0.25	−4.47 *** （−9.76）
对外开放程度	0.67	0.75	−0.08 *** （−2.84）
样本个数	264	976	

注：括号里为 z 值，*** 代表1%显著性水平；** 代表5%显著性水平；* 代表10%显著性水平。

7.5 基于互补双对数模型的实证分析

在前面分析的基础上，本书运用如下计量模型对国际资本流入风险的影响因素进行分析：

$$Prob(Y_{it} = 1) = \alpha + \beta X_{it} + \varepsilon_{it} \qquad (7.2)$$

其中，$Prob(Y_{it})$ 代表在 t 时期资本大量流入 i 国，并且给该国带来风险的概率；X_{it} 指前文总结出的各个可能会影响资本流入风险的因素。由于资本流动的极端波动事件的发生具有不规则性，整个样本中发生资本流入风险的时期较少，即表现为 Probit 回归中因变量 0 多 1 少，因此我们运用累积分布函数来描述资本流入风险事件，并运用互补对数模型进行求解，回归结果如表 7.4 所示。

结果表明，外汇储备/GDP 和经济增长水平越高，发生资本流入风险的概率越大，这与现实情况是相符的，较高水平的经济增长说明具有投资的前景，外汇储备/GDP 的比值较高说明一国短期偿付风险能力较强，这两者都会吸引国际资本大量流入，从而增加其引发风险的概率。经常账户顺差/GDP 和对外开放程度与资本流入风险发生概率成反比，其中，较高水平的经常账户顺差/GDP 的说明具有较强的创汇能力，这会增加整个国家抵御风险的能力，从而有利于降低资本流入风险；对外开放程度的比值较高，意味着较高金融发展程度，这有利于分散整体风险，即会降低其资本流入风险。

因此，除了和对外开放程度的显著性有所差别外，无论是影响方向还是显著性方面，面板回归结果与本章描述性统计的结论基本一致。

表 7.4　　　　　　　　　　　　　　　面板模型回归结果

项目	自变量
全球层面因素	
世界经济增长	−0.09 ** (−2.01)
利差	−0.003 (−0.28)
全球风险	−0.01 (−1.11)
国内因素	
信贷增长	0.01 *** (3.22)
大宗商品价格	1.62 ** (2.3)
外汇储备/ GDP	0.22 (1.11)
汇率预期	0.03 *** (3.10)
经济增长	0.08 *** (4.28)
经常账户顺差/GDP	−0.09 *** (−8.35)
对外开放程度	−0.85 *** (−3.42)
样本个数	1211

注：括号里为 z 值，*** 代表 1% 显著性水平；** 代表 5% 显著性水平；* 代表 10% 显著性水平。

7.6 基于空间计量回归到深入分析

7.6.1 空间计量模型的介绍

传统的计量经济模型的假设过强,忽略了样本之间可能存在的空间效应,而本章研究的不同国家各变量之间可能会存在某种样本依赖性,这主要是因为一国国际资本流入风险除了受其自身经济各因素的影响外,还往往会受到与该国经济关系密切或周边的其他国家的影响,比如早期研究发现,国家间贸易存在溢出效应,使一个国家的经济增长速度等经济指标表现出与周围或贸易伙伴相一致的特点。随着全球化程度加深,国与国之间的交流和合作越来越频繁,其联系也越来越紧密。在这种背景下,不考虑经济体外部环境的影响就可能导致分析结果出现偏差,因此,需要用更合适的工具——空间计量模型(Spatial e-conometrics models),来刻画本章研究对象之间的空间依赖关系。空间计量模型由 20 世纪末一些学者提出并用来描述样本之间的空间依赖性(Cliff 和 Ord,1973;Fujita,1978),之后该模型的适用范围被扩展到可以考虑数据时间和空间的相关性。结合本章研究内容以及样本数据的特点,本节运用 Lee 和 Yu (2010)提出的针对面板数据的空间自回归模型(SAR)来进一步研究国际资本流入风险影响因素。

7.6.2 空间计量模型建立

空间自回归面板回归模型形式如下:

$$Y_t = \rho_1 W_1 Y_t + \alpha + \beta X_t + \mu + v_t + \varepsilon_t, \varepsilon_t \sim N(0, \sigma^2 I_n), t = 1, 2, \cdots, T$$

$$(7.3)$$

其中,Y_t 代表 n 个国家国际资本流动在 t 时刻风险变量;W_1 是根据经济含义主观设定的空间矩阵,是 $n \times n$ 维多方阵,代表各国国际资本流动风险之间的相互关系;X_t 是上文总结出的解释变量;ε_t 是 n 维随机误差项,其余符合的都是模型待估计参数。

7.6.3 空间矩阵的构建

空间矩阵可以反映相应的空间关系对各国国际资本流入风险的影响,本章主要考虑区域经济组织关系和地理位置关系来构建相应的空间矩阵。之所以对区域经济组织关系进行考虑,主要因为已有的研究发现,区域性经济组织会加强属于同一组织中国家或地区之间的经济相关性(Drazen,1999;Novo,2003),因此,本章主要依据包含新兴市场国家的以下较为重要的若干区域性经济组织来建立空间矩阵，包括北美自由贸易区（NAFTA）、东南亚国家联盟（ASEAN）、经济合作与发展组织（OECD）、欧盟（EU）、亚太经济合作组织（APEC）关系对于国际资本流动风险传染的影响。设定同属于一个区域性经济组织的两个国家之间的系数设为1，反之为0。对于地理位置关系而言，属于同一个大洲的国家之间的系数设为1，否则是0。

7.6.4　模型结果分析

本节重点讨论基于区域经济组织关系和地理位置关系构建的空间矩阵在国际资本流动风险传染分析中的结果。通过运用矩估计法（GMM）对公式7.3进行估计，并运用本章所建立的区域经济组织关系矩阵和地理关系矩阵分别进行，结果如表7.5和表7.6所示。

空间计量面板回归结果表明，空间关系的加入并没有显著影响各自变量对国际资本流入风险的作用，由表7.5、表7.6可知，各影响因素的显著程度和影响方向与一般面板回归结果并无实质性的区别。区域经济组织关系和地理位置关系作为空间矩阵在模型中均较为显著。其中，区域贸易组织关系矩阵的系数为负，一定程度上说明不同国家间建立贸易组织合作关系可以增加其经济抵抗力，降低国际资本流动风险的发生概率，而地理位置关系矩阵系数显著为正，表明一个国家发生资本流入风险，处于同一个大洲国家发生资本流入风险的概率也会增加。

表7.5　　　基于区域经济组织的空间计量面板回归的结果

项目	自变量
全球层面因素	
世界经济增长	0.02 *** （-3.79）
利差	0.04 * （1.94）
全球风险	-0.01 （0.39）
国内因素	
信贷增长	0.01 （1.01）
大宗商品价格	2.41 *** （3.65）
外汇储备/GDP	0.36 * （1.65）

续表

项目	自变量
汇率预期	0.01 (0.68)
经济增长	0.08 ** (2.55)
经常账户顺差/GDP	−0.09 *** (−5.04)
对外开放程度	−0.22 (−0.83)
区域贸易组织关系	−0.02 (−0.81)
样本个数	1211

注：括号里为 z 值，*** 代表1% 显著性水平；** 代表5% 显著性水平；* 代表10% 显著性水平。

表 7.6　　　　　　　基于地理位置关系的空间计量面板回归的结果

项目	自变量
全球层面因素	
世界经济增长	0.01 (0.43)
利差	0.06 *** (2.66)
全球风险	−0.01 (−1.36)
国内因素	
信贷增长	0.01 (0.66)
大宗商品价格	2.98 *** (3.43)
外汇储备/ GDP	0.66 *** (2.81)
汇率预期	0.02 (1.03)
经济增长	0.07 ** (2.15)

项目	自变量
经常账户顺差/GDP	-0.10^{***} (-5.50)
对外开放程度	-0.30 (-1.18)
地理位置关系	0.05^{***} (3.10)
样本个数	1211

注：括号里为 z 值，*** 代表 1% 显著性水平；** 代表 5% 显著性水平；* 代表 10% 显著性水平。

7.7　本章小结

本章首先运用理论知识并回顾文献对国际资本流入风险进行界定，在此基础上，运用 29 个新兴市场国家的样本数据，建立了国际资本流入风险的普通面板模型和空间计量模型，研究分析了影响新兴市场国家国际资本流入风险的主要因素。一般面板回归结果表明：外汇储备/GDP 和 GDP 增长率水平越高，发生资本流入风险的概率越大，这可能是因为较高水平的 GDP 增长率说明具有投资的前景，外汇储备/GDP 的比值较高说明一国短期偿付风险能力较强，这两者都会吸引国际资本大量流入，从而增加其引发风险的概率。较高水平的经常账户顺差/GDP，会增加整个国家抵御风险的能力，从而有利于降低资本流入风险，M_2/GDP 代表一国金融发展程度，该值越高，越有利于分散整体风险，即会降低其资本流入风险。空间计量模型的结果不但进一步证实了面板回归的基本结论，而且表明区域经济组织关系一定程度上能降低新兴市场国家国际资本流入风险，而地理位置关系会显著提高其国际资本流入发生风险的概率。

参考文献

［1］ BRONER F , DIDIER T, ERCE A, SCHMUKLER SL. Gross Capital Flows：Dynamics and Crises ［J］. Journal of Monetary Economics，2013，60 (1)：113 - 133.

［2］ BROTO C, DIAZ - CASSOU J, ERCE A. Measuring and explaining the volatility of capital flows to emerging countries ［J］. Fuel & Energy Abstracts，2011，35 (8)：1941 - 1953.

［3］ CALDERON C, KUBOTA M. Sudden stops：Are global and local investors alike? [J]. Journal of International Economics, 2013, 89 (1): 122 – 142.

[4] CALVO G A, IZQUIERDO A, MEJIA L F. On the empirics of sudden stops: the relevance of balance – sheet effects [R]. Cambridge, MA: National Bureau of Economic Research, 2004.

[5] CALVO G A, IZQUIERDO A, MEJIA L F. Systemic Sudden Stops: The Relevance of Balance – Sheet Effects and Financial Integration [R]. Cambridge, MA: National Bureau of Economic Research, 2008.

[6] CALVO G A, TALVI E. Sudden stop, financial factors and economic collpase in Latin America: learning from Argentina and Chile [R]. Cambridge, MA: National Bureau of Economic Research , 2005.

[7] CALVO G. A. , Capital Flows and Capital – Market Crises: The Simple Economics of Sudden Stops [J]. Journal of Applied Economics, 1998, 1 (1): 35 – 54.

[8] CARDARELLI R, ELEKDAG S, KOSE M A. Capital inflows: Macroeconomic implications and policy responses [J]. Economic Systems, 2010, 34 (4): 333 – 356.

[9] CLIFF A D. Spatial Autocorrelation [M]. London: Pion, 1973.

[10] DEMIRGUC – KUNT A, DETRAGIACHE E. The Determinants of Banking Crises in Developing and Developed Countries [J]. IMF Staff Papers, 1998, 45 (1): 81 – 109.

[11] DRAZEN A. Political Contagion in Currency Crises [M]. Chicago: University of Chicago Press, 2000.

[12] FORBES K J, WARNOCK F E. Capital flow waves: Surges, stops, flight, and retrenchment [J]. Journal of International Economics, 2012, 88 (2): 235 – 251..

[13] FUJITA M. Spatial Development Planning: A Dynamic Convex Programming Approach [M]. New York: Elsevier Science Ltd. , 1978.

[14] GHOSH A R, QURESHI M S, KIM J I, ZALDUENDO J. Surges [J]. Journal of International Economics, 2014, 92 (2): 266 – 285.

[15] HENRY P B. Capital – account liberalization, the cost of capital, and economic growth [J]. American Economic Review, 2003, 93 (2): 91 – 96.

[16] HENRY P B. Do stock market liberalizations cause investment booms? [J]. Journal of Financial economics, 2000, 58 (1 – 2): 301 – 334.

[17] IMF, IMF – FSB Early Warning Exercise: Design and Methodological Toolkit [M]. Washington D. C. : International Monetary Fund, 2010.

[18] KRUGMAN P. A Model of Balance – of – Payments Crises [J]. Journal of Money, Credit and Banking, 1979, 11 (3): 311 – 325.

［19］LEE L, YU J. Some Recent Developments in Spatial Panel Data Models ［J］. Regional Science and Urban Economics, 2010, 40 (5): 255 – 271.

［20］MILESI – FERRETTI G M, TILLE C. The Great Retrenchment: International Capital Flows During the Global Financial Crisis ［J］. Economic Policy, 2011, 26 (66): 289 – 346.

［21］NEUMANN R M, PENL R, TANKU A, Volatility of capital flows and financial liberalization: Do specific flows respond differently? ［J］. International Review of Economics & Finance, 2009, 18 (3): 488 – 501.

［22］NOVO R. Contagious Currency Crisis: A Spatial Probit Approach ［R］. Banco de Portugal: Economics and Research Department, 2003.

［23］RADELET S, SACHS J. The Onset of The East Asian Financial Crisis ［M］. Chicago: University of Chicago Press, 2000.

［24］REINHART C, REINHART V. Capital Flow Bonanzas: An Encompassing View of the Past and Present ［R］. Cambridge, MA: National Bureau of Economic Research, 2009.

［25］TILLMANN, P. Capital Inflows and Asset Prices: Evidence from Emerging Asia ［J］. Journal of Banking and Finance, 2013, 37 (3): 717 – 729.

［26］TOTHENBERG A, WARNOCK F E. Sudden Flight and True Sudden Stops ［J］. Review of International Economics, 2011, 19 (3): 509 – 524.

［27］郝俊香, 中国资本流动的金融安全度测算: 1995—2004 ［J］. 西安财经学院学报, 2006, 19 (4): 52 – 56.

［28］金祥荣, 徐子福, 霍炜. 中国资本流动风险预警研究 ［J］. 经济理论与经济管理, 2006, 4 (10): 22 – 27.

［29］刘莉亚, 程天笑, 关益众, 等. 资本管制能够影响国际资本流动吗? ［J］. 经济研究, 2013 (5): 33 – 46.

［30］杨海珍, 李苏骁, 史芳芳. 国际证券资金流动对中国股市的影响 ［J］. 系统工程理论与实践, 2015, 35 (8): 1938 – 1946.

［31］杨海珍, 史芳芳. 金融自由化与国际资本流入大进、急停关系研究 ［J］. 南方金融, 2017 (1): 25 – 38.

第 8 章　国际证券资金大量涌入的
风险识别及其影响因素研究

8.1　引言

本书第 2 章的分析表明，国际资本流动的风险即国际资本的相互关联或大幅波动导致的对一国经济金融体系可能产生的冲击。在本章中，我们将围绕国际证券资金流动大量涌入（资本大进）的风险展开研究。

资本大进是指短时期内的资本大量涌入，英文是"Surge"（Ghosh 等，2014）或者"Bonanza"（Reinhart 和 Reinhart，2008）。大量的资本涌入会催生资产价格泡沫、信贷浪潮、通货膨胀等经济过热的现象，从而导致金融体系杠杆增加、脆弱性加剧，并且顺周期的国际资本流动会加剧经济过热的现象，导致一国（或地区）金融系统的脆弱性持续累积，为投机者的冲击埋下了伏笔（Reinhart 和 Reinhart，2008；Cardarelli 等，2010；Forbes 和 Warnock，2012）。如 20 世纪 90 年代中期，东南亚国家和地区因其较高的经济增速、较高的储蓄率和投资率吸引了大量国际资本的涌入，使房地产市场和股票市场高企、金融体系杠杆不断增加，随后受日元贬值、人民币贬值、北美自由贸易区协定等因素的影响，国际投机大鳄开始攻击泰铢，资本大规模撤出泰国，从而导致资本市场泡沫破裂、货币危机爆发并蔓延至其他国家和地区。鉴于资本大进给经济体带来的风险，许多文献围绕资本大进的特征及其影响因素展开了研究（Burger 和 Ianchovichina，2014；Forbes 和 Warnock，2012；Ghosh 等，2014；Caballero，2012），但是现有研究大多以国际资本流动总量作为研究对象，对分类别的国际资本流动大进风险关注较少。

20 世纪 90 年代以来，国际资本流动在规模不断扩张的同时也呈现了许多新的特征，其中一个重要的特征是国际证券资金流动的规模大幅增加[①]。发达经济体金融管制的放松、新兴市场经济体金融市场的开放以及信息技术的发展使全球经济金融一体化程度显著提高，投资者有更多的渠道在全球范围内配置其资

[①]　Evans 和 Hnatkovska（2014）的研究表明，发达国家之间的总资本流动规模（gross capital flows）1991—2000 年间扩张了 3 倍，其中证券投资的规模扩张了 6 倍。

产，从而使国际证券资金流动的规模大幅增加，逐渐成为全球资本流动的主要形式之一。如权益类国际证券资金流入规模由 1990 年初的不足 1000 亿美元增加至 2014 年的 11107.56 亿美元，规模增加了十余倍。国际证券投资所涵盖的金融资产主要包括债券、上市和未上市的股票、货币市场基金和其他投资基金，这些金融投资工具对市场信息的反应灵敏，流动性和灵活性较强。相对于直接投资等长期投资方式，国际证券资金流动的波动性较大，对一国金融市场的冲击也比较显著，监管的难度也更高（Levchenko 和 Mauro，2007；Sula 和 Willett，2009；Gelos，2013）。Sula（2010）的研究表明，由国际证券投资主导的资本大进更容易导致资本急停的发生和危机的蔓延。可见，研究国际证券资金流动的大进风险对于一国进行国际资本流动的风险管理具有重要的现实意义。此外，我国的资本项目开放进程逐步聚焦于国际证券投资领域，对国际证券资金流动大进风险影响因素的分析也可以为我国防范国际证券资金流动风险提供切实的政策建议。

鉴于此，本章围绕国际证券资金流动的大进风险展开研究，本章描述的国际证券资金流动大进事件是基于各个经济体国际收支平衡表中国际证券资金的净流动（net flows）进行界定的，不仅涵盖外国投资者对本国进行证券投资导致资本流动的变化，也涵盖本国投资者对外进行证券投资导致的资本流动变化。基于 54 个经济体 1990Q1—2015Q4 的季度数据，本章首先对 54 个经济体国际证券资金流动的大进事件进行识别，研究发现 1994 年以来国际证券资金流动共经历了四次资本大进的浪潮，分别是 1999—2000 年、2002—2005 年、2007 年以及 2009—2010 年。在此基础上，本章进一步构建了涵盖推动因素、拉动因素和传染效应近 20 个变量的影响因素指标体系对资本大进的影响因素展开实证分析，研究表明推动因素、拉动因素和传染效应在资本大进的发生中均起着重要作用；传染效应显著存在，如果一国（或地区）的邻国（或地区）或贸易伙伴发生资本大进事件，本国（或本地区）发生资本大进事件的概率也会显著上升。此外，资本账户开放程度的提高有助于降低经济体发生资本大进风险的概率。

本章接下来的安排如下：第二部分对资本大进的相关文献进行综述，第三部分对资本大进的风险进行识别，第四部分对资本大进的影响因素展开实证研究，第五部分总结。

8.2　资本大进的相关研究综述

鉴于资本大进给一国经济体带来的风险，许多研究聚焦于资本大进的特征、决定因素以及对一国经济体带来的影响展开研究（Burger 和 Ianchovichina，2014；Calderon 和 Kubota，2014；Forbes 和 Warnock，2012；Ghosh 等，2014；Tillmann，2013；Caballero，2012）。基于 56 个新兴经济体 1980—2011 年的数据，Ghosh 等（2014）研究发现推动和拉动因素对国际资本流动的影响程度与资本流动的规模显著相关，因此研究资本大进的影响因素具有重要的现实意义。

关于资本大进的定义主要分为三种。第一种是阈值定义法，一般根据整个时期国际资本流入的分布确定阈值，若当期国际资本流入（占 GDP 的比重）大于 20% 或 30% 的分位值，则被识别为资本大进事件。如 Reinhart 和 Reinhart（2008）将资本流入位于前 20% 分位的时期定义为资本大进，并对 1980—2007 年间 181 个国家和地区的资本大进事件进行识别。他们的研究发现，资本大进事件在 20 世纪 80 年代初和 90 年代初大量发生，前者是在墨西哥金融危机酝酿期间，后者则是源于美国利率的持续性下调，从而导致国际资本涌入新兴市场国家。Ghosh 等（2014）认为一国资本流入不仅位于本国资本流动的前 30% 分位，还应当同时位于全部样本的前 30% 分位才可以被定义为资本大进事件。第二种定义基于资本流动数据对其趋势项的偏离，如 Cardarelli 等（2010）认为当此偏离超过历史数据的一倍标准差并且占 GDP 的比重超过 1%，则被识别为资本大进事件。基于 1985—2007 年 52 个国家和地区的数据，Cardarelli 等（2010）识别出 109 次资本大进事件，第一次集中爆发在 20 世纪 90 年代初，随着亚洲金融风暴来袭，大量资本回撤，资本大进逐步转化为资本急停；第二次集中爆发于 2000 年以后，并同样因为金融危机的到来（2008 年国际金融危机）而终止。第三种定义聚焦于资本流入增量的变化，当资本流动的年变化量超过过去 5 年均值的一倍标准差，并至少有一个季度/月达到两倍标准差时，被定义为一次资本大进事件。Forbes 和 Warnock（2012）和 Calderon 和 Kubota（2014）均采用此方法。如基于 1975—2010 年 71 个国家和地区的季度数据，Calderon 和 Kubota（2014）识别出 198 次资本大进事件，并进一步发现其中 68% 的资本大进事件是由债券类资金的涌入导致的，32% 是由股权类投资导致的[①]。

关于资本大进事件影响因素的研究，大多文献集中于推动因素（push factor）和拉动因素（pull factor）的作用。推动因素是指本国外部的经济金融因素引发资本流动的变化，如发达国家的低利率政策、全球经济增长率等；拉动因素是指本国的宏观经济金融状况变化引发的资本流动，如 GDP 增速、CPI、汇率制度、经常账户余额、信贷增速、实际有效汇率高估、贸易开放程度等。Calderon 和 Kubota（2014）对资本大进事件的影响因素进行探究，研究发现对于发达国家来说，推动因素和拉动因素都会影响资本大进事件的发生，而对于新兴市场国家来说，拉动因素发挥着更重要的作用。随着各国经济和金融联系显著

---

① 股权类资本流入包括外商直接投资和证券投资的股权部分，债务类资本流入包括证券投资的债券部分和其他投资。

增加，也有文章研究大进事件是否会在各个经济体之间发生传染（Calderon 和 Kubota，2014；Forbes 和 Warnock，2012；Ghosh 等，2014）。如 Calderon 和 Kubota（2014）的研究发现，与一国的相近国家发生资本大进事件会显著提高其发生资本大进风险的可能性；Forbes 和 Warnock（2012）构建了贸易联系和金融联系的指数，研究表明贸易联系和金融联系较多的国家，更容易发生资本大进事件的传染。

关于资本大进对经济体的影响，Reinhart 和 Rogoff（2008）计算了资本大进条件下金融危机发生可能性的条件概率，并与无条件概率进行对比。他们的研究发现，资本大进事件会显著提高金融危机发生的可能性。此外，也有研究发现大量的资本涌入会导致实际汇率升值和经常账户的恶化，同时也会带来资产价格的泡沫、信贷扩张和经济金融周期波动性的增加（Calderón 和 Kubota，2014；Cardarelli 等，2010；Forbes 和 Warnock，2012；Reinhart 和 Rogoff，2008）。纵观 20 世纪以来的历次金融危机，从 80 年代的美洲债务危机、1997 年亚洲金融危机、2008 年国际金融危机至 2010 年的欧洲主权债务危机，每次危机的酝酿阶段都伴随着国际资本的大量涌入以及随之而来的资产泡沫，可见资本大进事件是系统性风险滋生的温床。鉴于此，许多国家采取措施应对资本大量涌入带来的风险，如进行本外币对冲操作、增加对资本项目的管制等。但是，Cardarelli 等（2010）的研究表明，外汇市场干预并不能有效避免资本大进期间名义汇率的升值，甚至会使一国在资本大进事件发生以后面临更严峻的经济状况；资本管制也不会带来实际有效汇率的下降。相似地，Forbes 和 Warnock（2012）的分析也表明，导致极端事件的影响因素通常都不受到本国政策层面的控制，最好的应对极端事件的策略是提高本国应对波动和风险的能力①。

综上所述，现有文献强调了资本大进对经济体带来的负面影响和冲击，也对其影响因素进行了分析。但是，目前为止并未有文献对国际证券资金流动的风险进行研究。与外商直接投资相比，证券投资的波动性更大，在金融传染中的作用也日益明显（Jinjarak 等，2011；Raddatz 和 Schmukler，2012），Sula（2010）的研究表明，由国际证券投资主导的资本大进更容易导致资本急停的发生和危机的蔓延。基于此，本章拟聚焦于国际证券资金流动的资本大进事件，在风险识别的基础上进一步对其影响因素进行探究，以期为一国的金融风险防范提供政策借鉴。

---

① 作者此处定义的极端事件包括资本大进（surge）、资本急停（sudden stop）、资本外逃（flight）、资本回撤（retrenchment）。

8.3 资本大进的风险识别

8.3.1 识别方法

本章第二部分已对资本大进风险的识别方法进行了综述，为更好捕捉资本流动的异常涌入，本章采用第三种方法进行风险识别，即当资本流动的年变化量超过过去 5 年均值的一倍标准差，并至少有一个季度/月达到两倍标准差时，被定义为一次资本大进事件。Forbes 和 Warnock（2012）与 Calderon 和 Kubota（2014）均采用此方法。资本大进的具体定义方法如下：（1）将各国（或地区）国际收支平衡表中记载的国际证券资金净流动（季度数据，单位：百万美元）记为 S_t；（2）为剔除季节因素的影响，定义 C_t 为过去 4 个季度以来国际证券资金流动的移动求和，如式（8.1）所示；（3）计算 C_t 的年度变化量，记为 $\Delta(C_t)$，如式（8.2）所示；（4）计算 $\Delta(C_t)$ 过去 12 个季度以来的移动平均值和移动标准差，分别记为 Mean 和 SD。

$$C_t = \sum_{i=0}^{3} P_{t-i}, t = 1, 2, \cdots, N \qquad (8.1)$$

$$\Delta(C_t) = C_t - C_{t-4}, t = 5, 6, \cdots, N \qquad (8.2)$$

我们对资本大进（$Surge_{i,t}$）的定义如式（8.3）所示：

$$Surge_{i,t} = \begin{cases} 1, if\ \Delta(C_{t_1}) \geqslant \text{Mean} + \text{SD}, \Delta(C_{ti}) \geqslant \text{Mean} + 2\text{SD}, \\ \quad and\ \Delta(C_{t_2}) \leqslant \text{Mean} + \text{SD}, t_1 \leqslant t_i \leqslant t_2 \\ 0, otherwise \end{cases} \qquad (8.3)$$

$Surge_{i,t} = 1$ 表明国家（或地区）i 在时刻 t 发生了资本大进事件。图 8.1 以阿根廷为例展示了资本大进事件的定义方法。当 $\Delta(C_t)$ 高于其历史均值加一倍标准差并至少有一个月达到历史均值加两倍标准差时，则被识别为一次资本大进事件，事件持续区间为 $\Delta(C_t)$ 高于其历史均值加一倍标准差的区间段。如图 8.1 中的灰色区域为识别出来的资本大进区间，结果显示阿根廷分别于 2000Q2—2000Q4、2005Q3—2006Q3、2009Q4—2011Q1、2014Q2—2014Q4 经历了四次资本大进事件。

8.3.2 识别结果分析

本章国际证券资金流动的数据取自各个经济体的国际收支平衡表，数据整理后最终选取样本经济体 54 个，包括 36 个发达经济体和 18 个发展中经济体，如表 8.1 所示。为了尽可能准确地识别风险事件的发生，我们选取季度数据进行分析，数据区间为：1990Q1—2015Q4。

因为识别风险事件需要计算资本流动的年度变化和过去 12 个季度的移动均

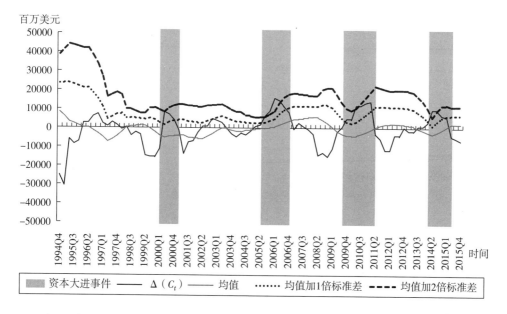

注：C_t 为过去 4 个季度以来证券资金流动的移动求和，$\Delta(C_t)$ 为年度变化量，均值和标准差分别为过去 12 个季度以来的 $\Delta(C_t)$ 移动平均值和移动标准差。

图 8.1　资本大进事件的定义：以阿根廷为例

值、标准差，因此我们识别的国际证券资金流动的极端事件始于 1994 年第四季度。图 8.2 描述了 1994Q4—2015Q4 期间 54 个样本国家和地区中发生资本大进事件的国家和地区占比，图 8.3 对发达经济体和发展中经济体发生的资本大进事件进行了对比。总的来看，以 20% 以上的国家和地区发生资本大进事件为临界值，1994 年以来国际证券资金流动共经历了四次资本大进事件的浪潮，分别是1999—2000 年、2002—2005 年、2007 年以及 2009—2010 年。

表 8.1　　　　　　　　　　　　　样本经济体

经济体	经济体	经济体
阿根廷	希腊	巴基斯坦
澳大利亚	中国香港	秘鲁
奥地利	匈牙利	菲律宾
比利时	印度	波兰
巴西	印度尼西亚	葡萄牙
保加利亚	爱尔兰	罗马尼亚
加拿大	以色列	俄罗斯
智利	意大利	新加坡
中国	日本	斯洛文尼亚

续表

经济体	经济体	经济体
哥伦比亚	哈萨克斯坦	南非
克罗地亚	韩国	西班牙
塞浦路斯	立陶宛	瑞典
捷克共和国	马来西亚	瑞士
丹麦	墨西哥	泰国
爱沙尼亚	摩洛哥	土耳其
芬兰	荷兰	乌克兰
法国	新西兰	英国
德国	挪威	委内瑞拉

具体来看，第一次浪潮发生于1999—2000年，在此区间内，世界经济从亚洲金融风暴的冲击中逐渐恢复，美国等发达国家高新技术产业崛起，美国1999年经济增速高达4.685%，为1985年以来的最高水平，在此背景下，国际证券资金流动的规模大幅增加，大量资金涌入发达经济体的证券市场，在此区间内近40%左右的发达经济体经历了国际证券资金流动的大进事件，20%左右的发展中经济体也同时经历了国际证券资金流动的大进事件。第二次浪潮发生在2002—2005年，在此区间内美联储长期采取低利率政策刺激经济，联邦基准利率由2001年底的1.75%降至2003年的1%，国际资本流动日益活跃，大量资金涌向证券市场，第二次浪潮中，更多的资本大进事件发生在发展中经济体。第三次浪潮发生在2007年第二季度，次贷危机还未爆发，全球经济普遍过热，资产价格高企，股票市场收益率较高，近30%左右的经济体发生资本大进事件，

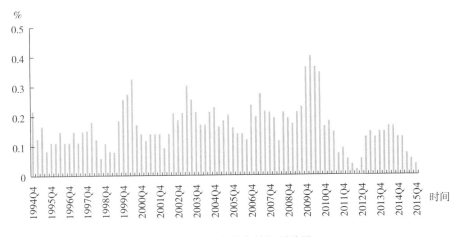

图8.2 资本大进事件识别结果

40%左右的发展中经济体在 2007 年第三季度经历了资本大进。第四次浪潮发生在 2009—2010 年，原因是各国（或各地区）为应对全球金融危机的冲击纷纷出台量化宽松政策、多次下调基准利率以刺激经济，充裕的流动性使资金再次涌入证券市场，尤其是新兴市场经济体的证券市场。2010 年第一季度，50%的发展中经济体经历了资本大进，同时 35%的发达经济体也经历了资本大进浪潮。

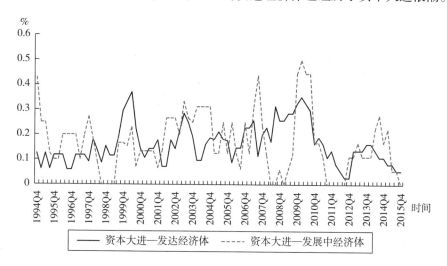

注：国家/地区分类依照世界银行 2015 年的分类。

图 8.3　资本大进事件识别结果：发达经济体与发展中经济体对比

8.4　资本大进的影响因素分析

在对国际证券资金流动资本大进风险进行识别的基础上，本研究进一步对其影响因素展开分析。基于 54 个样本经济体 1990Q1—2015Q4 的季度数据，本研究拟采用面板 Probit 模型进行实证分析，本节对模型设定、影响因素指标体系的构建进行说明，然后对实证结果进行详细分析。

8.4.1　面板 Probit 模型

因为被解释变量是虚拟变量，所以本研究采用面板 Probit 模型对影响国际证券资金流动资本大进事件的因素进行分析，模型表达式如式（8.4）所示：

$$Pr\,(Surge_{i,t} = 1) = F(B'_G X_t^{Global} + B'_D X_{i,t-1}^{Domestic} + B'_C X_{i,t}^{Contagion}) \quad (8.4)$$

其中，$Surge_{i,t} = 1$ 表明国家（或地区）i 在时刻 t 发生了资本大进事件；X_t^{Global}，$X_{i,t-1}^{Domestic}$，$X_{i,t}^{Contagion}$ 分别表示国际推动因素、国内拉动因素和传染效应的解释变量向量；B_G，B_D，B_C 为待估参数向量；$F(.)$ 是标准正态分别的累积分布函数。为降低解释变量内生性的问题，我们将国内拉动因素滞后一期进行模型估计

（Calderón 和 Kubota，2013；Forbes 和 Warnock，2012）。因为 Probit 模型不能直接进行固定效应模型的估计，本研究采用随机效应模型进行估计（Calvo 等，2008）。

Probit 模型假定变量服从标准正态分布，因为被解释变量为极端波动事件，我们还采用了互补双对数模型（complementary log – log model）对公式（8.4）进行估计作为平稳性检验（Calderón 和 Kubota，2013；Forbes 和 Warnock，2012）。Forbes 和 Warnock（2012）认为，互补双对数模型可以有效解决因变量的偏分分布问题，其累积分布函数为 $F(z) = 1 - e^{-e^z}$。

8.4.2 指标体系的构建

根据现有文献，本部分构建了影响资本大进的指标体系，主要包括推动因素、拉动因素和传染效应。

推动因素是指不能被本国（或地区）所控制的外部经济金融状况的变化。本研究包含的推动因素有：全球经济增长率（global growth）、全球利率水平（global interest rate）以及流动性风险（TED）（Fratzscher，2012；Gauvin 等，2014；Ghosh 等，2014；Puy，2016）。因为美国是全球最大的经济体，其经济状态对全球各经济体都有溢出效应，因此我们选取美国 GDP 的同比增速和美国短期利率作为全球经济增速和全球利率水平的代理变量。此外，我们选取了泰德利差[1]作为流动性风险的衡量指标。具体来看，美国经济增速的提高意味着美国本土较好的经济金融环境，投资者倾向于涌入美国以获得较高的收益，其他经济体的证券投资会减少；美国利率水平的下降会导致大量的资本流入新兴市场经济体进行投资以获取较高收益，因此会增加新兴市场经济体发生资本大进的概率；流动性风险较高则意味着全球金融市场风险较大、市场资金趋紧、借贷成本提高，投资者会减少证券类投资，从而使资本急停发生的概率增加。

拉动因素是指本国（或本地区）的经济金融状况的变化。本研究从三个维度来选取指标：经济基本面因素、国家（或地区）开放程度和国家（或地区）风险。其中代表经济基本面的因素有：本国（或本地区）GDP 同比增速、短期利率、本国（或本地区）股票市场收益率、实际有效汇率预期贬值率、信贷增长率和国际储备（占 GDP 的比重）（Cowan 和 Raddatz，2013；Fratzscher，2012；Gauvin 等，2014；Ghosh 等，2014）。现有文献表明，较高的经济增速、较高的短期利率和较高的股票市场收益率会吸引证券投资的涌入，增加资本大进的风险；较高的国内信贷增速意味着资产价格泡沫和较脆弱的经济环境，会增加资本大进和资本急停的发生概率；而较多的国际储备（占 GDP 的比重）则意味着一国

---

① 泰德利差（TED Spread）为 3 个月伦敦银行间市场利率与 3 个月美国国债利率之差。泰德利差上行表明市场风险扩大，市场资金趋紧，银行借贷成本提高，代表信用状况紧缩。

（或地区）抵抗外部风险的能力较强，会降低极端事件的发生概率。

拉动因素中代表一国（或地区）开放程度的变量有：贸易开放度、资本管制指数和汇率制度（Calderon 和 Kubota，2014；Fratzscher，2012；Puy，2016）。本章第二部分对一国（或地区）开放程度对极端事件的影响进行了综述，如 Calvo 等（2004）认为，贸易开放度的提高会降低一国发生资本急停的概率；Calvo 和 Reinhart（1999）认为资本管制会影响国际资本流入的结构，使一国倾斜于接收长期的国际投资，但并不会因此避免资本急停的发生；Edwards（2004；2007）认为，投资者会有效地躲避管制进行投资，因此资本管制并不能减少资本急停，一旦发生资本急停，那些资本管制较少的国家会承受更严重的经济损失，而贸易开放程度较高的国家承受的损失较小。本章实证分析了一国（或地区）的贸易和资本账户开放程度对证券资金流动极端波动风险的影响。此外，Edwards（2004）指出较灵活的汇率制度会起到风险缓冲的作用，因此本章也对汇率制度的影响进行实证研究。

拉动因素中代表国家（或地区）风险的变量有：主权（或地区）信用评级和国家（或地区）政治稳定性（Fratzscher，2012；Puy，2016），本研究分别选取标普对各国的主权（或地区）信用评级和 ICRG 的政治稳定性指数作为代理变量。我们认为，较高的主权（或地区）信用评级和政治稳定性表明一国（或地区）的投资环境较佳，会吸引证券资金的涌入，从而提高一国（或地区）发生资本大进事件的概率。

此外，本研究构建了传染效应变量。资本流动的传染效应指的是当一个国家（或地区）发生极端事件时会显著增加其同区域的其他国家（或地区）或贸易伙伴发生极端事件的可能性。基于现有文献对传染效应的刻画（Forbes 和 Warnock，2012；Kaminsky 等，2001），本研究构造了地域传染变量（Geography Contagion，$GC_{i,t}$），定义为：如果与国家（或地区）i 在同一地域内有一个或一个以上的国家（或地区）在 $t-1$ 期经历极端波动事件，则国家（或地区）i 在 t 期的地域传染变量取值为 1，其他取值为 0。具体如式（8.5）所示：

$$GC\_Surge_{i,t} = \begin{cases} 1, if \quad \forall \ Surge_{j,t-1} = 1, \ i,j \ belong \ to \ the \ same \ region \\ 0, otherwise \end{cases}$$

$$(8.5)$$

相关变量的计算方法、参考文献和数据来源见附录 8.1。

8.4.3 实证结果分析

本部分对国际证券资金流动资本大进的影响因素实证结果进行分析。其中，第一小节对基准模型的结果进行分析，第二小节对估计方法和变量选取进行了平稳性检验，第三小节对比发达经济体和发展中经济体的差异。

8.4.3.1 基准模型结果分析

模型估计之前，我们考察了各个解释变量之间的相关性（见附录8.2），发现贸易开放度与国际储备的相关性较高（相关系数达到0.74），因此在加入贸易开放度的模型中剔除了国际储备变量。为检验结果的稳定性，基准模型一共包含五组结果，即分别将推动因素、传染效应和三组拉动因素放入模型进行估计，结果如表8.2所示。

我们得到以下结论：

第一，推动因素中，美国经济增速的提高会显著降低各国（或各地区）发生资本大进事件的概率，如前所述，美国经济增速的提高意味着美国本土的经济金融环境相对较好，加之美国证券市场发达、金融产品丰富，投资者倾向于投资美国的证券市场，导致其他各国（或地区）的国际证券资金流动减少。美国利率水平和流动性风险的影响并不显著。

第二，本研究构建的区域传染变量会显著地影响一国（或地区）资本大进事件的发生概率，即同区域的其他国家（或地区）发生资本大进事件会导致本国（或本地区）发生资本大进事件的概率增加，同区域的国家和地区往往具有更加紧密的贸易关联、信贷关联以及发展模式关联，使得同区域国家或地区间的溢出效益明显，导致其资本流动呈现同向波动的特征。

第三，拉动因素中，经济基本面因素对资本大进事件的影响较小，国内或地区股票市场收益率的提高会显著增加资本大进事件的发生概率，原因是国际证券资金流动的投资标的为一国（或地区）的证券市场，证券市场收益率的提高会吸引国际证券资金流动的大量涌入，甚至发生资本大进事件。

第四，国家（或地区）开放程度和国家（或地区）风险相关因素中，资本管制指数（KAOPEN）对资本大进具有显著的负向作用，即一国（或地区）资本账户自由化程度越高，其发生国际证券资金大量涌入风险的可能性越小。此外，实证结果表明较高的主权（或地区）信用评级会降低一国（或地区）资本大进风险的概率，但此效应并不显著。贸易开放度、汇率制度和政治稳定性的影响作用不显著。

表8.2 　　　　　　　　　　国际证券资金资本大进的影响因素分析

影响因素	（1）	（2）	（3）	（4）	（5）
全球经济增速	− 0.029 *	− 0.027 *	− 0.066 ***	− 0.018	− 0.066 ***
	（− 1.90）	（− 1.75）	（− 3.27）	（− 0.80）	（− 3.02）
全球利率水平	0.010	0.012	0.036 *	− 0.022	0.032
	（0.70）	（0.84）	（1.77）	（− 0.86）	（1.44）

续表

影响因素	(1)	(2)	(3)	(4)	(5)
流动性风险	0.061 (1.08)	0.061 (1.08)	0.045 (0.63)	0.065 (0.90)	0.053 (0.72)
传染变量		0.206 *** (3.49)	0.158 ** (2.05)	0.063 (0.63)	0.158 ** (1.98)
本国/地区 GDP 增速			0.003 (0.34)	−0.008 (−0.69)	0.002 (0.15)
本国/地区短期利率			−0.013 (−1.21)	−0.031 ** (−2.34)	−0.017 (−1.38)
本国/地区股票市场收益率			0.016 ** (2.14)	0.001 (0.06)	0.015 ** (1.98)
实际有效汇率预期贬值率			−0.005 (−0.53)	−0.001 (−0.15)	−0.005 (−0.58)
信贷增速			−0.002 (−0.74)	−0.005 (−1.46)	−0.002 (−0.84)
国际储备			−0.000 (−1.22)		−0.000 (−1.19)
贸易开放度				0.046 (0.57)	
资本管制指数				−0.092 ** (−2.28)	
汇率制度				0.046 (0.96)	
主权/地区信用评级					−0.017 (−1.08)
政治稳定性					0.004 (0.65)
常数	−0.914 *** (−19.86)	−1.069 *** (−16.51)	−0.941 *** (−8.95)	−0.587 *** (−3.00)	−0.868 ** (−2.50)
N	3512	3500	2413	1487	2287

　　注：被解释变量为虚拟变量，资本大进事件。解释变量包括推动因素、拉动因素和传染效应。推动因素包括全球经济增长率（Global growth）、全球利率水平（Global interest rate）以及流动性风险（TED）；传染因素是指地域传染变量（Contagion variable）；拉动因素包括本国（或本地区）GDP 同比增速（Dom. Growth）、短期利率（Dom. Interest rate）、本国（或本地区）股票市场收益率（Dom. equity returns）、实际有效汇率预期贬值率（Exp. REER depreciation）、信贷增长率（Credit growth）、国际储备（International foreign reserves % GDP）、贸易开放度（Trade openness）、资本管制指数（KAOPEN）、汇率制度（Exchange rate regime）、主权（或地区）信用评级（Sovereign credit rating）和国家（或地区）政治稳定性（Political stability）。为降低解释变量内生性的问题，我们将国内（或地区内）拉动因素滞后一期进行模型估计。括号中的数值为 t 统计量，* 代表 p < 0.10，** 代表 p < 0.05，*** 代表 p < 0.01。

8.4.3.2 平稳性检验

由于 Probit 模型假定变量服从标准正态分布,因此我们采用互补双对数模型对公式(8.4)进行估计,作为平稳性检验,估计结果如表 8.3 所示。结果表明,大部分变量的显著性和影响方向与基准模型一致,基准模型的估计结果是稳健的。具体来看,美国经济增速的提高会降低各国(或地区)发生资本大进风险的概率;区域传染效应显著为正;本国(或本地区)股票市场收益率的提高会吸引大量国际证券资金涌入;而一国(或地区)资本账户自由化程度越高,其发生国际证券资金大量涌入风险的可能性越小。

表8.3 平稳性检验:cloglog 模型

影响因素	(1)	(2)	(3)	(4)	(5)
全球经济增速	-0.047 * (-1.92)	-0.042 * (-1.73)	-0.107 *** (-3.35)	-0.026 (-0.77)	-0.106 *** (-3.11)
全球利率水平	0.014 (0.61)	0.015 (0.68)	0.055 * (1.70)	-0.044 (-1.13)	0.049 (1.37)
流动性风险	0.087 (0.98)	0.085 (0.96)	0.074 (0.64)	0.105 (0.93)	0.087 (0.74)
传染变量		0.335 *** (3.40)	0.242 * (1.89)	0.103 (0.65)	0.243 * (1.83)
本国/地区 GDP 增速			0.004 (0.23)	-0.015 (-0.82)	0.002 (0.11)
本国/地区短期利率			-0.022 (-1.25)	-0.048 ** (-2.28)	-0.028 (-1.42)
本国/地区股票市场收益率			0.025 ** (2.16)	0.001 (0.06)	0.024 ** (2.02)
实际有效汇率预期贬值率			-0.004 (-0.29)	-0.000 (-0.03)	-0.005 (-0.34)
信贷增速			-0.003 (-0.68)	-0.007 (-1.45)	-0.004 (-0.77)
国际储备			-0.000 (-1.18)		-0.000 (-1.17)
贸易开放度				0.088 (0.69)	
资本管制指数				-0.144 ** (-2.35)	

影响因素	（1）	（2）	（3）	（4）	（5）
汇率制度				0.085 （1.13）	
主权/地区信用评级					-0.026 （-1.06）
政治稳定性					0.007 （0.67）
常数	-1.617*** （-21.77）	-1.872*** （-17.39）	-1.662*** （-9.59）	-1.139*** （-3.72）	-1.582*** （-2.83）
N	3512	3500	2413	1487	2287

注：变量解释见表8.2。括号中的数值为 t 统计量，* 代表 $p < 0.10$，** 代表 $p < 0.05$，*** 代表 $p < 0.01$。

基准模型的实证结果表明，国内宏观经济基本面因素对资本大进事件的影响较小，因此本研究又选取了 4 个常用的宏观经济指标进行进一步实证研究，包括经常账户余额（占 GDP 的比重）、财政收支平衡（占 GDP 的比重）、短期外债（占 GDP 的比重）和通货膨胀率。一般来讲，较好的国际收支状况和财政状况都会降低一国（或地区）经历资本大进风险的概率；短期外债的增加会导致一国（或地区）金融体系脆弱性的增加，提高资本大进风险发生的概率；而较稳定的货币环境（通货膨胀率）会降低一国（或地区）资本大进风险发生的概率。在对之前选取变量进行控制的基础上，本研究分别将四个解释变量纳入模型进行估计，估计结果如表8.4所示。结论表明，这四种宏观经济指标对国际证券资金资本大进的影响依然较微弱。平稳性检验的结果表明我们构建的基准模型相对稳健。

表8.4　　　　　　　　　　　**平稳性检验：其他因素的影响**

影响因素	（1）	（2）	（3）	（4）
其他控制变量同表8.2方程（3）				
经常账户余额	0.004 （0.71）			
财政收支平衡		0.000 （0.05）		
短期外债			0.000 （0.31）	
通货膨胀率				-0.010 （-0.83）

影响因素	（1）	（2）	（3）	（4）
常数	− 0.939 *** （− 8.96）	− 0.922 *** （− 7.86）	− 0.956 *** （− 8.64）	− 0.931 *** （− 8.78）
N	2411	2303	2206	2413

注：变量解释见表 8.2。本模型还考虑了经常账户余额（Current account balance）、财政收支平衡（Fiscal balance）、短期外债（Short - term debt）和通货膨胀率（CPI）对资本大进事件的影响。括号中的数值为 t 统计量，* 代表 $p < 0.10$，** 代表 $p < 0.05$，*** 代表 $p < 0.01$。

8.4.3.3 发达经济体与发展中经济体对比

为探究发达经济体和发展中经济体资本大进影响因素的差异，我们分两组对模型进行估计，分别包括 36 个发达经济体和 18 个发展中经济体。具体结果如表 8.5 所示，其中，方程（1）至方程（3）展示了发达经济体的结果，方程（4）至方程（6）展示了发展中经济体的结果。我们可以得到以下结论。

第一，推动因素中，美国经济增速对资本大进的影响对于发达经济体来说更显著，美国经济增速的提高会导致发达经济体资本大进事件发生的概率显著下降，原因是发达经济体之间的证券投资具有替代效应，国际投资者更多地投向美国会减少对其他发达经济体的投资。泰德利差的提高会使得发展中经济体发生资本大进的概率增加。

第二，传染效应在发达经济体和发展中经济体普遍存在，即一国（或地区）同一区域的其他国家（或地区）发生资本大进事件会提高本国（或本地区）发生资本大进事件的可能性，但回归系数显著性下降。

第三，拉动因素中，宏观经济基本面因素对发展中经济体的影响更加显著，具体来看：（1）与全样本的结果相同，股票市场收益率的提高会吸引更多的国际证券资金涌入，导致一国（或地区）发生资本大进的可能性增加；（2）本国（或本地区）实际有效汇率预期贬值率的提高会降低资本大进事件的发生概率，即本国（或本地区）货币的贬值预期会使投资者减少对本国（或本地区）的证券投资，这也与实际经济状况相符，跨国投资者的预期回报率包括持有资产的预期回报率和货币的预期升值率，一国（或地区）货币的预期贬值会导致投资者的预期回报率下降，从而减少对本国（或本地区）的跨境证券投资；（3）信贷增速的提高会降低一国（或地区）资本大进事件的发生概率，如前所述，较高的国内（或地区）信贷增速意味着资产价格泡沫和过热的宏观经济环境，导致一国（或地区）金融脆弱性的累积从而导致国际证券资金流动的减少。

第四，拉动因素中，国家（或地区）开放程度的影响在发达经济体和发展中经济体中也有所差异。对发达经济体来说，资本账户开放程度的影响更加显著，资本账户的开放会使得一国（或地区）抵御风险的能力增强，降低资本大进事件发生的概率；对于发展中经济体来说，贸易开放度的影响更加显著，且贸易开放程度越高，资本大进发生的可能性越大。

此外，主权（或地区）信用评级、政治稳定性、汇率制度对国际证券资金资本大进风险的影响较小，在发达经济体和发展中经济体均是如此。

表 8.5　　　**国际证券资金资本大进的影响因素分析：发达经济体与发展中经济体对比**

影响因素	发达经济体			发展中经济体		
	（1）	（2）	（3）	（4）	（5）	（6）
全球经济增速	−0.077 ***	−0.037	−0.070 ***	0.014	0.092 *	0.003
	（−3.14）	（−1.40）	（−2.63）	（0.32）	（1.88）	（0.07）
全球利率水平	0.041	−0.007	0.033	0.026	−0.097 **	0.012
	（1.59）	（−0.22）	（1.22）	（0.68）	（−1.99）	（0.28）
流动性风险	−0.034	−0.016	−0.027	0.328 **	0.371 **	0.361 **
	（−0.41）	（−0.19）	（−0.32）	（2.05）	（2.30）	（2.18）
传染变量	0.126	0.055	0.146	0.162	−0.192	0.127
	（1.22）	（0.44）	（1.36）	（1.30）	（−1.04）	（0.97）
本国/地区 GDP 增速	−0.008	−0.014	−0.011	0.021	0.004	0.0211
	（−0.65）	（−0.95）	（−0.81）	（1.09）	（0.18）	（1.01）
本国/地区短期利率	−0.015	−0.029	−0.001	−0.012	−0.018	−0.030
	（−0.88）	（−1.56）	（−0.07）	（−0.68）	（−0.93）	（−1.38）
本国/地区股票市场收益率	0.009	−0.007	0.009	0.035 **	0.025	0.034 **
	（0.96）	（−0.63）	（0.93）	（2.51）	（1.55）	（2.33）
实际有效汇率预期贬值率	0.006	0.003	0.005	−0.044 **	−0.028	−0.046 **
	（0.60）	（0.30）	（0.47）	（−2.32）	（−1.15）	（−2.39）
信贷增速	0.007 *	−0.000	0.005	−0.013 ***	−0.008 *	−0.014 ***
	（1.72）	（−0.07）	（1.32）	（−2.72）	（−1.79）	（−2.75）
国际储备	−0.000		−0.000	0.000		0.000
	（−1.29）		（−1.21）	（0.52）		（0.40）
贸易开放度		0.037			0.556 **	
		（0.42）			（2.53）	
资本管制指数		−0.183 ***			0.008	
		（−2.85）			（0.13）	
汇率制度		0.062			0.090	
		（1.16）			（0.93）	

续表

影响因素	发达经济体			发展中经济体		
	(1)	(2)	(3)	(4)	(5)	(6)
主权/地区信用评级			−0.018 (−0.91)			−0.032 (−0.99)
政治稳定性			0.008 (0.97)			0.008 (0.58)
常数	−0.966*** (−7.14)	−0.449* (−1.72)	−1.250** (−2.58)	−1.128*** (−4.33)	−1.084*** (−2.72)	−0.924 (−1.15)
N	1678	1082	1590	735	405	697

注：变量解释见表8.2。括号中的数值为 t 统计量，* 代表 $p < 0.10$，** 代表 $p < 0.05$，*** 代表 $p < 0.01$。国家/地区分类依照世界银行2015年的分类。

8.5 本章小结

如前所述，资本大进会催生资产价格泡沫、信贷浪潮、通货膨胀等经济过热的现象，从而导致金融体系杠杆增加、脆弱性加剧，对一国（或地区）金融体系的健康发展产生冲击。20世纪90年代以来，国际证券资金流动规模大幅增加、波动性显著增强，这部分跨境投资的风险监管问题引发各国关注。鉴于此，本研究对国际证券资金流动的资本大进风险进行探究，以期为各国（或地区）国际证券投资领域的风险监管提供切实的实证支持。

基于54个经济体1990Q1—2015Q4的季度数据，本研究首先对资本大进事件进行识别。研究表明，1994年以来国际证券资金流动共经历了四次资本大进事件的浪潮，分别是1999—2000年、2002—2005年、2007年以及2009—2010年。1999—2000年，世界经济从亚洲金融风暴的冲击中逐渐恢复，美国等发达经济体高新技术产业崛起，全球跨境投资活跃，国际证券资金流动的规模大幅增加，资本大进多发生在发达经济体；2002—2005年，美联储长期采取低利率政策刺激经济导致流动性充裕，大量资金涌入新兴市场经济体的证券市场，资本大进事件涌现；2007年第三季度的资本大进浪潮源于全球经济普遍过热，彼时资产价格高企、股票市场收益率较高，吸引了大量证券投资；2009—2010年，各国为应对国际金融危机的冲击纷纷出台量化宽松政策、多次下调基准利率以刺激经济，充裕的流动性使得资金再次涌入证券市场，尤其是新兴市场经济体的证券市场，50%的新兴市场经济体在2010年第一季度经历了资本大进。

进一步地，在资本大进事件识别的基础上，本研究构建了涵盖推动因素、拉动因素和传染效应近20个变量的影响因素指标体系，对资本大进的影响因素展开实证分析。研究表明，推动因素、拉动因素和传染效应在资本大进的发生中均起着重要作用。具体来看，美国经济增速的提高会导致大量投资者投资美国的证券市场，从而导致其他国家和地区经历资本大进事件的概率降低；而本国（或本地区）股票市场收益率的提高会吸引更多的跨境证券资金流入，资本大进事件的发生概率增加；传染效应在资本大进的发生中也扮演着重要角色，如果一国（或地区）的邻国（或地区）或贸易伙伴发生资本大进事件，本国（或本地区）发生资本大进事件的概率也会显著上升。此外，资本账户开放程度的提高有助于降低一国（或地区）发生资本大进风险的概率。因此，各国应该在本国经济过热的环境下密切关注跨境证券资金大量涌入的风险，避免资产价格高企以及金融脆弱性过度累积，防范系统性风险的爆发。当邻国（或地区）发生证券投资大进时，也应对本国的跨境投资风险加以关注。

参考文献

［1］AGOSIN M R, HUAITA F. Overreaction in Capital Flows to Emerging Markets: Booms and Sudden Stops ［J］. Journal of International Money and Finance, 2012, 31 (5): 1140 – 1155.

［2］BURGER M J, IANCHOVICHINA E I. Surges and Stops in FDI flows to Developing Countries ［R］. Working Paper, 2014.

［3］CABALLERO J N. Do Surges in International Capital Inflows Influence the Likelihood of Banking Crises? Cross – country Evidence on Bonanzas in Capital Inflows and Bonanza – boom – bust Cycles ［R］. IDB Working Paper Series, 2012.

［4］CALDER N C, KUBOTA M. Sudden stops: Are Global and Local Investors Alike? ［J］. Journal of International Economics, 2013, 89 (1): 122 – 142.

［5］CALDER N C, KUBOTA M. Ride the Wild Surf: an Investigation of the Drivers of Surges in Capital Inflows ［R］. World Bank Policy Research Working Paper 6753, 2014.

［6］CALVO G A, IZQUIERDO A, MEJ A L F. Systemic Sudden Stops: the Relevance of Balance – sheet Effects and Financial Integration ［R］. National Bureau of Economic Research Working Paper, 2008.

［7］CALVO G A, IZQUIERDO A, MEJIA L F. On the Empirics of Sudden Stops: the Relevance of Balance – sheet Effects ［J］. National Bureau of Economic Research Working Paper, 2004.

［8］CALVO G A, REINHART C M. When Capital Inflows Come to a Sudden Stop: Consequences and Policy Options ［R］. Working Paper, 1999.

［9］CARDARELLI R, ELEKDAG S, KOSE M A. Capital Inflows: Macroeco-

nomic Implications and Policy Responses [J]. Economic Systems, 2010, 34 (4):
333 – 356.

[10] CHINN M D, ITO H. What Matters for Financial Development? Capital
Controls, Institutions, and Interactions [J]. Journal of Development Economics,
2006, 81 (1): 163 – 192.

[11] COWAN K, RADDATZ C. Sudden Stops and Financial Frictions: Evidence
from Industry – level Data [J]. Journal of International Money and Finance, 2013,
32: 99 – 128.

[12] EDWARDS S. Financial Openness, Sudden Stops and Current Account Re-
versals [R]. National Bureau of Economic Research Working Paper, 2004.

[13] EDWARDS S. Capital Controls, Sudden Stops, and Current Account Re-
versals. In Capital Controls and Capital Flows in Emerging Economies: Policies, Prac-
tices and Consequences [M]. University of Chicago Press, 2007: 73 – 120.

[14] EVANS M D D, HNATKOVSKA V V. International Capital Flows, Returns
and World Financial Integration [J]. Journal of International Economics, 2014, 92
(1): 14 – 33.

[15] FARIA A, MAURO P, LANE P R, MILESI – FERRETTI G M. The Shift-
ing Composition of External Liabilities [J]. Journal of the European Economic Associa-
tion, 2007, 5 (2 – 3): 480 – 490.

[16] FORBES K J, WARNOCK F E. Capital Flow Waves: Surges, Stops,
Flight, and Retrenchment [J]. Journal of International Economics, 2012, 88 (2):
235 – 251.

[17] GAUVIN L, MCLOUGHLIN C, REINHARDT D. Policy Uncertainty Spillo-
vers to Emerging Markets – Evidence from Capital Flows [R]. Working Paper, 2014.

[18] GHOSH A R, QURESHI M S, KIM J I, ZALDUENDO J. Surges [J].
Journal of International Economics, 2014, 92 (2): 266 – 285.

[19] JINJARAK Y, WONGSWAN J, ZHENG H. International Fund Investment
and Local Market Returns [J]. Journal of Banking and Finance, 2011, 35 (3):
572 – 587.

[20] KAMINSKY G, LYONS R, SCHMUKLER S. Mutual Fund Investment in
Emerging Markets: An Overview. In S. Claessens and K. Forbes (Eds.), International
financial contagion [M]. Springer US, 2001: 157 – 185.

[21] LAMBERT F J, RAMOS – TALLADA J, REBILLARD C. Capital Controls
and Spillover Effects: Evidence from Latin – American Countries [R]. Working Pa-
per, 2011.

[22] PUY D. Mutual Funds Flows and the Geography of Contagion [J]. Journal of

International Money and Finance，2016，60：73 – 93.

［23］RADDATZ C，SCHMUKLER S L. On the International Transmission of Shocks：Micro – evidence from Mutual Fund Portfolios［J］. Journal of International E- conomics，2012，88（2）：357 – 374.

［24］REINHART C M，REINHART V R. Capital Flow Bonanzas：An Encom- passing View of the Past and Present［J］. National Bureau of Economic Research，2008.

［25］REINHARDT D，RICCI L A，TRESSEL T. International Capital Flows and Development：Financial Openness Matters［J］. Journal of International Economics， 2013，91（2）：235 – 251.

［26］SULA O. Surges and Sudden Stops of Capital Flows to Emerging Markets ［J］. Open Economies Review，2010，21（4）：589 – 605.

［27］TILLMANN P. Capital Inflows and Asset Prices：Evidence from Emerging Asia［J］. Journal of Banking and Finance，2013，37（3）：717 – 729.

附录8.1　　　　　　　　解释变量定义、参考文献及数据来源

变量名称	定义/计算	参考文献	数据来源
推动因素			
全球经济增速（Global growth）	美国 GDP 同比增速的平均,%	Fratzscher（2012）	CEIC 数据库
全球利率水平（Global interest rate）	美国短期利率水平	Ghosh 等（2014），Gauvin 等（2014），Puy（2016）	CEIC 数据库
流动性风险（TED（Δ））	泰德利差，美国短期国库券三个月的利率与欧洲美元三个月利率的差值。计算其月度变化值（Δ）	Fratzscher（2012），Gauvin 等（2014）	CEIC 数据库
拉动因素：经济基本面因素			
GDP 增速（Dom. growth）	本国（或本地区）的 GDP 同比增速,%	Fratzscher（2012）	CEIC 数据库
短期利率（Dom. Interest rate）	货币市场利率或短期国库券利率,%	Fratzscher（2012），Gauvin 等（2014）	CEIC 数据库
本国股票市场收益率（Dom. equity returns）	本国（或本地区）股票市场的月度收益率,%	Fratzscher（2012），Gauvin 等（2014）	CEIC 数据库

续表

变量名称	定义/计算	参考文献	数据来源
实际有效汇率预期贬值率（Exp. REER depreciation）	各国（或地区）实际有效汇率（REER）通过 HP 滤波的方法去除趋势项以后的数值，此数值较高意味着 REER 处于偏于趋势的较高水平，因此存在着 REER 的贬值预期；此数值较低则存在 REER 的升值预期	Ghosh 等（2014），Calderón 和 Kubota（2014）	CEIC 数据库
信贷增长率（Credit growth）	国内（或地区）信贷的增长率，%	Edwards（2004；2007），Fratzscher（2012），Cowan 和 Raddatz（2013）	CEIC 数据库
国际储备（% GDP）（International foreign reserves（% GDP））	国际储备占国内 GDP 的比重，%	Edwards（2004；2007），Fratzscher（2012），Cowan 和 Raddatz（2013）	CEIC 数据库
拉动因素：国家（或地区）开放程度			
贸易开放度（Trade Openness）	进出口总额占 GDP 的比重，%	Faria 等（2007），Fratzscher（2012），Calderón 和 Kubota（2014），Puy（2016），Reinhardt 等（2013）	CEIC 数据库
资本管制指数（KAOPEN）	（Chinn 和 Ito，2006）开发的实际资本管制指数，指数越高代表资本账户自由化程度越高	Chinn 和 Ito（2006），Lambert 等（2011），Forbes 和 Warnock（2012），Fratzscher（2012）	年度数据，网站来源①
汇率制度（Exchange rate regime）	Reinhart 和 Rogoff（2004）开发、Ilzetzki 等（2008）更新的实际汇率制度指数	Calderón 和 Kubota（2013；2014）	网站来源②

---

① http：//web. pdx. edu/ ~ ito/Chinn - Ito_ website. htm.

② http：//www. carmenreinhart. com/research/publications - by - topic/exchange - rates - and - dollarization.

变量名称	定义/计算	参考文献	数据来源
拉动因素：国家（或地区）风险			
主权信用评级（Sovereign credit rating）	标准普尔，本币长期主权（或地区）信用评级，评级结果 AAA - D 的线性转化，区间 6～24	Fratzscher（2012）	IMF，Haver，Bloomberg
政治稳定性（Politicalstability）	政治稳定性指数，指数越高意味着政治风险越小、政治稳定性越好；区间 0～100	Fratzscher （ 2012 ）， Puy（2016）	International Country Risk Guide
传染效应			
地域传染（Contagion variable）	如果与国家（或地区）i 在同一地域内有一个或一个以上的国家（或地区）在 $t-1$ 期经历极端波动事件，则国家（或地区）i 在 t 期的地域传染变量取值为 1，其他取值为 0	Forbes 和 Warnock（2012），Calderón 和 Kubota（2013）	作者计算
平稳性检验			
经常账户余额（% GDP）（ Current account balance）	经常账户余额占国内（或地区）GDP 的比重,%	Edwards（2004），Calvo 等（2008），Agosin 和 Huaita（2012），Calderón 和 Kubota（2013）	CEIC 数据库
通货膨胀率（CPI）	基于 CPI 计算的通货膨胀率,%	Fratzscher（2012），Calderón 和 Kubota（2013）	CEIC 数据库
财政收支平衡（Fiscal balance）	财政收支平衡占 GDP 的比重,%		CEIC 数据库
短期外债（ Short Term External Debt）	短期外债占 GDP 的比重,%		CEIC 数据库

附录 8.2

解释变量的相关系数矩阵

解释变量		1	2	3	4	5	6	7	8	9	10	11	12	13	14	15
资本大进	1	1														
资本急停	2	-0.21***	1													
全球经济增速	3	-0.03*	0	1												
全球利率水平	4	-0.01	0.06***	0.52***	1											
流动性风险	5	0.01	-0.05***	0.18***	0.10***	1										
本国/地区经济增速	6	0	-0.05***	0.30***	0.26***	0.20***	1									
本国/地区短期利率	7	-0.01	0	0.12***	0.28***	0	0	1								
本国/地区股票市场收益率	8	0.03*	-0.02	0.18***	0.09***	0.06***	0.04**	0.02	1							
实际有效汇率预期贬值率	9	0	-0.02	0	-0.02	0.02	0.01	-0.03	-0.06***	1						
信贷增长率	10	-0.01	0.03	0.02	0.20***	0.05***	0.25***	0.38***	0.07***	0.03	1					
国际储备	11	-0.02	0.02	-0.04**	-0.09***	-0.01	0.18***	-0.11***	0.01	-0.01	0.04**	1				
资本管制指数	12	-0.02	0.02	-0.09***	-0.09***	-0.01	-0.23***	-0.40***	-0.10***	0.01	-0.27***	-0.06***	1			
贸易开放度	13	-0.01	0.03*	-0.01	-0.02	0.01	0.11***	-0.24***	-0.04**	-0.02	-0.07***	0.74***	0.21***	1		
主权/地区信用评级	14	0	0.04**	0.04***	0.11***	0.01	-0.09***	-0.38***	-0.10***	0.03	-0.28***	0.03*	0.65***	0.21***	1	
政治稳定性	15	0.02	0.02	0.04***	0.08***	0	-0.07***	-0.25***	-0.08***	0.02	-0.26***	-0.04***	0.53***	0.15***	0.69***	1

注：*** 代表1%显著性水平；** 代表5%显著性水平；* 代表10%显著性水平。

第 9 章　国际证券资金急停的
风险识别及其影响因素研究

9.1　引言

在本书第 2 章构建的国际资本流动风险分析框架下，国际资本流动的风险主要来源于关联性风险、资本大进的风险以及资本急停的风险。本章中，我们将对国际证券投资的急停风险进行深入分析。

资本急停是指突然发生的国际资本流入的大幅度减少（Edwards，2004）。资本急停通常会给一国带来巨大的金融风险和经济波动，如汇率贬值、外部融资成本上升、银行不良信贷增加等，甚至会导致银行危机和货币危机（Calvo，1998；Calvo 等，2004；Calvo 和 Talvi，2005；Calderón 和 Kubota，2013）。鉴于资本急停给一国带来的冲击，大量文献对资本急停展开研究（Braggion 等，2009；Calvo 和 Talvi，2006；Calderón 和 Kubota，2013；Dagher，2010；Kehoe 和 Ruhl，2009；Edwards，2004；Mendoza，2010），这些文献主要聚焦于资本急停的风险界定、资本急停的影响因素以及对一国经济的影响。现有研究大多以国际资本流动总体作为研究对象，对分类别的国际资本流动急停风险的研究较少。20 世纪90 年代以来，国际证券资金流动的规模大幅增加，其引发的风险也日益引发关注。相对于直接投资等长期投资方式，国际证券资金流动的波动性较大，对一国金融市场的冲击也比较显著，监管的难度也更高（Levchenko 和 Mauro，2007；Sula 和 Willett，2009；Gelos，2013），因此，研究国际证券资金流动的急停对一国进行国际资本流动风险的管理具有重要的现实意义。此外，对国际证券资金流动急停风险影响因素的分析也可以为我国防范国际证券资金流动的风险提供切实的政策建议。

鉴于此，本章围绕国际证券资金流动的急停风险展开研究。我们在本章中所描述的国际证券资金流动急停事件是基于各经济体国际收支平衡表中国际证券资金的净流动（net flows）进行界定的，不仅涵盖外国投资者对本国（或地方）证券投资的大幅度减少导致的资本急停，也涵盖本国或本地区投资者对外投资的大幅增加导致的资金外流。基于 54 个经济体 1990Q1—2015Q4 的季度数据，本研究首先对国际证券资金流动资本急停事件进行识别，研究表明 1994 年以来国际证券资金流动共经历了三次资本急停事件的浪潮，分别是 1998—1999 年、2005—2006 年以及 2008—2009 年，全球范围内的金融危机或负面冲击是导致资本急停发生的主要原因。在此基础上，本研究进一步对其影响因素展开实证分析。研究表明，与推动因素相比，拉动因素对资本急停的影响更加显著，较高的经济增速、较高的利率水平和股票市场收益率都会降低一国发生资本急停的概率，而过快的信贷扩张会导致资本急停发生的可能性增加；此外，国际证券资金流动的资本大进会推高资产价格和信贷规模，使一国（或地区）对金融体系脆弱性增加，从而增加一国（或地区）未来发生资本急停的风险。

本章的具体安排如下：第二部分对相关文献进行综述，第三部分对国际证券资金流动的急停事件进行识别，第四部分对资本急停的影响因素进行实证分析，第五部分进行小结。

9.2 关于资本急停的文献综述

鉴于资本急停给一国带来的冲击，大量文献对资本急停展开研究（Braggion 等，2009；Calvo 和 Talvi，2006；Calderón 和 Kubota，2013；Dagher，2010；Kehoe 和 Ruhl，2009；Edwards，2004；Mendoza，2010）。本部分从资本急停的界定、影响因素和对一国经济体的冲击三方面对其进行综述。

因为资本急停衡量的是国际资本流入的大幅减少，因此与资本大进不同，对资本急停的定义多集中于捕捉资本流动的大幅度负向波动，大致分为两类。第一类关注于国际资本流动的大幅度减少，如 Calvo 等（2004）认为当国际资本流动的年度缩减低于其历史均值的一倍标准差，并且有一个观测达到两倍标准差，可以被识别为资本急停事件。资本急停的时间段即其年度变化量低于历史均值一倍标准差的区间。Bordo 等（2010）、Rothenberg 和 Warnock（2011）、Cowan 和 Raddatz（2013）均采用了这种定义方法。第二类方法不仅关注资本流动的大幅减少，还对其减少幅度（相对于 GDP）作出要求。如 Guidotti 等（2004）将资本急停定义为：（1）国际资本流动的减少量低于历史均值的一倍标准差；（2）资本流动减少占 GDP 的比重至少达到 5%。Levchenko 和 Mauro（2007）、Cowan 等（2008）、Agosin 和 Huaita（2012）、Calderón 和 Kubota（2013）以及 Cowan 和 Raddatz（2013）均采用了类似的方法定义资本急停。

也有大量文献对资本急停的影响因素展开研究，其中多聚焦于贸易开放度、金融开放度对资本急停发生概率的影响，即资本管制是否会有效避免资本急停事件的发生。Calvo 等（2004）认为，资本急停会导致实际有效汇率的贬值，因为实际有效汇率描述了本国商品相对于外国商品的价值，实际有效汇率贬值意味着本国非贸易商品的价格下降，从而导致经济低迷，这种影响对贸易开放度较低的国家更明显，因此贸易开放度的提高会降低一国发生资本急停的概率。

现有研究也证实了 Calvo 的假说，如 Cavallo 和 Frankel（2008）通过实证研究发现贸易开放程度的提高会显著降低发生资本急停的概率。关于资本账户开放程度，Calvo 和 Reinhart（1999）认为资本管制会影响国际资本流入的结构，使一国倾斜于接收长期的国际投资，但并不会因此避免资本急停的发生。Edwards（2004，2007）认为，投资者会有效地躲避管制进行投资，因此资本管制并不能减少资本急停，但一旦发生资本急停，那些资本管制较少的国家资本流动的波动性较大，会承受更严重的经济损失，而贸易开放程度较高的国家承受的损失较小。

资本急停对一国经济体的影响会受到本国宏观经济制度的影响。如 Edwards（2004）的研究发现，浮动汇率制度扮演着风险缓冲器的角色，使一国更容易应对经济体外部的冲击；Joyce 和 Nabar（2009）认为资本急停本身对国内投资的影响较小，但银行危机对国内经济的冲击较大，因此，较完善的国内银行体系会降低资本急停对一国的消极影响；基于 45 个国家 1975—2005 年产业层面的数据，Cowan 和 Raddatz（2013）的研究表明外部依赖程度较高的产业受到资本急停的影响较大，在资本市场不完善的国家尤为如此。

此外，也有部分文献研究了资本大进与资本急停的关系。基于不同国家不同时期的实证研究发现，资本急停通常发生在资本大进事件发生之后，资本大进事件对资本急停具有预测作用（Agosin 和 Huaita，2012；Sula，2010）。Sula（2010）的研究进一步表明，与外商直接投资相比，由私人信贷和证券投资主导的资本大进更容易导致资本急停的发生，原因可能是资本大量涌入会推高资产价格和信贷规模，使一国的金融体系脆弱性增加，从而更容易发生资本急停。

综上所述，现有文献强调了资本急停对一国经济体带来的负面影响和冲击，也对其影响因素进行了分析，但目前为止并未有文献对国际证券资金流动的急停事件展开研究。与外商直接投资相比，国际证券投资的波动性更大，在金融传染中的作用也日益明显（Jinjarak 等，2011；Raddatz 和 Schmukler，2012），并且由国际证券投资主导的资本大进更容易导致资本急停的发生和危机的蔓延（Sula，2010）。因此，本研究拟对国际证券投资的资本急停事件展开研究，在事件识别的基础上对影响国际证券资金急停的因素进行探究，以期为一国跨境证券资金流动的风险防范提供切实可行的政策借鉴。

9.3 资本急停的风险识别

9.3.1 识别方法

本章的第二部分已对资本急停的识别方法进行了介绍，为更好捕捉资本流动的大幅缩减，我们采用第一种方法对国际证券资金流动的资本急停事件进行定义（参照 Calvo 等，2004；Bordo 等，2010；Rothenberg 和 Warnock，2011；Forbes 和 Warnock，2012；Cowan 和 Raddatz，2013），即当国际资本流动的年度缩减低于其历史均值的一倍标准差，并且有一个观测达到两倍标准差，可以被识别为资本急停事件，资本急停的事件区间段即其年度变化量低于历史均值一倍标准差的区间。资本急停的识别过程如下：（1）将各国（或地区）国际收支平衡表中记载的国际证券资金净流动（季度数据，单位：百万美元）记为 S_t；（2）为剔除季节因素的影响，定义 C_t 为过去 4 个季度以来证券资金流动的移动求和，如式（9.1）所示；（3）计算 C_t 的年度变化量，记为 $\Delta(C_t)$，如式（9.2）所示；（4）计算 $\Delta(C_t)$ 过去 12 个季度以来的移动平均值和移动标准差，分别记为 Mean 和 SD。

$$C_t = \sum_{i=0}^{3} P_{t-i}, t = 1, 2, \cdots, N \qquad (9.1)$$

$$\Delta(C_t) = C_t - C_{t-4}, t = 5, 6, \cdots, N \qquad (9.2)$$

我们对资本急停（$SS_{i,t}$）的定义如式（9.3）所示：

$$SS_{i,t} = \begin{cases} 1, if \, \Delta(C_{t_1}) \leqslant \text{Mean} - \text{SD}, \Delta(C_{t_i}) \leqslant \text{Mean} - 2\text{SD}, \\ \quad and \, \Delta(C_{t_2}) \geqslant \text{Mean} - \text{SD}, t_1 \leqslant t_i \leqslant t_2 \\ 0, otherwise \end{cases} \qquad (9.3)$$

$SS_{i,t} = 1$ 表明国家（或地区）i 在时刻 t 发生了资本急停事件。图 9.1 以阿根廷为例展示了资本急停事件的定义方法。当 $\Delta(C_t)$ 低于其历史均值减一倍标准差并至少有一个月达到历史均值减两倍标准差时，则被识别为一次资本急停事件，事件持续区间为 $\Delta(C_t)$ 低于其历史均值减一倍标准差的区间段，如图 9.1 中的灰色区域为识别出来的资本急停区间。阿根廷分别于 1994Q4—1995Q1、1999Q1—2000Q1、2007Q4—2009Q1 经历了三次资本急停事件。

9.3.2 识别结果分析

本章共选取样本经济体 54 个进行实证分析，包括 36 个发达经济体和 18 个发展中经济体，数据区间为 1990Q1—2015Q4。由于识别极端波动事件需要计算资本流动的年度变化和过去 12 个季度的移动均值、标准差，因此我们识别的国际证券资金流动的急停事件始于 1994 年第四季度。

资本急停的识别结果如图 9.2 和图 9.3 所示。图 9.2 描述了 1994Q4—2015Q4 期间 54 个样本经济体中发生资本急停事件的经济体占比，图 9.3 对发达经济体和发展中经济体发生的资本急停事件进行了对比。总的来看，以 20% 以上的经济体发生资本急停事件为临界值，1994 年以来国际证券资金流动共经历了三次资本急停事件的浪潮，分别是 1998—1999 年、2005—2006 年以及 2008—2009 年。

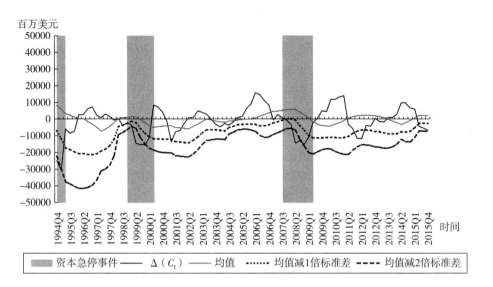

注：C_t 为过去 4 个季度以来证券资金流动的移动求和，$\Delta(C_t)$ 为年度变化量，Mean 和 SD 分别为过去 12 个季度以来的 $\Delta(C_t)$ 移动平均值和移动标准差。

图 9.1　资本急停事件的定义：以阿根廷为例

　　具体来看，第一次浪潮发生在 1998—1999 年，受亚洲金融风暴的影响，新兴市场经济体的经济增速普遍下滑[①]，投资者大规模收缩证券类投资，1998 年第三季度 60% 以上的发展中经济体经历了资本急停事件，36% 的发达经济体也在同一时期经历了资本急停的冲击。第二次浪潮发生在 2005—2006 年，约有 40% 的发达经济体和发展中经济体经历了国际证券资金流动的急停事件，主要原因是 2004 年以来美国由宽松的低利率政策转而实行偏紧缩的货币政策，联邦基准利率 2003 年仅为 1%，2006 年 7 月达到 6.76%，导致大量证券为追求高收益回流美国，从而使其他经济体出现资本急停的浪潮。第三次浪潮发生在 2008—2009 年，随着国际金融危机的爆发，金融危机传导至全球，资产价格大幅下跌，金融市场风险加剧，因此发生了大规模的资本急停事件。其中，2008 年第三季度 47% 的发展中经济体经历了资本急停，而仅有 10% 左右的发达经济体发生了资本急停，表明在全球金融动荡发生时，国际资金倾向于涌入发达经济体以规避风险。此外，2014—2015 年约有 18% 的样本经济体发生了资本急停事件，这表明经历了国际金融危机和欧债危机冲击后的世界经济增长依然疲乏，经济前

---

　　① 　根据 IMF 提供的数据，1997—1998 年，中国的经济增速由 9.2% 下降至 7.8%；日本经济增速由 1.596% 下降至 −2.003%；俄罗斯由 1.382% 下降至 −5.345%；南非由 2.647% 下降至 0.517%。

景仍不明朗，全球各主要经济体的分化加剧①。

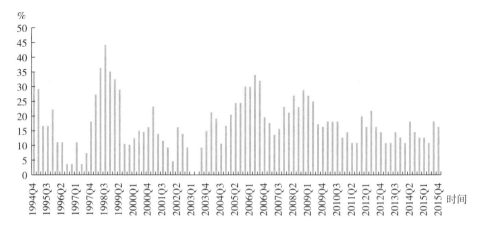

图9.2　资本急停事件识别结果

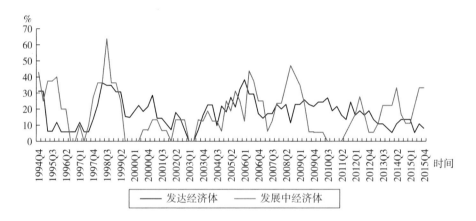

注：国家/地区分类依照世界银行2015年的分类。

图9.3　资本急停事件：发达经济体与发展中经济体对比

9.4　资本急停的影响因素分析

在对国际证券资金流动急停事件进行识别的基础上，本章进一步对其影响因素展开分析。基于54个样本经济体1990Q1—2015Q4的季度数据，本研究拟

① 发达经济体中，2015年以来美国逐渐走向强劲复苏；欧元区国家依然受到地缘政治风险、银行业风险发酵等因素的影响难以走出危机阴霾；日本内部需求依然疲乏，经济增长缓慢。新兴市场经济体中，印度增长强劲，2015—2016年维持7.5%以上的经济增速；中国的经济增速出现结构性放缓；巴西和俄罗斯面临严峻的经济形势，2015年经济增速分别为－3.848%和－3.727%，实际是下降。

采用面板 Probit 模型进行实证分析。本节对模型设定、影响因素指标体系的构建进行说明，然后对实证结果进行详细分析。

9.4.1　面板 Probit 模型

本章采用面板 Probit 模型对资本急停的影响因素进行实证研究，模型表达式如式（9.4）所示：

$$Pr\left(SS_{i,t} = 1\right) = F\left(B'_{G} X_{t}^{Global} + B'_{D} X_{i,t-1}^{Domestic} + B'_{C} X_{i,t}^{Contagion}\right) \qquad (9.4)$$

其中，$SS_{i,t} = 1$ 表明国家（或地区）i 在时刻 t 发生了资本急停事件；X_{t}^{Global}，$X_{i,t-1}^{Domestic}$，$X_{i,t}^{Contagion}$ 分别表示国际推动因素、国内拉动因素和传染效应的解释变量向量；B_{G}，B_{D}，B_{C} 为待估参数向量；$F(.)$ 是标准正态分别的累积分布函数。为降低解释变量内生性的问题，我们将国内拉动因素滞后一期进行模型估计（Calderón 和 Kubota，2013；Forbes 和 Warnock，2012）。本研究采用随机效应模型（Calvo 等，2008）。

Probit 模型假定变量服从标准正态分布，因为被解释变量为极端波动事件，我们还采用了互补双对数模型对公式（9.4）进行估计，作为平稳性检验（Calderón 和 Kubota，2013；Forbes 和 Warnock，2012）。Forbes 和 Warnock（2012）认为，互补双对数模型可以有效解决因变量的偏分分布问题，其累积分布函数为 $F(z) = 1 - e^{-e^{z}}$。

9.4.2　指标体系的构建

依据现有文献并考虑到与资本大进事件进行对比，资本急停的指标体系构建与资本大进一致，同样包括推动因素、拉动因素和传染效应。与第 8 章一致的部分在此不做赘述。

在推动因素、拉动因素和传染效应的基础上，我们也对资本大进事件的发生是否会增加一国（或地区）发生资本急停的概率进行研究。因此，我们定义了虚拟变量资本大进预测（$Surge\ Predict, SP_{i,t}$），即如果国家（或地区）i 在 $t-6$ 期到 $t-3$ 期内发生过资本大进事件，则虚拟变量取值为 1，其他情况下取值为 0。具体如式（9.5）所示：

$$SP_{i,t} = \begin{cases} 1, if\ Surge_{i,t-t_{1}} = 1, 3 \leqslant t_{1} \leqslant 6 \\ 0, otherwise \end{cases} \qquad (9.5)$$

9.4.3　实证结果分析

本部分对资本急停的影响因素实证结果进行分析。其中，第一小节对基准模型的结果进行分析，第二小节对估计方法和变量选取进行了平稳性检验，第三小节对比发达经济体和发展中经济体的差异。

9.4.3.1 基准模型结果分析

为检验结果的稳定性，基准模型一共包含五组结果，即分别将推动因素、传染效应和三组拉动因素放入模型进行估计，结果如表9.1所示。对结果进行分析可以得到以下结论：

第一，推动因素中，美国短期利率的提高会显著增加其他经济体发生资本急停的概率，如前所述，美国短期利率的提高会使得资金回流美国，导致其他经济体证券资金的流出增加。如2015年美联储进入加息周期，导致主要新兴经济体都经历了资金的净流出。流动性风险的增加会降低资本急停发生的概率，但此效应在加入拉动因素的模型中并不显著。

第二，传染效应对于资本急停事件的影响并不显著，即同一区域的其他经济体发生资本急停事件对一国（或地区）的传染效应较小。

第三，拉动因素中，宏观经济基本面的因素对资本急停的影响较显著。具体来看，（1）本国（或本地区）较高的经济增速、较高的股票市场收益率表明本国（或本地区）经济金融状况较好，会显著降低一国（或地区）发生资本急停的可能性；（2）较高的短期利率也会吸引套利资金的涌入，降低资本急停发生的概率；（3）本国（或本地区）的信贷水平过高意味着资产价格泡沫、经济过热，同时金融脆弱性和金融风险增加，使投资者撤出对本国（或本地区）证券市场的投资，资本急停发生的概率增加。

第四，拉动因素中，国家（或地区）开放程度和国家（或地区）风险的因素对一国（或地区）发生资本急停的影响不显著。其中，资本账户的开放一定程度上会抑制资本急停事件的发生，但不够显著，贸易开放度、汇率制度、主权（或地区）信用评级和政治稳定性对证券资金流动资本急停的影响作用不明显。

此外，本研究构建了资本大进预测的虚拟变量研究资本大进与资本急停的关系，实证研究表明，资本大进对资本急停的发生有显著的预测作用，即一国（或地区）国际证券资金的大量涌入意味着未来发生资本急停的风险增加，与现有实证研究的结果一致（Sula，2010；Agosin 和 Huaita，2012）。原因可能是资本大量涌入会推高资产价格和信贷规模，使得一国（或地区）的金融体系脆弱性增加，从而更容易发生资本急停。

表9.1 　　　　　　　　国际证券资金资本急停的影响因素分析

影响因素	（1）	（2）	（3）	（4）	（5）
全球经济增速	−0.019 （−1.29）	−0.019 （−1.23）	0.001 （0.06）	0.010 （0.43）	0.026 （1.21）
全球利率水平	0.055 *** （4.01）	0.052 *** （3.79）	0.106 *** （5.28）	0.080 *** （3.08）	0.099 *** （4.43）

续表

影响因素	（1）	（2）	（3）	（4）	（5）
流动性风险	−0.168 ***	−0.166 ***	−0.082	−0.069	−0.094
	（−3.15）	（−3.09）	（−1.20）	（−0.99）	（−1.33）
传染变量		0.039	−0.055	0.038	−0.031
		（0.67）	（−0.69）	（0.35）	（−0.37）
本国/地区 GDP 增速			−0.034 ***	−0.035 ***	−0.048 ***
			（−3.63）	（−2.94）	（−4.46）
本国/地区短期利率			−0.022 **	−0.021 *	−0.014
			（−2.34）	（−1.65）	（−1.19）
本国/地区股票市场收益率			−0.013 *	−0.016 *	−0.014 *
			（−1.77）	（−1.89）	（−1.82）
实际有效汇率预期贬值率			0.002	−0.002	0.001
			（0.28）	（−0.17）	（0.16）
信贷增速			0.006 **	0.007 **	0.007 ***
			（2.37）	（2.28）	（2.69）
国际储备			0.000		0.000 *
			（1.27）		（1.65）
贸易开放度				0.063	
				（0.82）	
资本管制指数				−0.045	
				（−1.14）	
汇率制度				0.018	
				（0.38）	
主权/地区信用评级					0.021
					（1.43）
政治稳定性					−0.006
					（−1.07）
资本大进预测					0.324 ***
					（4.91）
常数	−1.016 ***	−1.043 ***	−0.955 ***	−0.988 ***	−1.109 ***
	（−22.80）	（−16.72）	（−9.64）	（−5.14）	（−3.38）
N	3512	3500	2413	1487	2287

注：被解释变量为虚拟变量，资本急停事件。解释变量包括推动因素、拉动因素和传染效应。推动因素包括全球经济增长率（Global growth）、全球利率水平（Global interest rate）以及流动性风险（TED）；传染因素是指地域传染变量（Contagion variable）；拉动因素包括本国（或本地区）GDP 同比增速（Dom. Growth）、短期利率（Dom. Interest rate）、本国（或本地区）股票市场收益率（Dom. equity returns）、实际有效汇率预期贬值率（Exp. REER depreciation）、信贷增长率（Credit growth）、国际储备（International foreign reserves % GDP）、贸易开放度（Trade openness）、资本管制指数（KAOPEN）、汇率制度（Exchange rate regime）、主权（或地区）信用评级（Sovereign credit rating）和国家（或地区）政治稳定性（Political stability）；此外，我们还考虑了资本大进事件（Surge prediction）对资本急停的影响。为降低解释变量内生性的问题，我们将国内（或地区）拉动因素滞后一期进行模型估计。括号中的数值为 t 统计量，* 代表 $p < 0.10$，** 代表 $p < 0.05$，*** 代表 $p < 0.01$。

9.4.3.2 平稳性检验

如前所述，本研究采用互补双对数模型对资本急停的影响因素分析进行平稳性检验，估计结果如表9.2所示。结果表明，大部分变量的显著性和影响方向与基准模型一致，基准模型的估计结果是稳健的。具体来看，美国短期利率的提高会导致各国（或地区）发生资本急停的概率增加；本国（或本地区）较高的经济增速、较高的利率水平和较高的股票市场收益率会吸引证券投资的大量涌入，显著降低一国（或地区）发生资本急停的概率；本国（或本地区）信贷增速过高会导致资本急停的发生；此外，一国（或地区）证券投资的资本大进对未来3~6个季度的资本急停有显著的预测作用。

此外，本研究又选取了4个常用的宏观经济指标对国际证券资金流动的资本急停事件进行实证研究，包括经常账户余额（占GDP的比重）、财政收支平衡（占GDP的比重）、短期外债（占GDP的比重）和通货膨胀率，估计结果如表9.3所示。结论表明，这四种宏观经济指标对国际证券资金资本急停的影响并不显著。

表9.2　　　　　　　　　　**平稳性检验：cloglog 模型**

影响因素	（1）	（2）	（3）	（4）	（5）
全球经济增速	-0.030 （-1.26）	-0.029 （-1.21）	0.004 （0.12）	0.014 （0.38）	0.043 （1.30）
全球利率水平	0.087*** （3.95）	0.084*** （3.72）	0.161*** （5.21）	0.119*** （2.93）	0.152*** （4.40）
流动性风险	-0.269*** （-3.23）	-0.266*** （-3.17）	-0.137 （-1.29）	-0.109 （-1.02）	-0.149 （-1.38）
传染变量		0.054 （0.56）	-0.104 （-0.81）	0.051 （0.29）	-0.070 （-0.52）
本国/地区 GDP 增速			-0.053*** （-3.70）	-0.051*** （-2.95）	-0.073*** （-4.49）
本国/地区短期利率			-0.033** （-2.18）	-0.029 （-1.54）	-0.019 （-1.05）
本国/地区股票市场收益率			-0.019 （-1.63）	-0.025* （-1.81）	-0.019 （-1.62）
实际有效汇率预期贬值率			0.004 （0.33）	-0.002 （-0.12）	0.003 （0.22）
信贷增速			0.010** （2.53）	0.011** （2.41）	0.012*** （2.92）

续表

影响因素	(1)	(2)	(3)	(4)	(5)
国际储备		0.000 (1.28)		0.000* (1.67)	
贸易开放度				0.101 (0.89)	
资本管制指数				−0.069 (−1.18)	
汇率制度				0.031 (0.43)	
主权/地区信用评级					0.035 (1.51)
政治稳定性					−0.011 (−1.17)
资本大进预测					0.491*** (4.83)
常数	−1.787*** (−24.71)	−1.822*** (−17.97)	−1.693*** (−10.59)	−1.753*** (−5.91)	−1.910*** (−3.71)
N	3512	3500	2413	1487	2287

注：变量解释见表 9.1。括号中的数值为 t 统计量，* 代表 $p < 0.10$，** 代表 $p < 0.05$，*** 代表 $p < 0.01$。

表 9.3　　　　　　　　　平稳性检验：其他因素的影响

影响因素	(1)	(2)	(3)	(4)
其他控制变量同表 9.1 方程（3）				
经常账户余额	0.001 (0.19)			
财政收支平衡		0.005 (0.58)		
短期外债			0.000 (0.19)	
通货膨胀率				−0.003 (−0.26)
常数	−1.005*** (−13.68)	−1.017*** (−12.43)	−0.992*** (−12.46)	−1.000*** (−13.76)
N	2411	2303	2206	2413

注：变量解释见表 9.1。本模型还考虑了经常账户余额（Current account balance）、财政收支平衡（Fiscal balance）、短期外债（Short - term debt）和通货膨胀率（CPI）对资本急停事件的影响。括号中的数值为 t 统计量，* 代表 $p < 0.10$，** 代表 $p < 0.05$，*** 代表 $p < 0.01$。

9.4.3.3 发达经济体与发展中经济体对比

为探究发达经济体和发展中经济体资本急停影响因素的差异，我们分两组对模型进行估计，分别包括 36 个发达经济体和 18 个发展中经济体。具体结果如表 9.4 所示，其中，方程（1）至方程（3）展示了发达经济体的结果，方程（4）至方程（6）展示了发展中经济体的结果。分析可知，发达经济体和发展中经济体的影响因素差异如下。

第一，推动因素中，美国利率水平的提高会导致其他经济体资本急停发生概率的增加，此溢出效应对于发达经济体和发展中经济体来说同样显著。

第二，传染效应在发达经济体和发展中经济体所起的作用不一，对于发达经济体来说，其邻国（或地区）发生资本急停会降低一国（或地区）发生资本急停的概率，而对于发展中经济体来说，其相邻国家（或地区）发生资本急停也会导致一国（或地区）发生资本急停。究其原因，发达经济体的证券市场比较发达，对外开放程度高，发达经济体之间证券市场投资呈现可替代性的特征，对 A 国（或地区）投资的增加会导致对邻国（或地区）投资的相对减少；与之相反，发展中经济体的证券投资更多呈现羊群效应的特征，即关联性特征明显，对 A 国（或地区）投资的减少会影响国际投资者对同一区域的新兴市场经济体的预期，从而也会减少对邻国（或地区）的证券投资。

第三，拉动因素中，宏观经济基本面的影响在发达经济体更加显著，本国（或本地区）经济增速的提高、利率水平上升和股票市场收益率的提高都会吸引证券资金的流入，降低一国（或地区）发生资本急停的概率；对于新兴市场经济体来说，本国（或本地区）信贷增速会显著提高发生资本急停的概率。

第四，国家（或地区）开放程度和国家（或地区）风险等因素对资本急停的影响不大，对发达经济体和发展中经济体均是如此。特别地，对发展中经济体来说，资本账户开放程度的提高会降低资本急停事件的发生概率。

此外，资本大进对资本急停有显著的预测作用，在发达经济体和发展中经济体均是如此。

表9.4　　　　国际证券资金资本急停的影响因素分析：
发达经济体与发展中经济体对比

影响因素	发达经济体			发展中经济体		
	（1）	（2）	（3）	（4）	（5）	（6）
全球经济增速	−0.009	0.010	0.019	0.016	−0.024	0.026
	（−0.36）	（0.37）	（0.72）	（0.45）	（−0.47）	（0.68）
全球利率水平	0.114***	0.073**	0.099***	0.094**	0.086）	0.107**
	（4.74）	（2.42）	（3.78）	（2.40）	（1.49）	（2.35）

续表

影响因素	发达经济体			发展中经济体		
	（1）	（2）	（3）	（4）	（5）	（6）
流动性风险	− 0.047	− 0.026	− 0.065	− 0.171	− 0.158	− 0.163
	（− 0.57）	（− 0.31）	（− 0.78）	（− 1.34）	（− 1.15）	（− 1.23）
传染变量	− 0.284 ***	− 0.154	− 0.292 ***	0.275 **	0.381 *	0.349 **
	（− 2.96）	（− 1.17）	（− 2.92）	（2.08）	（1.83）	（2.41）
本国/地区 GDP 增速	− 0.031 ***	− 0.035 **	− 0.045 ***	− 0.038 **	− 0.013	− 0.052 ***
	（− 2.63）	（− 2.38）	（− 3.38）	（− 2.22）	（− 0.55）	（− 2.58）
本国/地区短期利率	− 0.029 **	− 0.035 *	− 0.012	− 0.020	− 0.000	− 0.025
	（− 2.16）	（− 1.94）	（− 0.75）	（− 1.09）	（− 0.02）	（− 1.19）
本国/地区股票市场收益率	− 0.016 *	− 0.019 *	− 0.015	− 0.005	− 0.003	− 0.008
	（− 1.69）	（− 1.75）	（− 1.59）	（− 0.43）	（− 0.22）	（− 0.64）
实际有效汇率预期贬值率	− 0.003	− 0.013	− 0.004	0.018	0.038 *	0.015
	（− 0.27）	（− 1.12）	（− 0.39）	（1.10）	（1.81）	（0.87）
信贷增速	− 0.003	− 0.001	− 0.001	0.012 ***	0.014 ***	0.012 ***
	（− 0.70）	（− 0.17）	（− 0.17）	（3.22）	（2.83）	（3.02）
国际储备	0.000		0.000	0.001		0.000
	（0.72）		（1.31）	（0.94）		（0.47）
贸易开放度		0.028			0.584	
		（0.40）			（1.42）	
资本管制指数		− 0.035			− 0.174 *	
		（− 0.56）			（− 1.65）	
汇率制度		− 0.026			0.225	
		（− 0.55）			（1.48）	
主权/地区信用评级			0.015			0.024
			（0.99）			（0.70）
政治稳定性			− 0.003			− 0.015
			（− 0.42）			（− 1.03）
资本大进预测			0.275 ***			0.423 ***
			（3.53）			（3.37）
常数	− 0.672 ***	− 0.571 **	− 0.935 **	− 1.312 ***	− 2.544 ***	− 0.915
	（− 5.95）	（− 2.24）	（− 2.44）	（− 5.07）	（− 3.99）	（− 1.00）
N	1678	1082	1590	735	405	697

注：变量解释见表9.1。括号中的数值为 t 统计量，* 代表 p < 0.10，** 代表 p < 0.05，*** 代表 p < 0.01。国家/地区分类依照世界银行 2015 年的分类。

9.5 资本大进和资本急停的对比

本部分对第 8 章中国际证券投资资本大进的影响因素和资本急停的影响因素进行对比分析。总的来看，推动因素、拉动因素和传染效应在资本大进和资本急停的发生中均起着重要作用。其中，资本大进的发生主要受到美国经济增速和本国（或本地区）股票市场收益率的影响，传染效应在资本大进的发生中也扮演着重要角色。与资本大进相比，资本急停更容易受到本国（或本地区）宏观经济基本面因素的影响，较高的经济增速、较高的利率水平和股票市场收益率都会降低一国（或地区）发生资本急停的概率，而过快的信贷扩张会导致资本急停发生的可能性增加。可能因为本国（或本地区）宏观经济基本面因素对资本急停的影响显著，区域传染效应在资本急停的发生中作用降低。

关于资本大进与资本急停的关系，本章的研究发现，资本大进对资本急停的发生有显著的预测作用，即一国（或地区）国际证券资金的大量涌入意味着未来发生资本急停的风险增加，与现有实证研究的结果一致（Sula，2010；Agosin 和 Huaita，2012）。原因可能是资本大量涌入会推高资产价格和信贷规模，使得一国（或地区）的金融体系脆弱性增加，从而更容易发生资本急停。

9.6 本章小结

如前所述，资本急停通常会给一国（或地区）带来巨大的金融风险和经济波动，如汇率贬值、外部融资成本上升、银行不良信贷增加等，甚至会导致银行危机和货币危机（Calvo，1998；Calvo 等，2004；Calvo 和 Talvi，2005；Calderón 和 Kubota，2013）。鉴于此，本章围绕国际证券资金流动资本急停的风险展开研究，以期为各国国际证券投资领域的风险监管提供切实的实证支持。

基于 54 个经济体 1990Q1—2015Q4 的季度数据，本研究首先对国际证券资金流动资本急停事件进行识别，研究表明，1994 年以来国际证券资金流动共经历了三次资本急停事件的浪潮，分别是 1998—1999 年、2005—2006 年以及 2008—2009 年，每次资本急停的浪潮都伴随着全球范围内的金融危机或负面冲击。在风险识别的基础上，本研究进一步对其影响因素展开实证分析。研究表明，推动因素中，美国短期利率的提高会使得资金回流美国，导致其他经济体证券资金的流出增加，显著增加其他经济体发生资本急停的概率；拉动因素中，宏观经济基本面的因素对资本急停的影响较显著，较高的经济增速、较高的利率水平和股票市场收益率都会降低一国（或地区）发生资本急停的概率，而过快的信贷扩张会导致资本急停发生的可能性增加；此外，国际证券资金流动的资本大进对资本急停有一定的预测作用，资本大进会推高资产价格和信贷规模，使得一国（或地区）对金融体系脆弱性增加，从而增加一国（或地区）未来发生资本急停的风险。传染效应、国家（或地区）开放程度等指标对资本急停的影响甚微。

参考文献

［1］AGOSIN M R, HUAITA F. Overreaction in Capital Flows to Emerging Markets: Booms and Sudden Stops［J］. Journal of International Money and Finance, 2012, 31（5）: 1140 – 1155.

［2］BRAGGION F, CHRISTIANO L J, ROLDOS J. Optimal Monetary Policy in a 'Sudden Stop'［J］. Journal of Monetary Economics, 2009, 56（4）: 582 – 595.

［3］CALDER N C, KUBOTA M. Sudden stops: Are Global and Local Investors Alike?［J］. Journal of International Economics, 2013, 89（1）: 122 – 142.

［4］CALDER N C, KUBOTA M. Ride the Wild Surf: an Investigation of the Drivers of Surges in Capital Inflows［R］. World Bank Policy Research Working Paper 6753, 2014.

［5］CALVO G A. Capital Flows and Capital – market Crises: the Simple Economics of Sudden Stops［R］. Working Paper, 1998.

［6］CALVO G A, IZQUIERDO A, MEJÍA L F. Systemic Sudden Stops: the Relevance of Balance – sheet Effects and Financial Integration［R］. National Bureau of Economic Research Working Paper, 2008.

［7］CALVO G A, IZQUIERDO A, MEJÍA L F. On the Empirics of Sudden Stops: the Relevance of Balance – sheet Effects［J］. National Bureau of Economic Research Working Paper, 2004.

［8］CALVO G A, REINHART C M. When Capital Inflows Come to a Sudden Stop: Consequences and Policy Options［R］. Working Paper, 1999.

［9］CALVO G A, TALVI E. Sudden Stop, Financial Factors and Economic Collpase in Latin America: Learning from Argentina and Chile［R］. National Bureau of Economic Research Working Paper, 2005.

［10］CALVO G, TALVI E. The Resolution of Global Imbalances: Soft Landing in the North, Sudden Stop in Emerging Markets?［J］. Journal of Policy Modeling, 2006, 28（6）: 605 – 613.

［11］CAVALLO E A, FRANKEL J A. Does Openness to Trade Make Countries More Vulnerable to Sudden Stops, or Less? Using Gravity to Establish Causality［J］. Journal of International Money and Finance, 2008, 27（8）: 1430 – 1452.

［12］CHINN M D, ITO H. What Matters for Financial Development? Capital

Controls, Institutions and Interactions [J]. Journal of Development Economics, 2006, 81 (1): 163 – 192.

[13] COWAN K, DE GREGORIO J, MICCO A, NEILSON C. Financial Diversification, Sudden Stops and Sudden Starts [J]. Current Account and External Finance, 2008: 159 – 194.

[14] COWAN K, RADDATZ C. Sudden Stops and Financial Frictions: Evidence from Industry – level Data [J]. Journal of International Money and Finance, 2013, 32: 99 – 128.

[15] DAGHER J. Sudden Stops, Output Drops, and Credit Collapses [R]. IMF Working Papers, 2010: 1 – 34.

[16] EDWARDS S. Financial Openness, Sudden Stops and Current Account Reversals [R]. National Bureau of Economic Research Working Paper, 2004.

[17] EDWARDS S. Capital Controls, Sudden Stops, and Current Account Reversals. In Capital Controls and Capital Flows in Emerging Economies: Policies, Practices and Consequences [M]. University of Chicago Press, 2007: 73 – 120.

[18] FARIA A, MAURO P, LANE P R, MILESI – FERRETTI G M. The Shifting Composition of External Liabilities [J]. Journal of the European Economic Association, 2007, 5 (2 – 3): 480 – 490.

[19] FORBES K J, WARNOCK F E. Capital Flow Waves: Surges, Stops, Flight and Retrenchment [J]. Journal of International Economics, 2012, 88 (2): 235 – 251.

[20] FRATZSCHER M. Capital flows, Push versus Pull Factors and the Global Financial Crisis [J]. Journal of International Economics, 2012, 88 (2): 341 – 356.

[21] GAUVIN L, MCLOUGHLIN C, REINHARDT D. Policy Uncertainty Spillovers to Emerging Markets – Evidence from Capital Flows [R]. Working Paper, 2014.

[22] GELOS G. International Mutual Funds, Capital Flow Volatility and Contagion – A Survey. In Caprio G. Beck T., Claessens S, Schmukler S. (Eds), The Evidence and Impact of Financial Globalization [M]. Amsterdam, Elsevier, 2013: 131 – 143.

[23] GHOSH A R, QURESHI M S, KIM J I, ZALDUENDO J. Surges [J]. Journal of International Economics, 2014, 92 (2): 266 – 285.

[24] GUIDOTTI P E, STURZENEGGER F, VILLAR A, DE GREGORIO J, GOLDFAJN I. On the Consequences of Sudden Stops [J]. Economia, 2004: 171 – 214.

[25] JINJARAK Y, WONGSWAN J, ZHENG H. International Fund Investment and Local Market Returns [J]. Journal of Banking and Finance, 2011, 35 (3):

572 – 587.

[26] JOYCE J P, NABAR M. Sudden Stops, Banking Crises and Investment Collapses in Emerging Markets [J]. Journal of Development Economics, 2009, 90 (2): 314 – 322.

[27] KAMINSKY G, LYONS R, SCHMUKLER S. Mutual Fund Investment in E-merging Markets: An Overview. In S. Claessens and K. Forbes (Eds.), International financial contagion [M]. Springer US, 2001: 157 – 185.

[28] KEHOE T J, RUHL K J. Sudden Stops, Sectoral Reallocations, and the Real Exchange Rate [J]. Journal of Development Economics, 2009, 89 (2): 235 – 249.

[29] LAMBERT F J, RAMOS – TALLADA J, REBILLARD C. Capital Controls and Spillover Effects: Evidence from Latin – American Countries [R]. Working Paper, 2011.

[30] LEVCHENKO A A, MAURO P. Do Some Forms of Financial Flows Help Protect Against "Sudden Stops"? [J]. The World Bank Economic Review, 2007, 21 (3): 389 – 411.

[31] MENDOZA E G. Sudden Stops, Financial Crises, and Leverage [J]. The American Economic Review, 2010, 100 (5): 1941 – 1966.

[32] PUY D. Mutual Funds Flows and the Geography of Contagion [J]. Journal of International Money and Finance, 2016, 60, 73 – 93.

[33] RADDATZ C, SCHMUKLER S L. On the International Transmission of Shocks: Micro – evidence from Mutual Fund Portfolios [J]. Journal of International E-conomics, 2012, 88 (2): 357 – 374.

[34] REINHARDT D, RICCI L A, TRESSEL T. International Capital Flows and Development: Financial Openness Matters [J]. Journal of International Economics, 2013, 91 (2): 235 – 251.

[35] ROTHENBERG A D, WARNOCK F E. Sudden Flight and True Sudden Stops [J]. Review of International Economics, 2011, 19 (3): 509 – 524.

[36] SULA O. Surges and Sudden Stops of Capital Flows to Emerging Markets [J]. Open Economies Review, 2010, 21 (4): 589 – 605.

[37] SULA O, WILLETT T D. The Reversibility of Different Types of Capital Flows to Emerging Markets [J]. Emerging Markets Review, 2009, 10 (4): 296 – 310.

第 10 章　国际资本极端波动与金融自由化关系实证研究

10.1　引言

过去的 30 年来，许多国家为了吸引外资流入，加速本国经济的发展，采取了金融自由化的政策。金融自由化可以将金融资源引导至效率最高的地方，促进全球资源的有效配置，从而提高全球经济增长和福利水平。与此同时，随着金融自由化程度的提高，国际资本流动的波动幅度也在显著增加。从 1994 年金融危机中的墨西哥，到 1997 年亚洲金融危机中的泰国、马来西亚等，再到 2008 年国际金融危机中的印度等国家，其共同的特征是，在危机前大量国际资本流入这些国家，危机发生时国际资本流入出现急停甚至大幅流出，国际资本流动的这种大幅度波动给这些国家的经济、金融带来了极大的冲击甚至使其陷入剧烈金融动荡、经济衰退的困境。Forbes 和 Warnock（2012）指出国际资本流动的大幅度波动会给经济带来不同层面的影响，比如放大经济周期，增加金融系统的脆弱性，加重整个宏观经济的不稳定性等；Reinhart 和 Reinhart（2009）和 Milesi - Ferretti 和 Tille（2011）等研究发现国际资本流动的极端波动总是和金融危机紧密联系在一起。不可否认，国际资本流动的极端波动已经成为一个很重要的经济问题。

金融自由化一方面为国际资本的这种极端波动提供了条件和土壤，但另一方面，全球范围的金融自由化会促进地球村的形成，各国金融体系发展程度差异会在激烈的全球市场竞争中越来越小，最终将趋于一致，这有利于减少由于金融环境差异而引起的国际资本在不同国家之间的剧烈波动。金融自由化究竟会对国际资本流动产生什么样的影响？本书从理论和实证的角度出发，对金融自由化与国际资本流动极端波动事件之间的关系进行深入研究，以期为全球金融一体化背景下政府部门应对国际资本巨幅波动提供政策建议。

10.2　文献综述

20 世纪 90 年代全球性金融危机的爆发引起学术界和政治界对金融自由化政

策的再度思考。其中 Maurice Obstfeld，Kenneth Rogoff 提倡金融自由化，认为金融自由化有利于促进全球资源有效配置，从而提高全球经济增长和福利水平，但也有其他学者认为金融自由化会增加发生全球新金融危机的概率，会给一国带来更大的风险，如 Rodrik（1998）、章奇等（2003）。这同时也引出大量关于金融自由化和各经济变量之间关系的实证研究。一部分文献侧重于研究金融自由化和宏观经济变量之间的关系，如 Quinn 和 Toyoda（2008），Bekaert 等（2006），Kose 等（2003）研究了金融自由化与经济增长之间的关系，他们的实证结果表明金融自由化有利于促进一国的经济增长；Bekaert 等（2006）实证检验了金融自由化对消费增长波动性的影响，结果表明金融自由化会降低消费增长的波动性；章奇等（2003）的研究认为金融自由化会显著地影响金融危机发生的概率；Kaminsky 和 Schmukler（2008）实证研究了金融自由化对股票市场波动性长期和短期的影响，发现短期内金融开放会增加股票市场的波动性，但长期内会增加股票市场的稳定性；此外，还有一些学者对金融自由化与股票价格（Dell'Ariccia 等，2008）和投资（Lagoarde‐Segot，2009；Umutlu 等，2010；Galindoa 等，2007）之间的关系进行了研究。另一部分文献研究了金融自由化对微观层面经济变量的影响。

　　资本流动作为一国金融体系自由开放的产物，无疑会引起较多学者的关注。从理论层面来看，一方面，Rodrik（1998）等认为世界范围内的金融自由化是引发全球金融危机的重要原因之一，面对国际资本大幅变动的趋势，不应该使金融完全自由化；另一方面，Stulz（1999）和 Mishkin（2001）等认为金融自由化会扩大融资范围，从而可以利用更多的国外资本，由于国外投资者要求有更好的公司治理能力，良好的公司治理能力同时也会促进透明度和责任感的提升，减少道德风险和逆向选择问题，提高金融系统的效率水平，从而有利于维护资本流动的稳定性；此外，Alfaro 等（2007）认为金融自由化对一个国家的影响是正面还是负面，还取决于该国其他因素，即只有一国的金融基础设施以及制度质量达到一定的水平，才能从金融自由化中受益，反之，若该国金融基础设施以及制度质量较低，那么将给其带来更多的消极影响。

　　关于金融自由化对国际资本流动影响的实证研究，主要集中于金融自由化对国际资本流动量（Yalta 和 Yalta，2012；Eichengreen，2004；Lensink 等，1998）和国际资本流动波动性（Neumann 等，2009；Broner 和 Rigobon，2004；刘莉亚等，2013）影响的研究。也有部分学者从某一特殊现象角度，如资本外逃事件，研究金融自由化和资本流动之间的关系（Lensink 等，1998；Groombridge，2001；Eichengreen，2004；Mody 和 Murshid，2005；Cardarelli 等，2010）。其中，Cardarelli 等（2010）运用 52 个国家和地区 1987—2007 年的样本数据进行实证分析，结果表明金融自由化并不能降低国际资本的大量流入；Mody 和 Murshid（2005）与 Groombridge（2001）研究了金融自由化与国内资本外逃的关系，Mody 和 Murshid（2005）指出由于不同国家的投资环境不同，其回报率也不相同，在一个封闭的经济体中，追求利润最大化的投资者会将资金通过一些非法的路径投资到国外，从而实现分散投资的目的，如果实行金融自由化的政策，这些非法的渠道就会被合法的资本流动所代替，从而可以减少资本外逃现象的发生；但 Groombridge（2001）的研究发现金融自由化对资本外逃的影响还受到一国财政、金融、法律、税收、监管以及会计制度等因素的影响，若在一个国家这些层面因素的层次水平较低时开放资本账户，会增加资本外逃的发生，反之则相反。

此外，还有一部分与本书研究内容相关的文献，如 Powell 等（2002），Calvo 等（2008），Forbes 和 Warnock（2012），Calderón 和 Kubota（2013）等研究了资本流动极端波动的定义、识别及其影响因素。Calvo 等（2008）从净资本流动极端波动角度出发，将其极端增加和极端降低分别定义为资本大进（surges）和资本急停（stops）；Forbes 和 Warnock（2012）认为国际资本的流入和国内资本流出分别受国外投资者和国内投资者的驱动，具有不同的波动模式，因此，与 Calvo 等（2008）不同，他们将国际资本流入和国内资本流出分开研究，并定义了资本的四种极端波动事件（capitalwaves：episodes of extreme volatility），包含"大进"（Surges）——国际资本流入的大幅增加、"急停"（Stops）——国际资本流入的大幅降低、"外逃"（Flight）——国内居民资本流出的大幅增加、"回撤"（Retrenchment）——国内居民资本流出的大幅降低，并分别研究了这四种国际资本流动极端波动事件的影响因素。他们的研究结果表明，资本管制会降低国际资本流入急停的发生概率。

文献回顾表明，金融自由化对国际资本流动的影响已引起了国际学术界的关注，但尚存在以下几个方面的不足：首先，缺少有关对金融自由化与资本流动极端波动之间关系的研究；其次，现有关于资本流动极端波动的研究仅局限于总体资本流动，而由于直接投资、证券投资、其他投资具有不同的波动性以及驱动因素（Neumann 和 AltinTanku，2009；Bank for International Settlements（BIS），2009；Broto 等，2011），只研究金融自由化与总体资本流动关系会掩盖大量信息，其研究结果难以针对性地指导资本流动的管理政策；最后，现有的研究也没有区分国家类别进行研究，不同国家间经济等状况不同，金融自由化与资本流动的关系可能会有所不同（Alfaro 等，2007）。基于此，本书致力于对以下问题的研究：不同类别的资本流动，如直接投资、证券投资和其他投资的流入大进、流入急停、外逃、回撤与金融自由化的关系是什么？对于发达国家和新兴市场国家来说这些关系是否保持一致？

10.3　相关概念、度量与统计描述分析

10.3.1　金融自由化概念及其发展历程

金融自由化是指减少政府部门对金融体系的过度干预，其主要体现在资本账户开放程度和资本流动自由化等方面。本书选择 Chinn 和 Ito（2008）所提出的金融自由化指数来度量金融自由化程度，该指数可以较全面地捕捉到资本账户的开放程度，是国际上最常用的衡量金融自由化的指标之一，如 Schindler（2008）和 Lane 和 Milesi‐Ferretti（2008）等研究都相继采用了该指数。图 10.1 为 1980—2011 年 20 个发达国家和 27 个新兴市场国家的金融自由化指数变动趋势。受资本流动数据可获得性的限制，我们选取了 47 个国家作为研究样本，其中发达国家 20 个，包括澳大利亚、加拿大、丹麦、德国、芬兰、冰岛、法国、意大利、日本、挪威、荷兰、希腊、爱尔兰、新西兰、以色列、葡萄牙、西班牙、瑞典、英国、美国；新兴市场国家 27 个，包括阿根廷、巴拿马、白俄罗斯、巴西、玻利维亚、保加利亚、智利、克罗地亚、哥伦比亚、爱沙尼亚、哥斯达黎加、匈牙利、印度尼西亚、印度、约旦、韩国、拉脱维亚、墨西哥、秘鲁、菲律宾、罗马尼亚、俄罗斯、斯里兰卡、斯洛伐克、泰国、南非、土耳其。上述国家样本的分类依据 IMF（2012）的界定进行。由图 10.1 可知，20 世纪 80 年代以来，从总的趋势或者大方向来看，新兴市场国家和发达国家都是向着更高程度金融自由化方向发展着的，但发展进程有些差异。对于发达国家来说，在整个 20 世纪 80 年代，其金融自由化是一个稳定深化的进程，90 年代经历了一段金融自由化快速提升的阶段，之后直至 2007 年这段时间，其金融自由化继续稳定提升，2008 年国际金融危机的发生使其金融自由程度略有下降，之后保持稳定态势。对于新兴市场国家来说，其金融自由化的路径有些曲折，有过几次的逆转，一次是 20 世纪 80 年代初期的拉美债务危机所导致的长达六年的金融自由化下降，还有两次是 1994 年墨西哥货币危机以及亚洲金融危机导致的金融自由化下降，2000 年至 2007 年，新兴市场国家步入金融自由化加速提升阶段，2008 年国际金融危机及其之后，新兴市场国家的金融自由化又一次出现下降趋势。

10.3.2　国际资本流动极端波动事件的概念、识别与统计性描述

资本流入大进指在一定时期内流入一国经济体国际资本的大幅度增加，而资本流入急停指在一定时期内流入一国经济体国际资本的大幅度减少。相应地，资本外逃指在一定时期内一国国内居民的资本外流大幅度增加，而资本回撤指在一定时期内国内居民的资本外流大幅度减少。我们采用近年来相关研究文献

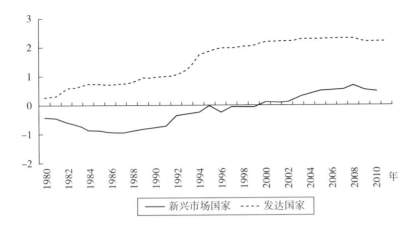

注：该金融自由化指标综合评价资本账户开放程度，是各发达国家和新兴市场国家的简单平均。较大的值对应自由化程度更深。

图 10.1　1980—2012 年新兴市场和发达国家金融自由化程度发展历程

中的主流方法（Forbes 和 Warnock，2012 等）对三种类型资本流动，即直接投资（FDI）、证券投资（PI）和其他投资（OI）资本流入的大进、流入急停、外逃和回撤进行识别[①]，该方法的优点是可以平滑数据的季度特征影响。首先，计算出 C_t，C_t 为 t 时期以及之前连续三个季度资本流入之和，如式（10.1）；其次，计算 t 时期 C_t 与 $t-4$ 时期 C_t 的变化量 ΔC_t，如式（10.2）。资本流入大进需满足以下条件：至少连续两个时期的变化量 ΔC_t 大于其过去 5 年均值与一倍标准差之和，并且其中至少有一个时期的变化量 ΔC_t 大于过去 5 年均值与两倍标准差之和。资本流入急停需满足以下条件：至少连续两个时期的变化量 ΔC_t 小于其过去 5 年均值与一倍标准差之差，并且其中至少有一个时期的变化量 ΔC_t 大于过去 5 年均值与两倍标准差之差。

$$C_t = \sum_{i=0}^{3} INFLOW_{t-i}, t = 1, 2, \cdots, N \tag{10.1}$$

$$\Delta C_t = C_t - C_{t-4}, t = 5, 6, \cdots, N \tag{10.2}$$

由此，资本流入大进与资本流入急停的数学表达如下：

$$Surge_{t_1} = \begin{cases} 1, if\ \Delta C_{t_1} > Mean + SD, \Delta C_{t_2} < Mean + SD, \\ \Delta C_{t_i} > Mean + 2SD, t_1 \leqslant t_i \leqslant t_2 \\ 0, otherwise \end{cases} \tag{10.3}$$

$$Stop_{t_i} = \begin{cases} 1, if\ \Delta C_{t_1} < Mean - SD, \Delta C_{t_2} > Mean - SD, \\ \Delta C_{t_i} < Mean - 2SD, t_1 \leqslant t_i \leqslant t_2 \\ 0, otherwise \end{cases} \tag{10.4}$$

---

① 总流入的大进和急停的数据参照 Forbes 和 Warnock（2012）。

其中，Mean 和 SD 分别是 ΔC_t 之前 5 年的均值和标准差；$Surge_{t_i} = 1$ 时，表示第 t_i 期国际资本流入出现大进。类似地，我们基于国内居民资本流动的数据，运用上述方法对于资本外逃和资本回撤事件进行鉴别。

　　根据上述方法，我们对本章所选择发达国家和新兴市场国家总体资本流动和三种类型资本流动的大进、急停、外逃、回撤进行了识别。之后，我们分别对发达国家和新兴市场国家资本流动发生这四类极端波动事件的频率进行了统计，分别如图 10.2 至图 10.9 所示。从图 10.2、图 10.4、图 10.6 和图 10.8，我们可以发现，整体而言，国际资本流入大进和资本外逃事件发生频率较高的时期较一致，而国际资本流入急停和资本回撤发生频率较高的时期较一致。对于发达国家来说，自 20 世纪 80 年代以来，其资本流入大进和资本外逃发生的频率一直较高，特别在 20 世纪 80 年代中期以及 2003 年至 2008 年间；对于新兴市场国家而言，资本流入大进、资本外逃发生频率较高的时期主要集中于 20 世纪 90 年代初以及 2003 年至 2008 年间；并且无论对于发达国家还是新兴市场，整体上其直接投资的流入大进的发生频率最高。

　　发达国家分别在 20 世纪 90 年代初的英镑危机、21 世纪初的网络经济泡沫破裂以及 2008 年的国际金融危机中出现了较高频率的资本流入急停和资本回撤；而新兴市场国家资本流入急停和资本回撤发生频率较高的时期分别集中在 20 世纪 80 年代中期的拉美债务危机、1998 年的亚洲金融危机、2008 年国际金融危机期间，如图 10.3、图 10.5、图 10.7 和图 10.9 所示。此外，值得注意的是，在

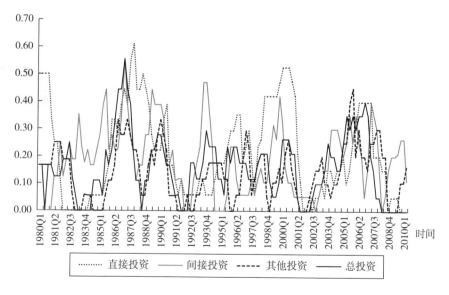

注：总体资本流入大进、急停事件的数据来源于 Forbes 和 Warnock（2011），下同。

图 10.2　发达国家发生资本流入大进的频率

进入 21 世纪前，发达国家其他资本流入急停的发生频率整体高于直接投资和证券投资资本流入急停的发生频率，也远远超过其资本总流入急停的发生频率；对于资本回撤事件来说，发达国家证券投资发生回撤的频率相对较高，而新兴市场国家直接投资发生回撤事件的频率高于其他类型的资本。

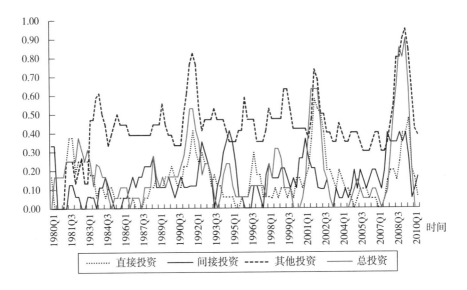

图 10.3　发达国家发生资本流入急停的频率

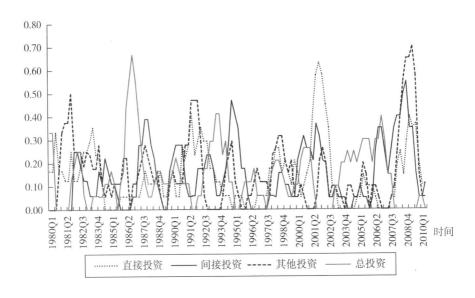

图 10.4　发达国家发生资本外逃的频率

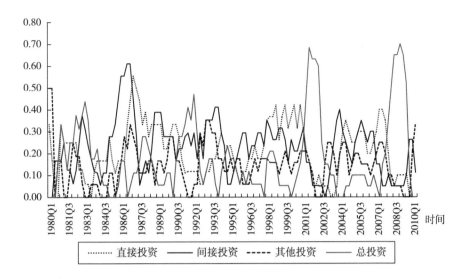

图 10.5　发达国家发生资本回撤的频率

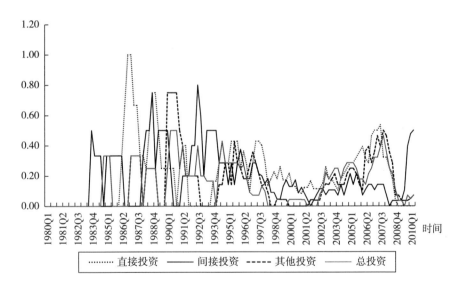

图 10.6　新兴市场国家发生资本流入大进的频率

为了在更宏观的层面更加深入把握国际资本流动极端波动的发展特点，我们进一步对每十年内发达国家和新兴市场国家资本流入大进、流入急停、资本外逃和资本回撤事件的平均发生频率进行统计分析，如表 10.1 所示。由于整体上发达国家和新兴市场国家的金融自由化程度是不断加深的，即其 20 世纪 90 年代的自由化程度高于 80 年代，2000—2010 年整体自由化程度高于 20 世纪 90 年

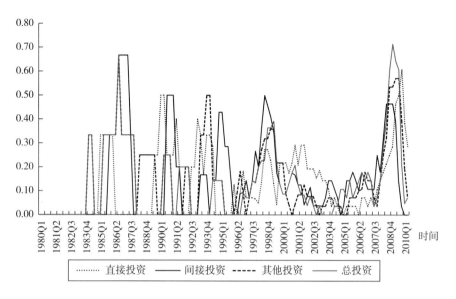

图 10.7　新兴市场国家发生资本急停的频率

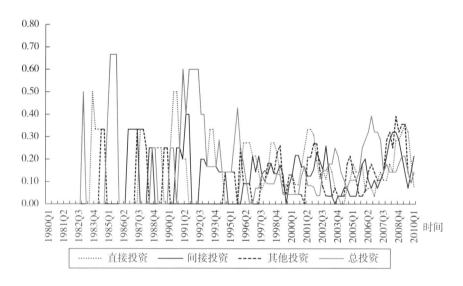

图 10.8　新兴市场国家发生资本外逃的频率

代。由表 10.1 可知，从总体资本流动的极端波动事件来看，整体都随金融自由化程度的加深而增加，这一点对于发达国家和新兴市场国家都成立。从资本流动的分类型来看，不同类型国家、不同类型的资本流动的表现都有所不同，对于发达国家而言，随时间的发展和金融自由化程度的深化，其直接投资、证券投资和其他投资流入急停和资本外逃的频率都有所增加，而其直接投资和证券投资流入大进和回撤的发生频率有降低的趋势，但其他投资流入大进和回撤没

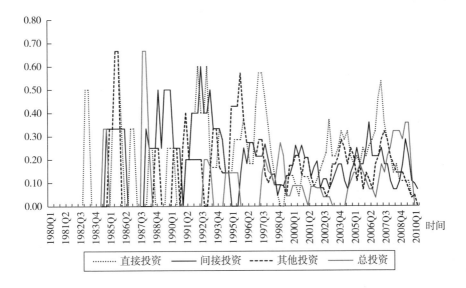

图 10.9　新兴市场国家发生资本回撤的频率

有明显趋势；对于新兴市场国家来说，各子类型极端波动事件每十年统计的发生频率并没有显示出较明显的规律，这可能是研究期间其金融自由化程度出现多次逆转所致。

表 10.1　发达和新兴市场国家三种资本流动极端波动事件发生频率的均值

事件		发达国家				新兴市场国家			
		1980—2010 年	1980—1990 年	1991—2000 年	2001—2010 年	1980—2010 年	1980—1990 年	1991—2000 年	2001—2010 年
直接投资	大进	0.21	0.23	0.25	0.15	0.22	0.29	0.22	0.22
	急停	0.15	0.12	0.14	0.19	0.16	0.11	0.15	0.16
	外逃	0.15	0.13	0.14	0.17	0.15	0.15	0.14	0.16
	回撤	0.21	0.24	0.22	0.17	0.21	0.13	0.21	0.22
证券投资	大进	0.19	0.25	0.14	0.18	0.15	0.24	0.20	0.12
	急停	0.15	0.11	0.17	0.18	0.16	0.14	0.20	0.15
	外逃	0.16	0.14	0.14	0.19	0.13	0.06	0.14	0.14
	回撤	0.23	0.26	0.25	0.17	0.17	0.20	0.19	0.16
其他投资	大进	0.14	0.15	0.11	0.15	0.16	0.17	0.11	0.18
	急停	0.15	0.11	0.15	0.18	0.16	0.20	0.17	0.17
	外逃	0.16	0.16	0.15	0.17	0.13	0.07	0.10	0.15
	回撤	0.15	0.14	0.15	0.14	0.16	0.09	0.19	0.16

续表

事件		发达国家				新兴市场国家			
		1980—2010 年	1980—1990 年	1991—2000 年	2001—2010 年	1980—2010 年	1980—1990 年	1991—2000 年	2001—2010 年
总体资本流动	大进	0.16	0.17	0.15	0.15	0.14	0.16	0.10	0.18
	急停	0.19	0.16	0.17	0.23	0.15	0.15	0.15	0.16
	外逃	0.14	0.16	0.14	0.13	0.14	0.10	0.14	0.17
	回撤	0.18	0.16	0.14	0.24	0.09	0.06	0.09	0.12

10.3.3 金融自由化与资本流动极端波动

为了对金融自由化是否会影响资本流入大进、流入急停、资本外逃和资本回撤的发生频率进行进一步的探究，本部分进一步研究了金融自由化与这些资本流动极端波动事件频率的相关系数，如表 10.2 所示。由其相关系数可知，无论对于发达经济体还是新兴市场经济体，金融自由化与总体资本流动以及其三种子类型资本流动极端波动事件平均频率的相关程度都不算太大。比较特别的是，对于发达国家来说，金融自由化程度与证券投资发生大进的频率更为密切，且呈负相关关系，而新兴市场国家的其他投资大进和证券投资外逃的发生频率与金融自由化程度之间的正相关关系更为显著。由于本书中资本流入大进和急停为虚拟变量，相关系数只能较粗略衡量金融自由化与各类资本流动极端波动事件的发生频率之间的关系，我们将在实证部分中进行更严密的分析。

表 10.2   金融自由化与各类资本极端波动事件频率的相关系数

资本类型	极端波动事件	发达国家	新兴市场国家
		金融自由化	金融自由化
直接投资	大进	− 0.0174	− 0.0002
	急停	0.0583	0.0087
	外逃	0.0418	− 0.0173
	回撤	− 0.0017	− 0.0243
证券投资	大进	− 0.1085	− 0.0173
	急停	0.0751	− 0.0243
	外逃	0.0524	0.1066
	回撤	− 0.0240	0.0183
其他投资	大进	0.0002	0.1066
	急停	0.0365	0.0183
	外逃	− 0.0143	− 0.0002
	回撤	− 0.0169	0.0087

续表

资本类型	极端波动事件	发达国家	新兴市场国家
		金融自由化	金融自由化
总体资 本流动	大进	− 0.0038	0.0895
	急停	0.0189	0.0710
	外逃	− 0.0357	0.0295
	回撤	0.0369	0.0712

注：总体资本流入大进、急停事件的数据来源于 Forbes 和 Warnock（2011）。

10.4　计量模型以及结果分析

本部分内容主要运用适当的计量模型进一步研究金融自由化对资本流入大进、急停的影响，并对其结果进行讨论。

10.4.1　计量模型

模型可以表示为：设有 N 个国家，$i = \{1, 2, \cdots, N\}$，T 个观测时期，$t = \{1, 2, \cdots, N\}$，对于每一个国家每一观测时点对应某一个资本流动极端波动事件的虚拟变量 Y_{it}，

$$Prob(Y_{it} = 1) = F(\alpha + \beta_1 Lib_{i,t-1} + \beta_2 Q_{i,t-1}) \qquad (10.5)$$

其中，$Prob(Y_{it} = 1)$ 代表 i 国在 t 时期发生资本流入大进、流入急停、资本外逃、资本回撤的概率；$Lib_{i,t-1}$ 为金融自由化指数[①]，为了减少内生性的影响，本章的解释变量用滞后一期值。由于资本流动极端波动事件的发生具有不规则性（其中87%样本的取值为0），$F(\cdot)$ 是非对称的，因此我们设 $F(\cdot)$ 是发生资本流动极端波动事件的累积分布函数，并运用互补对数模型进行求解[②]。在选取控制变量方面，参照 Kaminsky 和 Schmukler（2008）、Neumann 等（2009）、Forbes 和 Warnock（2012）以及资本流动方面的研究选取如下控制变量 Q_i：世界利率（world interest rates）、国内经济增长率（domestic growth）、世界增长指数（index of world growth）。以上所有指标数据均来源于国际金融统计、国际货币基金组织。现有的文献认为世界利率和世界增长是驱动国际资本流动的主要推动因素，而国内经济增长的状况和信贷市场的繁荣和衰退紧密联系，从而影响国际资本

---

① 由于本书中资本流动的大进和急停行为的研究以季度频率为基础，我们将该年度的自由化值赋值于对应年的各个季度，这样处理的优点是可以不损失样本数，其缺点是认为每年的金融自由化程度不变，但考虑到金融自由化变化相对缓慢，本书对金融自由化的处理是可接受的。

② Forbe 和 Warnock（2012）指出互补对数模型可以有效解决因变量为偏分分布的问题，其具体估计方法为 $F(x) = 1 - \exp[1 - \exp(x)]$。

的流入和流出；考虑到遗漏变量问题，在平稳性检验中我们还分别加入理论上会影响资本流动极端波动的一些其他变量。此外，由于各国数据时间长度不同，所以采用非平衡面板模型进行处理。

10.4.2 结果与分析

我们分别从新兴市场国家和发达国家两个角度对模型（10.5）进行估计。表10.3至表10.6分别为总体资本流动、直接投资、证券投资、其他投资的估计结果。各表中（1）列表示因变量只有金融自由化的回归结果，（2）列表示加入控制变量后的回归结果，我们主要依据（2）列的结果进行分析。

总资本流入大进和急停的回归结果表明，金融自由化对发达国家总资本流入发生极端波动的概率没有显著的影响，虽然在单变量回归中对资本回撤有正显著作用，但是该影响并不稳健，在加入其他控制变量后消失；对于新兴市场国家来说，金融自由化会显著提高新兴市场国家资本流入大进的发生概率，对其他三类极端波动事件并没有稳定且显著的影响，如表10.3所示。

表10.3　　　　　　　　　　总资本流动极端波动事件的回归结果

影响因素	发达国家				新兴市场国家			
	资本流入大进		资本流入急停		资本流入大进		资本流入急停	
	（1）	（2）	（1）	（2）	（1）	（2）	（1）	（2）
金融自由化	0.02 (0.56)	0.06 (1.09)	−0.05 (−1.08)	−0.02 (−0.46)	0.18*** (2.99)	0.15** (2.35)	0.07 (1.12)	0.04 (0.64)
世界利率		0.03 (1.57)		−0.01 (−0.83)		0.04 (1.31)		−0.03 (−1.01)
GDP增长率		0.04*** (4.45)		0.04*** (3.20)		0.01* (1.78)		0.005 (0.73)
世界产出		0.004 (0.81)		−0.006 (−1.06)		0.03*** (3.45)		0.01 (1.50)
常数项	−1.79*** (−16.74)	−2.57*** (−4.67)	−1.72*** (−15.48)	−1.24** (−2.15)	−1.92*** (−18.60)	−4.74*** (−5.88)	−1.92*** (−13.91)	−3.57*** (−4.08)
影响因素	资本外逃		资本回撤		资本外逃		资本回撤	
	（1）	（2）	（1）	（2）	（1）	（2）	（1）	（2）
金融自由化	0.04 (0.94)	−0.01 (−0.22)	0.10** (2.15)	0.04 (0.80)	0.11*** (2.21)	0.05 (0.89)	0.14* (1.82)	0.02 (0.35)
世界利率		0.02 (1.29)		0.01 (0.91)		−0.03 (−1.08)		−0.01 (−0.14)

续表

影响因素	资本外逃		资本回撤		资本外逃		资本回撤	
	（1）	（2）	（1）	（2）	（1）	（2）	（1）	（2）
GDP 增长率		- 0. 19 ***		- 0. 14 ***		- 0. 11 ***		- 0. 07 ***
		（ - 11. 74）		（ - 8. 56）		（ - 9. 41）		（ - 5. 82）
世界产出		0. 01 *		0. 008		0. 03 ***		0. 05 ***
		（1. 81）		（1. 57）		（3. 59）		（4. 75）
常数项	- 1. 64 ***	- 2. 12 ***	- 1. 80 ***	- 2. 20 ***	- 1. 83 ***	- 4. 71 ***	- 2. 35 ***	- 8. 27 ***
	（ - 18. 53）	（ - 4. 13）	（ - 17. 22）	（ - 4. 22）	（ - 20. 25）	（ - 4. 94）	（ - 15. 71）	（ - 6. 32）

注：模型中资本流入大进、急停事件的数据参考 Forbes 和 Warnock（2012）。括号内的是 z 值。* 表示在 10% 的水平上显著，** 表示在 5% 的水平上显著，*** 表示在 1% 的水平上显著。表 10. 4、表 10. 5、表 10. 6 同。

对于直接投资的四类极端波动事件的结果而言（见表 10. 4），无论是发达国家还是新兴市场国家，金融自由化与直接投资的四种极端波动事件不存在任何显著的相关性。这和理论预期是相符的，因为直接投资的波动可能更多受一国经济基本面的驱动。

表 10. 4　　　　　　　直接投资极端波动事件的回归结果

影响因素	发达国家				新兴市场国家			
	资本流入大进		资本流入急停		资本流入大进		资本流入急停	
	（1）	（2）	（1）	（2）	（1）	（2）	（1）	（2）
金融自由化	- 0. 03	- 0. 05	0. 02	0. 02	- 0. 02	- 0. 02	0. 01	- 0. 03
	（ - 0. 65）	（ - 1. 02）	（0. 36）	（0. 34）	（ - 0. 46）	（ - 0. 51）	（0. 03）	（ - 0. 56）
世界利率		0. 12 ***		- 0. 03		0. 15 ***		- 0. 03
		（6. 03）		（ - 1. 42）		（5. 97）		（ - 1. 12）
GDP 增长率		0. 05 ***		- 0. 09 ***		- 0. 001		- 0. 06 ***
		（6. 56）		（ - 5. 67）		（ - 0. 06）		（ - 5. 17）
世界产出		0. 03 ***		- 0. 01		0. 03 ***		0. 01 *
		（6. 02）		（ - 1. 56）		（4. 60）		（1. 74）
常数项	- 1. 4 ***	- 4. 66 ***	- 1. 83 ***	- 0. 70	- 1. 40 ***	- 5. 15 ***	- 1. 89 ***	- 3. 03 ***
	（ - 14. 74）	（ - 9. 61）	（ - 17. 12）	（ - 1. 25）	（ - 17. 70）	（ - 7. 11）	（ - 19. 51）	（ - 3. 34）
影响因素	资本外逃		资本回撤		资本外逃		资本回撤	
	（1）	（2）	（1）	（2）	（1）	（2）	（1）	（2）
金融自由化	0. 1 **	0. 08	- 0. 001	0. 01	0. 01	- 0. 01	- 0. 06	- 0. 04
	（2. 18）	（1. 38）	（ - 0. 04）	（0. 14）	（0. 18）	（ - 0. 23）	（ - 1. 20）	（ - 0. 673）

影响因素	资本外逃		资本回撤		资本外逃		资本回撤	
	（1）	（2）	（1）	（2）	（1）	（2）	（1）	（2）
世界利率		-0.04 (-1.62)		0.09*** (4.5)		-0.13*** (-4.08)		0.01 (0.08)
GDP增长率		-0.10*** (-6.64)		0.05*** (6.65)		-0.05*** (-4.47)		0.01 (0.92)
世界产出		-0.01 (-0.98)		0.02*** (3.79)		-4.47* (-1.90)		0.02** (2.21)
常数项	-1.99 (19.86)	-1.05* (-1.9)	-1.38 (-12.83)	-3.60*** (-7.52)	-1.81*** (-18.25)	0.54 (0.61)	-1.54*** (-17.43)	-3.17*** (-4.18)

注：括号内的是 z 值。* 表示在10%的水平上显著，** 表示在5%的水平上显著，*** 表示在1%的水平上显著。

从证券投资极端波动事件角度来看，对于发达国家来说，金融自由化程度的提高，只降低了其证券投资大进事件发生的可能性，如表10.5所示。这可能与发达国家和新兴市场国家的法律制度或机构质量（institutional quality）有关系。Stulz（1999）、Mishkin（2001）和 Alfaro 等（2007）研究发现制度质量会影响一国资本流动的规模和波动性，较高的制度质量会减少道德风险和逆向选择问题，提高国际风险分担水平和金融系统的效率水平，从而有利于维护资本流动的稳定性。而对于新兴市场国家而言，金融自由化对新兴市场国家证券投资的四类极端波动事件都没有显著影响，主要原因可能是新兴市场国家证券市场的深度和广度都不到位，大部分国家对其证券市场对外开放还存在相对较多的限制，从而使新兴市场国家证券投资的极端波动对金融自由化的反应敏感度相对不明显。

表 10.5　　　　　　　　　　证券投资极端波动事件的回归结果

影响因素	发达国家				新兴市场国家			
	资本流入大进		资本流入急停		资本流入大进		资本流入急停	
	（1）	（2）	（1）	（2）	（1）	（2）	（1）	（2）
金融自由化	-0.17*** (-3.95)	-0.16*** (-2.97)	0.11** (2.25)	0.01 (0.29)	-0.05 (-0.76)	0.05 (0.82)	-0.03 (-0.46)	0.06 (0.90)
世界利率		-0.04** (-2.07)		0.04** (2.18)		-0.03 (-1.16)		0.001 (0.02)
GDP增长率		0.03** (2.49)		-0.05*** (-3.40)		0.01*** (2.95)		-0.03** (-2.59)

续表

影响因素	发达国家				新兴市场国家			
	资本流入大进		资本流入急停		资本流入大进		资本流入急停	
	（1）	（2）	（1）	（2）	（1）	（2）	（1）	（2）
世界产出		−0.01** (−1.97)		0.02*** (4.42)		−0.04*** (−4.63)		0.02** (2.10)
常数项	−1.30 (−12.11)	−0.28 (−0.56)	−1.96*** (−18.95)	−4.01*** (−7.32)	−1.97*** (−15.20)	1.80** (2.11)	−2.04 (−23.01)	−3.94*** (−4.03)

影响因素	资本外逃		资本回撤		资本外逃		资本回撤	
	（1）	（2）	（1）	（2）	（1）	（2）	（1）	（2）
金融自由化	0.11** (2.10)	−0.006 (−0.12)	−0.04 (−0.23)	0.06 (1.38)	0.16*** (3.32)	0.12* (1.93)	−0.07 (−1.02)	−0.04 (−0.52)
世界利率		0.01 (0.60)		−0.02 (−1.08)		0.03 (1.16)		0.02 (0.92)
GDP 增长率		−0.05*** (−3.09)		0.008 (0.61)		−0.01 (−0.87)		−0.01 (−1.31)
世界产出		0.02*** (3.63)		−0.01 (−3.19)		0.01* (1.80)		−0.01 (−0.85)
常数项	−1.96*** (−16.83)	−3.45*** (−6.27)	−1.33*** (−8.77)	−0.08 (−0.19)	−1.76*** (−20.47)	−3.26*** (−3.97)	−1.87*** (−10.26)	−1.22 (−1.46)

注：括号内的是 z 值。* 表示在 10% 的水平上显著，** 表示在 5% 的水平上显著，*** 表示在 1% 的水平上显著。

对于其他投资的极端波动，发达国家的金融自由化和其他投资的四类极端波动事件发生的可能性没有显著关系，其结果如表 10.6 所示。而对于新兴市场国家来说，金融自由化只会显著增加其他投资发生大进的概率。由于其他投资中的大部分资金流动都是通过银行中介进行的，这意味着，在制度质量较低的情况下，金融自由化的提升可能会增加其银行等金融部门的脆弱性。

表 10.6　　其他投资极端波动事件的回归结果

影响因素	发达国家				新兴市场国家			
	资本流入大进		资本流入急停		资本流入大进		资本流入急停	
	（1）	（2）	（1）	（2）	（1）	（2）	（1）	（2）
金融自由化	0.11* (1.88)	0.06 (0.95)	0.03 (0.77)	0.005 (0.10)	0.31*** (4.71)	0.29*** (4.23)	0.10* (1.76)	0.02 (0.39)
世界利率		0.09*** (3.95)		0.004 (0.19)		0.11*** (3.62)		−0.08** (−2.37)

续表

影响因素	发达国家				新兴市场国家			
	资本流入大进		资本流入急停		资本流入大进		资本流入急停	
	（1）	（2）	（1）	（2）	（1）	（2）	（1）	（2）
GDP 增长率		0.04 *** (3.81)		− 0.14 *** (− 8.08)		0.01 *** (2.67)		− 0.04 *** (− 2.59)
世界产出		0.02 *** (3.93)		− 0.001 (− 0.24)		0.04 *** (4.54)		0.03 *** (2.97)
常数项	− 2.11 (− 13.35)	− 4.8 *** (− 7.93)	− 1.83 (− 19.64)	− 1.37 ** (− 2.47)	− 1.96 *** (− 17.05)	− 6.40 *** (− 7.14)	− 2.04 *** (− 20.16)	− 4.57 *** (− 4.53)

影响因素	资本外逃		资本回撤		资本外逃		资本回撤	
	（1）	（2）	（1）	（2）	（1）	（2）	（1）	（2）
金融自由化	0.07 (1.27)	0.06 (0.87)	− 0.04 (− 0.91)	− 0.08 (− 1.33)	0.05 (0.99)	0.02 (0.30)	0.02 (0.34)	0.03 (0.50)
世界利率		− 0.03 (− 1.39)		− 0.0004 (− 0.02)		− 0.07 ** (− 2.43)		0.04 (1.59)
GDP 增长率		− 0.15 *** (− 11.41)		0.02 (1.36)		− 0.09 *** (− 7.48)		0.01 ** (2.25)
世界产出		− 0.004 (− 0.67)		0.006 (1.03)		0.001 (0.03)		0.01 (0.98)
常数项	− 1.96 (− 14.12)	− 1.13 ** (− 1.98)	− 1.79 (− 15.39)	− 2.31 *** (− 3.99)	− 1.81 *** (− 18.92)	− 1.27 (− 1.41)	− 1.85 *** (− 13.37)	− 2.91 *** (− 3.39)

注：括号内的是 z 值。* 表示在 10% 的水平上显著，** 表示在 5% 的水平上显著，*** 表示在 1% 的水平上显著。

　　此外，本章中控制变量包括世界利率、GDP 增长率和世界产出。总体上，这些变量对不同类型资本流入大进和急停的影响与预期是相符的。

　　结合以上分析，对于发达国家而言，金融自由化仅对其证券投资的大进（见表 10.5）具有显著的影响，并且是降低了其证券投资的大进发生频率，这意味着发达国家的金融自由化降低了其资本大量流入的风险。对于新兴市场国家而言，金融自由化显著地增加了其他投资流入发生大进的概率，这意味着新兴市场国家的金融自由化增加了其他资本巨幅流入的风险，使金融和经济部门的脆弱性累积。值得一提的是，金融自由化还会显著地增加总体资本流入大进发生概率，这可能是由于新兴市场国家资本账户还未完全开放，其金融自由化程度一直以来都处于相对较低水平，国际资本的流入流出多通过其他投资渠道进行，且其他投资在总体资本流动中占比最高，从而导致金融自由化对其他投资流入大进发生概率的影响显著大于对直接投资、证券投资的影响，这使金融自由化对其他投资流入大进的影响基本决定了其对资本总流入大进发生概率的作用。此外，我们还发现新兴市场国家金融自由化程度的提高会刺激其证券投资的外逃事件发生，这与新兴市场国家资本市场不成熟有关。

10.5　平稳性检验

为了进一步检验上述研究结论的稳健性，本部分内容对以上结果进行平稳性检验，主要从可能存在遗漏变量问题以及资本流动极端波动定义方面进行。首先，考虑到金融自由化对资本流动极端波动的影响也可能会随着时间推移而变化，因此，为了排除时间对实证结果的影响，我们在第四部分计量分析基础上加入时间趋势进行检验；其次，由于金融危机的发生会伴随资本流动的大幅度变动，本部分还将在第四部分模型基础上对研究期间所发生的金融危机进行控制，结果如表 10.7A、表 10.7B 所示。再次，出于稳健性考虑，我们对资本流动极端波动的定义进行再定义，方法是将原来识别出的极端波动事件的范围进一步拓宽，把其极端波动前一期和后一期也视为发生了极端波动，其平稳性检验结果如表 10.8 所示。最后，由于空间所限，在此只给出重要变量的检验结果，省略了其他控制变量的结果。由表 10.7A、表 10.7B 和表 10.8 可知，无论是对资本流动极端波动进行重定义，还是加入新变量，金融自由化对各国以及不同类型资本的流入大进、流入急停、资本外逃和资本回撤事件的影响方向和其显著性与第四部分内容得出的结论一致。由表 10.7B 可知，无论对于发达国家还是新兴市场国家，危机总是与总体资本流动以及各子类资本流动发生流入急停相伴（除发达国家的直接投资外），这与 Reinhart 和 Reinhart（2009）与 Milesi - Ferretti 和 Tille（2011）的观点一致。

表 10.7　　　　平稳性检验——加入可能影响结果的其他变量

极端波动事件	变量	发达国家				新兴市场国家			
		总资本流入	直接投资	证券投资	其他投资	总资本流入	直接投资	证券投资	其他投资
A. 加入时间趋势模型									
资本流入大进	金融自由化	0.08 (1.54)	-0.02 (-0.38)	-0.15*** (-2.79)	0.06 (0.97)	0.16*** (2.68)	-0.04 (-0.87)	0.09 (1.31)	0.31*** (4.75)
	时间项	-0.01*** (-3.16)	-0.01*** (-3.12)	-0.003 (-0.76)	-0.01*** (-3.17)	0.01 (1.64)	-0.01** (-2.01)	0.01*** (2.62)	0.003 (0.63)
资本流入急停	金融自由化	-0.03 (-0.62)	0.08 (1.52)	0.02 (0.30)	0.06 (0.87)	-0.03 (-0.62)	0.01 (0.06)	-0.02 (-0.42)	0.03 (0.49)
	时间项	0.01 (1.44)	-0.002 (-0.83)	-0.01** (-2.25)	0.001 (0.15)	0.01 (1.44)	0.01* (1.92)	0.01 (1.32)	0.02*** (2.97)

极端波动事件	变量	发达国家				新兴市场国家			
		总资本流入	直接投资	证券投资	其他投资	总资本流入	直接投资	证券投资	其他投资
资本外逃	金融自由化	0.02 (0.59)	0.03 (0.55)	0.02 (0.35)	0.01 (0.16)	0.03 (0.59)	−0.02 (−0.27)	0.12* (1.79)	0.07 (1.08)
	时间项	−0.02*** (−5.73)	−0.01 (−1.46)	−0.001 (−0.37)	−0.001 (−0.27)	−0.01*** (−5.73)	0.01* (1.76)	0.001 (0.11)	0.01*** (2.69)
资本回撤	金融自由化	0.03 (0.69)	0.04 (0.76)	0.09* (1.90)	−0.02 (−0.36)	0.03 (0.69)	−0.11* (−1.83)	−0.04 (−0.52)	0.03 (0.42)
	时间项	0.002 (0.45)	−0.01*** (−4.21)	−0.01*** (−2.87)	−0.01*** (−3.96)	0.002 (0.45)	−0.01 (−1.06)	−0.001 (−0.15)	−0.01 (−1.02)
B. 加入危机影响模型									
资本流入大进	金融自由化	0.05 (0.99)	−0.05 (−1.05)	−0.16*** (−3.07)	0.06 (0.94)	0.14** (2.31)	−0.02 (−0.50)	0.06 (0.87)	0.29*** (4.17)
	危机	−0.67*** (−3.31)	−0.20 (−1.40)	−0.45** (−2.44)	−0.01 (−0.10)	0.26* (1.79)	−0.01 (−0.07)	−0.14 (−0.75)	0.24 (1.60)
资本流入急停	金融自由化	−0.01 (−0.06)	0.07 (1.36)	−0.002 (−0.04)	0.06 (0.97)	0.08 (1.36)	−0.02 (−0.40)	−0.06 (−1.06)	−0.02 (−0.38)
	危机	1.03*** (7.61)	−0.13 (−0.72)	0.43*** (3.00)	0.83*** (5.34)	−0.15 (−0.94)	0.41*** (2.57)	0.52*** (3.78)	0.47*** (3.26)
资本外逃	金融自由化	−0.037 (−0.64)	0.02 (0.37)	0.01 (0.33)	0.01 (0.27)	−0.07 (−1.01)	−0.04 (−0.72)	0.12** (1.98)	0.01 (0.25)
	危机	−1.01*** (−4.14)	0.19 (1.15)	0.44*** (3.07)	1.21*** (8.22)	−0.09 (−0.52)	0.28* (1.9)	−0.09 (−0.55)	0.14 (0.89)
资本回撤	金融自由化	0.04 (0.90)	0.01 (0.0)	0.06 (1.35)	−0.08 (−1.39)	0.05 (0.66)	−0.09* (−1.69)	−0.03 (−0.47)	0.03 (0.45)
	危机	0.85*** (6.19)	0.09 (0.68)	−0.23 (−1.43)	−0.35* (−1.86)	0.79*** (4.44)	0.04 (0.29)	−0.12 (−0.74)	0.11 (0.74)

注：括号内的是 z 值。* 表示在10%的水平上显著，**表示在5%的水平上显著，***表示在1%的水平上显著。由于空间所限，在此我们只给出本章所关注变量的结果。

表 10.8　　　　　　　平稳性检验——对资本流动极端波动重新定义

国家类别	资本类型	变量	资本流入大进	资本流入急停	资本外逃	资本回撤
发达国家	总资本流入	金融自由化	-0.01 (-0.19)	0.01 (0.30)	-0.09 * (-1.74)	0.04 (0.79)
	直接投资	金融自由化	-0.07 (-1.55)	0.11 ** (2.17)	0.07 (1.34)	-0.01 (-0.07)
	证券投资	金融自由化	-0.20 *** (-4.08)	0.06 (1.13)	0.03 (0.71)	0.06 (1.33)
	其他投资	金融自由化	0.01 (0.09)	0.16 ** (2.54)	-0.01 (-0.34)	-0.13 ** (-2.42)
新兴市场国家	总资本流入	金融自由化	0.20 *** (3.11)	0.06 (1.20)	0.10 (1.59)	0.04 (0.61)
	直接投资	金融自由化	0.02 (0.37)	-0.01 (-0.07)	-0.01 (-0.01)	-0.06 (-1.24)
	证券投资	金融自由化	0.04 (0.67)	-0.06 (-1.19)	0.12 ** (2.17)	-0.02 (-0.33)
	其他投资	金融自由化	0.43 *** (5.91)	-0.02 (-0.34)	0.05 (0.97)	0.12 ** (2.12)

注：括号内的是 z 值。* 表示在 10% 的水平上显著，** 表示在 5% 的水平上显著，*** 表示在 1% 的水平上显著。由于空间所限，在此我们只给出本章所关注变量的结果。

10.6　本章小结

本章意在研究金融自由化对国际资本流动极端波动影响机理的基础上，实证检验金融自由化与国际资本流入大进、急停事件之间的关系。我们通过利用 20 个发达国家和 27 个新兴市场国家的样本数据，对其在 1980Q1—2010Q2 期间，直接投资、证券投资、其他投资和总资本流入极端波动——大进和急停事件分别进行识别，并探讨了金融自由化对国际资本总流入，以及金融自由化对直接投资、证券投资、其他投资的极端流入波动发生概率影响，结果表明：金融自由化会显著降低发达国家证券投资流入发生大进的概率，这可能与发达国家证券市场相对成熟和发达有关；对于新兴市场国家而言，金融自由化会显著增加其他投资和资本总流入大进发生概率。由于新兴市场国家整体的金融自由化程度较低，其对证券市场对外开放的限制较多，短期国际资本主要通过其他投资渠道流入流出新兴市场国家，这说明很可能是金融自由化对其他投资大进发生概率的作用决定了其对资本总流入发生大进的影响。本章的一系列平稳性检验进一步验证了以上结论的稳健性。

在金融全球化的背景下，以上结论对正处于金融自由化进程的新兴市场国家在应对国际资本流动大幅度波动方面具有一定借鉴意义。由于金融自由化会显著增加新兴市场国家其他投资流入大进发生的可能性，其他投资中包含较多债务类型资产，如货币当局、政府、银行、企业等部门的债务。因此，新兴市场国家在制定金融自由化的相关政策与对跨境资本流动的监测和监管时，可以借鉴以上结论，加强银行以及企业等相关部门的抵御风险能力，并提升其经济活力和弹性，谨防国际资本大量涌入而带来的不利影响，从而最小化金融自由化政策带来的负面效应。此外，随着新兴市场国家资本市场的发展以及金融自由化进程的进一步推进，新兴市场国家资本流动结构也将逐步与发达国家趋同，即其他投资占比会逐渐降低，直至与证券投资、直接投资相平衡，由此，新兴市场国家最终将可能达到类似发达国家金融自由化政策的正面效果，即随着金融自由化程度加深，证券投资流入极端波动会降低。最后，需要指出的是，本章只是金融自由化和国外资本流入大进、急停之间关系的一个初步探究，未来的研究还应进一步考虑加入其他因素，如金融发展程度、机构质量等因素进行研究，以获得更全面、更有解释力的模型和结论。

参考文献

［1］ Alfaro L, Kalemli－Ozcan S, Volosovych V. Capital Flows in a Globalized World：The Role of Policies and Institutions ［C］. Capital Controls & Capital Flows in Emerging Economies：Policies, Practices, Consequences, National Bureau of Economic Research Conference Report University of. National Bureau of Economic Research, Inc. , 2005.

［2］ Bank for International Settlements（BIS）, Capital flows and emerging market economies ［R］. Committee on the Global Financial System Publications, 2009.

［3］ BEKAERT G, HARVEY C R, LUNDBLAD C T. Growth Volatility and Financial Liberalization ［J］. Journal of International Money and Finance, 2006, 25（3）：370 - 403.

［4］ BROTO C , JAVIER DÍAZ－CASSOU, ERCE A . Measuring and explaining the volatility of capital flows to emerging countries ［J］. Journal of Banking & Finance, 2011, 35（8）：0 - 1953.

［5］ BRONER F , RIGOBON R. Why Are Capital Flows so Much More Volatile in Emerging Than in Developed Countries? ［R］. ID 884381, Rochester, NY：Social Science Research Network, 2004.

［6］CALDERON C, KUBOTA M. "Sudden Stops：Are Global and Local Investors Alike?" ［J］. Policy Research Working Paper, 2013, No. 5569.

［7］CALVO G, IZQUIERDO A, Mejia L F. Systemic Sudden Stops：The Relevance of Balance – Sheet Effects and Financial Integration ［J］. Research Department Publications, 2004, WP14026.

［8］CARDARELLI R, ELEKDAG S, KOSE M A. Capital Inflows：Macroeconomic Implications and Policy Responses ［J］. Economic Systems, 2010, 34（4）：333 – 356.

［9］CHINN M D , ITO H . A New Measure of Financial Openness ［J］. Journal of Comparative Policy Analysis：Research and Practice, 2008, 10（3）：309 – 322.

［10］DELL' ARICCIA, G MAURO P, FARIA M A, et al. Reaping the Benefits of Financial Globalization ［R］. International Monetary Fund, 2008.

［11］EICHENGREEN B. Taming capital flows ［M］. The MIT Press, 2004.

［12］FORBES K J, WARNOCK F E. Capital flow waves：Surges, stops, flight and retrenchment ［J］. Journal of International Economics, 2012, 88（2）.

［13］GALINDOA A, SCHIANTARELLIB F. Weiss A. Does Financial Liberalization Improve the Allocation of Investment?：Micro – Evidence From Developing Countries ［J］. Journal of Development Economics, 2007, 83（2）：562 – 587.

［14］GROOMBRIDGE M A, Capital Account Liberalization in China：Prospect, Prerequisites and Pitfalls ［J］. Cato Journal, 2001. 21：119 – 131.

［15］KAMINSKY G L, SCHMUKLER S L. Short – run pain, long – run gain：The effects of financial liberalization ［R］. IMF Working Paper WP/03/34, 2003.

［16］KOSE M A, PRASAD E S, TERRONES M E. Financial Integration and Macroeconomic Volatility ［J］. IMF Staff Papers, 2003, 50：119 – 142.

［17］LANE P R , MILESIFERRETTI G M . The Drivers of Financial Globalization ［J］. Institute for International Integration Studies Discussion Paper, 2008, 98（2）：327 – 32.

［18］LENSINK R , HERMES N , MURINDE V . The Effect of Financial Liberalization on Capital Flight in African Economies ［J］. World Development, 1998, 26（7）：1349 – 1368.

［19］LAGOARDE – SEGOT T. Financial Reforms and Time – Varying Microstructures in Emerging Equity Markets ［J］. Journal of Banking & Finance, 2009, 33（10）：1755 – 1769.

［20］MILESI – FERRETTI G M , RAVN M O . The Great Retrenchment：International Capital Flows During the Global Financial Crisis ［J］. Working Papers, 2011, 26（26）：289 – 346.

［21］Mishkin F. Financial Policies and the Prevention of Financial Crises in E-merging Market Countries［R］. NBER Working Paper , 2001, No. 8087.

［22］MODY A, MURSHID A P. Growing up with Capital Flows［J］. Journal of International Economics, 2005, 65（1）：249－266.

［23］NEUMANN R M , PENL R , TANKU A . Volatility of capital flows and financial liberalization：Do specific flows respond differently?［J］. International Review of Economics and Finance, 2009, 18（3）：488－501.

［24］POWELL A, RATHA D, MOHAPATRA S. Capital Inflows and Capital Outflows：Measurement, Determinants, Consequences［J］. Plos One, 2002, 9（7）.

［25］QUINN D P, TOYODA, A M. Does Capital Account Liberalization Lead to Growth?［J］. Review of Financial Studies, 2008, 21（3）：1403－1449.

［26］RODRIK D . Why do More Open Economies Have Bigger Governments?［J］. Cepr Discussion Papers, 1998, 106（5）：997－1032.

［27］REINHART C M, REINHART V R. Capital Flow Bonanzas：An Encompassing View of the Past and Present［J］. Cepr Discussion Papers, 2008, 27（59）：1－54.

［28］SCHINDLER M . Measuring Financial Integration：A New Data Set［J］. IMF Staff Papers, 2009, 56（1）：222－238.

［29］RENÉ M. STULZ. Golbalization, Corporate Financb and the Cost of Capital［J］. Journal of Applied Corporate Finance, 1999, 12（3）：18.

［30］UMUTLU M, AKDENIZ, L. Altay－Salih, A. The Degree of Financial Liberalization and Aggregated Stock－Return Volatility in Emerging Markets［J］. Journal of Banking & Finance, 2010, 34（3）：509－521.

［31］YALTA A Y , YALTA A T . Does Financial Liberalization Decrease Capital Flight? A Panel Causality Analysis［J］. International Review of Economics & Finance, 2012, 22（1）：92－100.

［32］章奇, 何帆, 刘明兴. 金融自由化、政策一致性和金融脆弱性：理论框架与经验证据［J］. 世界经济, 2003（12）：3－14.

第11章 中国跨境资本流动风险分析：宏观经济与金融脆弱性视角

本章从宏观经济与金融脆弱性的视角探讨国际资本流动带来的风险，例如汇率风险、债务风险、资产泡沫风险、货币政策独立性风险等，具体而言就是研究长期国际资本流动与短期国际资本流动对于各个风险代理变量的影响程度，包括外汇市场压力指数（EMP）、外债压力指数（FDP）、资产泡沫风险指数（FBP）和货币政策独立性风险指数（MPI）。在明确风险类型及其大小的背景下，为提高国际资本利用率，规避资本流入带来的风险提供政策建议。

11.1 引言

20世纪90年代的经济全球化和自由化将世界经济带入了一个全新的时代，一方面世界经济快速发展，为全球带来了巨大的福利，另一方面也使世界更加充满不确定性，各国各地区甚至是各个企业之间的联系也更加紧密。而在世界经济不断发展的同时，国际资本流动也在发生着深刻的变化，并且两者之间相互促进，相互支撑。一方面，直接投资的快速发展给许多发展中国家带来了宝贵的资金、先进的技术和理念，促进这些国家的经济增长和金融稳定；另一方面，权益投资、债券投资、贸易信贷、国际贷款等形式的资本流动势头更为猛烈，这些资本流动在促进经济增长的同时，也可能由于过度流入而导致经济过热，资产价格飞涨，产生泡沫经济，并最终因为"金融恐慌"和"羊群效应"使泡沫破裂，引发金融危机。20世纪80年代以来的历次金融危机，包括80年代的拉美债务危机、90年代的墨西哥货币危机、1997年亚洲金融危机以及之后的俄罗斯卢布危机，无一例外都是东道国过度举债或国际投机资本过度流入的结果。2008年国际金融危机迅速席卷全球，更是引发了一场百年不遇的金融危机。此次国际金融危机起源于美国的次贷危机，经过金融衍生品市场的传导被不断放大，进而影响商业银行和其他重要金融机构，最后演变成为全球金融体系及实体经济的危机。在这个过程中，国际资本作为传播媒介起到了非常重要的作用，证券投资尤其是衍生品交易的全球化将发达国家拖下水，而直接投资将危机蔓延到发展中国家，最终形成全球危机。对于发展中国家而言，由于其金融市场比较落后，不具备进行大规模衍生产品交易的能力，或者其资本市场本身就没有完全开放，因此受危机影响并不严重。总体来看，2008年国际金融危机通过国际证券投资和其他投资蔓延至欧洲等发达经济体，再通过直接投资和贸易等传导至发展中国家。

11.2 跨境资本流动风险测度

11.2.1 汇率风险测度

跨境资本流动汇率风险是指国际资本的大进大出导致本国汇率大幅波动的风险，本文利用外汇市场压力指数（Exchange Market Pressure，EMP）来测度汇率风险。汇率风险积累到一定程度会爆发货币危机，此时，政府一般会采取两种应对措施：一种是放弃固定汇率制度或外汇市场干预，任由货币贬值并由市场决定新的汇率；另一种是通过提高国内利率和减少外汇储备来干预外汇市场以保持固定汇率，但这样会对国内经济造成极大的负面影响。因此，关于外汇市场压力指数的构造可以从汇率贬值、利率上升和储备减少三个维度来考虑。

EMP 指数的构建大致有三种方法。第一种是 Eichengreen 等（1998）构造的，具体计算方法如下：

$$EMP_t = \frac{1}{\sigma_{ER}}\frac{\Delta ER_t}{ER_t} + \frac{1}{\sigma_{IR}}\left[\Delta(IR_t - IR_{t-1}^*)\right] - \frac{1}{\sigma_{RES}}\left(\frac{\Delta RES_t - \Delta RES_t^*}{RES_t}\right)$$

$$(11.1)$$

其中，EMP_t 代表外汇市场压力指数；ER 代表直接标价法下的名义汇率；IR 代表本国名义利率；IR^* 代表别国（例如美国）的名义汇率；RES_t 代表本国外汇储备余额占 M_2 比重；RES_t^* 代表别国（例如美国）外汇储备余额占 M_2 比重；σ_{ER}、σ_{IR} 和 σ_{RES} 分别代表相应变量的标准差。

Sachs、Tornell 和 Velasco（1996）构造的外汇市场压力指数（STV）如下：

$$EMP_t = \left[\frac{\frac{1}{\sigma_{ER}}}{\frac{1}{\sigma_{ER}} + \frac{1}{\sigma_{IR}} + \frac{1}{\sigma_{RES}}}\right]\frac{\Delta ER_t}{ER_t} + \left[\frac{\frac{1}{\sigma_{IR}}}{\frac{1}{\sigma_{ER}} + \frac{1}{\sigma_{IR}} + \frac{1}{\sigma_{RES}}}\right]\Delta IR_t$$
$$- \left[\frac{\frac{1}{\sigma_{RES}}}{\frac{1}{\sigma_{ER}} + \frac{1}{\sigma_{IR}} + \frac{1}{\sigma_{RES}}}\right]\frac{\Delta RES_t}{RES_t}$$

$$(11.2)$$

此外，Kaminsky、Lizondo 和 Reinhart（1999）也构造了相应的外汇市场压力指数，如下所示：

$$EMP_t = \frac{\Delta ER_t}{ER_t} + \frac{\sigma_{ER}}{\sigma_{IR}}\Delta IR_t - \frac{\sigma_{ER}}{\sigma_{RES}}\left(\frac{\Delta RES_t - \Delta RES_t^*}{RES_t}\right) \quad (11.3)$$

本文借鉴 Sachs、Tornell 和 Velasco（1996）的方法来构造外汇市场压力指数，主要由名义汇率、名义利率和外汇储备组成，具体计算公式如下：

$$
EMP_t = \left[\frac{\dfrac{1}{\sigma_{ER}^2}}{\dfrac{1}{\sigma_{ER}^2} + \dfrac{1}{\sigma_{IR}^2} + \dfrac{1}{\sigma_{RES}^2}} \right] \frac{\Delta ER_t}{ER_t} + \left[\frac{\dfrac{1}{\sigma_{IR}^2}}{\dfrac{1}{\sigma_{ER}^2} + \dfrac{1}{\sigma_{IR}^2} + \dfrac{1}{\sigma_{RES}^2}} \right] \Delta IR_t
$$

$$
- \left[\frac{\dfrac{1}{\sigma_{RES}^2}}{\dfrac{1}{\sigma_{ER}^2} + \dfrac{1}{\sigma_{IR}^2} + \dfrac{1}{\sigma_{RES}^2}} \right] \frac{\Delta RES_t}{RES_t}
$$

$$(11.4)$$

其中，EMP_t 代表外汇市场压力指数；ER 代表人民币对美元汇率；IR 代表人民币一年期存款利率；σ_{ER}^2 代表人民币汇率变化率的方差；σ_{IR}^2 代表人民币存款利率变化率的方差；σ_{RES}^2 代表外汇储备变化率的方差。

如图 11.1 所示，21 世纪起我国外汇市场压力指数出现过几次大的波动：第一次出现在 2005 年第三季度，即我国实施汇率改革之后，汇改当天人民币对美元汇率从之前长期保持的 8.27 降低至 8.09，汇率升值也释放了人民币外汇市场压力。第二次出现在 2008 年第一季度，即国际金融危机之时，国际金融市场的动荡加速了国际资本逃向相对安全的中国，从而促使人民币快速升值，外汇市场压力得到释放。第三次在 2010 年第四季度，同样是因为人民币大幅升值。此后，随着人民币出现双向波动，外汇市场压力重新升高。

图 11.1　2001—2012 年中国外汇市场压力指数情况①

---

　　① 具体含义见上文分析，该值越高，表明人民币前期有所升值，别国利率相对提高，我国外汇储备有所减少，从而人民币贬值压力越大。

11.2.2 资产泡沫风险测度

资产泡沫是指虚拟经济膨胀过快以致超过实体经济的发展速度，从而引起一国经济虚假繁荣的现象，它是金融开放和自由化过程中的一种现象，也是经济危机的根源。一般而言，一国居民所持有的资产由金融资产（例如股票、存款、债券、保险等）和非金融资产组成，其中，金融资产主要是股票，非金融资产主要是房地产。股票和房地产是一国资产泡沫最主要的载体，其市场泡沫如果破灭将给一国经济带来沉重的打击。例如，日本20世纪90年代"逝去的十年"便发生在其股票和房地产市场泡沫同时破裂之后，股市下跌超过80%，房价下跌超过90%。再如，2008年国际金融危机的源头便是资产证券化膨胀引发的房地产市场泡沫，当泡沫破裂后金融危机爆发，同时伴随着股市的一蹶不振。因此，对一国资产泡沫指标的监测就显得非常重要了。

Greenspan（1999）认为股市和房地产市场泡沫是紧密联系的，在研究资产泡沫时很难将两者分开，日本的经济危机以及美国次贷危机都印证了这个观点。因此，本文在研究资产价格泡沫时对股票与房地产市场同时进行考察，并借鉴外汇市场压力指数的构建方法，利用上证综合指数和国房景气指数合成资产泡沫压力指数（Financial Bubble Pressure，FBP），来刻画我国资产价格泡沫情况。具体如下所示：

$$FBP_t = \omega_{SR}\left(\frac{SP_t - SP_{t-1}}{SP_{t-1}}\right) + \omega_{HR}\left(\frac{HP_t - HP_{t-1}}{HP_{t-1}}\right) \tag{11.5}$$

其中，FBP 代表反映股票市场和房地产市场的综合压力指数；SP 代表股票价格指数（本文用上证综合指数表示）；HP 代表房地产价格指数（本文用国房景气指数表示）；ω_{SR} 和 ω_{HR} 的构造与外汇市场压力指数中的权重构造方法一致。

如图11.2所示，2007年我国资产泡沫压力指数处于历史最高点，主要是因为国房景气指数和上证综指均处于历史最高点，分别为106点和5552.3点。2008年第四季度下降至历史最低点，主要是因为上证综合指数受金融危机影响下跌至1820点，国房景气指数也下跌至96点。此后随着四万亿元经济刺激计划的实施，资产泡沫指数又有所回升。2012年前后由于我国A股市场表现一直比较低迷，房地产市场在政府宏观调控下也趋于平稳，因此我国资产泡沫指数一直处于低位。

11.2.3 货币政策独立性风险测度

货币政策独立性是指一国央行能够不受外国政策干扰而自主地从本国实际情况出发制定并且实施货币政策。它包含两层含义：第一是央行可以独立自主地制定对本国发展有利的货币政策来调控宏观经济与预期之间的差距；第二是央行拥有自主可控的货币政策工具来调控宏观经济并达到预期目标。

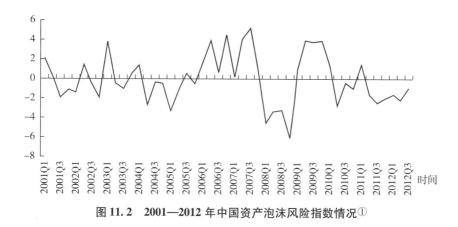

图 11.2　2001—2012 年中国资产泡沫风险指数情况①

当一国国际收支出现盈余时，流入的国际资本会通过三种渠道流入国内：第一种是通过企业和居民形成并由其持有的外汇；第二种是通过商业银行形成并由其持有的外汇；第三种是通过中央银行形成并由国家持有的外汇储备，中央银行通过购买外汇资产投放基础货币，从而形成外汇占款，基础货币通过乘数效应扩大货币供给。

本文用外汇占款季度增加额占广义货币季度发行量 M_2 比重的增长速度来表示我国货币政策独立性风险指标。如图 11.3 所示，我国货币政策独立性风险指标在 2009 年第一季度突然降低，主要是因为四万亿元经济刺激计划迫使人民银行采取宽松货币政策，当季广义货币供应量骤增至 5.54 万亿元，而外汇占款依旧保持稳定。2011 年第三季度达到历史最高点，主要是因为人民银行采取紧缩性货币政策以控制不断恶化的通货膨胀，当季 M_2 发行量仅为 0.65 万亿元，随后人民银行重新调整货币政策以刺激经济增长，2012 年开始货币政策独立性重新变强。

11.2.4　外债风险测度

外债风险是指国家、地方政府和企业与国际金融机构、外国政府以及外国商业银行等发生借款业务时，由于汇率波动而蒙受的经济损失。外债风险主要来自两方面：一是总债务风险，即总债务越多风险越大；二是债务结构风险，即总债务中短期债务越多偿债压力越大，风险就越大。因此，可以从两个方面来考虑外债风险。

---

① 具体含义见上文分析，该值越高，表明房地产和股票资产升值较快，从而代表资产泡沫化越严重。

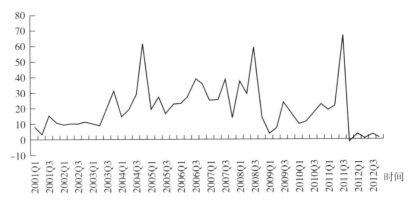

图 11.3 2001—2012 年中国货币政策独立性风险指数情况①

第一是负债率，即当季外债余额与当季国内生产总值之比。这一指标常被用来考察一国对外负债与整个国民经济发展状况的关系，其比值的高低反映一国 GDP 对外债负担的能力。国际上通常认为负债率的安全线为 20%，该指标表明一国经济发展对外债的依赖程度，是反映外债风险的长期和总体指标。因为从长期来看，一国的偿债能力取决于该国经济实力的大小，GDP 则是一国经济实力的综合体现，所以将 GDP 作为分母衡量偿债能力具有合理性。如果该指标数值过大，则表明该国经济发展对外债过分依赖，容易受到外部冲击并发生偿债困难；如果该指标良好，处于警戒线以内，则金融运行相对安全，即使在金融市场全球化的情况下，由于外部因素触发金融危机，危机过后其经济复苏也会相对较快，因为该经济发展对外债的依赖性较小，外债本息的支付不会对国内积累和消费产生太大影响。

第二是短期外债与全部外债的比率。该指标用于说明一国外债期限结构是否安全。国际公认的警戒线区间为 20%～25%。超过这一指标，表明当前偿债压力大。该指标的迅速上升，往往被认为是债务危机的先兆。

本章构建债务风险指标具体如下所示：

$$FDP_t = \omega_{DTG}\left(\frac{DTG_t - DTG_{t-1}}{DTG_{t-1}}\right) + \omega_{STD}\left(\frac{STD_t - STD_{t-1}}{STD_{t-1}}\right) \tag{11.6}$$

其中，*FDP*（*Foreign Debt Pressure*）代表外债压力指数；*DTG*（*Debt to GDP*）代表负债率，即我国外债余额占 GDP 比重；*STD*（*Short to Debt*）代表短期外债余额占全部外债余额的比重；ω_{DTG} 和 ω_{STD} 的构造方法与外汇市场压力指数一致。此外，本章在处理 GDP 时还进行了季节调整。

---

① 具体含义见上文分析，该值越高，表明基础货币发行中外汇占款导致的被动发行越多，从而货币政策独立性越弱。

如图 11.4 所示，2002 年第三季度至 2005 年汇改之前我国外汇风险缓慢上升，汇改之后缓慢下降，直至国际金融危机后的 2009 年第一季度，外汇风险骤然下降，主要原因是大量债权资本为弥补本国流动性不足而撤离中国，致使我国外债余额下降至 2.3 万亿元，此后，随着国际经济形势好转，债权资本重新流入中国，我国外债风险指数重新走高。

图 11.4　2001—2012 年中国外债压力指数情况①

11.3　中国跨境资本流动风险实证分析

在明确了跨境资本流动相关风险概念的基础上，我们对长期跨境资本流动与短期跨境资本流动所引致的具体风险进行识别与测度分析，包括外汇风险、外债风险、资产泡沫风险以及货币政策独立性风险，主要利用向量自回归模型（VAR）建立不同形式的跨境资本流动与各个风险指标之间的关系，并利用格兰杰因果检验对跨境资本流动所引致的风险进行识别。最终利用 GARCH 模型与 VAR 对风险进行了测度与分析。

11.3.1　长期跨境资本流动风险

11.3.1.1　数据来源与平稳性

为了研究长期跨境资本流动的风险，我们选取长期资本流动（LCF）作为自变量，对汇率风险、债务风险、泡沫经济风险以及货币政策独立性风险，我们分别选取了外汇市场压力指数（EMP）、外债压力指数（FDP）、资产泡沫风险

---

① 具体含义见上文分析，该值越高，表明外债余额占 GDP 比重越高，短期外债余额占外债余额比重越高，从而外债压力越高。

指数（FBP）以及货币政策独立性指数（MPI）作为因变量。数据来源于 Wind 资讯，样本时间范围是 2001 年第一季度至 2012 年第三季度，数据频度是季度。

对于长期资本流动，我们利用国际收支平衡表中的直接投资净流入额与其他投资中的长期资本（包括贸易信贷、贷款和其他资本）净流入额之和来表示，如图 11.5 所示，我国长期资本流动总体上呈现出稳定上升的势头，只有在 2003 年第四季度、2009 年第二季度和 2011 年第三季度出现大幅下降，其中 2003 年下降是因为其他投资中的其他项目突然净流出 448 亿美元，2009 年下降是因为国际金融危机导致的长期贷款大量撤出以及直接投资净流入的下降，2011 年下降是因为欧债危机导致的直接投资净流入下降和人民币贬值预期导致长期贷款净流出增加。

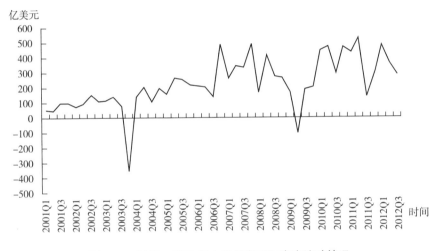

图 11.5　2001—2012 年中国长期国际资本流动情况

时间序列模型的前提条件是平稳性，否则容易出现伪回归。利用 Eviews 软件，我们对以上五个变量的时间序列进行了平稳性检验，主要利用 Augmented Dickey - Fuller test（ADF）方法，并得到如表 11.1 所示结果：所有变量均为平稳序列，因此可以进行时间序列建模。

表 11.1　　　　　　　　　　　　　　变量的平稳性检验

被检验变量	滞后阶数	t 统计量	P 值
长期资本流动（LCF）	0	−4.174731	0.0019 ***
外汇市场压力指数（EMP）	0	−2.030947	0.0416 **
外债压力指数（FDP）	0	−5.748080	0.0000 ***
资产泡沫风险指数（FBP）	0	−4.401283	0.0010 ***
货币政策独立性指数（MPI）	0	−4.981361	0.0002 ***

注：* 代表在 10% 的置信水平下显著，**代表在 5% 的置信水平下显著，***代表在 1% 的置信水平下显著。

　　为了能够找出长期国际资本流动（LCF）所引致的具体风险，我们建立其与外汇市场压力指数（EMP）、外债压力指数（FDP）、资产泡沫风险指数（FBP）以及货币政策独立性风险指数（MPI）的 VAR 模型，根据 AIC 标准确定滞后阶数均为 2 阶，通过特征根检验证明每一个模型设定具有稳定性（见图 11.6）。

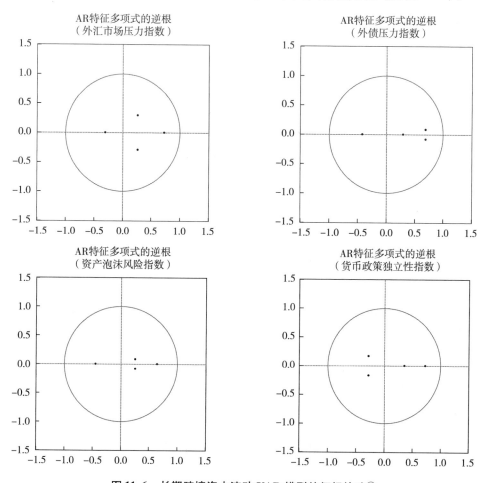

图 11.6　长期跨境资本流动 VAR 模型特征根检验①

11.3.1.2　长期跨境资本流动风险的识别

　　在确认数据可用之后，我们通过格兰杰因果检验研究长期国际资本流动与外汇市场压力指数（EMP）、外债压力指数（FDP）、资产泡沫风险指数（FBP）以及货币政策独立性风险指数（MPI）之间是否存在格兰杰因果关系，即能否在

―――――――――

　　①　一种数据稳定性的统计检验方法，原点在圈内代表数据稳定性良好。

统计意义上引致具体风险。结果如表 11.2 所示。

表 11.2 　　　　　　　　　　　**长期国际资本流动格兰杰因果检验**

零假设	Chi – sq	df	Prob.
长期国际资本流动对外汇市场压力指数非格兰杰因果关系	2.461940	2	0.2920
长期国际资本流动对外债压力指数非格兰杰因果关系	6.670126	2	0.0832*
长期国际资本流动对资产泡沫风险指数非格兰杰因果关系	4.001393	2	0.1352
长期国际资本流动对货币政策独立性指数非格兰杰因果关系	1.698005	2	0.4278

注：* 代表在 10% 的置信水平下显著，** 代表在 5% 的置信水平下显著，*** 代表在 1% 的置信水平下显著。

结果显示：长期国际资本流动只对外债压力指数具有格兰杰因果关系，而对外汇市场压力指数、资产泡沫风险指数以及货币政策独立性均无格兰杰因果关系，即从统计意义上讲不会引致这些风险。

11.3.1.3　长期跨境资本流动风险的测度

VAR 模型和格兰杰因果检验显示：长期国际资本流动只对外债压力指数具有影响，我们可以建立以外债压力指数为因变量，以长期国际资本流动为自变量的一般回归模型。首先建立 OLS 模型，模型如下：

$$FDP_t = 47.13917 + 0.010732LCF_t + \varepsilon_t \qquad (11.7)$$

对模型结果进行 Breusch – Godfrey Serial Correlation LM Test，并将滞后阶数设置为 2，发现该模型具有序列自相关问题，又对模型进行条件异方差 ARCH 检验发现，该模型存在条件异方差问题。

我们利用广义自回归条件异方差（GARCH）对模型进行修正，经检验该模型无条件异方差和序列自相关问题，结果如下：

均值方程：$FDP_t = 51.10102 + 0.003938LCF_t + 0.882844\varepsilon_{t-1}$

方差方程：$\sigma_t^2 = 3.742707 + 1.082666\sigma_{t-1}^2 - 0.998602\sigma_{t-2}^2$

通过历史数据可知长期资本流动的均值和标准差分别为：222.58 和 168.02，且其服从正态分布（通过了 Jarque – Bera 检验）。通过 GARCH 模型系数关系可知外债压力指数也服从正态分布，均值和标准差分别为 51.9757 和 0.6617。由于外债压力指数越高说明风险越大，因此这里的 VaR 就选取正态分布的右 5% 值 $VaR = 51.9757 + 1.65 \times 0.6617 = 53.0675$，即外债压力指数大于 53.0675 的概率等于 5%。此外，除了选取 5% 的显著水平外，我们还分别考察 1% 和 10% 的显著水平下长期国际资本流动引起外债风险的 VaR 值：$VaR = 51.9757 + 2.33 \times 0.6617 = 53.5175$ 和 $VaR = 51.9757 + 1.28 \times 0.6617 = 52.8227$，所以，在 1%、5% 和 10% 的显著水平下，由长期国际资本流动引起的外债风险的 VaR 值分别为 53.5175、53.0675 和 52.8227。

11.3.1.4　长期跨境资本流动风险分析

长期国际资本流动能够显著引起外债风险，并且在 1%、5% 和 10% 的显著水平下，外债风险指数的 VaR 值分别达到了 53.5175、53.0675 和 52.8227，在这三个 VaR 值的最终选取上，我们从历史事件的角度来进行分析。我国 2000 年以来经历了两次相对较高的债务危机，分别是 2005 年人民币汇率改革之后的第二季度和 2012 年第二季度。2005 年第二季度正值人民币汇率改革，汇改当天人民币对美元汇率即升值 2%，汇率升值也吸引了大量的短期债权资本流入，使当季外债风险指数飙升至 53.48，外债余额从 1.93 万亿元增加至 2.20 万亿元，增幅高达 14.00%，其中短期外债从 0.89 万亿元增加至 1.17 万亿元，增幅高达 31.46%。2012 年第二季度，同样是人民币强烈升值预期吸引了大量的短期债权资本流入，使当季外债风险指数飙升至 53.32，当季外债余额从 4.73 万亿元增加至 4.96 万亿元，增幅高达 4.86%，其中短期外债余额从 3.51 万亿元增加至 3.72 万亿元，增幅高达 5.98%。可以看出，两次债务危机的外债风险指数均未超过 1% 显著水平下的 VaR 值，因此可以放弃该 VaR 值。如果选取 10% 显著水平下的 VaR 值，根据历史数据，超过该 VaR 值的时间点数量将超过 50%，风险阈值的意义不大。因此，我们选取 5% 显著水平下的 VaR 值，历史上超过该 VaR 值的次数不超过 10%，具有较好的预警效果。

11.3.2　短期跨境资本流动风险

11.3.2.1　数据来源与平稳性

为了研究短期国际资本流动的风险，我们主要选取了短期资本流动（SCF）作为自变量，对汇率风险、债务风险、泡沫经济风险以及货币政策独立性风险，我们分别选取了外汇市场压力指数（EMP）、外债压力指数（FDP）、资产泡沫风险指数（FBP）以及货币政策独立性指数（MPI）作为因变量。数据来源于 Wind 资讯，样本时间范围是 2001 年第一季度至 2012 年第三季度，数据频度是季度。

对于短期资本流动，我们利用国际收支平衡表中的证券投资净流入额与其他投资中的短期项目（包括贸易信贷、贷款、货币和存款以及其他）净流入额之和来表示，如图 11.7 所示，与长期资本流动相比较，短期资本流动明显呈现出波动性大、周期短的特点，并且自 2005 年人民币汇率改革以来，短期资本流动规模明显加大。国际金融危机导致 2007 年第四季度短期资本大幅流出，主要是短期贷款和其他资本大幅流出。此外，受欧债危机影响，2012 年第三季度也出现了大幅净流出的现象。

利用 Eviews 软件，我们对以上变量的时间序列进行了平稳性检验，主要用

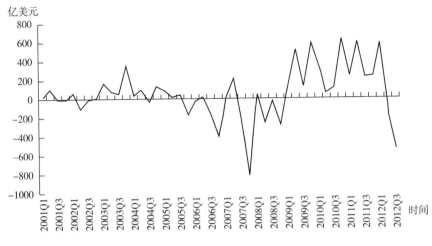

图 11.7　2001—2012 年中国短期国际资本流动情况

Augmented Dickey – Fuller test（ADF）方法，并得到如表 11.3 所示结果：所有变量均为平稳序列，因此可以进行时间序列建模。

表 11.3　　　　　　　　　　　　　　变量的平稳性检验

被检验变量	滞后阶数	t 统计量	P 值
短期资本流动（SCF）	0	−4.314819	0.0013 ***
外汇市场压力指数（EMP）	0	−2.030947	0.0416 **
外债压力指数（FDP）	0	−5.748080	0.0000 ***
资产泡沫风险指数（FBP）	0	−4.401283	0.0010 ***
货币政策独立性指数（MPI）	0	−4.981361	0.0002 ***

注：* 代表在 10% 的置信水平下显著，** 代表在 5% 的置信水平下显著，*** 代表在 1% 的置信水平下显著。

11.3.2.2　短期跨境资本流动风险的识别

为了能够找出短期国际资本流动（SCF）所引致的具体风险，我们建立其与外汇市场压力指数（EMP）、外债压力指数（FDP）、资产泡沫风险指数（FBP）以及货币政策独立性风险指数（MPI）的 VAR 模型，并根据 AIC 标准确定滞后阶数均为 2 阶，且通过特征根检验证明每一个模型设定具有稳定性。

在确定数据可用之后，我们利用格兰杰因果检验研究短期国际资本流动与外汇市场压力指数（EMP）、外债压力指数（FDP）、资产泡沫风险指数（FBP）以及货币政策独立性风险指数（MPI）是否具有格兰杰因果关系，即能否从统计意义上引致具体风险。结果如表 11.4 所示。

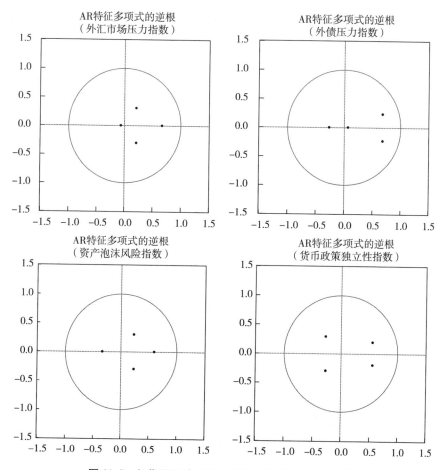

图 11.8　短期国际资本流动 VAR 模型特征根检验①

表 11.4　　　　　　　　短期国际资本流动格兰杰因果检验

零假设	Chi - sq	df	Prob.
短期国际资本流动对外汇市场压力指数非格兰杰因果关系	9. 353596	2	0. 0093 ***
短期国际资本流动对外债压力指数非格兰杰因果关系	5. 395139	2	0. 0674 *
短期国际资本流动对资产泡沫风险指数非格兰杰因果关系	1. 385428	2	0. 5002
短期国际资本流动对货币政策独立性指数非格兰杰因果关系	1. 358418	2	0. 5070

注：* 代表在 10% 的置信水平下显著，** 代表在 5% 的置信水平下显著，*** 代表在 1% 的置信水平下显著。

结果显示：短期国际资本流动对外汇市场压力指数、外债压力指数有格兰

---

① 一种数据稳定性的统计检验方法，原点在圈内代表数据稳定性良好。

杰因果关系,而对资产泡沫风险指数和货币政策独立性指数没有格兰杰因果关系。

11.3.2.3 短期跨境资本流动风险的测度

VAR 模型以及格兰杰因果检验显示,在 5% 的显著水平下,短期国际资本流动只对外汇市场压力指数具有影响,因此我们可以建立以外汇市场压力指数为因变量,以短期国际资本流动为自变量的一般回归模型。首先建立以外汇市场压力指数为因变量的 OLS 模型,模型如下:

$$EMP_t = -0.976249 + 0.001354SCF_{t-1} + \varepsilon_t \tag{11.8}$$

对模型结果进行 Breusch – Godfrey Serial Correlation LM Test,并将滞后阶数设置为 2,发现该模型具有序列自相关问题,又对模型进行条件异方差 ARCH 检验发现,该模型存在条件异方差问题。

我们采用广义自回归条件异方差(GARCH)对模型进行修正,经检验该模型无条件异方差和序列自相关问题,结果如下:

均值方程:$EMP_t = -0.60303026 + 0.0000574SCF_{t-1} + 0.615498\varepsilon_{t-1}$

方差方程:$\sigma_t^2 = 0.005511 - 0.155681\varepsilon_{t-1}^2 + 1.220930\sigma_{t-1}^2$

历史数据显示,短期资本流动的均值和标准差分别为 52.68 和 278.87,且其服从正态分布(通过 Jarque – Bera 检验),通过 GARCH 模型系数关系可知外汇市场压力指数也服从正态分布,均值和标准差分别为 -0.6 和 0.016。外汇市场压力指数越高说明风险越大,此处 VaR 选取正态分布的右 5% 值 $VaR = -0.6 + 1.65 \times 0.016 = -0.5736$,即外汇市场压力指数大于 -0.5736 的概率等于 5%。此外,除了选取 5% 的显著水平外,我们还分别考察 1% 和 10% 的显著水平下短期国际资本流动引起外汇市场风险的 VaR 值:$VaR = -0.6 + 2.33 \times 0.016 = -0.5627$ 和 $VaR = -0.6 + 1.28 \times 0.016 = -0.5795$,所以,在 1%、5% 和 10% 的显著水平下,由短期国际资本流动引起的外汇市场风险的 VaR 值分别为 -0.5627、-0.5736 和 -0.5795。

11.3.2.4 短期跨境资本流动风险分析

对于短期国际资本流动而言,其能够显著引起汇率风险和外债风险,但在 5% 的显著水平下,只有汇率风险显著。在 1%、5% 和 10% 的显著水平下,外汇市场压力指数的 VaR 值分别达到了 -0.5627、-0.5736 和 -0.5795,在这三个 VaR 值的最终选取上,我们从历史事件的角度来进行分析。我国自 2000 年以来经历了两次相对较高的外汇风险,分别是 2008 年第四季度即国际金融危机之后和 2012 年第三季度。2008 年第四季度,金融危机使得全球避险情绪高涨,大量国际资本撤离中国(当季我国资本与金融账户逆差高达 468 亿美元),导致我国汇率一改之前升值的势头，从 6.83 贬值到 6.85，汇率的贬值导致外汇市场压力指数升高至 0.05。2012 年第三季度外汇市场压力指数过高同样是因为大量资本撤离中国，当季外汇市场压力指数高达 0.25。这两个外汇风险较高时期的外汇市场压力指数均高于三个 VaR 值，且超过三个 VaR 值的时期总数分别为 7%、21% 和 26%，因此在 1% 显著水平下的 VaR 值预警效果较好。

11.4　本章小结

本章对中国跨境资本流动（包括长期资本流动与短期资本流动）所引致的各种风险（包括汇率风险、外债风险、资产泡沫风险、货币政策独立性风险）进行识别和测度。具体结论如下。

第一，长期国际资本流动（主要是 FDI）只能引起外债风险，而不能引起其他风险，原因是长期资本流动中绝大多数都是 FDI，而 FDI 是指投资者以控制企业部分股权、直接参与经营管理为特征，以获取利润为主要目的的资本流入。因此，它不同于短期资本流动，它要求投资主体必须在投资国拥有企业实体，直接从事各类经营活动，这也就决定了其不具有短期资本所特有的高度投机性，因而不会对一国金融系统产生过大冲击，而只会累计一国的债务总量，通过负债率提高该国外债风险。由长期国际资本流动引起的外债风险的 VaR 值为53.0675。而从外债压力指数的历史真实数据来看，超过 VaR 的次数不超过10%，预警效果较好。

第二，短期国际资本流动能够引致汇率风险和外债风险，原因是短期国际资本流入可以增加外汇市场上对人民币的需求，从而加大人民币升值压力。我国短期资本流入很大一部分是短期债务，这会增加外债结构风险。对于资产泡沫风险没有促进作用说明我国资本市场比较复杂，并不是短期国际资本流动能够单独解释的，也包括有大量的政策性因素。对于货币政策独立性无影响说明短期资本形成的外汇占款占我国基础货币发行总量比重并不大，对人民银行实施货币政策并无太大影响。由短期国际资本流动引起的外债风险的 VaR 值为 −0.5627。而从外汇市场压力指数的历史真实数据来看，超过 VaR 的次数占比为7%，预警效果较好。

参考文献

［1］ALLEN F, GALE D. Bubbles and Crises ［J］. Economic Journal, 2000, 110：236 − 255.

［2］ATHUKORALA, PREMS − CHANDRA, RAJAPATIRANA. Capital Flows and the Real Exchange Rate：A Comparative Study of Asia and Latin America ［J］.

The World Economy, 2003, 26 (4): 613 –637.

[3] BRONER F, DIDIER T, ERCE A, SCHMUKLER S L. Gross Capital Flows: Dynamics and Crises [J]. Journal of Monetary Economics, 2013, 60 (2): 113 –133.

[4] CALVO G, IZQUIERDO A, MEJIA L. On the Empirics of Sudden Stops [R]. Processed, Inter – American Development Bank, Washington, DC, 2003.

[5] CALVO G, IZQUIERDO A, MEJIA L. "Systemic Sudden Stops: The Relevance of Balance – Sheet Effects and Financial Integration [R]. NBER Working Paper 14026, 2008.

[6] CALVO G, LEIDEMAN L, REINHART C M. The Capital Inflow Problem: Concept and Issues [J]. Contemporary Economic Policy, 1994, 12 (3): 55 –66.

[7] CALVO G, LEONARDO L, CARMEN R. Capital Inflows to Latin America: The 1970s and 1990s [R]. IMF Working Paper, 1992.

[8] CALVO G, LEONARDO L, CARMEN R. Capital Inflows and Real Exchange Rate Appreciation in Latin America: The Role of External Factors [J]. Staff Papers 40, 1993: 108 –150.

[9] CORBO, VITTONIO, HERANDEZ. Macroeconomic Adjustment to Capital Inflows: Latin American Style versus East Asian Style [R]. World Bank Policy Research Working Paper 1377, 1994.

[10] DEMIRGUC – KUNT A, DETRAGIACHE E, ROMERO C A. The Determinants of Banking Crises: Evidence from Industrial and Developing Countries [R]. Policy Research Working Paper, The World Bank Development Research Group and International Monetary Fund Research Department, 1997.

[11] DIAMOND D W, DYBVIG P H. Bank runs, deposit insurance, and liquidity [J]. The Journal of Political Economy, 1983, 91 (3): 401 –419.

[12] EDWARDS S. Exchange rate regimes, capital flows and crisis prevention [R]. NBER Working Paper 8529, 2001.

[13] EICHENGREEN B, ASHOKA M. Interest Rates in the North and Capital Flows to the South: Is There a Missing Link? [J]. Journal of International Finance, 1998.

[14] FORBES K J, WARNORK F E. Capital Flow Waves: Surges, Stop, Flight and Retrenchment [J]. Journal of International Economics, 2012, 88 (2): 235 –251.

[15] FRANKEL J A, ROSE A K. Currency Crashes in Emerging Markets: An Empical Treatment [J]. Journal of International Economics, 1996, 41 (3): 351 –366.

［16］GUNTHER J W, MOORE R R, SHORT G D. Mexican Banks and 1994 Peso Crises: The Importance of Initial Conditions ［J］. North American Journal of Economics and Finance, 1998, 7（2）: 125 – 33.

［17］JANSEN J W. What Do Capital Inflows Do? Dissecting the Transmission Mechanism for Thailand, 1980 – 1996 ［J］. Journal of Macroeconomics, 2003, 25 （4）: 457 – 480.

［18］KAMIN S B, WOOD P R. Capital inflows, Financial Intermediation, and Aggregate Demand: Empirical evidence from Mexico and other Pacific BasinCountries ［R］. R. Glick. （Ed）, 1998.

［19］KAMINSKY G L, REINHART C M. The Twin Crises: the Causes of Banking and Balance – of – Payments Problem ［R］. Working Paper, Board of Governors of the Federal Reserve, 1996.

［20］KAMINSKY G, REINHART C, VEGH C. When it Rains, it Pours: Procyclical Capital Flows and Macro Policies. In Mark Gertler and Kenneth S. Rogoff（eds）［R］. Policy Research Working Paper No. 1160, Washington, D. C. : The World Bank, 1993.

［21］KHAN M S, REINHART C M. Capital Flows in the APEC Region ［R］. IMF Occasional Paper, 1995.

［22］KLETZER K, SPEIGEL M M. Capital Inflows and Exchange Rate in the Pacific Basin: Theory and Evidence ［R］. Frbsf Economic Letter, 1998.

［23］KRUGMAN P. What happened to Asia? ［M］. Mimeo. Cambridge, MA, MIT, 1998.

［24］LARRY H F. Large capital inflows to Korea: the traditional developing economy story ［J］. Journal of Asian Economics, 2004（15）: 99 – 110.

［25］MCKINNON, RONALD, PILL H. Credible Liberalization and International Capital Flows, The "Overborrowing Syndrome" ［R］. NBER East Asia Seminar on Economics, 1996, （5）: 7 – 42.

［26］SACHS J, TORNELL A, VELASCO A. Financial Crises in Emerging Markets: The Lessons from 1995 ［R］. NBER Working Paper No. 5576, May. 1996.

［27］RODRIK D. Who Needs Capital Account Convertibility? ［R］. International Finance No. 207, May. 1998, Department of Economics, Princeton University. NBER Macroeconomics Annual 2004. National Bureau of Economic Research, Cambridge, MA, 2004.

［28］胡援成. 中国资本流动与金融稳定关系的实证研究 ［J］. 广东社会科学, 2005.

［29］姜波克, 王军. 货币投机的微观分析和政策含义 ［J］. 金融研

究，1998.

[30] 李成，郝俊香. 国际资本流动理论的发展与展望 [J]. 西安交通大学学报（社会科学版），2006.

[31] 叶青，易丹辉. 中国证券市场风险分析基本框架的研究 [J]. 金融研究，2000.

第12章 中国跨境资本流动极端波动风险及其影响因素分析

12.1 引言

20世纪90年代以来，随着经济金融全球化的深化，全球国际资本流动规模持续扩大、波动性不断上升，对全球经济发展的影响日益显著。国际资本流动有助于促进资本在全球范围内有效配置，缓解资本流入国的资金短缺问题，对全球经济增长和福利水平的提高具有积极影响。然而历史经验表明，一国大规模跨境资本的极端波动将导致系统性风险的积聚，国际金融危机后的金融监管改革也致力于提高一国金融系统对大规模资本流动极端波动的抵御和恢复能力，并将这些能力纳入一国金融稳定和宏观审慎政策的分析框架中（IMF，2017）。随着我国汇率改革的日益深化、资本账户的逐步开放和人民币国际化的持续推进，中国跨境资本流动的特征发生了较大的变化，规模不断上升且波动日益加剧，极端波动频发（见图12.1和图12.2）。我国跨境资本流动的极端波动给我国金融部门乃至整个宏观经济带来了极大的挑战，因此深入理解我国跨境资本流动极端波动风险有助于我国监控与防范资本流动风险、制定更加有效的资本流动管理政策和宏观审慎政策，进而缓解经济金融的脆弱性、提高我国抵御跨境资本流动极端波动的能力，对我国金融稳定与经济增长具有重要的现实意义。

学术界对跨境资本流动极端波动进行了广泛的研究，其关注的焦点随着不同时期现实情况的改变而不断变化。

20世纪80年代学术界主要关注的是发展中国家的资本外逃问题（Cuddington，1986；Dornbusch，1984；Harberger，1985）。比如Cuddington（1986）将资本外逃定义为短期投机性资本外流，并对其负面影响和影响因素进行了探究。

从20世纪90年代到21世纪初期，学术界主要关注的是发展中国家的资本大进和资本急停问题，其主要关注的是基于净资本流动（net capital flows）的资本大幅流入和突然逆转，以及与之相关的经常账户失衡、实际汇率升值或贬值压力，以及资产价格波动给宏观经济带来的风险（Calvo等，2004，2008；Cavallo和Frankel，2008；Reinhart和Reinhart，2008）。

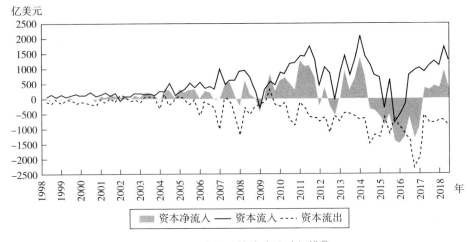

图 12.1　中国跨境资本流动规模①

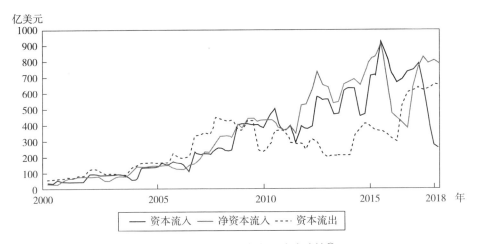

图 12.2　中国跨境资本流动波动性②

近年来，尤其是国际金融危机以来，在全球总国际投资头寸（一国对外资产和对外负债规模之和）迅速上升的背景下，跨境总资本流动规模（一国资本

---

　　①　本文中我国跨境资本流动指的是私人资本流动，体现在国际收支平衡表的非储备性质金融账户中。资本净流入由非储备性质金融账户余额反映，资本流入由非储备性质金融账户下的负债项余额反映，资本流出由非储备性质金融账户下资产项余额反映。

　　②　资本流动波动性指标借鉴 Forbes（2012），通过计算过去两年（8 个季度）总资本流动和净资本流动季度数据的标准差得到。

流入规模和资本流出规模之和）迅速增加，波动日益剧烈且具有明显的顺周期性[①]（Forbes，2012；Broner 等，2013；Gourinchas 和 Rey，2014；范小云等，2018）。基于上述现实背景，学术界开始在研究中根据流动方向对跨境资本流动进行了区分：资本流入（capital inflows），又称"总"资本流入（gross capital inflows）或"负债流"（liability flows），指的是一定时期（时期长短依统计频率而不同，可以是年度、季度、月度）非居民对本国资产的净购买，体现为本国对外负债的增加，即一国国际收支平衡表中非储备性质的金融账户下负债项余额所反映的外国资本流入；资本流出（capital outflows），又称"总"资本流出（gross capital outflows）或"资产流"（asset flows），指的是居民对外国资产的净购买，会导致本国对外资产增加，即一国国际收支平衡表中非储备性质的金融账户下资产项余额所反映的本国资本流出（Forbes 和 Warnock，2012；Broner 等，2013；Hwang 等，2017）；净资本流动指的是资本流入和资本流出的差额。在此基础上，学者们进一步探究了上述这种"总"资本流入和"总"资本流出的极端波动情况。Forbes 和 Warnock（2012）将资本流动的极端波动分为资本大进、资本急停、资本外逃和资本回撤四种极端波动情况；而 Cavallo 等（2015）则在综合考虑净资本流动、"总"资本流入和"总"资本流出极端波动情况的基础上，根据净资本流入的大幅减少与哪一种"总"资本流动的极端波动同时发生对资本急停进行了全新的分类，进而研究了不同类型的资本急停对经济的影响，发现外国资本流入急停导致的净资本流入减少对经济的破坏性要大于本国资本流出增加的影响，而且即使外国资本流入急停不足以导致净资本流入急停的发生，其仍然会对经济有不利的影响。此外，还有一些学者的研究指出在金融监管不完善的情况下，一国"总"资本流动的极端变化将导致系统性风险的积聚（Borio 和 Disyatat，2011；IMF，2017）。比如国际金融危机之前，欧洲很多银行通过在美国货币市场上出售短期票据进行融资来购买美国的抵押担保证券（mortgage - backed securities），这种行为导致了美国和欧洲的对外资产和负债均大幅增加，表现为美国和欧洲的资本流入和资本流出都发生了极端波动，但两者抵消后的结果却是净资本流动并没有发生显著改变，这也解释了为什么 2008 年国际金融危机对经常账户整体盈余的欧洲金融体系影响要大于新兴经济体。

　　基于跨境资本流动极端波动给我国带来的挑战和相关学术研究的新进展，本章将综合考虑净资本流动、"总"资本流入和"总"资本流出的极端波动情

---

　　① Broner 等（2013）对非居民资本流入和居民资本流出的周期性行为进行研究后发现，其具有明显的顺周期性：经济扩张时期，外国非居民对本国的投资和本国居民对外国的投资都将增加，进而导致该国资本流入和资本流出规模均增加；而经济危机时期，外国资本和本国资本卖掉国外资产，将资本回撤到本国的行为将导致该国资本流入和资本流出同向减少，进而导致总资本流动规模锐减。

况，对 20 世纪 90 年代末以来我国跨境资本流动的极端波动风险进行全面的探究与分析。本章将依据本书第 7 章，在研究和借鉴资本流动极端波动识别与度量方法的基础上，结合与其风险密切相关的宏观经济指标——汇率、通货膨胀率和利率的波动情况，构建更加科学合理的方法对我国跨境资本流动的极端波动风险进行界定与识别，进而从流动方向、流动类型和国内外经济环境变化角度对我国历次跨境净资本流入极端波动风险进行具体的原因分析，为中国跨境资本流动风险的监控与防范提供启示。

本章内容主要包括：第一，对中国跨境资本流动极端波动风险进行识别与初步分析；第二，从流动方向、流动类型和国内外经济环境变化角度对我国 20 世纪 90 年代末以来历次跨境净资本流入极端波动风险进行具体的原因分析；第三，结论与启示。

12.2 中国跨境资本流动极端波动风险识别与初步分析

12.2.1 跨境资本流动极端波动风险识别模型

国际资本流动的小幅或正常波动若在一国经济、金融可承受能力之内的，一般不会带来风险，而国际资本流动的极端波动则可能会对一国经济、金融形成巨大冲击，增加其经济金融系统的不稳定性（张明和肖立晟，2014；IMF，2017）。为了进一步深入理解我国跨境资本流动波动的新变化，本章将构建中国跨境资本流动大幅波动风险识别模型对中国 20 世纪 90 年代末以来中国跨境资本流动的大幅波动风险进行识别与分析。

第一，参考 Calvo 等（2004，2008）、Forbes 和 Warnock（2012）的方法对我国净资本流动和总资本流动的极端波动情况进行界定：净资本流动极端波动包括净资本大进和净资本急停，净资本大进指净资本流入的大幅增加，而净资本急停指净资本流入的大幅减少。资本流入的极端波动分为资本大进和资本急停，资本流出的极端波动分为资本外逃和资本回撤：资本大进指资本流入的急剧增加；资本急停指资本流入的急剧减少；资本外逃指资本流出的急剧增加；资本回撤指资本流出的急剧减少。

第二，对我国净资本流动和"总"资本流动的极端波动情况进行定量化界定：

（1）计算出 C_t，C_t 是 t 季度与 t 季度之前三个季度资本流入（将季度资本流入定义为 $INFLOW$）的移动总和，如式（12.1）所示。

$$C_t = \sum_{i=0}^{3} INFLOW_{t-i}, \ t = 1, 2, \cdots, N \tag{12.1}$$

（2）计算 t 时期与 $t-4$ 时期的年度变化量 ΔC_t，如式（12.2）所示。

$$\Delta C_t = C_t - C_{t-4}, with\ t = 5,6,\cdots,N \tag{12.2}$$

（3）计算 ΔC_t 五年的移动平均值和标准差。

（4）对各种极端波动进行界定。

将资本大进定义为：资本流入至少连续两个时期的变化量 ΔC_t 大于其过去五年均值与一倍标准差之和，并且其中至少有一个时期的变化量 ΔC_t 大于过去五年均值与两倍标准差之和。由此，资本流入大进的数学式表达如式（12.3）所示。

$$surge_{t_j} = \begin{cases} 1, if\ \ \Delta C_{t_1} > \text{Mean} + \text{SD}, \Delta C_{t_2} < \text{Mean} + \text{SD}, \\ \Delta C_{t_j} > \text{Mean} + 2\text{SD}, t_1 \leqslant t_j \leqslant t_2 \\ 0, 其他 \end{cases} \tag{12.3}$$

其中，Mean 是 ΔC_t 过去五年的均值；SD 是 ΔC_t 过去五年的标准差。代入净资本流动数据得到基于净资本流入大进（$nsurge_{t_j}$），代入资本流入数据得到资本大进（$gsurge_{t_j}$）。

将资本急停定义为：资本流入至少连续两个时期的变化量 ΔC_t 小于其过去五年均值与一倍标准差之和，并且其中至少有一个时期的变化量 ΔC_t 小于过去五年均值与两倍标准差之和。由此，资本急停的数学式表达如式（12.4）所示。

$$stop_{t_j} = \begin{cases} 1, if\ \ \Delta C_{t_1} < \text{MEAN} - \text{SD}, \Delta C_{t_2} > \text{MEAN} - \text{SD}, \\ \Delta C_{t_j} < \text{MEAN} - 2\text{SD}, t_1 \leqslant t_j \leqslant t_2 \\ 0, 其他 \end{cases} \tag{12.4}$$

代入净资本流动数据得到基于净资本流入急停（$nstop_{t_j}$），代入资本流入数据得到资本急停（$gstop_{t_j}$）。

类似地将资本流出数据分别代入式（12.3）和式（12.4）中，得到资本外逃（$flight_{t_j}$）和资本回撤（$retrenchment_{t_j}$）的识别结果。

（5）若第 t 期发生资本流动极端波动则 $nsurge_{t_j}=1$、$gsurge_{t_j}=1$、$nstop_{t_j}=1$、$gstop_{t_j}=1$、$retrenchment_{t_j}=1$、$flight_{t_j}=1$，否则为 0。

第三，对我国跨境资本流动的极端波动风险进行界定。

根据本书第 7 章的机理分析可知，只有当国际资本流动的大幅波动给一国宏观经济发展、金融稳定带来脆弱性时才会给一国经济带来危机，国际资本流动极端波动不但会引起一国汇率机制带来巨大冲击，还会造成国内流动性过剩，从而引发通货膨胀和货币价格大幅下降等现象，因此本章尝试把这些现象和影响量化到模型中，当出现以下两种情况时，定义发生了跨境资本流动风险：一是如果我国在第 t 季度，资本流动出现"大进"（$nsurge_{t_j}=1$ 或 $gsurge_{t_j}=1$）或"回撤"（$retrenchment_{t_j}=1$）的同时，该国的汇率（间接标价法下）、通货膨胀率的变动量至少有一个在研究期间其变动量整体分布（从大到小排列）的前 30%[①]，或者利率的变动量在研究期间其变动量整体分布（从大到小排列）的后 30%；二是如果第 i 个国家在第 t 季度，资本流动出现"急停"（$nstop_{t_j}=1$、$gstop_{t_j}=1$）或者"外逃"（$flight_{t_j}=1$）的同时，该国的汇率（间接标价法）、通货膨胀率的变动量至少有一个在研究期间其变动量整体分布（从大到小排列）的后 30%，或者利率的变动量在研究期间其变动量整体分布（从大到小排列）的前 30%。以上条件中，汇率、通货膨胀率、利率中至少有一个与资本流动的极端波动同时发生，我们就认为国际资本流动给该国带来了风险。净资本大进风险、资本大进风险、净资本急停风险、资本急停风险、资本外逃风险和资本回撤风险的数学表达式如式（12.5）至式（12.10）所示。

$$
Y_{it} = \begin{cases} 1, if & \{nsurge_{it}=1\} \cap \Big\{ \{E_{it} \in (top\ 30^{th}\ of\ D_{E_{it}})\} \\ & \cup \{I_{it} \in (top\ 30^{th}\ of\ D_{I_{it}})\} \cup \{R_{it} \in (bottom\ 30^{th}\ of\ D_{R_{it}})\} \Big\} \\ 0, 其他 \end{cases}
$$
（12.5）

$$
Y_{it} = \begin{cases} 1, if & \{gsurge_{it}=1\} \cap \Big\{ \{E_{it} \in (top\ 30^{th}\ of\ D_{E_{it}})\} \\ & \cup \{I_{it} \in (top\ 30^{th}\ of\ D_{I_{it}})\} \cup \{R_{it} \in (bottom\ 30^{th}\ of\ D_{R_{it}})\} \Big\} \\ 0, 其他 \end{cases}
$$
（12.6）

$$
Y_{it} = \begin{cases} 1, if & \{nstop_{it}=1\} \cap \Big\{ \{E_{it} \in (bottom\ 30^{th}\ of\ D_{E_{it}})\} \\ & \cup \{I_{it} \in (bottom\ 30^{th}\ of\ D_{I_{it}})\} \cup \{R_{it} \in (top\ 30^{th}\ of\ D_{R_{it}})\} \Big\} \\ 0, 其他 \end{cases}
$$
（12.7）

$$
Y_{it} = \begin{cases} 1, if & \{gstop_{it}=1\} \cap \Big\{ \{E_{it} \in (bottom\ 30^{th}\ of\ D_{E_{it}})\} \\ & \cup \{I_{it} \in (bottom\ 30^{th}\ of\ D_{I_{it}})\} \cup \{R_{it} \in (top\ 30^{th}\ of\ D_{R_{it}})\} \Big\} \\ 0, 其他 \end{cases}
$$
（12.8）

$$
Y_{it} = \begin{cases} 1, if & \{flight_{it}=1\} \cap \Big\{ \{E_{it} \in (top\ 30^{th}\ of\ D_{E_{it}})\} \\ & \cup \{I_{it} \in (top\ 30^{th}\ of\ D_{I_{it}})\} \cup \{R_{it} \in (bottom\ 30^{th}\ of\ D_{R_{it}})\} \Big\} \\ 0, 其他 \end{cases}
$$
（12.9）

[①] 关于资本流动风险临界值的确定，目前学术界没有统一的标准。金祥荣等（2006）在对中国资本流动风险预警研究中提出，如果外汇占款和外汇储备的年增长率同时超过 30%，就可认为当年资本流入过度发生风险，因此本章采用 30% 作为临界值。

$$Y_{it} = \begin{cases} 1, if \quad \{retrench_{it} = 1\} \cap \Big\{ \{E_{it} \in (bottom\ 30^{th}\ of\ D_{E_{it}})\} \\ \quad \cup \{I_{it} \in (bottom\ 30^{th}\ of\ D_{I_{it}})\} \cup \{R_{it} \in (top\ 30^{th}\ of\ D_{R_{it}})\} \Big\} \\ 0, 其他 \end{cases}$$

$$(12.10)$$

其中，E_{it}、I_{it}、R_{it} 分别表示汇率、通货膨胀率以及利率；$D_{E_{it}}$、$D_{I_{it}}$、$D_{R_{it}}$ 分别表示汇率、通货膨胀率和利率变动量的分布；Y_{it} 表示资本流动风险。

12.2.2　数据来源及介绍

本章主要是基于国际收支平衡表的数据，对国际通行口径的跨境资金流动情况进行分析。国际上对跨境资本流动的测度与分析主要是基于国际收支平衡表中非储备性质金融账户下的直接投资、证券投资和其他投资项目变化[①]。其中，资本流入指的是非居民获得的国内资产净额，资本流出指的是居民获得的不包括储备资产在内的国外资产净额；而净资本流入指的是资本流入和资本流出的差额。

本章关于我国跨境资本流动的数据来源于国家外汇管理局官网公布的中国国际收支平衡表，基于数据的可获得性，本章选取了 1998 年第一季度到 2018 年第二季度的季度数据。具体数据计算方面，非居民资本流入通过加总国际收支平衡表中非储备性质金融账户下各子项目的负债项得到，资本流出通过加总非储备性质金融账户下各子项目的资产项得到。其中还有两点需要注意：一是由于在跨境资本流动中金融衍生工具项的规模非常小，因此本章虽然在计算资本流动情况的时候包括了金融衍生工具，但是在具体流动类别分析中没有分析该类别的资本流动；二是由于净误差与遗漏项除了真正的统计误差和遗漏以外，还包括资本外逃的部分，因此本章还考虑了包括与不包括净误差与遗漏项的两种情况。

12.2.3　中国跨境资本流动极端波动风险识别结果与初步分析

从 1998 年到 2018 年，我国跨境净资本流动发生了 7 次极端波动风险，如表 12.1 和图 12.3 所示。其中包括 4 次净资本流入急停和 3 次净资本流入大进风险。区分流动方向来看，我国资本流入发生了 6 次极端波动风险，其中包括 3 次资本大进和 3 次资本急停；而资本流出发生了 5 次极端波动风险，其中包括 2 次资本外逃和 3 次资本回撤（见表 12.1）。1998—2018 年间，我国有超过三分之一的时间发生了跨境资本净流动极端波动风险，有超过 40% 的时间里跨境资本流

[①]　其中资产项目和金融项目下的金融衍生品项目由于其规模很小，对分析结果不构成影响，一般予以忽略。

动发生了极端波动风险。

表 12.1   中国资本流动大幅波动风险识别结果

序号	净资本流动		总资本流动			
			资本流入		资本流出	
	净资本大进	净资本急停	资本大进	资本急停	资本外逃	资本回撤
1		2005Q4—2007Q1	2007Q2—2007Q3		2005Q4—2007Q1	
2		2008Q2—2009Q1		2008Q3—2009Q3		
3	2009Q4—2010Q3		2010Q1—2011Q2			2008Q4—2009Q4
4		2012Q1—2012Q4		2012Q2—2012Q4		
5	2013Q3—2014Q1					
6		2014Q4—2015Q3		2014Q—2015Q4		2015Q3—2016Q1
7	2017Q1—2018Q1		2016Q4—2017Q2		2016Q3—2017Q1	2017Q3—2018Q2

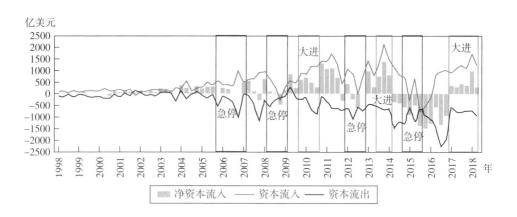

图 12.3   中国跨境资本净流动极端波动风险

根据我国跨境资本流动极端风险的识别结果（见表 12.1 和图 12.3 至图 12.5）可以发现：

第一，通过对流动方向进行区分，我国跨境净资本流动极端波动风险的发

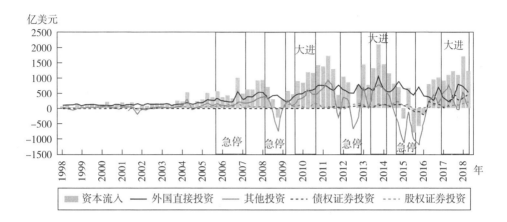

图 12.4　极端波动风险与资本流入情况

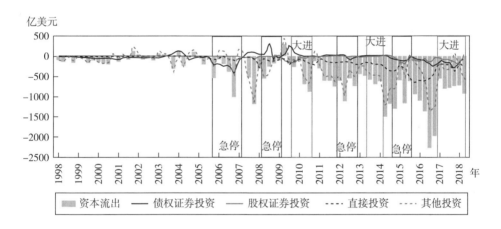

图 12.5　极端波动风险与资本流出情况

生几乎都是由资本流入或资本流出的极端波动导致，不同时期资本流入和资本流出的贡献不同。净资本流入大进风险既可以是源于外国资本流入的大幅增加（资本大进），也可以是源于本国资本流出的大幅减少（资本回撤），或者是两者共同作用的结果。而净资本流入急停风险既可以是源于外国资本流入的减少（资本急停），也可以是源于本国资本流出的增加（资本外逃），或者是两者共同作用的结果。

　　第二，从资本流动类别上来看，直接投资和其他投资是我国资本流入和资本流出的主要形式，而随着近年来我国资本账户的逐步开放，证券投资流入和流出规模持续增加，波动性也不断提高。虽然不同类别的资本流动在不同时期对我国跨境资本流动极端波动风险的贡献程度不同，但每次极端波动的发生都伴随着其他投资流动的极端变化，而证券投资流动近年来的贡献程度也越来越大。

第三，通过对资本流动的方向进行区分，进一步识别外国资本流入和本国资本流出的极端波动风险，发现居民与非居民的投资决策对经济金融变化的反应并不完全一致。比如就直觉来讲，当一国宏观经济状况比较好的时候，非居民资本应该流入该国，本国居民也应该将钱撤回本国，即发生资本大进和资本回撤；当一国经济状况不好的时候则反之，发生资本急停和资本外逃。但我国跨境资本流动大幅波动风险的识别结果并不支持上述论断，说明一国宏观经济基本面变化对本国居民和非居民的影响不同，该结果也与 Forbes 和 Warnock（2012）的实证结果相一致。

第四，净误差与遗漏项除了反映统计误差、口径不一致和记账延误等问题造成的差额以外，一定程度还反映了逃避监管的跨境隐性资本流动情况。因此本章中跨境资本流动极端波动风险的研究中也分析了包括净误差与遗漏项的情况。比较表 12.1 和表 12.2、图 12.3 和图 12.6 可以看到，我国跨境净资本流动极端波动风险在包括与不包括净误差与遗漏项这两种情况下，净资本急停风险大体是一致的，净误差与遗漏项的加入与否只是稍稍改变了急停风险持续的时间；而净资本大进风险却发生了比较大的改变。比如 2004 年第四季度到 2005 年第三季度，净误差与遗漏项中所反映的隐性资本流入的增加进一步提高了我国资本净流入的规模，最终导致了净资本大进风险的发生；而 2013 年第三季度到 2014 年第一季度和 2017 年第一季度到 2018 年第一季度我国跨境净资本流动在加入净误差与遗漏项后变为没有发生资本大进风险，反映了我国在这些时期可能存在较大规模的潜在资本外逃现象。

表 12.2　　中国资本流动大幅波动风险识别结果（包括净误差与遗漏）

序号	净资本大进	净资本大进 （包括净误差与遗漏项）	净资本急停	净资本急停 （包括净误差与遗漏项）
1	无	2004Q4—2005Q3		
2			2005Q4—2007Q1	2005Q4—2006Q4
3			2008Q2—2009Q1	2008Q2—2009Q1
4	2009Q4—2010Q3	2009Q4–2010Q2		
5			2012Q1—2012Q4	2012Q1—2012Q4
6	2013Q3—2014Q1	无		
7			2014Q4—2015Q3	2014Q4–2015Q4
8	2017Q1—2018Q1	无		

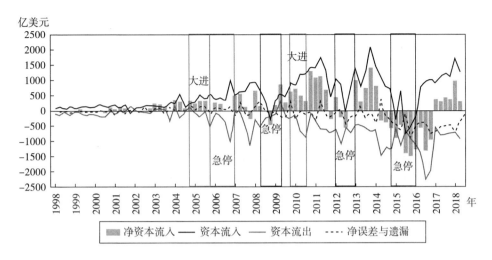

图 12.6　中国跨境资本净流动极端波动风险（包括净误差与遗漏）

12.3　中国历次跨境资本流动极端波动风险的具体原因分析

为了深入理解我国自 20 世纪 90 年代以来跨境资本流动极端波动风险发生的具体背景和原因，了解导致我国跨境资本发生极端波动的具体影响因素，为我国防范跨境资本极端波动风险提供启示。本节将从流动方向、流动类型和国内外经济环境变化角度对我国历次跨境净资本流入极端波动风险进行具体的原因分析。

12.3.1　中国跨境资本流动急停风险具体原因分析

12.3.1.1　2005 年第四季度至 2007 年第一季度

从流动方向来看，此次净资本流入急停主要是资本流出大幅增加导致。虽然该时期资本流入保持上升态势，但是由于资本流出增加的幅度大于资本流入增加的幅度，最终导致净资本流入急停。从流出类别上来看，其他投资和证券投资流出对该时期资本流出的贡献最大。就其具体原因而言，国际推动因素是此次净资本流入急停的主要原因。2004 年以后美国逐步由宽松的低利率政策转向偏紧缩的货币政策，美国联邦基金利率由 2003 年的不到 1% 逐步上升到 2007 年的 5% 以上，导致国内大量债权类资本（债权证券投资和其他投资）为追求高额收益外流。而国内拉动因素方面，我国自 2006 年推出 QDII 制度，允许符合条件的境内专业投资机构经核准投资中国境外的股票、债券等有价证券，进一步为资本外流提供了渠道。

12.3.1.2　2008 年第二季度至 2009 年第一季度和 2012 年第一季度至 2012 年第四季度

从流动方向上来看，这两次净资本流入急停都是由资本流入大幅减少导致。从流入类别上来看，其资本流入的减少主要都是由其他投资流入急剧减少导致的。就其具体原因而言，国际推动因素是两次净资本流入急停的主要原因。这两次净资本流入急停分别发生于国际金融危机期间和欧洲主权债务危机期间，同时都伴随着新兴经济体大范围资本急停的发生，体现了金融危机对新兴市场国家的溢出效应（葛奇，2017），反映了外国投资者在经济金融不确定性高的时候将涌入发达经济体以规避风险，即"安全转移现象"（Flight to safety）。就其具体流入渠道来看，其他投资流入中的贷款和贸易信贷项流入减少尤为显著，说明在全球不确定性较大的时候外国银行将减少对华贷款，而贸易信贷的变化可能包含了一部分通过虚构贸易而发生的资本外逃。同时需要注意的是，国际金融危机期间我国资本流出持续下降，这主要是由于我国居民大量出售境外资产的资本回撤行为。

12.3.1.3　2014 年第四季度至 2015 年第三季度

从流动方向上来看，此次净资本流入急停主要由资本流入大幅减少导致。从流动类别上来看，直接投资、证券投资和其他投资的流入下降，以及直接投资、证券投资流出的增加共同发挥了作用。就其具体原因而言，此次净资本流入急停是国际推动因素和国内拉动因素共同作用的结果。国际推动因素方面，一是美国 2014 年第二季度和第三季度 GDP 增长率上升，宏观经济基本面乐观，美国三大股指（道琼斯工业指数、标普 500 指数和纳斯达克指数）屡创新高，吸引逐利资本回流美国；二是美联储自 2014 年 1 月起开始减少资产购买，2014 年 10 月正式退出量化宽松进入加息周期，美元加息的负面外溢效应导致国际资本异常流动，国际资本流出新兴经济体；三是新兴市场国家股市在 2014 年暴涨后急剧下跌，且美元走强背景下拉美国家大范围货币贬值，全球波动性 VIX 指数上升，资本回流发达国家避险。国内拉动因素方面，一是人民银行在 2014 年下半年以后六次降息，一年存款基准利率由 2.75% 降至 1.5%，境内外利差的收窄导致外国投资者债权类证券资本回流追逐安全资产；二是国内股市暴涨后自 2015 年年中开始多轮暴跌且震荡加剧，风险溢价上升，导致外国投资者股权类证券资本流入减少；三是在人民币贬值预期和我国外债规模较大[①]的背景下，企业顺周期财务安排和贸易套利资本收益下降导致货币与存款、境外贷款和贸易

---

① 2015 年 6 月末中国全口径外债总额达到 16801 亿美元（谢亚轩，2016）。

信贷显著收缩，具体体现在负债方的贸易信贷项净流入由 2014 年第三季度的 52 亿美元降低到 2015 年第一季度的 −221 亿美元，说明国外企业减少了进口预付款，货币与存款负债项由 2014 年第三季度的 398 亿美元降低到 2015 年第 1 季度的 −342亿美元，说明境内家庭部门增持外币存款，贷款负债项更是由 2014 年第一季度的 553 亿美元巨幅下降到 2014 年第四季度的 −537 亿美元，说明境内企业为了规避人民币贬值导致的外债负担加重提前偿还了境外贷款，即所谓的"外币去杠杆"；四是 2015 年的"8·11"汇改带来人民币汇率的不确定性加剧了资本的净流出；五是人民币国际化的深化和资本账户的逐步开放为跨境资本流入流出提供了更多的渠道，加速了跨境资本的流动；六是我国境外直接投资外汇管理改革和支持企业"走出去"战略导致我国对外直接投资整体呈上升态势（国家外汇管理局国际收支分析小组，2011；陈卫东和王有鑫，2016；张春生，2016；谢亚轩，2016；葛奇，2017）。

12.3.2　中国跨境资本流动大进风险具体原因分析

12.3.2.1　2009 年第四季度至 2010 年第三季度和 2013 年第三季度至 2014 年第一季度

从流动方向来看，这两次净资本流入大进都主要是由资本流入增加造成的。从流入类别来看，直接投资、证券投资和其他投资增加共同导致了净资本流入大进的发生。就其具体原因而言，国际推动因素是这两次净资本流入大进的主要原因。这两次资本流入大进分别发生在国际金融危机和欧洲主权债务危机的恢复期，全球经济复苏，全球波动性 VIX 指数自 2009 年下半年逐步下降，发达国家实行量化宽松的货币政策导致发达国家利率下降及流动性的充裕使资本大量涌入新兴经济体。

12.3.2.2　2017 年第一季度至 2018 年第一季度

从流动方向来看，此次净资本流入大进是由资本流入增加和资本流出减少共同造成的，此次净资本流入大进始于 2016 年第四季度开始的资本流入大幅增加，2017 年第二季度开始的资本流出大幅减少进一步导致了净资本流入的增加。从流动类别来看，直接投资、证券投资和其他投资流入增加共同导致资本流入增加，而直接投资和其他投资流出减少共同导致资本流出的减少。就具体原因而言，国际推动因素方面，美元汇率回调导致人民币贬值预期下降。国内拉动因素方面，一是国内经济企稳以及市场对中国经济的信心增强导致 2017 年底外国对华直接投资大幅提升；二是随着我国证券市场扩大开放和支持境内企业海外发债融资，2017 年 6 月 A 股被纳入 MSCI 新兴市场指数、2017 年 7 月"债券通"上线导致外国投资者流入中国债市和股市的证券投资大增，2017 年第三季度债券类证券资金流入较上一季度增加了 500% 多，而股权类证券资金流入较上一季度增加了 120%；三是美元汇率回调和外汇储备下降趋势减缓导致市场对人民币贬值预期改善，其他投资类资本流入大幅增加、资本流出急剧减少，具体而言 2017 年全年我国货币和存款、贷款类其他投资流入与 2016 全年相比分别增加了 10.6 倍和 1.9 倍，而货币和存款、贷款和贸易信贷类其他投资流出与 2016 年全年相比分别减少了 42%、64% 和 79%；四是人民银行启动逆周期资本流动管理措施和宏观审慎管理政策防范跨境资本的异常波动，资本外流得到有效控制（管涛，2016；管清友，2018；伍戈，2018）。

12.3.2.3 加入净误差与遗漏项后的净资本大进风险变化分析

2004 年第四季度到 2005 年第三季度，净误差与遗漏项中所反映的隐性资本流入的增加进一步提高了我国资本净流入的规模，这种正向效应最终触发了净资本大进风险。从流动方向来看，此次资本大进风险的发生是由资本流入（包括净误差与遗漏）增加和资本流出减少共同导致的。从具体类别来看，直接投资流入的增加、其他投资流入的增加和流出的减少，以及包含在净误差与遗漏项中隐性资本流入的增加共同导致了此次资本大进风险的发生。就具体原因而言，我国此次净资本流入大进风险与新兴经济体在该时期的资本大量涌入的趋势一致。其中，美国在该时期的低利率政策是我国跨境其他投资流入增加和流出减少的主要原因；直接投资流入的增加与世界范围内新兴经济体 FDI 流入增加的趋势相一致，其主要原因是该时期新兴经济体的高经济增长率、世界经济复苏带来的风险偏好上升以及人民币的升值预期等。而净误差与遗漏项中反映的隐性资本流入增加是上述因素在我国资本管制背景下共同作用的结果。

2013 年第三季度到 2014 年第一季度和 2017 年第一季度到 2018 年第一季度我国跨境净资本流动在加入净误差与遗漏项后变为没有发生资本大进风险，反映了我国在这些时期可能存在较大规模的潜在资本外逃现象。

12.4 本章小结

本章综合考虑净资本流动、资本流入和资本流出，在现有资本流动极端波动识别与度量方法的基础上，结合与其风险密切相关的宏观经济指标——汇率、通货膨胀率和利率的波动情况，构建了更加科学合理的方法对我国 20 世纪 90 年代末以来跨境资本流动的极端波动风险进行界定与识别，进而从流动方向、流动类型和国内外经济环境变化角度对我国历次跨境净资本流入极端波动风险进行具体的原因分析，得到的结论与启示如下。

第一，我国跨境资本流动在过去 20 年发生了 7 次净资本流动极端波动风险和 11 次总资本流动极端波动风险，说明我国跨境资本流动极端风险的发生较为频繁，我国跨境资本流动风险的监测与防范中要密切关注跨境资本流动的极端波动风险。

第二，我国净资本流动极端波动由外国资本流入和本国资本流出的变化共同决定，因此需要对导致外国资本流入和本国资本流出极端波动的各个影响因素变化情况进行实时监测，同时需要注意不同因素对外国投资者和本国投资者投资决策的不同影响。

第三，我国跨境资本流动的极端波动风险受到国际推动因素和国内拉动因素的共同影响，其中国际推动因素的影响尤为显著。我国跨境资本流动的风险管理要在密切关注国内外经济金融环境变化的基础上，高度关注全球经济增长情况、全球风险规避变化和发达国家货币政策对我国的溢出效应等国际层面因素的改变。

第四，不同类别的资本流动在不同时期对我国跨境资本流动极端波动风险的贡献程度不同。值得注意的是，我国每次跨境资本极端波动的发生都伴随其他投资流动的极端变化，而随着我国资本账户进一步开放，证券投资流动近年来的贡献程度也越来越大。

第五，基于我国跨境资本会受到国内外各种因素的复杂影响，我国跨境资本流动的管理还需要通过促进本国经济增长和金融稳定来提高本国抵御跨境资本流动极端波动冲击的能力，只有这样才能从根本上防范资本流动风险。

参考文献

［1］ BORIO C, DISYATAT P. Global imbalances and the financial crisis：Link or no link？［R］. Basel：Bank for International Settlements, 2011.

［2］ BRONER F, DIDIER T, ERCE A SCHMUKLER F. Gross Capital Flows：Dynamics and Crises by ［J］. Journal of Monetary Economics, 2013, 60（1）：134 – 137.

［3］ CALDERON C, KUBOTA M. Ride the Wild Surf：an Investigation of the Drivers of Surges in Capital Inflows ［R］. World Bank Policy Research Working Paper, 2014.

［4］ CALVO G, IZQUIERDO A, MEJIA L F. On the Empirics of Sudden Stops：The Relevance of Balance – Sheet Effects ［J］. NBER Working Paper, 2004, 69（1）：231 – 254.

［5］ CALVO G, IZQUIERDO A, MEJIA L F. Systemic Sudden Stops：the Relevance of the Balance – sheet Effects and Financial Integration ［J］. NBER Working Paper, 2008.

［6］ CAVALLO E, FRANKE J. Does openness to trade make countries more vulnerable to sudden stops, or less? Using gravity to establish causality [J]. Journal of International Money and Finance, 2008, 27 (8): 1430 – 1452.

[7] COWAN K, RADDATZ C. Sudden Stops and Financial Frictions: Evidence from Industry – level Data [J]. Journal of International Money and Finance, 2013, 32: 99 – 128.

[8] CUDDINGTON J T. Capital flight: Estimates, issues, and explanations [M]. Princeton, NJ: International Finance Section, Department of Economics, Princeton University, 1986.

[9] DORNBUSCH, R. External Debt, Budget Deficits and Disequilibrium Exchange Rates [J]. NBER Working Paper, 1984.

[10] EDWARDS S. Capital Controls, Sudden Stops, and Current Account Reversals. In Capital Controls and Capital Flows in Emerging Economies: Policies, Practices and Consequences [M]. Chicago: University of Chicago Press, 2007.

[11] EDWARDS S. Financial Openness, Sudden Stops and Current Account Reversals [R]. National Bureau of Economic Research Working Paper, 2004.

[12] FORBES K J, WARNOCK F E. Capital flow waves: Surges, stops, flight and retrenchment [J]. Journal of International Economics, 2012, 88 (2): 235 – 251.

[13] FORBES K J. Capital Flow Volatility and Contagion: A Focus on Asia. MIT – Sloan Working Paper, 2014.

[14] Gourinchas P O, Rey H. External Adjustment, Global Imbalances, Valuation Effects [J]. Handbook of International Economics, 2015, 4: 585 – 645.

[15] HARBERGER A. Lesson for debtor – country managers and policymakers [J]. International Debt and the Developing Countries, The World Bank, Washington DC, USA, 1985: 236 – 257.

[16] HWANG I, JEONG D, PARK H, et al. Which net capital flows matter? [J]. Emerging Markets Finance and Trade, 2017, 53 (2): 289 – 305.

[17] IMF. Increasing Resilience to Large and Volatile Capital Flows: The Role of Macroprudential Policies [J]. IMF Policy Paper, 2017.

[18] PUY D. Mutual Funds Flows and the Geography of Contagion [J]. Journal of International Money and Finance, 2016, 60: 73 – 93.

[19] REINHART C M, REINHART V R. Capital Flow Bonanzas: An Encompassing View of the Past and Present [J]. CEPR Discussion Papers, 2008, 27 (59): 1 – 54.

[20] 陈卫东,王有鑫. 人民币贬值背景下中国跨境资本流动：渠道、规模、趋势及风险防范 [J]. 国际金融研究, 2016, 348 (4): 3 – 12.

［21］董有德，谢钦骅．汇率波动对新兴市场国家资本流动的影响研究：基于 23 个新兴市场国家 2000—2013 年的季度数据［J］．国际金融研究，2015，338（6）：42－52．

［22］范小云，朱张元，肖立晟．从净资本流动到总资本流动——外部脆弱性理论的新发展［J］．国际金融研究，2018（1）：16－24．

［23］葛奇．宏观审慎管理政策和资本管制措施在新兴市场国家跨境资本流出入管理中的应用及其效果——兼析中国在资本账户自由化过程中面临的资本流动管理政策选择［J］．国际金融研究，2017，359（3）：3－14．

［24］管清友．把握跨境资本流动的变化趋势［J］．中国外汇，2018（Z1）：7．

［25］管涛．读懂中国跨境资本流动状况：回顾与展望［J］．中国外汇，2018（z1）：10－15．

［26］管涛．“8·11”汇改周年记：改革仍需深化［J］．中国外汇，2016（15）：14－17．

［27］刘莉亚，程天笑，关益众，刘晓磊．资本管制对资本流动波动性的影响分析［J］．国际金融研究，2013（2）：37－46．

［28］伍戈，亢悦，周迪．当资本外流不再是问题［J］．国际金融，2018，442（4）：19－23．

［29］谢亚轩．跨境资本流动一波三折［J］．中国外汇，2016（15）：18－19．

［30］张春生．IMF 的资本流动管理框架［J］．国际金融研究，2016，348（4）：13－25．

［31］张明，肖立晟．国际资本流动的驱动因素：新兴市场与发达经济体的比较［J］．世界经济，2014（8）：151－172．

第13章 中国跨境热钱波动因素分析

13.1 引言

热钱又称国际游资或国际投机性短期资本，作为国际资本流动中最活跃的一部分，热钱的短期性增加了一国宏观经济调控的难度，其由此带来的风险不容忽视，因此，很有必要从热钱的角度来对国际资本风险进行研究。目前，虽然人们对国际热钱的定义还存在分歧，没有一个明确的概念，但是得到大多学者一致认可的是，热钱是一种为了赚取利率、汇率差而游走在不同国家之间的一种短期性国际资本。在20世纪90年代的亚洲金融危机之后，学术界就开始关注国际热钱（Edison和Reinhart，2001；Chari和Kehoe，2003；Gunter，2004），并强调其给经济带来的破坏性。

根据经济学理论，为追逐利润的国际热钱通过在不同国家间自由流动，可以促进资源在全球范围内有效配置，从而会提高生产率并刺激经济增长。但是，不能否认的是，热钱大量流入也会给接收国经济带来极大挑战，如引发其货币政策独立性变弱、通货膨胀水平进一步加剧、过度投资等一系列问题（Pettis和Wright，2008）。Zhang和Fung（2006）指出热钱会导致股票市场和房地产市场的资产价格泡沫问题；此外，还有一些学者认为大量热钱流出泰国以及其他东南亚经济体是引发1997年亚洲金融危机的重要原因之一。与发达国家和有些新兴市场国家不同，我国资本账户还未完全开放，这可能会影响热钱的波动特点，此外，作为唯一能在2008年国际金融危机下取得显著增长的经济体，我国在世界经济舞台中扮演重要角色，探索我国跨境热钱动因对促进世界经济稳定有着重要意义。

因此，本章内容的主要目的是对近几年热钱波动原因进行研究，主要集中于对以下两个问题进行研究：第一，2007年美国次贷危机以来流入（流出）我国跨境热钱规模以及其变化趋势是怎么样的？第二，我国跨境热钱在这段时期主要受哪些因素驱动？

围绕上面两个问题，我们首先基于间接测量法（Martin和Morrison，2008；Guo和Huang，2010）对我国2007年1月到2014年3月的热钱规模进行计算，该测量方法较好地克服传统间接法的缺点，其认为贸易顺差中不含热钱，不考虑投资收益、汇兑损益对外汇储备变动影响；其次，在对热钱规模测量基础上，我们运用一个动态马尔可夫与自回归分布滞后模型相结合的模型探索影响其变动的主要因素，包括全球因素、国内宏观经济因素以及国内金融因素。

通过马尔可夫转移模型研究发现，中国热钱波动可以分为"高风险"和"正常"两个区制。在"高风险"区制，我国跨境热钱变动只受全球风险因素的影响，这也与"奔稳"假说（flight – to – safety phenomenon）认为的在危机或高风险期间风险是影响国际资本流动的关键变量的观点一致；在"正常"区制，热钱不仅受风险因素影响，国内相关经济变量也开始对热钱变动发挥作用，其中，较高的利率和汇率升值预期会吸引热钱流入国内，但是国内经济增长对热钱并没有显著的影响，这说明热钱的流动并不会受经济增长等长期因素的影响，而只会受短期套利因素的驱动。此外，我们还发现热钱还受其自身预期值的正向影响。

本章结构安排如下：第二部分对热钱的测量方法以及其流动特征进行讨论；第三部分给出运用模型，并对影响热钱的因素进行回顾；第四部分是模型结果和讨论；第五部分进行总结。

13.2　中国跨境热钱特征分析

本部分内容在对热钱的测量方法进行回顾和总结的基础上，将详细介绍本章测量热钱所用的方法，然后用该方法对金融危机以来我国跨境热钱流动规模进行测量，并对热钱的流动特点进行分析。

13.2.1　热钱测量方法研究和选择

由于热钱流动的快速和隐蔽性，很难直接对其进行有效的监测，还没有能直接、准确测量热钱规模的方法。总体来看，国内外关于热钱估计方法的研究可以归为两大类：直接法（Cheung 和 Qian，2010）和间接法（Martin 和 Morrison，2008；Guo 和 Huang，2010）。直接法由 Cuddington（1986）开创，其基本思想是通过国际收支平衡表中的短期项目来测算热钱，即热钱规模等于国际收支中净误差与遗漏项、私人非银行部门短期资本流入与其他通过正常渠道流入的短期性资本之和，该方法的缺陷是其认为国际收支平衡表中净误差与遗漏项是热钱，但实际上并非如此，误差与遗漏项中包括舍入误差、贸易伪报以及记账延误等。因此，我们初步计划采用间接法对热钱规模进行估计，直接法的还有一个优点是可以由此得到月度的热钱流动数据，从而更好捕捉到热钱波动特点。间接法又称为剩余法，由世界银行于 1985 年首次使用，该方法利用外汇储备增量减去国际收支平衡表中的几个项目，得到热钱规模。具体为：热钱流入规模 = 外汇储备增量 – 经常项目顺差 – FDI 净流入 – 外债增量。然而该估计方法也存在缺陷：第一，该方法认为经常账户中不含热钱，而实际上热钱通常会通过贸易渠道流入或流出一国，如贸易伪报；第二，该方法未考虑汇兑损益和投资收益对外汇储备增量的影响。为了克服间接法的以上缺点，本书对间接法进行进一步改进，主要对外汇储备增量和经常项目顺差作了如下调整：从外汇储备增量中减去汇兑损益和投资收益，并扣除贸易顺差中的贸易伪报成分，此外，外债增量主要考虑了中长期外债的增量。因此，调整后的热钱计算公式为：热钱流入规模 =（外汇储备增量 – 汇兑损益 – 投资收益）–（贸易顺差 – 贸易伪报）– FDI 净流入 – 中长期外债增量。

其中，对汇兑损益测算，市场普遍认为我国外汇储备由美元资产、欧元资产和日元资产组成，比例为 7∶2∶1，由于最终的外汇储备额为美元计价，因此每月我们根据欧元兑美元汇率、日元兑美元汇率的变化来计算当月汇兑损益，并从外汇储备增量中减去该值。对于投资收益的估计，考虑到我国外汇储备资产大多投放于美国国债市场，因此我们用 10 年期美国国债收益率作为我国外汇储备投资收益率。对于贸易顺差的调整，我们主要考虑了贸易伪报。由于我国与十大贸易伙伴的贸易量占到其总体贸易量的 80%，所以本章选取我国的十大贸易对象的贸易伪报数据：欧盟、美国、日本、中国香港、中国台湾、韩国、东盟、澳大利亚、俄罗斯和巴西。其中东盟主要选取了泰国、马来西亚、印度尼西亚和新加坡。具体调整公式如下：

$$进出口伪报额 = 出口高报额 + 进口低报额$$
$$出口高报额 = Xc – (Xw/CIF/FOB\ Ratio)$$
$$进口低报额 = Mw – (Mc/CIF/FOB\ Ratio)$$

其中，Xc 为中国境内的出口统计额，FOB 记价。Mc 为中国境内的进口统计额，CIF 记价。Xw 为贸易对象从中国境内进口的统计额，CIF 记价。Mw 为贸易对象对中国境内出口的统计额，FOB 记价。CIF/FOB Ratio 是 CIF 价转为 FOB 价的比率，这里我们假定 CIF/FOB 转换比率为 110%。这些国家和地区对中国境内的贸易数据分别来自欧盟统计局、美国商务部、日本财务省、中国香港政府统计处、中国台湾统计局、韩国央行、泰国央行、印度尼西亚统计局、马来西亚央行、新加坡国际企业发展局、澳大利亚统计局、俄罗斯联邦海关和巴西外贸秘书处。外汇数据来源于人民银行，贸易数据来源于海关总署，FDI 数据来源于商务部，外债数据来源于国家外汇管理局，所有数据频率都为月度，时间从 2007 年 1 月到 2014 年 3 月。

13. 2. 2 中国跨境热钱流动特征

利用以上方法对本章研究期间热钱的估计结果如图 13.1 所示。由图 13.1 可知，在 2007 年 7 月金融危机爆发之前夕，热钱表现出流出中国的趋势，2008 年 3 月贝尔斯登倒闭后，即于 2008 年 4 月又大量流入中国，但是该次流入犹如昙花一现，之后热钱又开始流出我国，尤其在国际金融危机和欧洲债务危机深化期间保持大量流出态势，此外，热钱在其他时期的波动性也比较强烈，如 2012年 11 月、12 月和 2013 年 1 月分别经历了热钱的流出、流入、再流出的强烈波动过程，这也表现出热钱具有高度流动性，基于直接法测量的年度或季度热钱（如 Gunter，2004；裴颖，2010）无法捕捉其这种快速切换流入流出状态的特点。

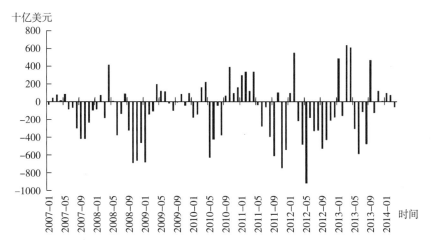

图 13.1　2007 年以来中国跨境热钱流动情况

之后，本章还运用 Martin 和 Morrison（2008）较传统的间接法对我国的热钱进行估计，并与本书方法所测出的热钱量进行比较，如图 13.2 所示。结果发现，

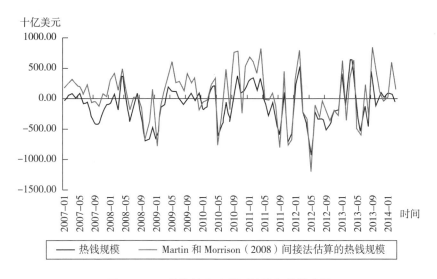

图 13.2　两种估计方法所测热钱规模的比较

本书进行改进后的方法与 Martin 和 Morrison（2008）较传统的间接法所估计的热钱规模整体趋势是相近的，但在某时期会存在较大的差异，如调整方法估计 2007 年 9 月流出中国热钱量达 4210 亿美元，但另一种较粗略估计方法测量结果只有 440 亿美元。此外，两种方法所测量的热钱差异还表现在其流动趋势上，如在 2008 年 12 月，改进方法的估计约有 4690 亿美元的热钱流出中国，而另一种方法的结果是有 1630 亿美元的热钱流入我国。这些差异说明不考虑投资收益、汇兑损益等因素，直接粗略估计热钱会引起较大的误差，这也证明本书所做调整的必要性。

13.3　实证模型

本部分主要给出研究我国跨境热钱影响因素的实证方法。主要思路如下：首先回顾相关文献，找出可能会影响我国跨境热钱流动的主要因素，包括全球、国内经济和金融因素；其次，对热钱和其影响因素之间的关系进行简单统计；最后，描述本书实证研究方法。

13.3.1　热钱影响因素分析

关于哪些变量会影响到热钱的波动，我们运用文献综述和机理分析的方法进行总结。现有较多的研究认为热钱主要受套利、套汇以及赚取资本市场上资产价格变动差价（Martin 和 Morrison，2008；Bouvatier，2010）。还有一部分文献认为全球的"推动"因素，尤其是全球风险因素，比国内因素在对资本流动的影响中扮演更重要的角色（Forbes 和 Warnock，2012）。此外，我们还参考了 Guo 和 Huang（2010）、刘莉亚（2008）、Ahmed 和 Zlate（2014）等的研究选取了一系列变量（见表 13.1）。

表 13.1　　　　　　　　　　　中国跨境热钱的影响因素

影响因素	定义	来源	均值	最小值	最大值
全球风险指数	VIX，芝加哥期权期货交易所波动性指数，反映全球投资者风险情绪	Bloombeg	22.79	10.42	59.89
经济增长率	采购经理指数	Wind	52.05	38.80	59.20
NDF	1 月无本金交割远期外汇交易，衡量海外市场对人民币升值的预期	Bloombeg	6.70	6.10	7.74
股市市值	股市总市值	Bloombeg	219668	109987	327140
利率	上海银行间同业拆借利率	Wind	3.53	1.03	7.27

其中，全球风险指数用来反映全球投资者风险情绪以及全球投资环境，相关文献认为该因素是决定国际短期资本流动的重要变量（Fratzscher，2012；Forbes 和 Warnock，2012）。除了风险外，考虑到热钱受到利益驱动，我们也分别将利率、汇率升值预期以及股票市场价格列入可能影响我国跨境热钱流动的因素中。此外，经济稳定增长可能会使投资者看好国内市场，从而吸引热钱流入中国，因此，我们期望经济增长与热钱流入之间存在正向相关关系。

为了粗略观察这些变量对我国跨境热钱的影响，本书提供了热钱与它们的简单相关系数，如表 13.2 所示。从表 13.2 可知，热钱与利率、NDF 等的相关系数都相对较小，这与其热钱逐利性的特点并不一致。鉴于此，我们初步认为线性模型并不能很好刻画各种因素对热钱的影响，这可能主要归因于线性相关系数认为在整个样本期间各因素和热钱之间的关系是稳定不变的，而在我们研究样本期间国际国内环境复杂多变，跨越了 2008 年国际金融危机和 2010 年欧债危机，热钱的变动可能会出现潜在的结构性改变，从而使热钱在不同状态受不同因素的影响。此外，Guo 和 Huang（2010）也指出中国热钱存在显著的两区制状态。因此，本章将运用一个将马尔可夫区制转移模型（MS）（Hamilton，1989）与一般自回归分布滞后模型相结合的动态非线性模型对我国跨境热钱的影响因素进行探讨。

表 13.2　　　　　　　　　　　**热钱与各变量相关系数**

变量	热钱
全球风险	- 0.42
经济增长率	0.39
NDF	- 0.02
市值	0.24
利率	0.09
热钱滞后值	0.35

13.3.2　MS – ARDL 模型介绍

在对热钱影响因素分析研究中，常用的方法是自回归分布滞后模型，可以表示为

$$Y_t = \alpha + \beta X_t + \lambda Y_{t-1} + \varepsilon_t \tag{13.1}$$

运用该模型必须满足一定的前提假定，即回归方程中系数的均值，方差以及随机误差项的方差都是固定常数。但值得注意的是，一旦模型中变量出现结构性突变，这时平稳线性模型将不能准确刻画相应过程，从而导致模型结果出现较大的估计误差。因此，我们根据 Hamilton（1989）提出的 Markov 区制转移模型，建立了 Markov 双区制转移的热钱流动影响因素模型，具体如下：

$$Y_t = \alpha + \beta_{S_t} X_t + \gamma_{S_t} Y_{t-1} + \varepsilon_t \tag{13.2}$$

$$P(S_t = j | S_{t-1} = i, S_{t-2} = k, \cdots) = P(S_t = j | S_{t-1} = i) = p_{ij} \quad (13.3)$$

$$P = \begin{bmatrix} p_{11} & p_{12} \\ p_{21} & p_{22} \end{bmatrix} \quad (13.4)$$

$$\sum_{j=1}^{2} p_{ij} = 1, where \ i = 1,2 \ and \ 0 \leqslant p_{ij} \leqslant 1 \quad (13.5)$$

在此模型中，我们假设热钱的变动存在两个离散状态（s_1, s_2），分别对应"高风险""低风险"，即分别对应全球风险较高、国内经济低位运行和全球风险较低、国内经济运行平稳两种状态，并且认为模型中所有参数都会受状态变量 s_t 的影响而改变；Y_t 是热钱，X_t 代表可能影响热钱变动的一系列变量，包括全球性和国内经济金融方面因素；ε_t 代表第 t 时期的随机误差项；p 代表两种状态（s_1, s_2）的转移矩阵；p_{ij} 表示由状态 i（regimei）向状态 j（regimej）转移的概率。模型的估计运用 Dempster 等（1977）提出的 EM 算法（Expectation Maximization algorithm）。

13.4 模型结果分析

本部分内容主要是关于热钱影响因素模型的结论分析。首先，对各因素进行单位根检验，以保证其平稳性；其次，描述模型的估计结果，并对两种区制下的热钱影响因素进行对比分析；最后，根据模型主要结论进行拓展性分析。

13.4.1 单位根检验结果

实证分析前，非常有必要对所有变量的平稳性进行检验，以避免伪回归。我们发现所有变量在10%的显著水平下拒绝原假设，说明在10%的显著水平下所有变量都是平稳的，如表13.3 所示。因此，我们可以直接运用各变量的原始值进行进一步实证分析。

表 13.3　　　　　　　　　　　　单位根检验结果

变量	热钱	市值	全球风险	经济增长率	NDF	利率
检验结果	− 6.346 ***	− 3.002 **	− 2.827 *	− 3.046 **	− 3.272 **	− 2.683 *

注：本表提供单位根检验结果，该检验的原假设是相应的时间序列存在一个单位根。***代表在1%的显著水平下拒绝原假设，**代表在5%的显著水平下拒绝原假设，*代表在10%的显著水平下拒绝原假设。

13.4.2 MS – ARDL 模型结果

通过运用极大期望算法（EM）对模型进行估计，得到上述两个 Markov 区制转移模型在 $S_t = 1$（高风险区制）和 $S_t = 2$（低风险区制）处取值的平滑概率，如图13.3 和图13.4 所示，它们刻画了热钱在 $t = 1, 2, \cdots, T$ 时刻整个模型从高风险到低风险或低风险转移到高风险的概率。

　　由此可见，平滑概率能较好地描述不同区制之间的动态变化过程。具体地，图 13.3、图 13.4 中阴影部分面积代表处于"高风险"和"低风险"区制的时期，图 13.3 中三条竖线从左到右分别代表 2008 年 3 月贝尔斯登倒闭，2008 年 9 月雷曼兄弟倒闭以及 2011 年春季中国经济达到波谷三个事件，我们发现这三件高风险事件正好属于模型所描述出的"高风险"区制，即对应全球风险较高、国内经济低位运行状态，这也说明本章所选模型能较好地拟合现实状况。

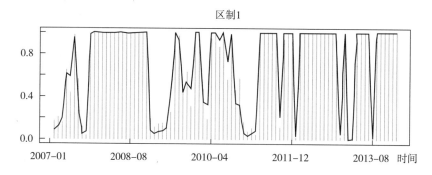

注：纵坐标代表平滑概率。

图 13.3　Markov 区制转移模型 S_1（高风险）时的平滑概率

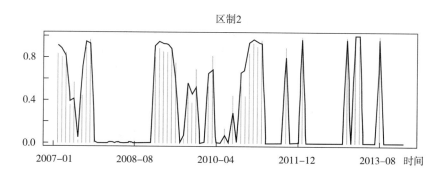

注：纵坐标代表平滑概率。

图 13.4　Markov 区制转移模型 S_2（低风险）时的平滑概率

　　实证结果发现，在两个不同区制下常数项的符号是相反且都是显著的，这说明确实存在两个不同的区制。在"高风险"区制中，常数项显著为负，说明不考虑其他因素的影响时，在全球金融环境处于高风险时期，中国的跨境热钱表现为净流出状态，这与在高风险时期国际资本流动的"奔稳"（flight - to - quality）特征相吻合，如 2007 年美国次贷危机引发全球经济、金融危机时，国际资本反而流向了危机发源地——美国，因为相对于其他国家经济、金融的高度不确定性，美国的金融风险相对低一些；相应地，"低风险"区制中显著为正的常数项说明在不考虑其他因素情况下，中国跨境热钱会表现出净流入的状态，如表 13.4 所示，这说明在国内外整体经济形势较好时期，中国对热钱的吸引力较强，因此，政府此时应谨防热钱大量流入及其可能带来的不利影响。

表 13.4　　　　　　　　　　　　**MS – ARDL 模型结果**

影响因素	区制 1 (S_1)	区制 2 (S_2)
常数	- 1943. 85 *** (- 2. 9078)	5271. 835 *** (13. 6891)
全球风险	- 11. 4709 ** (- 2. 5185)	- 17. 5076 *** (- 9. 7081)
经济增长率	167. 0972 (1. 4503)	8. 0524 (0. 7601)
NDF	16. 5749 (1. 1099)	- 642. 434 *** (- 10. 8353)
市值	0. 0002 (0. 1818)	- 0. 0036 *** (- 9. 0000)
利率	34. 6647 (0. 32571)	44. 7419 ** (2. 3469)
热钱滞后值	0. 0824 (0. 8000)	0. 134 ** (2. 5047)

注：***代表 1% 显著性水平；**代表 5% 显著性水平；* 代表 10% 显著性水平。

在"高风险"区制中，只有全球风险因素与热钱之间的负相关关系显著成立，意味着较高水平的全球风险会驱动热钱流出中国，这与"奔稳"现象一致；国内因素对热钱的流动没有显著影响，意味着当全球风险水平较高时，跨境热钱流动更多受其避险性因素驱动，而几乎不受国内因素影响，这说明在高风险区制，国内相关政策对跨境热钱流动的作用相对有限。

而在"低风险"区制中，除了全球风险外，国内因素也会对热钱的流动发挥作用，国内较高水平的利率和人民币升值预期会吸引热钱流入中国，这也是热钱套利性的体现。热钱的预期对其自身具有显著的正向影响，即国际投机者对未来中国跨境热钱流动规模的预期是基于其历史信息的，这说明在"低风险"区制中，中国跨境热钱流动符合经济学中的适应性预期假说。国内经济增长对热钱流动的作用相对有限，这与一般的理论预期不符，究其原因，可能与热钱只追逐短期利益，而不注重经济的长远发展有关。此外，令人惊奇的是，股票市值对热钱有负向且显著的影响，意味着较高的市值反而会使得热钱流出中国，这并不符合一般的理论预期，我们找出以下两个原因来解释该反常现象，其一，国际投资者对股市下跌风险的高度敏感性，即当股市繁荣时，国际投资者担心未来下跌风险的提高，就会抛售股票兑现收益流出中国，从而使股市市值与热钱表现出负相关关系；其二，中国资本管制的存在影响了热钱流动，具体而言，如当国内股市繁荣时，由于资本管制的存在，境外的热钱并不能为赚取利润而大量流入国内，因此，跨境热钱流动没有表现出与股市一致的波动趋势。

综上所述，我们的计量结果表明中国跨境热钱流动更多受其避险性的影响，因为无论在"高风险"区制还是"低风险"区制，全球风险都会显著地影响其热钱的流动，而热钱的逐利性只有在"低风险"区制中才会显现，此外，在"低风险"区制，中国跨境热钱流动符合经济学中的适应性预期假说。在新一轮高水平对外开放格局下，我国政府部门在制定应对跨境热钱流动相关政策时可以借鉴以上结论。

13.4.3　拓展性分析

由 13.4.2 节的内容可知，热钱在"高风险"区制对应潜在流出的状态，而在"低风险"区制有潜在流入的迹象。本部分内容主要从另一个角度对此进行检验。我们根据热钱流入、流出状况将样本分成两组，分别求出这两组各变量的均值，并进行比较，结果如表 13.5 所示。结果发现，当热钱流入国内时的全球风险比热钱流出时低，并且这种差异是显著的，这说明我们 MS – ARDL 模型的拟合效果较好。

表 13.5　　　　　　　　　变量均值差异检验

变量	（1）热钱流入期间	（2）热钱流出期间	（1）－（2）
全球风险	19.65	24.80	-5.14^{***} （-2.53）
经济增长率	53.15	51.34	1.81^{***} （2.68）
NDF	6.68	6.70	0.02 （0.17）
市值	226778.80	215106.70	11672.10 （1.19）
利率	3.58	3.49	0.09 （0.26）

注：本表根据热钱流入和流出对各变量进行分组，并计算其各自在热钱流入和流出时期均值，并运用 T 检验进行差异的显著性比较。括号里是 t 值，***代表 1% 显著性水平；**代表 5% 显著性水平；* 代表 10% 显著性水平。

13.5 本章小结

2007 年美国次贷危机以来中国跨境热钱流动波动剧烈，考虑到这一时期国际、国内环境复杂多变，热钱流动波动因素会有结构性改变，本章首次创新性地运用马尔可夫区制转移模型（MS）与自回归分布滞后模型相结合的动态模型探究了 2007 年以来中国跨境热钱的影响因素。研究结果表明：中国跨境热钱流动存在双区制，即"高风险"和"低风险"区制。在"高风险"区制中，中国跨境热钱是潜在流出状态，且仅有全球风险因素会显著影响其变动状况；而在"低风险"区制中，中国跨境热钱呈现潜在流入趋势，此时，不仅受风险因素影响，其追逐短期利益的性质也开始体现，与利率波动和汇率波动关系显著增强，并且还受其自身预期的正向影响。本章研究结论说明相对于逐利性而言，中国跨境热钱更多地受其避险性因素的影响。

本章结果对相关政策制定有一定的启示和借鉴。在金融全球化背景下，利率等国内政府相对可控因素只有在"低风险"区制才会起作用，驱动热钱最主要的因素是全球风险因素，中国资本账户开放的推进将会进一步增加其跨境热钱的波动幅度，这意味着要想预防大量热钱流入和流出中国而带来的负面影响，一方面，需要保持国内经济、金融的稳定和可持续发展，加强抵抗热钱冲击能力；另一方面，要加强国际间的合作，建立完善的国际热钱监测和预警机制，防患于未然。

参考文献

［1］AHMED S, ZLATE A. Capital Flows to Emerging Market Economies：A Brave New World？［J］. Journal of International Money and Finance, 2014, 48：221 – 248.

［2］BOUVATIER V. Hot Money Inflows and Monetary Stability in China：How the People's Bank of China Took up the Challenge［J］. Applied Economics, 2010, 42 (21)：1533 – 1548.

［3］CHARI V V, KEHOE P J. Hot Money［J］. Journal of Political Economy, 2003, 111 (6)：1262 – 1292.

［4］CHEUNG Y, QIAN X. Capital Flight：China's Experience［J］. Review of Development Economics, 2010, 14 (2)：227 – 247.

［5］CUDDINGTON J T. Capital Flight：Estimates, Issues, and Explanations［M］. Princeton, NJ：International Finance Section, Department of Economics, Princeton University, 1986.

［6］DEMPSTER A P, LAIRD N M, RUBIN D B. Maximum Likelihood from Incomplete Data via the EM Algorithm ［J］. Journal of the Royal Statistical Society, 1977, 39 (1): 1 – 38.

［7］EDISON H, REINHART C M. Stopping Hot Money ［J］. Journal of Development Economics, 2001, 66: 533 – 553.

［8］FORBES K J, Warnock F E. Capital Flow Waves: Surges, Stops, Flight and Retrenchment ［J］. Journal of International Economics, 2012, 88 (2): 235 – 251.

［9］FRATZSCHER M. Capital Flows, Push versus Pull Factors and the Global Financial Crisis ［J］. Journal of International Economics, 2012, 88 (2): 341 – 356.

［10］GUNTER F R. Capital Flight from China: 1984 – 2001 ［J］. China Economic Review, 2004, 15 (1): 63 – 85.

［11］GUO F, HUANG Y. Does "Hot Money" Drive China's Real Estate and Stock Markets? ［J］. International Review of Economics & Finance, 2010, 19 (3): 452 – 466.

［12］HAMILTON J D. A New Approach to the Economic Analysis of Nonstationary Time Series and the Business Cycle ［J］. Econometrica, 1989, 57 (2): 357 – 384.

［13］MARTIN M F, MORRISON W M. China's Hot Money Problems ［C］. Library of Congress Washington DC Congressional Research Service, 2008.

［14］PETTIS M, WRIGHT L. Hot Money Poses Risks to China's Stability ［N］. The Financial Times, 2008 (13).

［15］ZHANG G Y, FUNG H G. On the Imbalance between the Real Estate Market and the Stock Markets in China ［J］. Chinese Economy, 2006, 39 (2): 26 – 39.

［16］刘莉亚. 境外"热钱"是否推动了股市,房市的上涨?: 来自中国市场的证据 ［J］. 金融研究, 2008 (10): 48 – 70.

［17］路妍, 方草. 美国量化宽松货币政策调整对中国短期资本流动的影响研究 ［J］. 宏观经济研究, 2015 (2): 134 – 147.

［18］裴颖. 我国跨境热钱流入的影响因素分析: 基于 VAR 模型的实证研究 ［J］. 中南财经政法大学研究生学报, 2010 (6): 90 – 99.

第 14 章　中国跨境资本流动
对银行稳健性的影响

14.1　引言

　　银行业作为金融系统的重要部门，对一国经济发展至关重要。银行业如未能正常运转，会加大一国经济的波动，银行危机的爆发更会使一国出现重大损失。IMF（1998）和 Bordo 等（2001）对发达经济体和新兴市场经济体的研究发现，平均而言，在银行危机期间，当年 GDP 会损失 6%~8%。不仅如此，银行危机对经济活动的影响还是广泛且持久的。就一般国家而言，银行危机过去七年后的产出水平依然比危机前低 10% 左右（Abiad 等，2014），房地产价格在六年内下降 35%，股权价格在三年半内下降 55%，失业率在四年内上升到 7%（Reinhart 和 Rogoff，2009）。鉴于银行危机对经济运行的巨大危害，诸多学者和监管机构从不同角度对银行危机或银行稳健性的影响因素进行了分析[①]。其中，跨境资本流动对银行稳健性的影响也逐渐受到重视。大规模的跨境资本流动不仅对宏观经济运行有影响，也是对金融系统的稳健性的重大挑战。在经济金融全球化的背景下，不管是新兴市场国家还是工业化国家，不考虑跨境资本流动对资本接收国的影响，是无法理解在这些国家所发生的银行危机的。2007 年美国次贷危机和随后爆发的银行危机就和美国跨境资本流动有很大的关系。近十几年来美国大规模跨境资本持续流入，但是这些资本并没有得到合理使用，使市场风险不断积累，最终导致了投资者情绪的巨大逆转和信贷市场的失灵，于是银行危机爆发（Bernanke，2009）。相似地，1994 年墨西哥金融危机的爆发，也和该国跨境资本流动有着密切的关系。Carstens 和 Schwartz（1998）通过对 1994 年墨西哥金融危机的研究表明，跨境资本流入的突然停止以及和未预期到的过度波动，不仅使银行出现资本短缺，还对经济金融系统稳定造成重大冲击，最终导致金融危机的爆发。

　　在银行危机发生前后，跨境资本流动往往会出现异常波动。Goldfajn 和

---

　　① 例如，Demirguc-Kunt 和 Detragiache（2002）研究了存款保险对银行稳健性的影响，Das 等（2004）研究了监管对银行稳健性的影响，Demirguc-Kunt 等（2008）研究了巴塞尔准则对银行稳健性的影响，Anginer 和 Demirguc-Kunt（2014）研究了银行资本对银行稳健性的影响。

Valdes（1997）通过对银行危机和货币危机发生前后跨境资本流动的统计分析发现，在危机爆发前 5～7 年资本开始大量流入，到危机爆发前 1 年资本流入急剧下降，危机爆发后 1 年出现资本净流出。中国跨境资本流动的变化与此相似，跨境资本流动连续 12 年（2000 年至 2011 年）为净流入，2011 年净流入高达 2600 亿美元，然而 2012 年出现资本净流出 360 亿美元，2013 年又转为资本净流入 3232 亿美元。在此期间，中国虽然没有因跨境资本流动的剧烈波动而爆发银行危机，但是中国跨境资本流动对银行稳健性的影响已不容忽视，蒋丽丽和伍志文（2006）通过最小二乘法分析资本外逃对金融稳定的影响，发现中国的资本外逃对金融稳定有显著的威胁，Sedik 和 Sun（2012）通过情景模拟研究发现，中国跨境资本流动规模的增加会降低银行资本充足率。然而，许长新和张桂霞（2007）的研究却有相反结论，他们通过格兰杰因果检验发现，中国跨境资本流动并未对银行稳健性产生明显影响。

目前，针对中国跨境资本流动对银行稳健性影响的研究尚不充分，研究结果也不一致，更进一步分类别地研究近年来特别是此次国际金融危机期间的中国跨境资本流动对银行稳健性的影响，不仅具有重要的学术价值，而且对于中国资本账户开放、资本流动和银行稳健性的监管具有重要的指导意义。因此，本章先从理论上梳理、总结了跨境资本流动对银行稳健性的影响及其机理，接着采用 2006 年第一季度至 2014 年第一季度的数据对中国十大银行的稳健性进行测度，并利用面板数据模型来分析中国跨境资本流动对银行稳健性的影响。本章选择 2006 年开始的数据进行研究，是因为针对四大国有银行的股份制改革计划在 2005 年已基本完成（Liu，2013），选择 2006 年开始的数据进行建模研究，可以尽量避免由于此次银行改革可能发生的结构性变化对模型的稳健性和参数估计的有效性产生不良影响。选择中国十大银行[①]作为研究对象，是因为大银行往往在整个银行体系中扮演更重要的角色，系统性重要银行的风险状况和多个银行的风险状况在一定程度上还能反映系统性风险的大小（Gup，1999）；而且，2006 年至 2013 年间，十大银行的资产规模总和及利润总和与所有商业银行的资产总和及利润总和年均占比均超过 60%[②]，对整个银行业具有很好的代表性。在研究中国跨境资本流动对银行稳健性的影响时，本章不仅从总体上计量分析了跨境资本流动对银行稳健性的影响，还对跨境资本流动的成分进行区分，分别分析跨境资本流动的三种成分（直接投资、证券投资和其他投资）对银行稳健性的影响。因为不同类型的跨境资本流动，对银行稳健性可能产生不同的影响（Bordo 等，2010；Furceri 等，2011），所以对跨境资本流动的成分进行区分，可

①　根据 CEIC 数据库的分类，中国十大银行分别为中国工商银行、中国建设银行、中国农业银行、中国银行、交通银行、招商银行、兴业银行、上海浦东发展银行、中信银行和民生银行。

②　占比数据是根据 CEIC 数据库、Wind 数据库及银监会网站提供的数据计算而得。

以进一步了解不同成分的跨境资本流动对银行稳健性的影响情况。

14.2 跨境资本流动对银行稳健性的影响

跨境资本流动对银行稳健性的影响，既可能因为稀缺资金注入、技术溢出而提升资本接收国银行体系经营的稳健性，也可能会因为过度的资金流入推动银行体系的高风险经营，或者资金流动的剧烈波动冲击银行体系的健康、稳健运行。

14.2.1 跨境资本流动对银行稳健性的积极影响

跨境资本流动能够对银行稳健性产生积极影响，主要是通过资本流动的经济增长效应和技术溢出效应以及实现资本的最优配置三种方式间接影响银行的稳健性。首先，对于资本稀缺国而言，持续稳定的资本流入可以为该国提供经济发展资金，推动该国经济增长，良好的经济增长有助于一国银行系统稳健运行。其次，对于以直接投资形式流入的国际资本，由于具有技术溢出效应，即直接投资的资本所有者往往会将更先进的技术和管理经验引进到资本接收国，这有利于促进该国产业的升级和发展，提高相关产业的运行效率[①]，而发展状况良好的产业有利于该国银行体系的稳健运行，最直接的表现形式是相关产业内的企业盈利能力提高，因而银行对这些企业的不良贷款下降。最后，对于资本充裕的国家，资本流出有利于实现资源最优配置，同时分散投资风险，避免大量资本在国内过度投资而造成经济过热、资产价格泡沫等问题。一般而言，经济过热之后的衰退、资产价格泡沫的破裂等情况，容易对该国银行体系造成重大冲击。因此，适当的资本流出也有利于该国银行体系的稳健运行。

14.2.2 跨境资本流动对银行稳健性的不利影响

跨境资本流动对银行稳健性的冲击，主要是由资本流动的过度波动（如资本流入大进、资本流入急停或者资本外逃）造成的。资本流动的过度波动会通过不同渠道间接或直接影响银行稳健性，间接渠道通常是利率、汇率、信贷、资产价格、经济发展和货币政策等，直接渠道主要是银行自身的业务和资产负债结构。

首先，当国际资本持续大量流入时，可能会导致国内金融市场利率下降，利率下降带来的融资成本下降可能会导致投资过度、经济发展过热，并出现高速通货膨胀、银行信贷泡沫、资产价格泡沫等问题，此时银行系统性风险不断

[①] 邱斌等（2008）、钟娟和张庆亮（2010）通过不同方法的实证研究，都发现直接投资流入对中国具有正的技术溢出效应。

积累（Albuquerque 等，2003；Caballero 等，2006；Reinhart 等，2008；杨海珍等，2009）。一旦资本流入出现急停甚至资本外逃，该国货币倾向贬值，一旦形成贬值预期，会加速资本的大规模流出，此时容易引发泡沫破裂、企业倒闭和经济衰退，银行会面临资产价值缩水、资本短缺和不良贷款率飙升等问题，当情况恶化到一定程度时会造成银行危机的爆发（Giannetti，2007）。

其次，在银行起主导作用的金融体系中，跨境资本的流动主要都是通过商业银行进行结算，这虽然丰富了银行的业务范围，但也给银行带来了较大的外汇业务风险。银行外汇业务风险主要是汇率风险，汇率风险可以通过两种不同的方式对银行产生影响。我国对银行结售汇综合头寸实行限额管理和按天管理的原则，即当天银行结售汇综合头寸超过外汇局核定的限额时，必须在下一个交易日结束前调整至限额内。这就意味着，当汇率朝着不利于该银行持有头寸的方向变化时，银行仍需要对超额的外汇头寸进行平补，于是由汇率波动造成的损失就发生了。另外，由于银行持有不同的外汇资产或负债，如果汇率在一定时间内发生始料未及的变化，可能对银行的外汇资产或负债造成重大冲击。

最后，当有跨境资本流入或流出时，银行为其办理结售汇业务所发生的净差额须通过银行间外汇市场平盘，这会对人民币汇率和外汇储备产生影响，并通过基础货币投放影响货币政策和宏观经济政策，而相关部门在制定与实施货币政策和宏观经济政策时，往往具有时滞性，如果此时发生未预期到的大规模跨境资本流动，可能会削弱之前的货币政策效果和宏观经济政策效果，而新的货币政策和宏观经济政策又不能及时实施，结果导致宏观经济基本面继续恶化，最终影响银行系统的稳健运行。例如，当宏观经济过热，国家实施紧缩的货币政策时，未预期到的大规模跨境资本流入会削弱紧缩的货币政策效果，使宏观经济和资产价格继续上扬，经济泡沫和资产价格泡沫风险继续积聚。一旦泡沫破裂，大量资本外逃，宏观经济下行，大量企业破产，银行的流动性和贷款回收会受到极大冲击，严重时会爆发银行危机。

综上分析可以看出，跨境资本流动既能促进银行的稳健运行，又会增加银行的系统性风险，仅依靠理论分析无法判断跨境资本流动对银行稳健性的最终影响，因此需要借助实证手段对其进行量化分析。

14.3　银行稳健性的测度与中国银行稳健性状况

14.3.1　银行稳健性的含义与测度方法

银行稳健性是指在一定时间范围内，银行发生违约的可能性（Mingo，2000），或者说，银行应对意外冲击时控制损失的能力（Bourkhis 和 Nabi，2013）。这个能力取决于银行自身的资产负债结构，具体表现为银行的资本充足性、资产质量、盈利能力和流动性等相关指标。因此，可以基于这些指标的加总合成单一指标，用于综合反映银行的稳健状况，该方法在学术界和实践中已经得到广泛应用（Gaganis 等，2006；Shih 等，2007；Ioannidis 等，2010）。另外，也可以基于银行股权价格的数据，通过构建模型来估计银行的潜在风险，进而用以反映银行的稳健性（Segoviano 和 Goodhart，2009；Acharya 等，2010）。

基于银行股权价格数据来测度银行稳健性的做法，一般要求该国证券市场比较成熟，股权价格能够有效反映潜在的内部风险和外部风险。对于不发达的发展中国家，因其金融市场往往欠发达，比较适合采用基于银行资产负债表的数据来测度银行稳健性的做法（IMF，2009），可以通过对某些关键财务指标数据的合成以反映银行的稳健性（Čihák 和 Schaeck，2010）。该方法简单易行，指标来源与选取规则较为简单，有利于对系统性风险衡量监测的制度化和规范化，也避免了由于信息不对称造成的误判或道德风险问题（刘吕科等，2013）。因此，本章选用基于银行资产负债表指标数据的合成方法来测度中国十大银行的稳健性，并以该测算结果为基准来考察跨境资本流动对银行稳健性的影响。

考虑到数据的可得性和可比性，本文借鉴 Das 等（2004）的做法，选择银行的资本充足率和不良贷款率来构建银行稳健性指数。其中，资本充足率能够反映金融机构应对冲击的能力，不良贷款率则反映了金融机构的资产质量，进而反映了金融机构的偿付能力，对这两个指标的加总合成能够较好地反映银行的稳健性（Evans 等，2000）。在对指标进行加总合成时，需要对指标进行正规化处理，然后分别赋予相等的权重进行加总求和。在正规化处理时，不良贷款率需要先取倒数，使其值和资本充足率一样都是越高表示银行越稳健。具体公式如下所示：

$$BSI_{i,t} = \frac{1}{2} \times \left(\frac{\frac{1}{NPLR_{i,t}} - \mu_{i,\frac{1}{NPLR}}}{\sigma_{i,\frac{1}{NPLR}}} + \frac{CAR_{i,t} - \mu_{i,CAR}}{\sigma_{i,CAR}} \right) \tag{14.1}$$

式中，$BSI_{i,t}$ 表示第 i 家银行在第 t 期的稳健性指数；$NPLR_{i,t}$ 表示第 i 家银行在第 t 期的不良贷款率；$CAR_{i,t}$ 表示第 i 家银行在第 t 期的资本充足率；$\mu_{i,j}$、$\sigma_{i,j}$ 分别为相应银行相应指标在样本期内的均值和标准差。这样，$BSI_{i,t}$ 的值围绕零上下波动，大于零表示银行稳健性高于历史平均水平，小于零表示银行稳健性低于历史平均水平。

14.3.2　银行稳健性测度结果及可靠性分析

根据上述方法，本章对中国十大银行的稳健性分别进行了测度，图 14.1 给出了十大银行稳健性指数的平均值，十大银行不良贷款率的倒数和资本充足率分别经正规化处理后的平均值。总体来看，十大银行稳健性情况在 2006 年第一季度至 2007 年第四季度逐季好转，这主要受益于当时我国商业银行股份制改革与发展的深入，各商业银行业务经营与管理成效都有明显提升；2008 年受国际金融危机影响，十大银行稳健性指数均值出现短暂下跌，但在国家宽松的货币政策作用下，十大银行稳健性均值从 2009 年下半年开始回升；2012 年第四季度至 2014 年第四季度，各样本银行稳健性又普遍下降，主要是不良贷款率上升所致，而背后的深层原因则是外部国际经济增长低迷以及中国经济结构矛盾的加剧。据《中国银行业运行报告（2013 年度）》，截至 2013 年底，工业生产者出厂价格连续 22 个月同比负增长，表明产能过剩现象依然严重。钢铁、电解铝、船舶等行业利润明显下滑，企业普遍经营困难。此外，中小企业生产经营仍面临劳动力成本上升、订单不足、资金紧张等问题。企业作为银行的主要客户，普遍营运困难，利润下降甚至亏损，结果必然导致银行的不良贷款率上升，进而造成资本充足率下降，因而银行稳健性下降。综上分析，本章对十大银行稳健性的测度结果较好地反映了银行经营的实际情况。

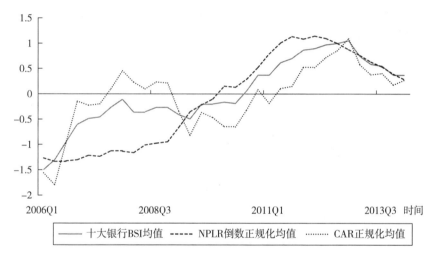

注：BSI 均值是十家银行稳健性指数的算术平均值；$NPLR$ 倒数正规化均值是指十大银行的不良贷款率取倒数后再进行正规化处理后的均值，CAR 正规化均值是指十大银行的资本充足率经过正规化处理后的平均值，因此，$NPLR$ 倒数正规化均值和 CAR 正规化均值都是越高表示银行稳健性越好。

数据来源：CEIC 数据库。

图 14.1　中国十大银行的稳健性指数计算结果

为进一步验证银行稳健性测度结果的可靠性，下面进一步采用 Acharya 等（2010）提出的边际期望损失（Marginal Expected Shortfall，MES）法对十大银行的稳健性进行测度，并与上述基于资产负债表数据的测算结果进行比较分析。MES 法是基于银行股票收益率数据来考察银行的稳健性状况，衡量的是当银行系统出现危机时，某家银行所发生的边际期望损失。因此，当 MES 的值越小时，表示银行遭受系统性危机的影响越小，故银行的稳健性越高。目前，MES 已在学术界和实践中得到广泛应用，但因为我国上市银行数量不多，而且部分银行在 2007 年和 2010 年后才开始上市的，采用 MES 法的计算结果样本周期太短，不利于我们后面构建面板数据模型考察跨境资本流动对其影响，因此这里仅用该方法验证我们提出的基于资产负债表数据的银行稳健性计算结果的可靠性。

图 14.2 给出了基于 Brownlees 等（2012）提出的算法计算的我国九大银行[①]的边际期望损失值平均值和银行稳健性指数平均值的趋势（因为部分银行是 2007 年下半年才上市的，所以图 14.2 中只给出了 2008 年第一季度开始的 MES 值）。总体上看，MES 值和 BSI 值呈现相反的走势，具有较高的负相关性（相关系数为 −0.76），表示当银行边际期望损失越小时，银行稳健性越高，这符合理论预期。更进一步地，我们计算了每家银行自身的 BSI 值和 MES 值的相关性，其相关系数都小于 −0.5，表明每家银行自身的 BSI 值和 MES 值亦都具有较高的负相关关系。综上分析，我们认为本章基于银行资产负债表数据所计算的银行稳健性结果具有较高的可靠性。

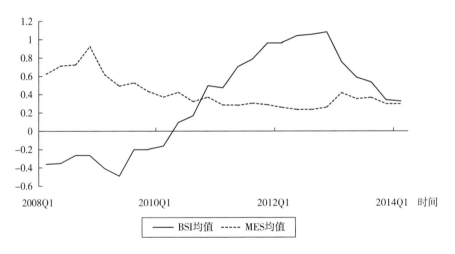

注：图中银行稳健性指数均值是除了农业银行之外九家银行稳健性指数的算术平均值；边际期望损失均值是除了农业银行之外九家银行边际期望损失的算术平均值。因为农业银行是 2010 年才上市的，数据样本太短，故在计算和比较边际期望损失值时均剔除了农业银行。银行稳健性指数均值越高，说明银行稳健程度越高；边际期望损失均值越低，说明银行的稳健性越高。

图 14.2　九大银行的 BSI 均值与 MES 均值的比较

---

① 因为农业银行是 2010 年才上市的，数据样本太短，故在计算和比较 MES 值时均剔除了农业银行。

14.4　跨境资本流动对中国银行稳健性影响的计量分析

14.4.1　计量模型

在使用面板数据模型时，通常需要考虑个体异质性的截距项 α_i 是否与其他解释变量相关。如果 α_i 与某个解释变量相关，则应该选用固定效应模型；如果 α_i 与所有解释变量都不相关，则应该选用随机效应模型。从经济理论的角度来看，个体异质性截距项 α_i 与所有解释变量都不相关的条件很难满足，因此随机效应模型比较少见。就本章研究而言，每家银行的稳健性情况很可能存在不随时间改变的遗漏变量，理论上应该考虑使用固定效应模型，但仍须通过数据检验以确定使用哪种模型。本章在建模前对数据进行了豪斯曼检验，检验结果拒绝"个体异质性截距项 α_i 与所有解释变量都不相关"的原假设。因此，本章使用固定效应模型来计量分析中国跨境资本流动对银行稳健性的影响，模型如下：

$$BSI_{i,t} = \alpha_i + \beta \times Flow_{t-1} + X_{i,t-1}\theta + \varepsilon_{i,t} \tag{14.2}$$

式中，$BSI_{i,t}$ 表示第 i 家银行在第 t 期的稳健性；α_i 是代表个体异质性的截距项；$Flow_{t-1}$ 表示滞后一期的中国跨境资本流动与 GDP 的比值；$X_{i,t-1}$ 是一个 $J \times 1$ 的向量，表示 J 个滞后一期的控制变量；θ 是一个 $J \times 1$ 的向量，表示控制变量的系数；$\varepsilon_{i,t}$ 是扰动项。这里分析时使用的解释变量都是滞后一期的，目的是尽可能使模型内生性问题最小化，满足估计量外生的要求。另外，在建模前先对所有变量进行了平稳性检验，结果显示，经过处理后的变量都是平稳的，这可以有效避免伪回归问题。

14.4.2　控制变量的选取

银行稳健性反映了银行稳健经营的能力，其影响因素有很多，但主要受宏观经济和货币政策因素的影响。例如，陈守东和王淼（2011）通过实证研究发现，我国银行稳健性依赖于稳定的经济增长，受经济冲击的影响程度非常高。Akhter 和 Daly（2009）通过 50 个国家的面板数据研究发现，景气周期、通货膨胀、实际有效汇率和银行业规模对银行稳健性有很大的影响。Laeven 和 Levine（2009）以及张金清等（2011）也都发现，GDP 增长率、通货膨胀率和货币投放等宏观经济和货币政策因素对银行稳健性有重要影响。因此，本章采用经济增长率、通货膨胀率、货币增速和实际有效汇率指数等宏观经济和货币政策变量以及银行自身资产规模作为控制变量。表 14.1 中给出了各变量的描述性统计，可以看出，宏观经济因素中，只有通货膨胀率波动比较大，其变异系数为 0.76，其他变量变异系数都小于 0.3。从银行资产规模来看，只有工商银行、建设银行、农业银行和中国银行四家大型商业银行在样本期内的资产均值超过 10 万亿元，大型商业银行交通银行和其他五家股份制商业银行在样本期内的资产均值都在 2 万亿 ~5 万亿元。另外，十家银行的资产规模变异系数都小于 0.3，说明在样本期没有发生重大变化。

表 14.1 控制变量的描述性统计

指标分类	统计指标	均值	最大值	最小值	标准差	变异系数
宏观经济因素	经济增长率	10.20	15.00	6.60	2.37	0.23
	通货膨胀率	3.04	8.03	-1.53	2.32	0.76
	M_2 同比增速	17.73	28.95	12.93	4.10	0.23
	实际有效汇率指数	97.64	117.21	83.05	9.86	0.10
银行资产规模（万亿元）	农业银行	12.54	15.32	9.70	1.77	0.14
	交通银行	4.90	5.96	3.71	0.78	0.16
	中国银行	12.29	15.11	9.69	1.47	0.12
	建设银行	13.05	16.14	10.24	1.86	0.14
	中信银行	2.78	3.98	1.94	0.63	0.23
	招商银行	3.14	4.40	2.28	0.66	0.21
	民生银行	2.58	3.41	1.63	0.64	0.25
	兴业银行	2.73	3.79	1.71	0.76	0.28
	工商银行	16.41	19.73	12.96	2.21	0.13
	上海浦东发展银行	2.87	3.74	1.78	0.63	0.22

数据来源：Wind 数据库。

14.4.3 结果与分析

14.4.3.1 中国跨境资本净流动对银行稳健性的影响

中国跨境资本净流动对银行稳健性影响的计量分析结果如表 14.2 所示。第 1 列为只考虑跨境资本净流动和银行资产规模的回归结果。可以看出，跨境资本净流动的回归系数是负的，且在 1% 的水平上是显著的，表明跨境资本净流动对银行稳健性有显著的反向作用，即随着跨境资本净流动规模的增大，银行稳健性很可能会降低。第 2 列至第 5 列是逐步加入其他控制变量之后的回归结果。可以看出，跨境资本净流动与银行稳健性的这种反向关系依然是显著的，而且显著性没有降低，说明计量分析结果具有平稳性。

考虑到样本中的十家银行包括四家大型商业银行和其他六家商业银行，在资产规模上的差异较大，其在自身经营和政策监管方面存在较大的差异。因此，本章将十大银行进行分类，考察跨境资本净流动是否会对不同资产规模的商业银行产生不同的作用，计量分析结果如表 14.2 中第 6 列和第 7 列所示。其中第 6 列是以四家大型商业银行的稳健性指数作为被解释变量的回归结果，第 7 列是以其余六家商业银行的稳健性指数作为被解释变量的回归结果。从回归结果看，跨境资本净流动对两类银行的影响均在 1% 的显著性水平上显著，且系数大小和方向与全样本回归结果无显著差异，其他控制变量的系数和显著性也未发生较大的变化。因此，我们认为，全样本回归结果具有平稳性，跨境资本净流动对大型商业银行和相对较小的商业银行的稳健性均有显著影响。

表 14.2 跨境资本净流动对银行稳健性影响的计量分析结果[1]

解释变量	系数估计值						
	I	II	III	IV	V	VI	VII
跨境资本净流动	− 0.018 ***	− 0.019 ***	− 0.020 ***	− 0.020 ***	− 0.018 ***	− 0.022 ***	− 0.017 ***
	（− 3.678）	（− 3.789）	（− 3.889）	（− 4.014）	（− 3.550）	（− 2.708）	（− 2.717）
经济增长率		0.016	0.006	0.040 *	0.039 *	0.094 ***	0.033
		（0.886）	（0.350）	（1.816）	（1.771）	（3.136）	（1.191）
通货膨胀率			0.033 **	0.020	− 0.005	− 0.044 *	0.004
			（2.151）	（1.263）	（0.795）	（− 1.905）	（0.152）
M$_2$ 同比增速				− 0.029 ***	− 0.037 ***	− 0.087 ***	− 0.023
				（− 2.640）	（− 3.236）	（− 6.787）	（− 1.564）
实际有效汇率指数					− 0.024 ***	− 0.023	− 0.022 *
					（− 2.506）	（− 1.759）*	（− 1.754）
银行资产规模[2]	0.710 ***	0.765 ***	0.813 ***	0.769 ***	1.160 ***	2.162 ***	0.996 ***
	（3.533）	（3.692）	（4.125）	（3.739）	（4.557）	（6.083）	（2.874）
AR（1）[3]	0.786 ***	0.785 ***	0.775 ***	0.781 ***	0.782 ***	0.472 ***	0.832 ***
	（23.719）	（23.479）	（22.580）	（22.504）	（23.089）	（7.250）	（18.617）
常数项	− 0.613 **	− 0.835 **	− 0.930 **	− 0.626	1.537	− 1.876 *	1.866
	（− 2.023）	（− 2.185）	（− 2.502）	（− 1.581）	（1.612）	（− 1.813）	（1.416）
拟合优度	0.86	0.861	0.863	0.866	0.869	0.884	0.876
F 值	141.63	130.698	123.265	118.013	113.179	69.607	102.577

注：1. 被解释变量是银行稳健性指数，括号内的数字代表 t 值，其中 *、＊＊、＊＊＊ 分别代表在 10%、5%、1% 水平上显著。2. 银行资产规模进行取对数处理，以使变量为平稳变量。3. 实证中加入了 AR 项，很好地解决了自相关的问题。

14.4.3.2 不同类型的跨境资本净流动对银行稳健性的影响

不同类型的跨境资本净流动对银行稳健性影响的计量分析结果汇总如表 14.3 所示。其中，模型 I、IV、VII 是所有银行一起的回归结果，模型 II、V、

VIII 是以四大国有银行为样本的回归结果；模型 III、VI、IX 是以其余六家股份制银行为样本的回归结果。

以十家银行为样本的回归结果表明，直接投资净流动和证券投资净流动对银行稳健性的影响不显著（见表 14.3 模型 I 和模型 IV）；其他投资净流动对银行稳健性的回归系数为负，且在 1% 显著性水平上显著，表明其他投资净流动规模的增加很可能会降低银行的稳健性（见表 14.3 模型 VII）。以四家大型商业银行和其余六家资产规模相对较小的商业银行为样本进行回归分析的结果显示，各类资本净流动对银行稳健性的影响并没有因银行资产规模的不同而有显著差异。直接投资净流动和证券投资净流动对四家大型商业银行稳健性的影响和其余六家商业银行稳健性的影响在统计上均不显著，其他投资净流动对四家大型商业银行稳健性的影响和其余六家商业银行稳健性的影响在统计上均显著，这和全样本的计量分析结果一致，说明全样本模型的分析结果具有平稳性。

本书认为，直接投资净流动没有对我国银行稳健性造成不良影响这个结果符合理论预期，因为直接投资一般是长期投资，其流动性低、波动性小，不会出现大规模的突然流入或流出，故不会对银行形成流动性压力。证券投资净流动之所以对银行稳健性也没有显著影响，主要是因为我国证券投资净流动规模相当小，平均年净流动量占 GDP 比例不足 1%，难以对金融市场和经济系统产生较大的影响。而其他投资主要是贸易信贷、国际借贷等短期资金流动，其周期短、波动性大，且规模逐年在增加，容易对银行的流动性和资产质量造成冲击，进而会对银行的稳健性造成不利影响。

表 14.3　不同类型的跨境资本净流动对银行稳健性影响的计量分析结果[1]

解释变量	直接投资净流动			证券投资净流动			其他投资净流动		
	I	II	III	IV	V	VI	VII	VIII	IX
$Flow^1$	0.005	0.006	0.003	0.007	−0.011	0.006	−0.018 ***	−0.02 **	−0.018 ***
	(0.228)	(0.154))	(0.122)	(0.355)	(−0.368)	(0.266)	(−3.687)	(−2.555)	(−2.851)
经济增长率	0.022	0.076 *	0.016	0.019	0.079 **	0.013	0.028	0.084 ***	0.023
	(0.974)	(2.434)	(0.576)	(0.827)	(2.568)	(0.441)	(1.314)	(2.829)	(0.826)
通货膨胀率	−0.012	−0.051 **	−0.003	−0.012	−0.049 **	−0.003	−0.004	−0.048 **	0.005
	(−0.647)	(−2.15)	(−0.14)	(−0.633)	(−2.037)	(−0.122)	(−0.226)	(−2.075)	(0.208)
M_2 同比增速	−0.037 ***	−0.092 ***	−0.023	−0.037 ***	−0.092 ***	−0.022	−0.034 ***	−0.087 ***	−0.02
	(−3.217)	(−6.985)	(−1.495)	(−3.073)	(−7.009)	(−1.392)	(−3.016)	(−6.718)	(−1.359)

---

[1]　逐渐添加控制变量时跨境资本流动的回归系数并没有发生显著变化，且限于篇幅，故逐渐添加控制变量的回归结果未在正文中列出。

解释变量	直接投资净流动			证券投资净流动			其他投资净流动		
	I	II	III	IV	V	VI	VII	VIII	IX
实际有效汇率指数	-0.029***	-0.027**	-0.029**	-0.030***	-0.026*	-0.029**	-0.023***	-0.024*	-0.021*
	(-3.063)	(-2)	(-2.269)	(-3.119)	(-1.911)	(-2.313)	(-2.432)	(-1.846)	(-1.659)
银行资产规模[2]	1.159***	2.121***	1.056***	1.161***	2.124***	1.064***	1.119***	2.134***	0.961***
	(4.421)	(5.734)	(3.027)	(4.464)	(5.781)	(3.112)	(4.395)	(5.957)	(2.787)
AR（1）[3]	0.78***	0.467***	0.823***	0.779***	0.466***	0.821***	0.781***	0.475***	0.829***
	(22.782)	(7.038)	(17.92)	(22.689)	(7.044)	(17.816)	(22.985)	(7.263)	(18.417)
常数项	2.261**	-1.168	2.636**	2.310***	-1.277	2.671**	1.519	-1.651	1.768
	(2.371)	(-1.131)	(2)	(2.428)	(-1.191)	(2.043)	(1.598)	(-1.608)	(1.341)
拟合优度	0.863	0.875	0.871	0.863	0.875	0.871	0.870	0.883	0.877
F 值	107.43	63.76	97.84	107.468	63.85	97.88	113.635	68.95	103.07

注：1. 当 Flow 对应哪一列则表示哪一类资本流动，例如，对应第二列则表示直接投资净流动。2. 银行资产规模进行取对数处理，以使变量为平稳变量；模型 I、IV、VII 是所有银行一起的回归结果，模型 II、V、VIII 是以四家大型商业银行为样本的回归结果；模型 III、VI、IX 是以其余六家商业银行为样本的回归结果。3. 实证中加入了 AR 项，很好地解决了自相关的问题。括号内的数字代表 t 值，其中 *、**、***分别代表在 10%、5%、1% 水平上显著。

14.5　本章小结

本章在研究和梳理现有文献研究成果基础上，第一次从理论上较为系统地总结和概括了跨境资本流动对银行稳健性的积极影响和不利影响。在对现有银行稳健性的测度方法研究、比较基础上，选择基于银行资产负债表指标数据的合成方法，以 2006—2014 年间中国十大银行为样本，测度和分析了中国十大银行的稳健性状况及其变化。在上述研究基础上，进一步通过构建面板数据模型计量分析了跨境资本流动对中国十大银行稳健性的影响。本章的主要研究结论如下。

第一，总体来看，中国十大银行稳健性情况在 2006—2014 年间呈现阶段性特征，并与全球以及中国宏观经济政策与运行状况密切相关。具体表现为：2006年第一季度至 2007 年第四季度逐季好转，2007 年第四季度达到这一阶段的高峰，2008 年第一季度至 2009 年第二季度是一个下行及动荡期，2009 年下半年十大银行稳健性开始回升并持续至 2012 年第四季度，自 2012 年第四季度至 2014年第四季度，银行稳健性持续下降。

第二，跨境资本流动对中国十大银行稳健性影响的计量分析结果表明，跨境资本流动总体上对中国银行稳健性具有显著的负向影响。更进一步区分类别的计量研究结果表明，以直接投资和证券投资形式的跨境资本流动对中国十大银行稳健性的影响不显著，而其他投资形式的跨境资本流动对中国十大银行稳健性具有显著的负向影响。这意味着中国跨境直接投资、证券投资的波动尚未对我国银行稳健性造成不利影响，可能的原因主要有：（1）尽管近年来在国家鼓励企业"走出去"政策指引和促进下，我国对外直接投资有了较大增加，但长期以来，我国一直是直接投资净流入国，而直接投资往往是长期投资，其流动性低、波动性小，且主要投向实业部门，理论上有利于促进我国企业升级和经济发展，进而对银行稳健性产生一定的积极作用。（2）我国对证券投资类别的资本流动开放有限且监管严格，至今证券投资类跨境净流动规模仍相当有限，平均年净流动量占 GDP 比例不足 1%，难以对股市和银行体系造成显著影响，由此，跨境证券投资对我国银行稳健性没有显著的作用。（3）其他投资类的跨境资本流动主要是贸易信贷、国际借贷等短期资金，其周期短、波动性大，且规模逐年增加，容易对银行的流动性和资产质量造成冲击，进而损害银行稳健性。

由此，政策当局在未来对银行稳健性的监管中，要进一步加强对其他投资项目下的跨境资本流动的监测和预警，着重防范其他投资项目下跨境资本流动的剧烈波动对银行稳健性造成严重冲击。此外，由于受限于样本数据量，以及中国尚未发生过银行体系稳健性危机或者系统性的银行危机，本章只研究了跨境资本流动对十大银行稳健性的影响，也没有考察跨境资本流动极端波动对银行稳健性以及对银行危机的影响，未来在样本数据充分时可以通过阈值模型或者 Probit 模型，进一步研究跨境资本流动极端波动对银行稳健性的影响。

参考文献

［1］ABIAD A, BALAKRISHNAN R, Brooks P K, et al. What's the damage? Medium – term output dynamics after financial crises ［M］. Claessens S, Kose A, Laeven L, Valencia F. Financial Crises：Causes, Consequences, and Policy Responses. 2014：277 – 308.

［2］ACHARYA V V, PEDERSEN L H, PHILIPPON T, et al. Measuring systemic risk ［R］. Federal Reserve Bank of Cleveland Working Paper, No. 10 – 02, 2010.

［3］AKHTER S, DALY K. Bank health in varying macroeconomic conditions：A panel study ［J］. International Review of Financial Analysis, 2009, 18（5）：285 – 293.

［4］ALBUQUERQUE R. The composition of international capital flows：risk sharing through foreign direct investment ［J］. Journal of International Economics, 2003,

61 (2): 353 - 383.

[5] ANGINER D, DEMIRGÜÇ - KUNT A. Bank capital and systemic stability [J]. World Bank Policy Research Working Paper, 2014 (6948).

[6] BERNANKE B. Financial reform to address systemic risk, Speech at the Council on Foreign Relations [EB/OL]. http: //www. federalreserve. gov/newsevents/speech/bernanke20090310a. htm? keepThis = true&TB _ iframe = true&height = 600&width = 850, 2009 - 03 - 10.

[7] BORDO M D, MEISSNER C M, STUCKLER D. Foreign currency debt, financial crises and economic growth: A long - run view [J]. Journal of International Money and Finance, 2010, 29 (4): 642 - 665.

[8] BORDO M, EICHENGREEN B, Klingebiel D, et al. Is the crisis problem growing more severe? [J]. Economic policy, 2001, 16 (32): 51 - 82.

[9] BOURKHIS K, NABI M S. Islamic and conventional banks' soundness during the 2007 - 2008 financial crisis [J]. Review of Financial Economics, 2013, 22 (2): 68 - 77.

[10] BROWNLEES C T, ENGLE R F. Volatility, correlation and tails for systemic risk measurement [J]. Available at SSRN 1611229, 2012.

[11] CABALLERO R J, KRISHNAMURTHY A. Bubbles and capital flow volatility: Causes and risk management [J]. Journal of monetary Economics, 2006, 53 (1): 35 - 53.

[12] CARSTENS A, SCHWARTZ M J. Capital flows and the financial crisis in Mexico [J]. Journal of Asian Economics, 1998, 9 (2): 207 - 226.

[13] ČIHÁK M, SCHAECK K. How well do aggregate prudential ratios identify banking system problems?   [J]. Journal of Financial Stability, 2010, 6 (3): 130 - 144.

[14] DAS U S, CHENARD K, QUINTYN M. Does regulatory governance matter for financial system stability? An empirical analysis [M]. International Monetary Fund, 2004.

[15] DEMIRGÜÇ - KUNT A, DETRAGIACHE E, Tressel T. Banking on the principles: Compliance with Basel Core Principles and bank soundness [J]. Journal of Financial Intermediation, 2008, 17 (4): 511 - 542.

[16] DEMIRGÜÇ - KUNT A, DETRAGIACHE E. Does deposit insurance increase banking system stability? An empirical investigation [J]. Journal of Monetary Economics, 2002, 49 (7): 1373 - 1406.

[17] EVANS O, LEONE A M, GILLM, et al. Macroprudential Indicators of Financial System Soundness [R]. IMF Occasional Paper, No. 192, 2000.

[18] FURCERI D, GUICHARD S, RUSTICELLI E. Episodes of large capital inflows and the likelihood of banking and currency crises and sudden stops [M]. OECD, 2011.

[19] GAGANIS C, PASIOURAS F, ZOPOUNIDIS C. A multicriteria decision framework for measuring banks' soundness around the world [J]. Journal of Multi – Criteria Decision Analysis, 2006, 14 (1 – 3): 103 – 111.

[20] GIANNETTI M. Financial liberalization and banking crises: The role of capital inflows and lack of transparency [J]. Journal of Financial Intermediation, 2007, 16 (1): 32 – 63.

[21] GOLDFAJN I, VALDES R O. Capital flows and the twin crises: the role of liquidity [M]. International Monetary Fund, 1997.

[22] GUP B E, Bartholomew P F. The Decision to Fail Banks: A Global View [J], International banking crises: large – scale failures, massive government interventions, 1999: 204.

[23] International Monetary Fund, World Economic Outlook: World Economic and Financial Surveys [M]. Washington, May 1998.

[24] International Monetary Fund. Global Financial Stability Report: Responding to the Financial Crisis and Measuring Systemic Risks [M]. Washington, 2009.

[25] IOANNIDIS C, PASIOURAS F, ZOPOUNIDIS C. Assessing bank soundness with classification techniques [J]. Omega, 2010, 38 (5): 345 – 357.

[26] LAEVEN L, LEVINE R. Bank governance, regulation and risk taking [J]. Journal of Financial Economics, 2009, 93 (2): 259 – 275.

[27] LIU S. Reform and Development of China's Financial Sector [M]. Das U. S., Fiechter J., Sun T. China's Road to Greater Financial Stability: Some Policy Perspectives. International Monetary Fund, 2013.

[28] MINGO J J. Policy implications of the Federal Reserve study of credit risk models at major US banking institutions [J]. Journal of Banking & Finance, 2000, 24 (1): 15 – 33.

[29] REINHART C M, REINHART V R. Capital flow bonanzas: An encompassing view of the past and present [R]. National Bureau of Economic Research, 2008.

[30] REINHART C M, ROGOFF K S. The aftermath of financial crises [R]. National Bureau of Economic Research, 2009.

[31] SEDIK T S, SUN T. Effects of Capital Flow Liberalization—What is the Evidence from Recent Experiences of Emerging Market Economies? [M]. International Monetary Fund, 2012.

[32] SEGOVIANO M A, GOODHART C A E. Banking stability measures [M].

International Monetary Fund，2009.

［33］SHIH V，ZHANG Q，LIU M. Comparing the performance of Chinese banks：a principal component approach ［J］. China Economic Review，2007，18 （1）：15 － 34.

［34］陈守东，王淼. 我国银行体系的稳健性研究：基于面板 VAR 的实证分析 ［J］. 数量经济技术经济研究，2011，28 （10）：64 － 77.

［35］蒋丽丽，伍志文. 资本外逃与金融稳定：基于中国的实证检验 ［J］. 财经研究，2006，32 （3）：93 － 102.

［36］刘吕科，张定胜，邹恒甫. 金融系统性风险衡量研究最新进展述评 ［J］. 金融研究，2013 （11）：31 － 43.

［37］邱斌，杨帅，辛培江. FDI 技术溢出渠道与中国制造业生产率增长研究：基于面板数据的分析 ［J］. 世界经济，2008 （8）：20 － 31.

［38］许长新，张桂霞. 国际资本流动对我国银行体系稳定性影响的实证研究 ［J］. 亚太经济，2007 （1）：11.

［39］杨海珍，李银华，赵艳平，等. 金融风暴下国际资本流动态势及其对中国宏观经济的影响 ［J］. 管理评论，2009，21 （2）：40 － 45.

［40］张金清，张健，吴有红. 中长期贷款占比对我国商业银行稳定的影响：理论分析与实证检验 ［J］. 金融研究，2011 （9）：9.

［41］中国银行业运行报告编写组. 中国银行业运行报告 （2013 年度） ［R］. 中国银行业监督管理委员会，2014.

［42］钟娟，张庆亮. 金融市场发展对中国 FDI 技术溢出效应的影响及其门槛效应检验 ［J］. 财贸研究，2010，21 （5）：98 － 104.

第15章 国际金融危机后中国跨境短期资本流动与人民币汇率及资产价格波动关联研究

15.1 引言

跨境短期资本流动，又称国际热钱流动，具有很强的短期投机性和逐利性。2008年国际金融危机爆发后，国际热钱风险偏好下降，自2008年9月起，中国外汇储备近十年来首次出现下降（据中国人民银行公布数据），人民币汇率出现贬值，国际热钱呈现从中国流出的趋势。由于受到国际金融市场的传染，加之我国当时实行的紧缩性货币政策，中国房地产市场以及股票市场2008年下半年双双出现了下跌的态势，导致国际热钱进一步的流出。为了稳定经济增长，我国于2008年11月推出了扩大内需的经济刺激计划，同时实行宽松的货币政策，这些宏观调控政策一方面稳定了我国的经济增长水平，但在另一方面也推动了国内资产价格的上涨。2008年至2013年期间，我国GDP维持8%以上的增长速度，与此同时，房地产市场价格也出现了全国性的普遍增长，中国A股也较2008年最低点增长30%以上，在这一时期中国高速增长的经济和中国市场优秀的资产回报率吸引了跨境资本流入。而进入2014年后，美国经济呈现复苏迹象，股票市场出现大幅增长，房地产市场亦开始稳步复苏，跨境资本逐渐呈现从我国流出迹象。在这样的局面下，人民币汇率也受到影响，2014年1月以来，维持多年的人民币汇率升值态势开始出现反转，2014—2015年间人民币汇率呈现贬值趋势且波动加剧。2014年7月至2015年6月，我国外汇储备累计下降2993亿美元，跨境资本外流问题成为监管当局和社会经济关注的焦点。

由以上背景可以看出，在经济全球化背景下，跨境资本流动（尤其是短期跨境资本流动）与资产价格以及汇率之间存在较为紧密的关系。跨境资本流动会影响汇率和资产价格，而资产价格波动造成的资产回报率变化和汇率预期的变化又会引起跨境资本流动方向和规模的变动，跨境资本流动在短期内的巨大波动会对一国经济有很大的负面影响。例如，2008年，外资大量抛售在韩国股市上持有的资产，导致韩国股市大跌，韩圆急剧贬值；2013年由于经济制裁等原因，大量外资抛售俄罗斯股票，导致俄罗斯股市大跌，以及2012年以来，由于新兴经济体经济增长放缓，美国经济复苏迹象明显，国际资本回流美国，造成南非、巴西、阿根廷等新兴市场国家汇率贬值，新兴市场国家资产遭国外投资者抛售，资产价格下跌，并且造成这些国家的货币出现了巨大的贬值压力，进而引发新一轮的资产抛售浪潮，甚至某些国家产生货币危机。因此，研究短期跨境资本流动、资产价格与汇率三者之间动态关系对维护整个金融体系的稳定具有重要意义。

当前学术界研究跨境短期资本流动、资产价格与汇率三者之间动态关系的文献主要可分为两类，一类是从研究跨境短期资本流动影响因素入手，考察汇率及资产价格波动是否是影响跨境资本流动的关键因素；还有一类是通过理论推演结合实证研究，考察国际热钱与资产价格波动及汇率波动之间的相互影响。

从研究跨境短期资本流动影响因素的角度来看，主要研究的影响因素可以划分为内部因素和外部因素（杨飞，2012），内部因素主要指与本国相关的要素，如国内经济增长率、国内资产收益率、制度及经济环境等，外部因素指本国不可控制的因素，如全球资金风险偏好、世界实际利率、成熟市场国家货币政策以及美国经济运行表现等（The Institute of International Finical，2012）。现有文献研究对象主要集中在拉丁美洲和亚洲，Calvo（1994）对拉丁美洲国家的研究发现，外部因素对跨境资本流动有显著影响。Chuchan（1998）对拉丁美洲和东亚国家的研究发现，外部因素和内部因素都是重要的影响因素，相比而言，股权投资对外部因素更加敏感，债权投资对内部因素更加敏感。Boschi（2011）对阿根廷、巴西和墨西哥的跨境资本流动研究发现，内部因素是影响跨境资本短期流动的主要因素，长期而言，外部因素是影响跨境资本流动的主要因素。国内学者对中国情况的研究结论存在分歧，陈浪南、陈云（2009）对 1999—2008 年月度数据的实证研究发现，人民币汇率预期变化率和国内外利差在长期是显著影响跨境短期资本流动的因素，人民币汇率、国内股市收益率和房地产市场收益率等因素没有显著影响。巴曙松、顾磊、严敏（2015）采用主成分分析法研究中国跨境资本流动的主要影响因素，实证结果表明人民币预期升值，房地产和股票价格上涨会吸引跨境短期资本流入，对外开放度和国内外利差对跨境短期资本流动影响不显著。上述研究结果表明，不同研究文献的研究结论存在差异，本书认为可能的原因是不同作者研究的对象和时期不同，跨境短期资本流动呈现不同的特征。

从研究国际热钱与资产价格及汇率波动的角度来看，不同时间的研究和不同的研究对象，文献研究结论亦存在分歧。Kim 和 Yang（2009）对 2008 年国际金融危机前亚洲经济体采用面板 VAR 模型进行实证研究发现，资本流动的确推动了股价、房价、实际汇率上涨，尽管资本流入只有部分解释力。刘莉亚（2008）采用 VAR 模型在对 2000—2006 年中国经济数据的实证研究中发现，热钱流入显著推动房地产价格上涨，尤其是豪宅价格指数，但对股票市场指数影响不显著。朱孟楠、刘林（2010）通过构建 VAR 模型对 2005—2009 年汇率改革后的数据实证研究发现，跨境短期资本流入会推动人民币汇率升值，并推动股价和房价上涨，而人民币汇率升值和股价上涨又会进一步吸引跨境短期资本流入，出现相互强化的机制，但房价的上涨却会导致资本流出和股价下跌，文献的解释是当房价上涨过快时，国际资本因避险需求，迅速逃离导致房价、股价的下跌。赵进文、张敬思（2013）对汇率改革后 2005—2011 年中国数据进行实证研究发现，人民币有效汇率升值会导致跨境短期资本流出和股票市场指数下跌，但跨境短期资本对国内股票价格没有显著的直接影响，学者的解释是由于国内货币政策调控的有效性对冲了跨境短期资本流动对国内货币供给的影响。

从上述研究短期跨境资本流动、资产价格与汇率三者之间动态关系的文献综述中，可以发现这样几个问题：第一，由于公开数据的可得性所限，早年一些研究以年度数据或季度数据为基础进行分析，所得的结论对分析短期跨境资本流动的特征参考性有限。因为跨境短期资本通常短期波动性更强，以年度或季度数据进行分析容易疏漏一些重要的特征。因此本章将采用月度高频数据对跨境短期资本流动进行研究。第二，国际金融危机后，全球经济环境发生新的变化，跨境短期资本流动在金融危机后会产生新的特征，另外由于国家统计局对房地产市场价格指数的统计方式在 2010 年前后发生了重大调整，因此从数据的客观性和统一性角度，本章将采用 2010 年以后月度数据，对于挖掘跨境资本流动新趋势更有利。第三，国内文献对影响短期国际资本流动的内部因素研究较多，而对外部因素重视不足。本书认为随着中国金融市场对外开放程度的提高，短期跨境资本在全球配置资产的趋势更强，因此本书将综合考虑国内资产收益率和国外资产收益率，以全面考量资产价格与跨境资本流动的联动关系。第四，早期国内文献偏重实证研究，用理论机理来解释实证研究的结果，但因为实证研究采用数据不一，结论大相径庭。本章将针对新时期跨境短期资本流动的特点以及中国国情，推演理论机理，在理论机理推演的基础上进行计量分析。

15.2 理论机理分析

传统的利率平价理论在其假设条件下可以较好地解释跨境短期资本流入的问题，它的主要假设条件有：（1）资本可以跨境自由流动，当两国利率存在差异时，资本将会从低利率国家向高利率国家流动；（2）套利者是风险规避型投资者，需要有一定的风险补偿才有意愿持有风险资产；（3）短期资本跨境流动以套取利率和汇率收益为主要目的。在以上假设下，无抛补利率平价可以表示为

$$D = r_d - r_f + \Delta EX^e \tag{15.1}$$

其中，D 表示风险溢价；r_d 是国内利率；r_f 是国际利率；ΔEX^e 是预期汇率变动率（ΔEX^e 大于零为本币升水）。假设跨境资本的均衡风险溢价为 D^*，式（15.1）表达的含义是，当跨境资本的风险溢价等于等式右边的综合收益率时，跨境资本流动达到均衡状态。

但事实上，在当前更加复杂的世界经济环境和跨境资本流动条件下，单纯以利率平价理论为基础的模型已不能较好地解释现实中跨境短期资本流动的状况，主要原因是：（1）由于经济全球化的影响，各国货币政策的逐步趋同，而且各国普遍实行的宽松货币政策导致低利率甚至负利率的出现，加之国际间资本流动存在成本，单纯通过"套利"获取利差的空间越来越小；（2）随着各国资本市场，房地产市场和其他资产市场的发展和市场化、国际化程度的提高，其流动性亦有较大程度提高，国际短期投机资本可选择的投资范围越来越广；（3）由于投机性短期资本的逐利性，它们更倾向于通过在资产市场上的主动投资，博取较高的资产收益率，而不仅仅满足于获取较低的利率套利。

因此考虑到现实情况的变化，本章借鉴范立夫（2011）的思想，将基于利率平价理论的模型进行拓展，构建综合资产收益率平价理论模型。假设本国利率为 r_d，国际利率为 r_f，本国股市收益率为 rs_d，国际股市收益率为 rs_f，本国房地产市场收益率为 re_d，国际房地产收益率为 re_f。投资者在综合考虑各资产投资收益率和风险后，按照一定比例分别投资于不同资产市场，国内、国际加权收益率分别为

$$R_d = ar_d + brs_d + cre_d \tag{15.2}$$
$$R_f = a^* r_f + b^* rs_f + c^* re_f \tag{15.3}$$

其中，a,b,c 为国内投资组合各资产配置比例；a^*,b^*,c^* 为国际投资组合各资产配置比例；R_d 为国内投资综合资产收益率；R_f 为国际投资综合资产收益率。将综合资产收益率代替式（15.1）中的利率可得：

$$D = R_d - R_f + \Delta EX^e \tag{15.4}$$

式（15.4）表达的含义是，当跨境资本的风险溢价等于等式右边到期收益率时，资本流动达到均衡状态。从式（15.4）中可知，新时期下决定跨境短期资本流动的主要因素有：（1）国内国际综合资产收益率的变化；（2）预期汇率的变化；（3）跨境短期资本要求的风险溢价水平。

假设跨境短期资本流入量为 F，则

$$F = f(R_d, R_f, \Delta EX^e, D) \tag{15.5}$$

其中，$\dfrac{\partial f}{\partial R_d} > 0$；$\dfrac{\partial f}{\partial R_f} < 0$；$\dfrac{\partial f}{\partial \Delta EX^e} > 0$；$\dfrac{\partial f}{\partial D} < 0$。即国内综合收益率上升会吸引跨境短期资本流入，国际综合收益率上升会吸引资本流出，人民币汇率升值预期会吸引资本流入，跨境资本风险溢价上升导致资本流出或流入减少。

根据式（15.2）和式（15.3），

$$F = f(r_d, rs_d, re_d, r_f, rs_f, re_f, \Delta EX^e, D) \tag{15.6}$$

其中，$\dfrac{\partial f}{\partial r_d} > 0$；$\dfrac{\partial f}{\partial rs_d} > 0$；$\dfrac{\partial f}{\partial re_d} > 0$；$\dfrac{\partial f}{\partial r_f} < 0$；$\dfrac{\partial f}{\partial rs_f} < 0$；$\dfrac{\partial f}{\partial re_f} < 0$；$\dfrac{\partial f}{\Delta EX^e} > 0$；$\dfrac{\partial f}{\partial D} < 0$。即国内股市收益率、房地产市场收益率、利率上升会吸引跨境短期资本流入，国外股市收益率、房地产市场收益率、利率上升会吸引资本流出，人民币汇率升值预期会吸引资本流入，跨境资本风险溢价上升会导致资本流出或流入减少。

根据以上模型分析，跨境短期资本流动会对国内资产价格直接产生影响，当综合资产收益率高于跨境资本风险溢价时，跨境短期资本会流入本国，一方面推高资产价格，导致资产收益率进一步上升，另一方面会造成本币升值，形成双重套利空间，但由于随着资产价格的升高，跨境资本的风险溢价也会不断提高，跨境资本流入逐渐减少；当跨境资本风险溢价升高或综合资产收益率降低，均衡状态被打破时，跨境短期资本将开始抛售资产并流出，抛售资产造成资产收益率下降，资本撤出本国造成本币贬值，同时由于羊群效应的作用，国内资本也会撤出本国，造成跨境短期资本的进一步外流。

以下将基于上述资产收益率平价理论和有杠杆交易的短期资本流动模型构建符合中国国情的跨境资本流动影响资产价格理论机理解释模型。

中国的经济与金融状况具有以下特征：（1）进出口贸易占 GDP 比重较高；（2）实行较大程度的资本管制；（3）实行有管理下的一定浮动区间的汇率政策，货币当局允许汇率发生一定程度的浮动，但仍会积极干预外汇市场；（4）股票市场、债券市场和房地产市场是主要的国内资本市场。

假设当短期资本流动达到均衡时，本国资产收益率为 RA，预期人民币升值率为 EXA。此时境外资本投资于人民币资产获取的收益为套价收益 RA 加上套汇收益 EXA，但获取的投资收益在扣除资金成本后，刚好满足境外资本的风险溢价需求。而当国内因素推动，导致国内资产收益率上升，假设此时国内综合资产收益率为 RC（RC > RA）时，当即期汇率不变的情况下，跨境短期资本受到高收益率的吸引流入。而且跨境资本会运用杠杆交易，导致大量境外资本持续流入，因此在外汇市场上本币升值，汇率产生升值预期。本币的升值预期和被不断推高的资产价格造成资产收益率不断上涨的现象会进一步吸引短期资本的流入。在本模型的假设前提下，中国货币当局为保持稳定的汇率以支持出口经济，会实行主动干预，在外汇市场上投放更多的本国货币，以维持较低汇率。而货币当局的主动干预，会导致国内货币供应增加，尽管通过货币当局的冲销干预可以回收一部分超发货币，但在整体宽松的货币政策下，跨境资本流入会带来更多的超额货币供给，一部分货币会进入实体经济，维持一定比例的经济增长，但当实体经济增长率达到瓶颈后，更多的货币供给会进一步推动资产价格上涨。

当资产价格上升和通胀压力加大，货币当局开始实行紧缩货币政策时，市场流动性缩紧，市场利率将上升。上升的市场利率将使资本市场上各种资产的预期回报率上升，资产泡沫开始隐现。当某些风险事件发生导致跨境资本风险偏好降低时或者由于国际利率升高导致境外资金成本上升时，跨境短期资本投资者会把手中持有的人民币资产减持套现。此时，由于跨境短期资本使用了高杠杆交易，大量资产在短时间内卖出，这样会导致资产价格快速下降。另外由于资本市场的羊群效应，国内资本也会选择出逃。此时，可能会发生资本市场的踩踏效应，资产收益率会在短期内出现快速的下降，当资产收益率过快的下降，假设此时国内综合资产收益率为 RB（RB > RA），汇率又将面临贬值压力，汇率出现贬值预期。这时，为维持稳定的汇率，实行积极干预的货币当局会在外汇市场上投放外币，购买本币，本国货币供给的减少会导致流动性收缩，利率进一步上升。升高的利率可能导致资本价格的加速下跌。另外，本国将采取更严苛的资本管制或出台政策救助资本市场。

15.3　实证计量分析

下面将以 VAR 模型为基础，以格兰杰因果关系检验、脉冲响应函数分析短期跨境资本流动，汇率以及资产价格三者之间的动态关系。

15.3.1　变量与样本

在本章的计量分析中包含的主要变量如下。

中国面临的短期资本流动额（SCF），由于中国国家外汇管理局仅按季度公布国际收支表，而人民银行会公布月度的外汇储备增加额，海关总署会公布月度的进出口总额，以及商务部会公布月度的 FDI 情况，因此本章基于间接法估算跨境短期资本流动月度数据，计算公式为：跨境短期资本流动额（SCF）＝外汇储备增加额 – 海关公布的贸易顺差 – 外国直接投资余额[①]；

人民币汇率（EX），取人民银行外汇市场上人民币兑美元汇率的每月期末数据；

人民币预期升值率用 EXA 表示，人民币兑美元预期汇率取 1 年期人民币 NDF 数据，人民币汇率预期变动率 EXA ＝ 1 年期人民币 NDF/EX – 1；

中国利率（ID）采用国内银行间同业隔夜拆借利率月度平均数据；

国际利率（IF）采用美元隔夜 Libor 利率收盘价月度平均数据；

中国股票市场数据采用上证综指月末时点数据（复权后），然后计算出其环比，代表中国股市收益率（SD）；

[①]　外商直接投资余额：来源于商务部公布的外商直接投资的流入额和流出额数据，外商直接投资余额为根据以上数据核算后的净额。

国际股票市场数据采用美股标普 500 价格指数月末时点数据（复权后），然后计算出其环比，代表国外股市收益率（SF）；

中国房地产市场数据采用 70 个大中城市房价指数月度数据，计算其环比，代表中国房地产市场月收益率（RD）；

国际房地产市场采用标普公司发布的美国 20 个大型城市房地产价格指数月度数据，计算其环比，代表国外房地产市场收益率（RF）。

以上数据区间从 2010 年 7 月至 2015 年 6 月，均来源于 Wind 资讯。

对上述各变量的单位根检验结果如表 15.1 所示。SCF、EXA、ID、IF、SD、SF、RD 与 RF 均为平稳序列。

表 15.1   变量单位根检验（ADF）

变量	(c, t, k)	原始序列 t 值	Prob.	是否平稳
SCF	(c, t, 0)	−5.98	0.0000	是
EXA	(0, 0, 0)	−3.36	0.0664	是
ID	(c, 0, 0)	−5.18	0.0001	是
IF	(0, 0, 0)	−1.94	0.0499	是
SD	(c, 0, 0)	−6.48	0.0000	是
SF	(c, 0, 0)	−9.58	0.0000	是
RD	(0, 0, 0)	−2.14	0.0321	是
RF	(0, 0, 1)	−4.44	0.0000	是

注：(c, t, k)、(c, 0, k)、(0, 0, k) 分别表示 ADF 单位根检验时，回归方程中包括常数项和时间趋势项、只包括常数项、没有常数项和时间趋势项，k 表示根据 SIC 准则选择的滞后阶数。临界值由 Eviews 输出。

15.3.2   向量自回归模型

为分析短期跨境资本流动、人民币汇率预期以及中国股票市场收益率变动等因素互相变动冲击的影响，本章利用 VAR 模型作出脉冲响应图形进行分析。

我们可以构建非限制性 VAR 模型：

$$y_t = A_1 y_{t-1} + \cdots + A_p y_{t-p} + \varepsilon_t, t = 1, 2, \cdots, T$$

其中，y_t 为包含 SCF、EXA、ID、IF、SD、SF、RD 与 RF 8 个内生变量的向量；A_t 为内生变量对冲击的当期反应系数；ε_t 是白噪声扰动项。

在滞后期的选择方面，AIC 原则显示滞后期为 3 期，LR 与 FPE 原则显示滞后期为 2 期，SC 与 HQ 原则显示滞后期为 1 期，在选择滞后期的原则方面，既要考虑符合多数原则，又要考虑到模型的自由度，因此本章根据 LR 与 FPE 原则，综合考虑，将模型的滞后阶数选取为 2。

接下来对模型进行格兰杰因果检验。这里将变量分为三组：代表跨境资本流动规模的变量 SCF，代表汇率变动预期的变量 EXA，代表房地产市场收益率的相关变量 RD、RF，代表股票市场收益率的变量 SD、SF。对以上每组变量之间两两进行格兰杰因果检验，检验结果如表 15.2 至表 15.5 所示。

表 15.2　短期跨境资本流动与人民币汇率预期变动的格兰杰因果检验

原假设	样本量	F 值	P 值	接受
SCF 不是 EXA 的格兰杰原因	59	0.30154	0.5851	是
EXA 不是 SCF 的格兰杰原因	59	6.27568	0.0152	否

从表 15.2 可以看出人民币汇率预期变化是短期跨境资本流动的单向格兰杰原因，这表明人民币汇率预期的升值会引起短期跨境资本的流入。

表 15.3　利率变动与短期跨境资本流动和人民币汇率预期变动格兰杰因果检验

原假设	样本量	F 值	P 值	接受
SCF 不是 ID 的格兰杰原因	59	0.11194	0.7392	是
ID 不是 SCF 的格兰杰原因	59	3.18962	0.0795	否
SCF 不是 IF 的格兰杰原因	59	1.48920	0.2275	是
IF 不是 SCF 的格兰杰原因	59	8.15301	0.0060	否
EXA 不是 ID 的格兰杰原因	59	0.15769	0.6928	是
ID 不是 EXA 的格兰杰原因	59	1.22453	0.2732	是
EXA 不是 IF 的格兰杰原因	59	5.50735	0.0225	否
IF 不是 EXA 的格兰杰原因	59	1.67831	0.2005	是

从表 15.3 可以看出，国际利率、国内利率是短期跨境资本流动规模的单向格兰杰原因；人民币汇率预期变动也是国际利率变动的单向格兰杰原因，因为国际利率上涨会造成美元等外币的货币升值预期，相应地造成人民币贬值预期。

**表 15.4　房地产市场变动与短期跨境资本流动和
人民币汇率预期变动格兰杰因果检验**

原假设	样本量	F 值	P 值	接受
SCF 不是 RD 的格兰杰原因	59	0.67978	0.4132	是
RD 不是 SCF 的格兰杰原因	59	10.7797	0.0018	否
SCF 不是 RF 的格兰杰原因	59	0.14079	0.7089	是
RF 不是 SCF 的格兰杰原因	59	1.92685	0.1706	是
EXA 不是 RD 的格兰杰原因	59	0.13751	0.7122	是
RD 不是 EXA 的格兰杰原因	59	0.86445	0.3565	是
EXA 不是 RF 的格兰杰原因	59	0.50757	0.4792	是
RF 不是 EXA 的格兰杰原因	59	0.83010	0.3661	是

从表 15.4 中可以看出，国内房地产收益率变动是短期跨境资本流动规模变动的单向格兰杰原因，这表明国内房地产市场的上涨会吸引短期跨境资本的流入，但并不支持国内房地产市场上涨，这是短期跨境资本流入造成的，同时中国跨境资本流动并不会受到美国房地产市场变动的影响。

表 15.5　　　　　　　股票市场变动与短期跨境资本流动和
人民币汇率预期变动格兰杰因果检验

原假设	样本量	F 值	P 值	接受
SCF 不是 SD 的格兰杰原因	59	2.01322	0.1615	是
SD 不是 SCF 的格兰杰原因	59	6.53177	0.0133	否
SCF 不是 SF 的格兰杰原因	59	0.09720	0.7564	是
SF 不是 SCF 的格兰杰原因	59	7.97427	0.0066	否
EXA 不是 SD 的格兰杰原因	59	3.26856	0.0760	否
SD 不是 EXA 的格兰杰原因	59	1.74442	0.1920	是
EXA 不是 SF 的格兰杰原因	59	0.00786	0.9297	是
SF 不是 EXA 的格兰杰原因	59	0.63552	0.4287	是

从表 15.5 中可以看出，国内以及国际股票市场收益率变动是短期跨境资本流动规模变动的单向格兰杰原因，同时人民币汇率预期变动也是国内股票市场收益率变动的格兰杰原因，这表明国内外股票市场的变动会影响跨境资本流动的规模。

从表 15.2 至表 15.5 的检验结果可以看出，中国跨境资本流动的规模受到人民币汇率变动预期、美元利率、中国房地产收益率、中国股市收益率以及美国股市收益率的影响；人民币汇率预期变动会受到美国利率的影响；中国股票市场收益率会受到人民币汇率预期的影响。

15.3.3　脉冲响应分析

15.3.3.1　短期跨境资本流动规模对其他变量冲击的响应

给定资产收益率或者变动率一个单位标准差的正向冲击，短期跨境资本流动规模的响应情况如图 15.1 所示。对于人民币汇率变动预期的正向冲击（人民币贬值预期），在第 1 期有显著负向响应，此后影响逐渐减弱；对于国内利率的正向冲击，在第 1 期到第 2 期有显著正向响应，此后第 3 期产生负向的响应，到第 4 期影响又转为正向响应，此后来自国内利率的影响逐渐减弱，可能的原因是利率上升造成流动性紧张，部分资产被抛售，资产价格下跌，导致短期资本流出，但流动性紧张的局面缓解后，资产价格恢复常态；受到来自美元利率的正向冲击后，在第 1 期为负向响应，此后从第 2 期开始变为正向响应，并趋于稳定；受到来自国内房地产收益率的正向冲击后，从第 1 期开始产生持续的正向响应，在第 10 期内逐渐减弱；受到来自国际房地产收益率的正向冲击影响不明显；短期跨境资本流动对来自本身的冲击有很强的正向响应。具有典型的自我强化特征；受到来自国内股市收益率的正向冲击后，在第 2、第 3 期产生负向响应，从第 4 期开始逐渐转为正向响应，到第 5 期达到最大，此后逐渐减弱；受到来自

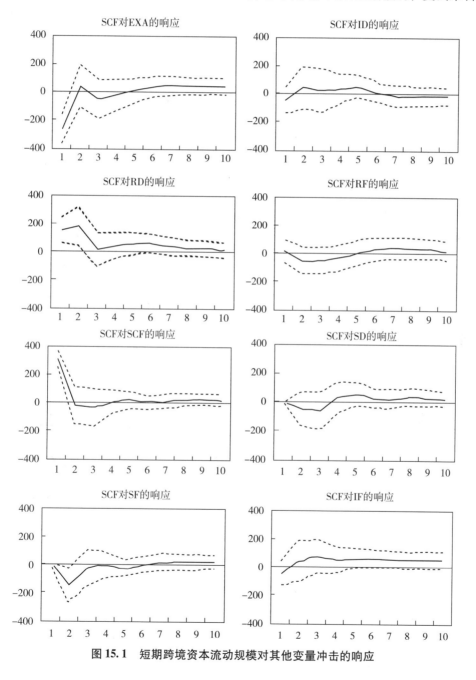

图 15.1　短期跨境资本流动规模对其他变量冲击的响应

国外股市收益率的正向冲击后，从第 2 期开始产生负向响应，此后影响微弱。

15.3.3.2 人民币汇率预期变动对其他变量冲击的响应

如图 15.2 所示，人民币汇率预期变动对来自本身的冲击有显著的正向响应。

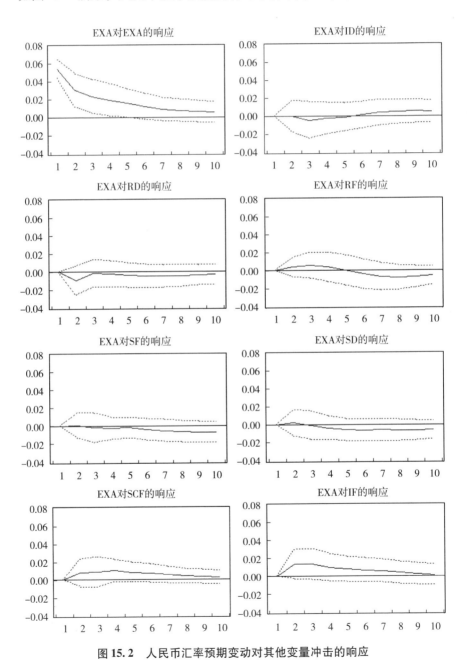

图 15.2 人民币汇率预期变动对其他变量冲击的响应

对来自国际利率的正向冲击，从第 2 期开始有显著的负向响应，从第 4 期开始减弱。其他变量变动对人民币汇率变动冲击影响不明显。

15.3.3.3　国内利率对其他变量冲击的响应

如图 15.3 所示，国内利率对来自人民币汇率预期变动的正向冲击在前 2 期

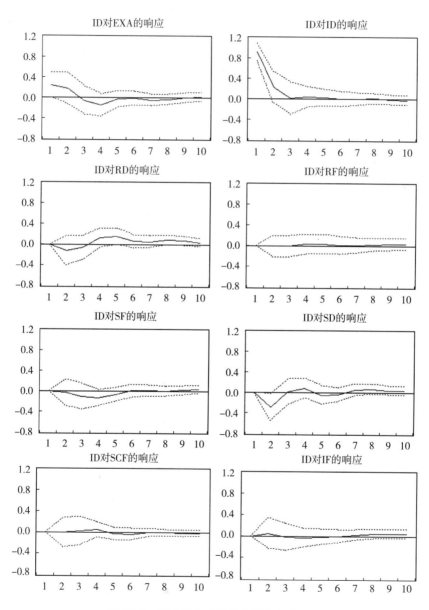

图 15.3　国内利率对其他变量冲击的响应

响应为正，在第 3 期到第 4 期响应为负，从第 5 期以后响应不显著；国内利率对来自本身的冲击有显著的正向响应，从第 3 期以后响应不显著；对于来自短期跨境资本的正向冲击不显著；对于来自国内股票市场收益率的正向冲击在第 2 期有负向响应，从第 3 期以后响应不显著；对来自国外股票市场收益率的正向冲击在第 3 期至第 4 期有负向响应，从第 5 期以后，响应不显著。

15.3.3.4 国内房地产市场收益率对其他变量冲击的响应

如图 15.4 所示，国内房地产收益率受来自国际利率的正向冲击在第 1 期至第 10 期有正向响应；中国股票市场的正向冲击从第 1 期开始有正向的影响，到第 3 期达到最大，此后逐渐减弱，但始终有正向影响。

15.3.3.5 中国股票市场收益率对其他变量冲击的响应

如图 15.5 所示，中国股市收益率除了对来自本身的正向冲击有正向响应外，来自中国房地产市场收益率的正向冲击从第 2 期开始有正向影响，此后影响逐渐微弱；其他变量的正向冲击影响不明显。

15.3.4 实证计量结果分析

从上文的脉冲响应的结果分析中可以发现，人民币贬值预期、美国利率上涨和美国股票市场上涨会在短期内导致中国跨境资本流入减少。中国利率上涨、房地产市场上涨会吸引中国短期跨境资本流入，而中国股票市场的上涨在中期可能会吸引短期跨境资本的流入。以上发现都符合理论机理的推演。

国际利率的上涨会造成人民币升值的预期，这一点与前文的理论分析不符，可能是因为国际利率上涨造成短期资本的资金成本提高，导致一些风险较高国家的资产被减持，而中国较好的资产收益率吸引了短期跨境资本的流入，进而推高了人民币汇率。

短期跨境资本的流入会导致国内利率下降，人民币汇率贬值会导致国内利率上升，可能是由于短期跨境资本的流入导致国内货币供给增加，造成人民币汇率的贬值预期，这会导致跨境资本的流出，因而减少货币供给，从而导致利率上升。国内股市的上涨会导致国内利率的下降，可能的原因是：一般国内流动性较好时，国内股市上涨，因此股市上涨可能预示着流动性政策即将宽松。而国际股市的上涨会导致国内利率的上升，是因为短期内受国际股市收益率的吸引，短期跨境资本流出，造成国内货币流动性紧张。

人民币贬值预期会造成短期内房地产价格下跌，在中期引起房地产价格上涨，可能的原因是短期内人民币贬值预期会带来短期跨境资本的外流，外资抛售房地产资产，房地产收益率下跌，而在中期，由于中国实行的资本管制，在面临人民币贬值的局面下，居民将持有的现金货币转为持有贬值可能性较小的

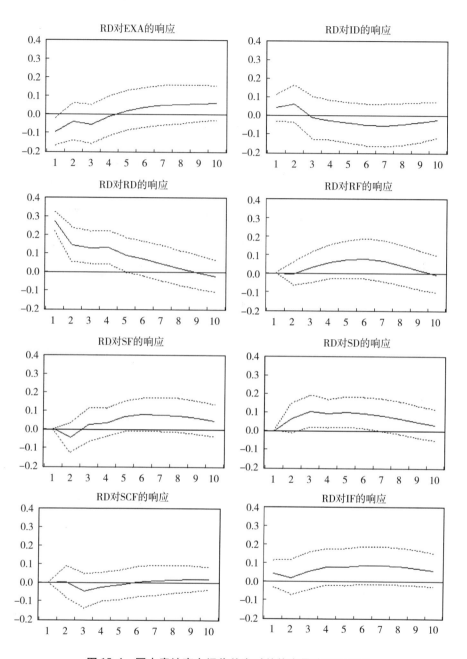

图 15.4　国内房地产市场收益率对其他变量冲击的响应

房地产资产。国际利率的上涨会在短期内带来中国房地产市场价格的上涨，可能是因为本章考察的国际利率是美元利率，而美元利率上涨会带来美元汇率升值，相对而言人民币汇率贬值，出于资产保值考虑，中国居民也会增加持有房

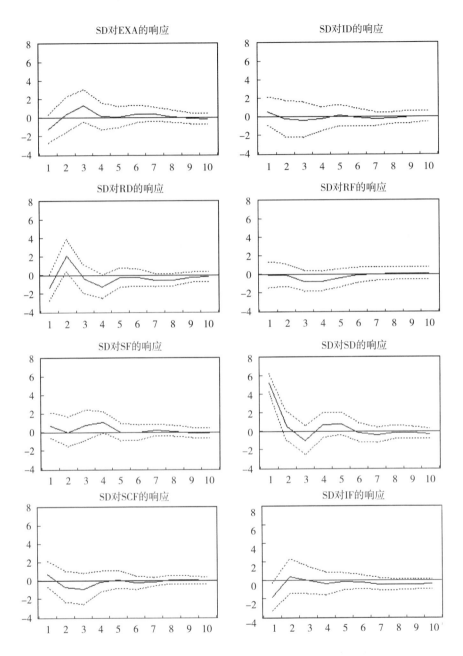

图 15.5　中国股票市场收益率对其他变量冲击的响应

地产资产以抵御货币贬值。中国股市的上涨会在短期内带来中国房地产市场的
上涨，可能是由于财富效应，股价上涨带来的财富一部分流入了房地产市场。

15.4　本章小结

本章在理论推理的基础上，通过对 2010 年 7 月至 2015 年 6 月的月度数据进行实证分析，研究了中国短期跨境资本流动、汇率预期与资产价格之间的动态关系，主要结论包括：（1）短期跨境资本流动会受到中国房地产市场、中国股票市场上涨的吸引而流入中国，也会受到国际股票市场价格上涨的吸引而流出，国际房地产市场变化对短期跨境资本流动的影响不明显，而国际利率的上涨、人民币贬值预期会造成短期跨境资本的流出。（2）人民币汇率预期除了受到内部正向冲击有自我强化的响应表现外，对国际利率的正向冲击也有反向的响应表现，即国际利率上升推动会人民币升值，这一点与理论预期不符，可能的原因是：国际利率上升时一般也意味着国际经济环境较好，世界经济处于增长状态，这有利于中国的出口增加，因此，反映在人民币汇率预期上是升值的表现。（3）中国房地产市场和股票市场受短期国际资本流入以及人民币汇率预期变动的影响不大，但中国房地产市场与股票市场之间有相互正向响应的机制。

由此，提出以下政策建议：（1）加强监管短期投机资金流入房地产市场。相比国外房地产市场而言，我国房地产市场还尚未成熟，虽然从实证研究的角度没有发现短期跨境资本直接影响我国房地产价格，但跨境短期资本会受中国房地产市场上涨吸引而流入中国，因此建议政府仍然应严格监控外资流入，提高资本投机房地产市场的成本，稳定国内房地产市场。（2）有监管地逐步放开外资进入中国股票市场的渠道，防止股票市场因外资流动出现过大的波动，同时加强国内投资者教育，鼓励中长期投资，建设更健康的股票市场。（3）从实证的研究来看，我国的汇率控制行之有效，没有受到来自国际资本流动波动以及中国资本市场波动的太多影响，但在跨境资本流动频繁且规模较大情况下，维持汇率的稳定会导致货币政策缺乏独立性且易受外部经济影响，使货币政策效果大打折扣，因此在货币政策制定方面应综合考虑跨境资本流动造成的影响，以维护政策调控的初衷。

参考文献

[1] BOSCHI M, Long – and Short – run Determinants of Capital Flows to Latin America：a Long – run Structural GVAR Model [J]. Empirical Economics, 2012, 43 (3)：1041 – 1071.

[2] CALVO G A, LEIDERMAN L and REINHART C M, The Capital Inflows Problem：Conceptions and issues [J]. Contemporary Economic Policy, 1994, 12 (3)：54 – 66

［3］CHUHAN P，CLAESSENS S and MAMINGI N，Equity and Bond Flows to Latin America and Asia：The Role of Global and Country Factors ［J］. Journal of Development Economics，1998，55（2）：439－463

［4］KIM，S Y，and YANG D Y，Do Capital in Flows Matter to Asset Prices? The Cause of Korea ［J］. Asia Economic Journal，2009，23（3）：323－348.

［5］巴曙松，顾磊，严敏，我国国际资本流动的影响因素分析 ［J］. 中国科学技术大学学报，2015（45－3）：246－253.

［6］陈浪南，陈云. 人民币汇率、资产价格与短期跨境资本流动 ［J］. 经济管理，2009（1）：1－6.

［7］范立夫，我国利率政策与汇率政策协调问题研究——基于资产加权收益率平价模型的分析 ［J］. 财贸经济，2011（7）：48－54.

［8］刘莉亚. 境外"热钱"是否推动了股市、房市的上涨? ——来自中国市场的证据 ［J］. 金融研究，2008（6）：48－70.

［9］杨飞. 热钱跨境流动及其影响因素——基于结构向量自回归模型（SVAR）的分析 ［J］. 投资研究，2012（6）：89－103.

［10］赵进文，张敬思. 人民币汇率、短期跨境资本流动与股票价格 ［J］. 金融研究，2013（1）：9－22.

［11］朱孟楠，刘林. 短期跨境资本流动、汇率与资产价格 ［J］. 财贸经济，2010（5）：5－13.

第16章 中国资本账户开放进程中跨境证券投资对国内金融市场的影响研究

16.1 引言

自中国1996年成为国际货币基金组织协定第八条款国后，人民币实现了经常账户的可兑换，人民币资本账户方面的逐步开放始于2001年中国加入世界贸易组织之后。2002年11月中国证监会与中国人民银行联合下发了《合格境外机构投资者境内证券投资管理暂行办法》，自此，中国开始了资本账户跨境证券投资领域的自由化进程。在股票市场对外开放方面，中国分别于2002年和2006年推出合格境外机构投资者（QFII）和合格境内机构投资者（QDII）制度，QFII的投资额度由最初的40亿美元不断扩大，总额度分别于2005年7月、2007年12月、2012年4月和2015年7月上调至100亿美元、300亿美元、800亿美元和1500亿美元，2015年12月，国家外汇管理局发布《合格境外机构投资者额度管理操作指引》，放宽产品之间QFII额度调剂；在境外人民币投资方面，2011年12月开启人民币合格境外投资者（RQFII）试点，2014年11月"沪港通"开启，并允许人民币开展境外证券投资（RQDII）；在债券市场方面，境外机构人民币债券和境内机构离岸人民币债券的发行也逐步推进。在此背景下，中国跨境证券投资规模不断上升，由2000年的196亿美元增加到2014年的2505亿美元；截至2019年2月，通过国家外汇管理局审批的QFII、QDII和RQFII额度分别为1014.46亿美元、1032.33亿美元和6604.72亿元人民币。

随着跨境证券投资的规模和波动性不断增加，其与我国金融市场的关联度也日益紧密（唐琳和胡海鸥，2016）。跨境证券投资规模的增加在给我国金融市场带来活力的同时，其较大的市场波动性也会对我国外汇市场、证券市场和货币市场产生冲击。具体来看，资金大量涌入会推动国内证券价格的上涨，也会增加外汇市场上的本币需求，导致本币升值；若本币升值压力较大时，货币当局为了抑制本币升值过多会通过买进外汇卖出人民币的方式干预外汇市场，由此货币供给增加从而导致短期利率下降。与外商直接投资相比，跨境证券投资的波动性普遍较大，将使证券市场价格和汇率的波动性加剧，汇率的大幅波动会影响进出口商的成本和国际投资者的预期收益，从而影响国际贸易，对一国的实体经济发展和金融安全产生冲击（Chowdhury，1993），而证券市场价格的大幅波动也会影响投资者情绪和金融市场稳定。现阶段，中国在直接投资和商业信贷领域已基本实现自由化，未来资本账户开放的重点聚焦于股票类证券、债券类证券等领域（中国人民银行调查统计司课题组，2012），因此，探究资本账户开放进程中跨境证券投资对国内金融市场的影响具有重要的现实意义。鉴于此，本章探讨了跨境证券投资对国内利率、汇率、证券市场收益率的影响，我们将其概括为跨境证券投资对国内金融市场的影响。更确切地讲，本章聚焦于以下研究问题：2005年浮动汇率制度改革以来，中国资本账户开放加速推进进程中跨境证券投资的冲击将如何影响人民币汇率、证券市场收益率和短期利率？跨境证券投资与国内金融市场的关联关系是否因这一时期国内外经济、金融环境的变动和动荡有所差异？通过以上问题的探讨，以期为我国证券市场的进一步开放提供理论和实证依据。

现有文献中，与我们的研究问题相关的文献可以分为三类：跨境证券投资对资金接收国股票市场收益率的影响；跨境证券投资对资金接收国货币汇率的影响；跨境证券投资与资金接收国货币汇率、证券市场收益率的关联性研究。三类研究文献的研究状况分别如下：（1）关于跨境证券投资对资金接收国股票市场收益率的影响，大量相关文献研究表明跨境证券投资的涌入对资金接收国股票市场收益率有正向的影响，如Bohn和Tesar（1996）认为当期和滞后期的跨境证券资金流动对国内股市收益率有正向的预测作用，也被解释为"smart money effect"（Froot和Ramadorai，2008）。Froot等（2001）运用44个国家和地区1994—1998年的日度数据进行实证研究表明，对于新兴市场国家来说，资金流入对未来的股票收益率有正向的预测作用，对于发达国家来说则不明显。关于中国跨境证券投资对国内证券市场影响的研究较少，但现有文献也证实了国际短期资本流动与国内资产价格的相互影响关系。（2）关于跨境证券投资对资金接收国汇率的影响，在理论研究层面，利率平价模型、汇率决定货币分析法和资产组合模型分析均表明国际资本自由流动是引起外汇供给和需求变化的重要变量之一，会直接影响均衡汇率水平；实证分析中，现有研究证实了国际资本流动对汇率的影响，并强调了跨境证券投资在汇率决定中的作用。如基于1998—2000年欧元和日元兑美元的双边汇率，Brooks等（2004）的研究发现，与外商直接投资相比，汇率变动对国际证券投资的变化更加敏感；Combes等（2012）也得出了相似的结论，发现国际证券投资对汇率波动的影响最大，是外商直接投资影响系数的七倍。（3）关于跨境证券投资与资金接收国汇率、证券市场收益率三者之间的关联性研究，Hau和Rey（2006）从投资者行为的微观层面出发，建立了外汇风险不完全对冲条件下的资产组合再平衡模型对三者的联动机理进行分析，并基于17个OECD国家和美国的跨境证券基金的数据进行验证，研究表明大量跨境证券投资的涌入会导致本币升值，较高的国内资产收益率与本币贬值相关联，并且这种关联性在金融市场发展程度较高的国家和时期更显著。针对中国的研究多集中于短期投机资本或热钱与中国国内证券市场、外汇市场的关联研究，如张谊浩等（2007）的研究结论表明，人民币升值和上证综合指数上涨是热钱流入的原因，但热钱流入不是人民币升值和上证综合指数上涨的原因；也有学者运用 ARDL – ECM 模型、马尔可夫区制转换 VAR 模型探讨了三者的非线性关系（陈浪南和陈云，2009；朱孟楠等，2011）。

现有研究为我们探讨跨境证券投资对国内金融市场的影响提供了有益的借鉴，但仍存在不足。第一，针对中国市场的研究多聚焦于短期资本流动和热钱，鲜有文献研究跨境证券投资对国内金融市场的冲击；第二，现有研究并未将影响国际资本流动的重要变量——汇率考虑进来，本研究在一定程度上弥补了这些研究空白，并且，本研究构建了加入国内资本市场收益率以及有管理的浮动汇率制度的宏观经济模型，对跨境证券投资与国内利率、汇率、资本市场收益率之间的相互影响机理进行分析，并在此基础上运用马尔可夫区制转移向量自回归模型（MSVAR）探讨资本账户开放进程中四者的非线性关系，探讨国内外经济金融环境的变化是否会对它们的联动关系产生影响。

本章的研究思路如下：第二部分对中国资本账户开放进程中跨境证券投资与国内金融市场的联动机理进行分析；第三部分对实证变量选取进行描述，并基于 MSVAR 模型计量研究了不同区制下跨境证券投资与人民币兑美元汇率、国内股票市场收益率、短期利率之间的联动关系；第四部分是本章的小结。

16.2　中国跨境证券投资与国内金融市场的联动机理分析

为了研究跨境证券投资与中国国内金融市场的相互影响机理，本章通过构建考虑了资本市场收益率以及有管理浮动汇率制度的 IS – LM – BP 模型进行分析。

通常的 IS – LM – BP 模型的基本假定如下：（1）短期分析，假定价格水平不发生变化；（2）需求分析，产出完全由总需求决定；（3）资本不完全流动。基于现阶段中国资本账户开放的现状，笔者增加了假定：（4）汇率制度为有管理的浮动汇率制度，即理论上由市场供求决定汇率，但中央银行会采取措施使汇率保持在特定范围内浮动。IS – LM – BP 模型是包含商品市场均衡、货币市场均衡和国际收支均衡的短期均衡分析，本研究在模型设定中加入了国内资本市场收益率的考量。具体来讲，在货币市场均衡分析中，笔者认为货币的需求不仅是国内利率的减函数，也是国内资本市场收益率的减函数；在国际收支平衡的分析中，笔者认为短期资本流动不仅存在套利动机，还存在套价动机和套汇动机（Bohn 和 Tesar，1996；赵进文和张敬思，2013），因此资本流动不仅与国内外利差有关，还与国内外资本市场收益率之差、预期汇率变动率有关。模型的具体分析如下。

假设经济体存在四个经济部门：厂商、居民、政府和国外，经济总体均衡包括商品市场均衡、货币市场均衡以及国际收支平衡的条件。

商品市场均衡是指当总供给等于总需求时商品市场达到均衡，总需求包含居民消费支出、厂商投资支出、政府购买和净出口。其中，消费 C 是个人可支配收入 y 的函数；投资 I 是利率 r 的减函数，利率越高投资成本越高，对投资有抑制作用；政府购买 G 为常数 g；净出口 NX 是本国居民收入 y 的减函数，是实际汇率 $\frac{EP^*}{P}$ 的增函数，汇率上升（直接标价法）导致净出口增加。由于模型聚焦于短期分析，因此假定国内外价格水平 P 和 P^* 均保持不变。国内商品市场的平衡条件为

$$\begin{cases} Y = C + I + G + NX \\ C = \alpha + \beta y \\ I = e - dr \\ G = g \\ NX = q - \gamma y + n\dfrac{EP^*}{P} \end{cases} \tag{16.1}$$

由产品市场的均衡条件可得 IS 曲线：

$$y = \frac{\alpha + e + g + n\dfrac{EP^*}{P}}{1 - \beta + \gamma} - \frac{d}{1 - \beta + \gamma}r \text{ 或 } r = \frac{\alpha + e + g + n\dfrac{EP^*}{P}}{d} - \frac{1 - \beta + \gamma}{d}y$$

$$\tag{16.2}$$

货币市场均衡的条件是实际货币供给等于实际货币需求。根据凯恩斯的理论，实际货币供给为外生变量 M_s，实际货币需求 M_d 为收入水平 y 的增函数，当前利率水平 r 的减函数。弗里德曼认为，货币需求不仅是货币收益率（利率）的函数，还会受到其他资产收益率的影响。因此，本研究将资本市场收益率纳入货币市场均衡的分析中，即实际货币需求不仅取决于当前的利率水平，还取决于当前的资本市场收益率 r_e，如果资本市场收益率较高，人们倾向于将货币投资于资本市场从而减少货币的需求。因此，国内货币市场的平衡条件为

$$\begin{cases} M_s = m \\ M_d = ky - hr - \xi r_e \\ M_s = M_d \end{cases} \tag{16.3}$$

由货币市场均衡的条件可得 LM 曲线：

$$y = \frac{h}{k}r + \frac{m + \xi r_e}{k} \text{ 或 } r = \frac{k}{h}y - \frac{m + \xi r_e}{h} \tag{16.4}$$

国际收支差额即经常账户与资本金融账户的和，用 BP 表示。国际收支均衡即净出口与净资金流入的和为 0，也即自主性交易的差额为 0。其中，净出口 NX

是本国居民收入的减函数，是实际汇率的增函数，汇率上升（直接标价法）导致净出口增加；净资金流入是国内外利差 $r - r^*$ 的增函数，国内利率越高，净资金流入越多。研究表明，短期资本流动不仅与国内外利差有关，还与国内外资本市场收益率之差、预期汇率变动率有关。因此，本研究将国内外资本市场收益率之差、预期汇率变动率加入国际收支均衡的模型设定中，即净资金流入不仅是国内外利差的增函数，也是国内资本市场收益率与国外资本市场收益率之差 $r_e - r_e^*$ 的增函数，随着国内资本市场收益率的提高，越来越多的资金倾向于涌入国内以赚取较高的收益率；此外，净资本流入是预期汇率贬值率的减函数，若预期本币升值，国际资本倾向于涌入本国以套取汇率变动的收益。此处假定国外利率水平 r^*、国外资本市场收益率 r_e^* 为外生给定。国际收支平衡的条件为

$$\begin{cases} BP = NX + F = 0 \\ NX = q - \gamma y + n\dfrac{EP^*}{P} \\ F = \sigma(r - r^*) + \varepsilon(r_e - r_e^*) - \theta\dfrac{E^e - E}{E} \end{cases} \quad (16.5)$$

由国际收支平衡的条件可得 BP 曲线：

$$y = \frac{q + n\dfrac{EP^*}{P} + \varepsilon(r_e - r_e^*) - \theta\dfrac{E^e - E}{E}}{\gamma} + \frac{\sigma}{\gamma}(r - r^*) \quad (16.6)$$

当式（16.2）、式（16.4）、式（16.6）同时满足时，本国的商品市场、货币市场和国际收支同时达到均衡。此时，国内资本市场收益率以及汇率的变化会导致国际短期资本流动的变化，从而对三个市场均产生冲击，以至重新达到均衡。接下来笔者用图表分析当国内资本市场收益率、汇率发生变化时，各变量如何变动使得经济重新恢复均衡状态。

第一，国内资本市场收益率 r_e 提高。首先，国内资本市场收益率的提高会导致资本涌入，根据国际收支平衡的方程式，BP 曲线向右移动；其次，国内资本市场收益率的提高会使得本国货币需求下降，货币供给相对增加，LM 曲线向右移动；最后，由于中国采取的是有管理的浮动汇率制度，当汇率变动在预期范围内时，人民银行不会采取措施干预外汇市场，而当汇率波动过大时，人民银行会动用外汇储备对其进行干预，因此资本市场收益率的提高对 IS 曲线的影响分两种情况，第一种情况下，资本内流会给本币汇率带来升值压力，本国商品竞争力下降，净出口下降导致 IS 曲线向左移动；第二种情况下，人民银行为避免本币过度升值而买进外汇、卖出人民币（基础货币供给增加），使得 LM 曲线进一步向右移动，三个市场经过调整重新达到均衡。在第一种情况下，国内的均衡利率下降，均衡产出的变化不确定［见图 16.1（左图）］；而在第二种情况下，国内的均衡利率下降，均衡产出增加［见图 16.1（右图）］。

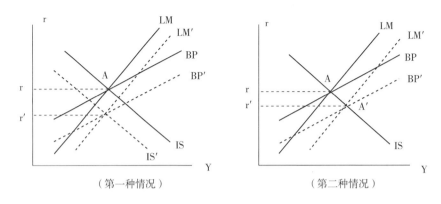

图 16.1　资本市场收益率提高导致的均衡调节

第二，本币汇率上升（本币贬值）。首先，本币贬值会使得本国产品的出口竞争力增加，净出口增加，IS 曲线向右移动；其次，本币汇率的变化对短期资本流动的影响通过汇率预期的变化起作用，也可以分为两种情况。第一种情况下，若本币贬值对汇率预期的影响较小，本币即期贬值会导致预期汇率升值的空间增大，追逐套汇收益的短期资本涌入，使得 BP 曲线向右移动，同时短期资本的涌入使得资本市场收益率提高，实际货币需求下降，LM 曲线向右移动；第二种情况下，本币即期汇率贬值会导致本币进一步贬值的预期，国际资本流出，使 BP 曲线向左移动，同时短期资本流出使得国内资本市场收益率下降，实际货币需求增加，LM 曲线向左移动。第一种情况下，国内的均衡产出增加，利率变化不确定 ［见图 16.2（左图）］；第二种情况下，国内的均衡利率上升，对均衡产出的影响不确定 ［见图 16.2（右图）］。

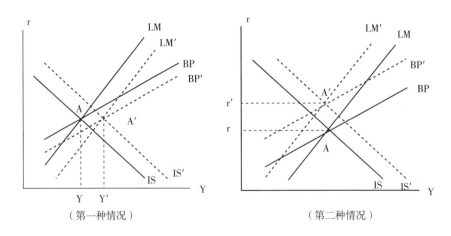

图 16.2　本币汇率上升导致的均衡调节

综上所述，跨境证券投资与国内金融市场相互影响的路径如下：当国内资本市场收益率提高时，跨境证券资金涌入，外汇市场上对本币的需求增加，本币升值，货币市场上实际货币供给增加，短期利率下降；当发生本币贬值的冲击时，在预期汇率不变的情况下，本币即期贬值会导致预期汇率升值的空间增大，追逐套汇收益的短期资本涌入；当发生本币贬值的冲击时，若预期汇率进一步贬值则会导致跨境证券投资流出，汇率面临进一步贬值压力，货币市场上实际货币供给减少，短期利率上升。可见，国内金融市场的变化会引发跨境证券投资的变动，而跨境证券投资的变动会进步一引起商品市场、货币市场和国际收支均衡的调节，从而导致汇率、利率和资本市场收益率的变化。

具体到中国，21 世纪以来中国在跨境证券投资领域的开放取得重大进展，跨境证券投资可以通过 QFII、QDII 和 RQFII 等投资方式流出流入中国，QFII 的投资额由 QFII 制度设立之初的 3.5 亿美元（2003 年 6 月）增加至 2017 年的 903 亿美元，2005 年 7 月以来人民币汇率形成机制的市场化改革也稳步推进。随着中国资本账户开放进程的推进，跨境证券投资将如何影响中国国内的短期利率、汇率和证券市场收益率？四者之间的关联关系是否会因为这一时期资本账户开放程度、国内外经济金融环境的变动有所差异？为回答这些问题，本研究接下来对跨境证券投资与中国国内金融市场的联动关系进行实证探究。

16.3　基于 MSVAR 模型的计量分析

一般来讲，VAR 模型可以用来探究经济变量之间的相互影响关系。研究表明，跨境证券投资与国内金融市场之间的联动关系并非一成不变，在金融市场发展程度较高的国家和时期它们的关联性更加显著（Hau 和 Rey，2006）。因此，为了能更好地捕捉它们之间关系的变动情况，本节构建了马尔可夫区制转移向量自回归模型（MSVAR）进行实证分析，首先对实证变量选取进行说明，其次对模型构建进行描述，最后对实证结果进行分析。

16.3.1　实证变量选取

本部分详细介绍了跨境证券投资、利率、汇率、股票市场收益率的实证变量选取过程。国际收支平衡表中（BOP）跨境证券投资的数据频率为年度或季度，为采用更高频率的数据进行分析，本章采用 EPFR Global 数据库中流向中国证券市场的资金流入量作为跨境证券投资的代理变量。EPFR Global 记录了在全球范围内配置资产的大部分基金公司的申购、赎回、资产配置、资金流向等数据，此数据库记录了超过 82000 只基金的资金流向，其覆盖范围包括全球 98%～99% 的新兴市场基金，95% 以上的交易所交易基金，90% 以上的美国基金，90% 以上的加拿大共同基金和 75% 左右的欧洲市场基金等。有不少现有文献采用此数据库对一国跨境证券投资的特征进行分析探究（Yeyati 和 Williams，2012；Raddatz 和 Schmukler，2012；Fratzscher，2012；Jinjarak 等，2011；Puy，2016）。如 Jinjarak 等（2011）采用 EPFR Global 记录的 1995 年 3 月至 2008 年 11 月跨境证券基金投资数据，对跨境证券投资与一国股票市场收益率的关系展开研究，研究表明跨境证券投资与当前的和过去的市场收益率呈现显著的正相关关系。Fratzscher 等（2012）基于 2005 年 10 月至 2010 年 11 月的周度数据实证研究了国际证券基金投资的影响因素，研究表明在危机区间推动因素是影响国际证券基金投资的主要因素，而危机过后拉动因素对国际证券基金投资的影响更显著。特别地，Moussavi（2017）实证分析了 EPFR Global 中记录的跨境证券基金投资与国际收支平衡表中记录的跨境证券资金流动的关系，基于 29 个新兴市场经济体 2005—2013 年的实证研究表明，对于较大的新兴市场国家来说，跨境证券基金投资的走势与 BOP 中跨境证券投资的走势基本一致，因此可以作为跨境证券投资的代理变量。

具体到中国，现阶段外国投资者对国内证券市场的投资仅可以通过 QFII 和 RQFII 实现，而基金公司是 QFII 投资的主力。从机构数量来看，根据中国证监会披露的数据，2013 年 QFII 机构中基金管理公司占比达到 60%；从资金规模来看，Plantier（2015）根据 2012 年的数据计算表明，中国跨境证券投资的 80% 以上来自基金公司。因此，以 EPFR Global 数据库中跨境证券基金投资的数据作为中国跨境证券投资的代理变量具有一定的合理性。特别地，笔者聚焦投资于股票市场的跨境股本证券投资的研究，图 16.3 展示了中国 2005 年第三季度以来跨境股票基金投资与跨境股本证券投资对比图，观察可知跨境股票基金投资与跨境股本证券投资的走势和波峰波谷变化基本一致。因此本章采用 EPFR Global 数据库中流向中国股票市场的资金流入量作为跨境证券投资的代理变量，并除以投资中国的基金总资产以剔除规模的影响（Fratzscher，2012；Puy，2016）。由于人民币汇率的市场化改革始于 2005 年 7 月，并且在此之前的跨境证券基金投资流量和波动性显著较小，不足以对我国的外汇市场和证券市场产生冲击，我们选取 2005 年 7 月以后的数据进行实证研究。

由于流入中国的跨境证券基金投资 80% 是由美元进行投资的[①]，因此本研究选取人民币兑美元的汇率月度期末值 E 作为人民币汇率的代理变量，在直接标价法下，汇率提高表示本币贬值。本研究选取上证综合指数 P 作为国内股票市场价格的代理变量。此外，笔者选取 3 个月期上海银行间同业拆放利率（Shibor）作为货币市场短期利率的代理变量[②]。人民币汇率、股票市场价格指数的数据来

---

① 作者根据 EPFR Global 的数据计算所得。

② 上海银行间同业拆放利率数据开始于 2006 年 10 月，2006 年 10 月之前的数据采用 3 个月期国债的到期收益率作为短期利率的代理变量。

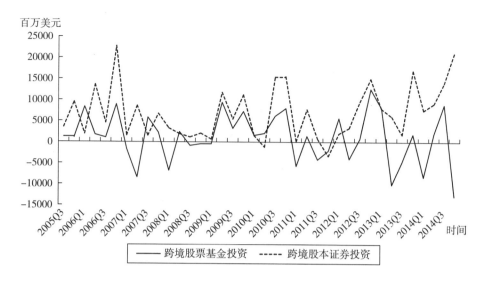

百万美元

跨境股票基金投资　⸺⸺⸺　跨境股本证券投资

资料来源：国家外汇管理局，EPFR Global 数据库。

图16.3　跨境股票基金投资与跨境股本证券投资对比

自路透数据库，Shibor 的数据来自 CEIC 数据库。为保证时间序列变量的平稳性，避免伪回归，本研究分别对汇率和股票市场价格两个序列取自然对数差值（赵进文和张敬思，2013），即 $e_t = \ln(E_t) - \ln(E_{t-1})$，$r_t = \ln(P_t) - \ln(P_{t-1})$，分别记为人民币汇率变化率和股票市场收益率。表 16.1 显示了各变量的描述统计量和 ADF 检验结果，实证变量跨境证券投资、人民币汇率变化率、股票市场收益率、短期利率分别用"equity flow""Ex return""stock return"和"interest rate"表示。结果表明跨境证券投资、人民币汇率变化率、股票市场收益率均为平稳序列，可以用于时间序列建模；短期利率序列为非平稳序列，而一阶差分后平稳，因此笔者采用差分后的短期利率进行模型构建，数据区间为 2005 年 7 月至 2016 年 8 月。

表 16.1　　　　　　　　　　样本数据的描述统计

变量	N	均值	最大值	最小值	标准差	偏度	峰度	(c, t, k)	ADF 检验
跨境证券投资	134	0.341	6.329	-4.191	1.729	0.858	4.988	(c, 0, 0)	-6.602***
人民币汇率变化率	134	-0.177	1.842	-2.057	0.542	0.267	6.705	(c, 0, 0)	-8.309***
股票市场收益率	134	0.783	24.253	-28.278	9.046	-0.674	4.274	(c, 0, 0)	-9.999***
短期利率	134	3.472	6.392	1.147	1.379	-0.032	1.894	(c, 0, 0)	-1.997
短期利率差分值	133	0.0103	1.786	-1.312	0.404	0.935	8.785	(c, 0, 0)	-9.815***

注：(c, t, k)、(c, 0, k)、(0, 0, k) 分别表示在 ADF 单位根检验时包含常数项和时间趋势项、只包含常数项和不包含常数项和时间趋势项，k 表示根据 SIC 准则选择的滞后阶数。***、**、* 分别表示在 1%、5% 和 10% 的显著水平上拒绝存在单位根的原假设，即序列是平稳的。

16.3.2 模型构建

实证变量选取后，本部分构建 MSVAR 模型进行实证分析。MSVAR 模型的特点是其回归参数随着不可观测的区制变量的变化而发生变化，且区制变量服从离散的马尔可夫随机过程，此模型在变量之间非对称关系研究中的应用较广泛[①]。滞后期为 p 的 MSVAR 模型的一般形式如下：

$$y_t - \mu(s_t) = A_1(s_t)(y_{t-1} - \mu(s_{t-1})) + \cdots + A_p(s_t)(y_{t-p} - \mu(s_{t-p})) + u_t$$

$$(16.7)$$

其中，$u_t \sim NID(O, \sum s_t)$，$\mu(s_t), A_1(s_t), \cdots, A_p(s_t), \sum s_t$ 随着区制状态 s_t 的变化而变化，区制变量 s_t 服从时间离散、状态离散的马尔可夫随机过程：

$$p_{i,j} = \Pr(s_{t+1} = j / s_t = i), \sum_{j=1}^{M} p_{i,j} = 1, \forall i, j \in \{1, 2, \cdots, M\} \quad (16.8)$$

MSVAR 模型要求马尔可夫过程是不可约的和遍历的过程（Krolzig, 2016），状态转移矩阵可以表示为

$$P = \begin{cases} p_{11} & p_{11} & \cdots & p_{1M} \\ p_{21} & p_{22} & \cdots & p_{2M} \\ \cdots & \cdots & \cdots & \cdots \\ p_{M1} & p_{M2} & \cdots & p_{MM} \end{cases}, p_{iM} = 1 - p_{i1} - \cdots - p_{iM-1}, for \quad i = 1, 2, \cdots, M$$

$$(16.9)$$

MSVAR 模型中可以随区制状态进行变化的参数为均值（M）、截距（I）、自回归参数（A）和方差（H），根据模型设定的不同，MSVAR 可以表现为多种具体的形式，如 MSI（M）– VAR（p）、MSA（M）– VAR（p）、MSH（M）– VAR（p）等。模型估计使用 EM 算法（Expectation Maximization algorithm）（Hamilton, 1990），本研究使用 OX – MSVAR 软件包进行估计。

为消除量纲的影响，笔者对变量进行标准化[②]后建立 MSVAR 模型。考虑到经济运行可以区别为稳定或不稳定两种状态，笔者选取状态数为 2。本研究首先构建了 VAR 模型对滞后阶数进行选择，并依据 AIC、HQ 和 SC 准则[③]选择最佳

---

① 卞志村和孙俊（2012）运用 MSIH（3）– VAR（2）模型研究了后金融危机时期我国货币财政政策的非对称效应，分区制的累积脉冲响应分析表明，在不同状态区制下，货币供应量、信贷、利率、财政支出和人民币汇率对经济系统具有非对称的影响。项云帆和邓学龙（2010）运用 MSIA（2）– VAR（3）分析了 1952—2007 年中国进出口贸易和经济增长之间的关系，结论表明在不同经济环境下，进出口贸易对经济增长的影响效应不同。

② 新数据 =（原数据 – 均值）/标准差

③ AIC（Akaike Information Criterion）、HQ（Hannan – quinn Criterion）和 SC（Schwarz Criterion）准则，三者的检验思想是通过比较不同分布滞后模型的拟合优度来确定合适的滞后期长度。三个准则的值较小表明模型较优。

滞后阶数为 1；然后对滞后阶数为 1 的情况下每种 MSVAR 模型设定形式进行建模，同样依据 AIC、HQ 和 SC 准则确定最佳模型的具体形式。由表 16.2 可知，MSMH（2）－VAR（1）模型的 AIC、HQ 和 SC 值最小，笔者最终选取 MSMH（2）－VAR（1）模型进行实证分析。MSMH（2）－VAR（1）模型伴随矩阵的单位根都在单位圆内，表明模型是稳定的。LR 线性检验统计量为 187.25，在 1% 的显著水平上拒绝原假设，表明笔者设定的非线性模型显著优于线性 VAR 模型。

表 16.2　　　　　　　　　　MSVAR 模型设定形式选择

模型	对数似然值	AIC	HQ	SC	LR 线性检验
VAR（1）	－657.824	10.863	11.046	11.313	
MSA（2）－VAR（1）	－684.409	11.014	11.438	12.057	34.656 ***
MSAH（2）－VAR（1）	－618.827	10.178	10.690	11.438	165.821 ***
MSH（2）－VAR（1）	－614.407	9.871	10.242	10.784 *	174.660 ***
MSI（2）－VAR（1）	－691.648	10.942	11.260	11.724	20.179 ***
MSIA（2）－VAR（1）	－663.137	10.754	11.213	11.884	77.201 ***
MSIAH（2）－VAR（1）	－604.064	10.016	10.564	11.363	195.347 ***
MSIH（2）－VAR（1）	－608.313	9.839	10.246	10.839	186.849 ***
MSM（2）－VAR（1）	－691.861	10.945	11.263	11.718	19.753 ***
MSMH（2）－VAR（1）[#]	－608.105	9.836 *	10.242 *	10.836	187.265 ***

注：***、**、* 分别表明检验在 1%、5%、10% 的置信水平上显著；[#] 表明依据此准则选择的最佳模型形式。

16.3.3　区制特征分析

基于笔者选取的 MSMH（2）－VAR（1）模型，均值和方差会随区制状态的变化而变化。如表 16.3 所示，均值方面，在区制 1 内，跨境证券投资、股票市场收益率的均值显著小于区制 2，短期利率的均值显著大于区制 2；标准差方面，在区制 1 内，汇率变化率、股票市场收益率、短期利率的方差均大于区制 2，国内金融市场波动性大。结合其区制特征，区制 1 可以被描述为"股票市场收益率较低、跨境证券投资较少、短期利率较高、金融市场波动性大"的状态，区制 2 可以被描述为"股票市场收益率较高、跨境证券投资较多、短期利率较低、金融市场波动性小"的状态。

表 16.3   **MSMH（2）–VAR（1）模型估计结果**

统计量	项目	跨境证券投资	汇率变化率	股票市场收益率	短期利率
均值	区制1	−0.213 [−1.612]	0.019 [0.101]	−0.348 ** [−2.332]	0.242 * [1.679]
	区制2	0.232 [1.162]	0.031 [0.315]	0.398 *** [3.282]	0.010 [0.311]
系数	跨境证券投资（−1）	0.442 *** [5.055]	0.034 [0.763]	−0.009 [−0.119]	−0.003 [−0.214]
	汇率变化率（−1）	−0.046 [−0.672]	0.434 *** [6.363]	−0.097 [−1.091]	−0.018 [−0.546]
	股票市场收益率（−1）	−0.048 [−0.659]	−0.071 [−1.163]	−0.142 [1.648]	−0.002 [−0.087]
	短期利率（−1）	−0.037 [−0.590]	−0.077 [−1.054]	0.024 [0.270]	0.289 *** [8.613]
标准差	区制1	0.688	1.165	1.079	1.353
	区制2	0.997	0.382	0.716	0.127

注：括号内数值为 t 统计量的值，$df = N - m - 1 = 57$，***、**和 *分别表示在 1%、5% 和 10% 的显著性水平下显著。

表16.4 和表16.5 分别列出了区制转移概率矩阵和各区制的样本数及持续期。具体来看，在这一期间，当经济进入区制 1 后，维持在该状态下的概率为 0.7758，从区制 1 转移到区制 2 的概率为 0.2242，处于区制 1 的时间达到 53.98%，平均持续期为 4.45 个月；当经济进入区制 2 时，维持在该状态的概率为 0.7368，从区制 2 转移到区制 1 的概率为 0.2632，经济处于区制 2 的状态达到 46.02%，平均持续期为 3.8 个月。可见，2007 年 5 月以来，经济处于区制 1 的时间相对略长，两区制都具有较高的稳定性，具体区间如表 16.5 所示。

表 16.4   **区制转移概率矩阵**

区制状态	区制1	区制2
区制1	0.7758	0.2242
区制2	0.2632	0.7368

表 16.5　　　　　　　　　　　　**各区制的样本数及持续期**

区制状态	样本数	频率	平均持续期	样本区间
区制 1	72.4	0.5398	4.45	2005.08—2005.08, 2005.10—2005.11, 2006.06—2006.10, 2007.09—2007.09, 2007.11—2008.03, 2008.05—2008.08, 2008.10—2008.12, 2009.07—2009.08, 2010.05—2011.09, 2011.11—2012.03, 2012.05—2012.07, 2013.06—2013.08, 2013.12—2014.01, 2014.05—2014.05, 2014.11—2015.01, 2015.04—2016.05
区制 2	60.6	0.4602	3.80	2005.09—2005.09, 2005.12—2006.05, 2006.11—2007.08, 2007.10—2007.10, 2008.04—2008.04, 2008.09—2008.09, 2009.01—2009.06, 2009.09—2010.04, 2011.10—2011.10, 2012.04—2012.04, 2012.08—2013.05, 2013.09—2013.11, 2014.02—2014.04, 2014.06—2014.10, 2015.02—2015.03, 2016.06—2016.08

　　MSVAR 模型识别出来的两个区制特征比较明显，区制状态的变化受到国内外经济金融状况的影响。如图 16.4 所示，在 2005 年 7 月至 2016 年 8 月的样本区间中，区制 1 主要包括次贷危机时期（2007 年 11 月至 2008 年 12 月）、欧债危机时期（2010 年 5 月至 2012 年 7 月）以及后金融危机时期（2015 年 4 月至 2016 年 5 月），在此区间内，受次贷危机和欧债危机的累积影响以及中国经济结构改革的推进，中国经济增速趋缓，股票市场受到冲击，追求安全岛效应的跨境资金纷纷外逃，国内货币市场流动性趋紧，因此呈现"股票市场收益率较低、跨境证券投资较少、短期利率较高、金融市场波动性大"的状态。区制 2 主要包括次贷危机爆发前夕（2005 年 9 月至 2007 年 8 月）、次贷危机后的量化宽松时期（2009 年 1 月至 2010 年 4 月）以及欧债危机后的调整期（2013 年 9 月至 2014 年 10 月），在此区间内，中国金融市场相对繁荣、资金充裕，受国内宏观经济政策影响（2009—2010 年）以及全球量化宽松政策的推动（2013—2014 年），国内经济增长率较高，跨境证券资金涌入中国，因此呈现"股票市场收益率较高、跨境证券投资较多、短期利率较低、金融市场波动性小"的状态。此外，两区制的划分也与中国的资本市场自由化进程相关联。区制 1 主要包括金融危机前资本市场自由化改革推进阶段和 2010 年后的改革加速阶段，在这一时期，2005 年 7 月人民银行开始实行以市场供求为基础、参考一篮子货币进行调节的浮动汇率制度，同时 QFII 额度也增至 100 亿美元；2010 年后重启汇率制度改革，2012 年 4 月人民银行宣布银行间外汇市场上人民币兑美元即期汇率波幅由 0.5%

扩大至1%，2014年3月进一步扩大至2%，QFII额度2013年7月进一步增加至1500亿美元，自由化改革加速推进。区制2主要包括资本市场化改革初始阶段和金融危机后资本市场化缓慢推进阶段，如次贷危机后2008年6月至2010年6月人民币兑美元汇率停止升值趋势，维持在6.8附近，在此期间QFII额度依然维持在2007年的水平；欧债危机后的2013年5月至2015年7月，人民币兑美元汇率一直维持在6.1附近，资本市场化进程在金融危机后的调整期缓慢推进。

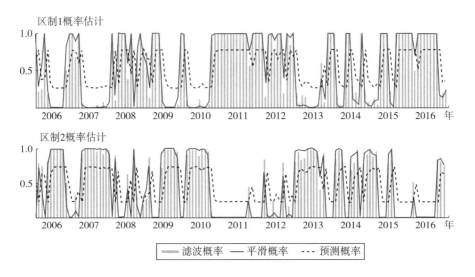

图16.4　各区制概率估计

16.3.4　分区制脉冲响应分析

图16.5分别描述了区制1和区制2下的脉冲响应图，冲击作用期限设为8期，笔者可以得到以下结论。

第一，跨境证券投资的变动会对国内股票市场和外汇市场产生显著影响。具体来看，给定跨境证券投资一单位的正向冲击，对股票市场收益率而言，区制1和区制2下都会导致股票市场收益率的上升，第3期衰减到0附近，即大量跨境证券资金流入短期内会提高国内股票市场收益率，与现有研究结论基本一致（Froot和Ramadorai，2008；朱孟楠和刘林，2010）；而对汇率变化率而言，大量跨境证券投资的涌入在区制1下会导致人民币名义汇率升值，冲击在第3期逐渐消失，即跨境证券投资的涌入会提高外汇市场上的本币需求，本币升值；有所不同的是，跨境证券投资在区制2下对人民币汇率的影响减弱，可能的原因是区制2对应的区间为次贷危机和欧债危机过后的调整期，在此区间人民币币值相对比较稳定，2008年6月至2010年5月期间，人民币兑美元汇率一直稳定在6.8附近，2013年5月至2015年7月，人民币兑美元汇率一直维持在6.1附近，波动性小。

第二，汇率的变动也会对跨境证券投资产生影响，并传导至股票市场。具体来看，给定汇率变化率一单位的正向冲击（即人民币贬值），跨境证券投资流入量减少，从而导致股票市场收益率呈现一定程度的下降。可能的原因是汇率贬值与更大幅度的贬值相关联，导致国际证券投资者减少投资以避免汇率风险的暴露。外汇市场的冲击在第 5 期逐渐消失，两区制下的脉冲响应图相似，但是区制 1 内汇率的冲击作用更加显著（单位更大），原因是区制 1 呈现的是市场波动性大的状态，汇率波动对股票市场和跨境证券投资的影响较大。

第三，股票市场收益率和短期利率的变动也会对跨境证券投资产生影响。具体来看，分别给股票市场收益率和短期利率一单位的正向冲击，跨境证券投资在 0~3 个月小幅流出，而人民币兑美元汇率会出现小幅升值。这一部分的结果与理论模型有所差别，一种可能的解释是，跨境证券投资对国内股市收益率有预测作用，会先于国内股市的变化而发生变化，也被解释为"智钱效应"（smart money effect）（Froot 和 Ramadorai，2008），当国内股票市场收益率上升时，跨境证券投资已经先于股市价格的上涨而涌入，而股市收益率通常存在均值回复效应（mean reversion），因此较高的股市收益率会伴随着证券投资的小幅流出。此外，跨境证券投资、人民币名义汇率、股票市场收益率和短期利率都呈现显著的持续性特征，即过去的趋势会对现在的波动有正向的影响。

综上所述，跨境证券投资对国内金融市场的影响比较显著，跨境证券投资大量涌入会导致国内证券市场收益率的上升和本币升值；由于中国的资本账户并未完全开放，跨境证券投资流出流入中国仍存在一定的额度限制，因此国内短期利率、股票市场收益率对证券投资的影响相对较弱。在市场波动性较大的时期（区制 1），四者的联动关系更加显著。

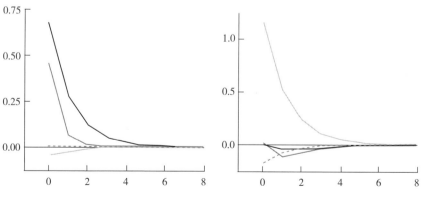

图 16.5　各区制下脉冲响应分析

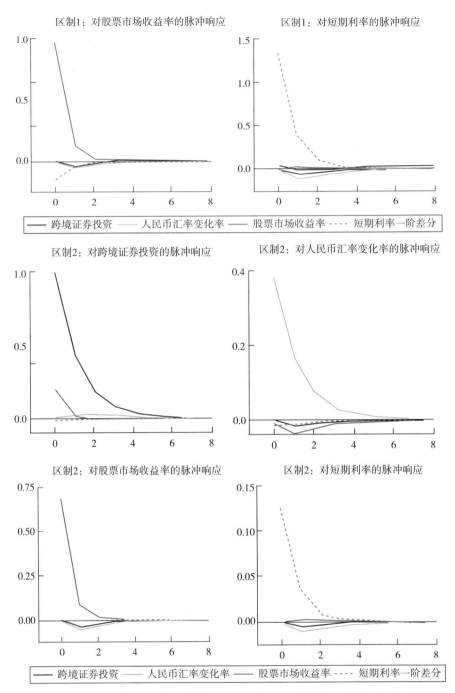

注：图16.5描述了区制1和区制2下分别对MSVAR中四个变量进行一单位的正向冲击后各变量的脉冲响应。

图16.5 各区制下脉冲响应分析（续）

16.4　本章小结

本章的出发点是对我国资本账户开放进程中跨境证券投资与人民币汇率、股票市场收益率、短期利率之间的联动关系展开研究，以期对我国跨境证券投资领域的进一步开放提供实证依据和政策支持。

首先，我们通过构建考虑了资本市场收益率以及有管理浮动汇率制度的IS－LM－BP 模型对跨境证券投资与中国国内金融市场的相互影响机理进行理论探究。跨境证券投资与国内金融市场相互影响的路径如下：当国内资本市场收益率提高时，跨境证券资金涌入，外汇市场上对本币的需求增加，本币升值，货币市场上实际货币供给增加，短期利率下降；当发生本币贬值的冲击时，在预期汇率不变的情况下，本币即期贬值会导致预期汇率升值的空间增大，追逐套汇收益的短期资本涌入；若预期汇率进一步贬值则会导致跨境证券投资流出，汇率面临进一步贬值压力，货币市场上实际货币供给减少，短期利率上升。

进一步地，本章基于中国 2005 年 7 月汇改以来的月度数据，运用 MSVAR 模型对跨境证券投资、人民币汇率、股票市场收益率以及短期利率之间的联动关系进行实证研究，研究结论如下：第一，跨境证券投资、人民币汇率、股票市场收益率和短期利率之间存在非线性的联动关系，四者的关联性会随经济金融环境的变化而变化。经济状态可以分为两个区制，其中区制 1 主要包括次贷危机时期（2007—2008 年）、欧债危机时期（2010—2012 年）以及后金融危机时期（2015—2016 年），经济呈现"股票市场收益率较低、跨境证券投资较少、短期利率较高、金融市场波动性大"的状态，区制 2 主要包括次贷危机前夕（2005—2006 年）、次贷危机后的量化宽松时期（2009—2010 年）以及欧债危机后的调整期（2013—2014 年），经济呈现"股票市场收益率较高、跨境证券投资较多、短期利率较低、金融市场波动性小"的状态。同时，区制状态的变化也与我国资本市场的自由化进程相关联，区制 1 主要包括资本市场自由化改革推进阶段和 2010 年后的改革加速阶段，区制 2 则主要包括资本市场化改革初始阶段和金融危机后资本市场化进程缓慢阶段。对比两者也可以发现，在资本市场自由化进程较快的区间段，金融市场的波动性相对较大。第二，分区制脉冲响应分析的结果表明，跨境证券投资的涌入会带来国内股票市场收益率的上升和人民币名义汇率的升值；人民币贬值使投资者存在人民币进一步贬值的预期，导致证券投资流出、股票市场收益率下降；中国国内股票市场收益率和短期利率的提高并不会导致大量的证券投资涌入。跨境证券投资与人民币汇率、股票市场收益率、短期利率之间的联动关系在市场波动性较大、资本市场化进程较快的区间内（区制 1）更加显著。

综上所述，跨境证券投资、人民币汇率、股票市场收益率、短期利率之间存在非线性的联动关系，且存在区制特征，当处于资本市场化进程较快、金融市场波动性较大的区制阶段时，四者的联动关系更加明显。本章的研究发现，资本账户开放进程较快的区间的确与金融市场较大的波动性相关联，随着中国资本账户自由化的推进，跨境证券投资对外汇市场、股票市场以及货币市场的冲击将会日益显著。基于此，我国应逐步地、渐进地推进证券市场的开放，当国际金融环境欠佳、金融市场波动性较大时应放慢资本账户开放的步伐，开放过程中应对跨境证券投资的流出流入进行监测，避免因跨境证券投资的变动导致国内股票市场和外汇市场的大幅波动。

参考文献

［1］BOHN H, TESAR L L. US Equity Investment in Foreign Markets：Portfolio Rebalancing or Return Chasing？［J］. The American Economic Review, 1996, 86（2）.

［2］BROOKS R, EDISON H, KUMAR M S, SLØK T. Exchange Rates and Capital Flows［J］. European Financial Management, 2004, 10（3）.

［3］COMBES J L, KINDA T, PLANE P. Capital Flows, Exchange Rate Flexibility, and the Real Exchange Rate［J］. Journal of Macroeconomics, 2012, 34（4）.

［4］CHOWDHURY A R. Does Exchange Rate Volatility Depress Trade Flows？ Evidence from Error – correction Models［J］. The Review of Economics and Statistics, 1993.

［5］FRATZSCHER M. Capital flows, Push versus Pull Factors and the Global Financial Crisis［J］. Journal of International Economics, 2012, 88（2）.

［6］FROOT K A, RAMADORAI T. Institutional Portfolio Flows and International Investments［J］. Review of Financial Studies, 2008, 21（2）.

［7］FROOT K A, CONNELL P G J O, SEASHOLES M S. The Portfolio Flows of International Investors［J］. Journal of Financial Economics, 2001, 59（2）.

［8］GYNTELBERG J, LORETAN M, SUBHANIJ T, Chan E. Exchange Rate Fluctuations and International Portfolio Rebalancing［J］. Emerging Markets Review, 2014, 18.

［9］HAMILTON J D. Analysis of Time Series Subject to Changes in Regime［J］. Journal of Econometrics, 1990, 45（1）.

［10］HAU H, REY H. Exchange Rates, Equity Prices and Capital Flows［J］. Review of Financial Studies, 2006, 19（1）.

［11］JINJARAK Y, WONGSWAN J, ZHENG H. International Fund Investment and Local Market Returns［J］. Journal of Banking and Finance, 2011, 35（3）.

［12］KROLZIG H M. Econometric Modelling of Markov – switching Vector Autoregressions using MSVAR for Ox［CP］. 2016 – 10 – 24.

［13］LEVICH R M, HAYT G S, RIPSTON B A. Survey of Derivatives and Risk Management Practices by US Institutional Investors［R］. 1999.

［14］MOUSSAVI J. Portfolio Capital Flows: A Simple Coincident Indicator for Emerging Markets［R］. Available at SSRN 2468148, 2017.

［15］PLANTIER L C. Regulated Funds, Emerging Markets, and Financial Stability［J］. ICI Global Research Perspective, 2015, 2（1）.

［16］PUY D. Mutual Funds Flows and the Geography of Contagion［J］. Journal of International Money and Finance, 2016, 60.

［17］RADDATZ C, SCHMUKLER S L. On the International Transmission of Shocks: Micro – evidence from Mutual Fund Portfolios［J］. Journal of International Economics, 2012, 88（2）.

［18］YEYATI E L, WILLIAMS T. Emerging Economies in the 2000s: Real Decoupling and Financial Recoupling［J］. Journal of International Money and Finance, 2012, 31（8）.

［19］卞志村, 孙俊. 开放经济背景下中国货币财政政策的非对称效应［J］. 国际金融研究, 2012（8）: 4 – 15.

［20］陈浪南, 陈云. 人民币汇率、资产价格与短期国际资本流动［J］. 经济管理, 2009（1）: 1 – 6.

［21］方先明, 裴平, 张谊浩. 国际投机资本流入: 动机与冲击——基于中国大陆 1999—2011 年样本数据的实证检验［J］. 金融研究, 2012（1）: 65 – 77.

［22］刘莉亚. 境外"热钱"是否推动了股市、房市的上涨?——来自中国市场的证据［J］. 金融研究, 2008（10）: 48 – 70.

［23］唐琳, 胡海鸥. 人民币汇率、国际资本流动与货币政策有效性研究——基于修正 BGT 模型的实证分析［J］. 经济理论与经济管理, 2016（9）: 40 – 53.

［24］项云帆, 邓学龙. 基于 MSVAR 进出口贸易与经济增长的非线性效应分析［J］. 管理科学, 2010（1）: 98 – 106.

［25］杨俊龙, 孙韦. 短期国际资本流动对我国经济潜在冲击的实证分析［J］. 经济理论与经济管理, 2010（12）: 13 – 18.

［26］赵进文, 张敬思. 人民币汇率、短期国际资本流动与股票价格——基于汇改后数据的再检验［J］. 金融研究, 2013（1）: 9 – 23.

［27］张谊浩, 裴平, 方先明. 中国的短期国际资本流入及其动机——基于利率、汇率和价格三重套利模型的实证研究［J］. 国际金融研究, 2007（9）: 41 – 52.

［28］中国人民银行调查统计司课题组, 盛松成. 我国加快资本账户开放的

条件基本成熟［J］.中国金融，2012（5）：14 – 17.

　　［29］朱孟楠，刘林，倪玉娟.人民币汇率与我国房地产价格——基于 Markov 区制转换 VAR 模型的实证研究［J］.金融研究，2011（5）：58 – 71.

　　［30］朱孟楠，刘林.短期国际资本流动、汇率与资产价格——基于汇改后数据的实证研究［J］.财贸经济，2010（5）：5 – 13.

第17章 跨境资本流动风险预警:方法研究与中国情况分析

17.1 引言

本章聚焦于跨境资本流动风险预警研究,针对前文的跨境资本流动风险对经济基本面和金融细分市场的冲击,从多维度、多指标对跨境资本流动风险进行系统、全面分析和预警研究,以补充和完善本书跨境资本流动风险研究的理论框架,丰富我国跨境资本流动风险监测预警体系。

由于跨境资本流动风险的表现形式是多维度的,是对经济金融系统全面和综合影响,因此,对跨境资本流动风险进行监测预警也应当采取多维度的风险考量及对其综合度量的预警方法。现有的预警方法主要是通过先行指标的预测方法对风险进行预警,仍为单指标、单目标预警(Marcellino 等,2006;Carriero 和 Marcellino,2007)。由经济周期研究组织(Economic Cycle Research Institute)提出的经济周期立方体的预测理念,提供了使用多周期、多维度的预测预警指标进行预警的方法(Banerji 和 Hiris,2001;Achuthan 和 Banerji,2004)。因此,本章引入经济周期立方体(Economic Cycle Cube,ECC)的预警思想,借鉴 Zheng 和 Wang(2009)对经济周期立方体预警方法的改进理念,对中国跨境资本流动风险预警进行多维度综合分析。

本章的结构安排如下:首先,从跨境资本流动风险识别、外汇市场压力指数波动、货币市场压力指数波动、资产价格压力指数波动等维度构建分市场风险预警指标,并分析中国 1998 年第一季度至 2017 年第四季度期间跨境资本流动极端波动风险状况、相关金融市场波动风险状况,结合金融细分市场的极端波动,对风险预警予以判别;其次,以引用 Zheng 和 Wang(2009)对经济周期立方体预警方法的改进模型为主,分别运用空间向量法和多维信号分析法将上述市场的单项预警指标合成为综合风险预警指数,并具体分析中国 1998 年第一季度至 2017 年第四季度期间跨境资本流动风险预警状况;再次,评述各模型的预警效果,提出构建全面、系统的中国跨境资本流动风险立方体预警体系的框架。最后,总结归纳本章内容,对中国未来防范跨境资本流动风险提出建议。

17.2 分市场指标研究与中国情况分析

跨境资本流动风险，指某国或某经济体的跨境资本流动急剧波动导致的可能对该国或经济体金融市场、经济发展带来的冲击和脆弱性（金祥荣、徐子福等，2006；Forbes 和 Warnock，2012；李苏骁，2017）。跨境资本的大量涌入，易引起资本流入国本币升值，金融市场利率下降，进而可能带来经常账户恶化、催生信贷急剧扩张，导致国家使用外汇储备进行调节、通货膨胀和资产价格泡沫。而跨境资本流入的急剧减少，一般伴随资本流出国的本币贬值，一旦本币贬值预期增加，国内经济状况恶化，易引起银行不良贷款上升、资产泡沫破裂、经济衰退等（陈卫东、王有鑫，2017；史芳芳等，2016；李苏骁，2017）。因此，跨境资本流动风险突出表现为跨境资本极端波动导致的外汇市场、货币市场和资产价格市场的冲击和动荡。

本节聚焦跨境资本极端波动对外汇市场、货币市场和资产价格市场等金融细分市场的承压变化，对跨境资本极端波动风险进行监测预警。首先，依据量化方法分别定义跨境资本极端波动风险、外汇市场压力指数、货币市场压力指数和资产价格压力指数。其次，运用上述风险识别和金融细分市场极端波动判别方法分析中国跨境资本流动及其对金融市场的影响。最后，上述方法识别的跨境资本流动风险，对于经济实力雄厚、金融发展程度高的国家而言，其经济系统抵御风险能力较强，部分跨境资本流动风险不足以构成经济、金融市场的动荡，因此，本节的跨境资本流动风险预警思路为：以识别出的跨境资本极端波动风险为重点，围绕外汇市场、货币市场和资产价格市场相应的极端波动程度，具体分析预警中国的跨境资本流动风险。

17.2.1 分市场指标构建方法研究

17.2.1.1 跨境资本流动风险识别

Forbes 和 Warnock（2012）将跨境资本流动风险分为流出风险和流入风险，其中流入风险表现为跨境资本大进和急停风险，流出风险表现为跨境资本外逃和回流风险，并分别对四种风险表现形式予以量化测度。Forbes 和 Warnock 的风险划分和识别方法为现阶段研究跨境资本流动风险的主流方法（潘赛赛，2012；Calderon 和 Kubota，2014；杨海珍、史芳芳，2017；庞春阳，2018；陈修兰、吴信如，2018 等），本节将该方法与陈修兰、吴信如（2018）的解读相结合，定义和识别跨境资本流动风险。本节研究的跨境资本流动风险为私人部门跨境资本净流动极端波动的风险，主要划分为跨境资本流动大进风险和跨境资本流动急停风险。其中，跨境资本流动大进风险既涵盖外国投资者对我国进行投资的大幅增加导致的资本流动的变化，也涵盖本国投资者对外进行投资大幅减少导致的资本流动变化。跨境资本流动急停风险不仅涵盖外国投资者对本国投资的大幅度减少导致的资本流动变化，也涵盖本国投资者对外投资的大幅增加导致的资本流动变化。

对于跨境资本流动风险识别，具体方法为：用 C_t 表示第 t 期及其前三个季度跨境资本净流动额（如果这个值为正则为净流入，测度的是跨境资本流入风险，如果这个值为负则为净流出，测度的是跨境资本流出风险），用 ΔC_t 表示 C_t 相对第 $t-4$ 时期 C_{t-4} 的波动大小，即资本流动的年度变化。

（1）分析跨境资本大进风险，资本流入大进需满足以下条件：至少连续两个时期的 ΔC 大于其过去 5 年均值与一倍标准差之和，且至少有一个时期的 ΔC 大于其过去 5 年均值与两倍标准差之和。

（2）跨境资本急停风险需满足以下条件：至少连续两个时期的 ΔC 小于其过去 5 年均值与一倍标准差之差，且至少有一个时期的 ΔC 小于其过去 5 年均值与两倍标准差之差。跨境资本流动风险用公式表示为

$$C_t = \sum_{i=0}^{3} NFLOW_{t-i}, t = 1,2,\cdots,N \tag{17.1}$$

$$\Delta C_t = C_t - C_{t-4}, t = 5,6,\cdots,N \tag{17.2}$$

$$Surge = \begin{cases} 1, If\ \ \Delta C_{t_1} > MEAN + SD, \Delta C_{t_2} < MEAN + SD, \\ \quad \Delta C_{t_i} > MEAN + 2SD, t_1 \leqslant t_i \leqslant t_2 \\ 0, Otherwise \end{cases} \tag{17.3}$$

$$Stop = \begin{cases} 1, If\ \ \Delta C_{t_1} < MEAN - SD, \Delta C_{t_2} > MEAN - SD, \\ \quad \Delta C_{t_i} < MEAN - 2SD, t_1 \leqslant t_i \leqslant t_2 \\ 0, Otherwise \end{cases} \tag{17.4}$$

其中，MEAN 和 SD 分别是 ΔC 过去 5 年的均值和标准差；"1"表示该种情况发生；"0"表示该种情况不发生。

17.2.1.2　外汇市场压力指数

外汇市场压力（Exchange Market Pressure，EMP）最早由 Girton 和 Rope（1977）提出，用于衡量跨境资本流动给予汇率变动的压力。当跨境资本大量涌入时，易引起经常账户和资本账户顺差（中国人民银行广州分行外汇综合处课题组，2017），市场主体的结汇意愿增强，人民币汇率呈现升值的趋势或者升值压力，人民币汇率的升值预期越发吸引跨境资本流入，潜在的跨境资本流入风险持续累积，同时外汇市场压力指数也不断升高。汇率的大幅波动、外汇储备的剧烈变动以及本国货币市场面对外生冲击表现出的脆弱性，都是外汇市场压力的体现。

Girton 和 Rope（1977）将外汇市场压力用汇率变动率与外汇储备变动率之和表示。之后的学者对外汇市场压力指标的构造方法进行了改进，如 Eichengreen，Rose 和 Wyplosz（1996）以汇率百分比变化、外汇储备百分比变化和国内外利率差的线性组合构造 EMP，权重以各变量的标准差衡量，具体公式如下：

$$EMP_t = \frac{1}{\sigma_{ER}}\frac{\Delta ER}{ER} + \frac{1}{\sigma_{IR}}\left[\Delta(IR - IR^*)\right] - \frac{1}{\sigma_{RES}}\left(\frac{\Delta RES - \Delta RES^*}{RES}\right) \quad (17.5)$$

其中，ER 表示直接标价法下的名义汇率；IR 表示本国名义利率；IR^* 表示基准国（一般为美国）的名义利率；RES 表示本国外汇储备占 M_2 的比重；RES^* 表示基准国外汇储备余额占 M_2 的比重；σ_{ER}，σ_{IR}，σ_{RES} 分别表示相应变量的标准差。Eichengreen、Rose 和 Wyplosz（1996）所提出的外汇市场压力指数体现了如下思想：货币的大幅贬值以及利差的扩大会给外汇市场带来压力，而本国相对充裕的外汇储备将减轻外汇市场压力。

Sachs、Tornell 和 Velasco（1996），Aizenman 和 Binici（2016）等也根据研究对象的特征提出了相应的外汇市场压力指数构造方法。通常考察外汇市场压力，参考的数据来源包括本国与基准国的汇率水平与汇率波动水平、利率水平以及外汇储备的变动。总结现有外汇市场压力指数的构造方法，结合中国现阶段利率尚未完全市场化，外汇市场压力较难通过利率渠道释放的特征（中国人民银行广州分行外汇综合处课题组，2017），本章借鉴 Eichengreen、Rose 和 Wyplosz（1996）和中国人民银行广州分行外汇综合处课题组（2017）对外汇市场压力指数的刻画，使用如下方法构造外汇市场压力指数：

$$EMP = \frac{1}{\sigma_{RES}} \times RES - \frac{1}{\sigma_{ER}} \times \frac{\Delta ER}{ER} \quad (17.6)$$

其中，EMP 为外汇市场压力指数；ER 为直接标价法下的本币兑美元名义汇率；RES 表示本国外汇储备变动占 GDP 的比重；σ_{ER}、σ_{RES} 分别为各变量的标准差。

外汇市场压力指数的预警机理如下：当跨境资本为净流入状态时，外汇流入增加，外汇储备规模扩大，RES 为正值，此时，本币面临升值压力，直接标价法下本币兑美元汇率升值，即 $\Delta ER/ER$ 为负值，加上其在 EMP 公式里前面有负号，$-\Delta ER/ER$ 为正值，由此，依据式（17.6），EMP 为正值。$EMP > 0$ 时，EMP 的值越大，说明跨境资本大幅流入，外汇市场正向压力越大。当跨境资本为净流出状态时，通常外汇储备规模下降，RES 为负值，此时，本币面临贬值压力，直接标价法下本币兑美元汇率贬值，即 $\Delta ER/ER$ 为正值，加上其在 EMP 公式里前面有负号，$-\Delta ER/ER$ 为负值，由此，依据式（17.6）EMP 为负值。$EMP < 0$ 或不断降低时，EMP 值越小，说明跨境资本流出风险不断累积，外汇市场负向压力越大。对于外汇市场极端波动的识别，参照钟伟（2007）和严宝玉（2018）的阈值判别方法，若外汇市场压力指数超过其均值加或减两倍标准差，便认为发生极端波动，其中均值和标准差分别取 EMP 过去 5 年的样本值计算。

具体来看，若第 t 期的 *EMP* 值超过其均值加两倍标准差，则表示这一期的风险为 *EMP* 升值风险；若第 t 期的 *EMP* 值超过其均值减两倍标准差，则表示这一期的风险为 *EMP* 贬值风险。

17.2.1.3　货币市场压力指数

货币市场压力（Money Market Pressure，MMP）由 Von 和 Ho（2007）提出，是指本国货币市场对流动性的需求得不到满足而产生的压力。当跨境资本大量流入，使得整个银行体系本币的供给量上升，进而通货膨胀率上升，货币市场流动性活跃，若此时货币供给不及时，货币市场压力指数便会上升。而当跨境资本大量流出，银行体系本币需求上升，则货币市场流动性趋紧，货币市场逐渐承压。Von 和 Ho（2007）用银行系统储备对存款比率变化和短期实际利率变化的加权平均表示货币市场压力，具体公式如下：

$$MMP = \frac{\Delta T}{\sigma_{\Delta T}} + \frac{\Delta r}{\sigma_{\Delta r}} \tag{17.7}$$

其中，T 表示央行贷款占银行存款的比例，r 表示货币市场的实际利率，$\sigma_{\Delta T}$、$\sigma_{\Delta r}$ 分别表示 ΔT 和 Δr 的标准差，Δ 表示差分。

自 2007 年 Von 和 Ho（2007）提出货币市场压力指标以来，关于货币市场压力方面的研究文献较少，其中 Jing、Haan 和 Jacobs（2015）对 Von and Ho（2007）的指数进行了改进，用以对多个国家的银行危机进行预测，并认为改进了的货币市场压力指数对银行危机具有更好的预测效果，相比于 Laeven 和 Valencia（2013）构建的世界银行危机数据库能够捕捉到覆盖更全面且更为精确的银行系统性风险。本节参照 Jing、Haan 和 Jacobs（2015）的货币市场压力指数构造方法，结合中国金融市场信贷规模庞大的特点，用短期贷款利率的变化以及金融机构信贷规模占存款规模的比重变动，以滚动标准差作为权重来构建中国货币市场压力，具体如下：

$$MMP = W_{\Delta T} \times \Delta T + W_{\Delta r} \times \Delta r \tag{17.8}$$

其中，T 表示金融机构各项贷款余额与存款余额的比例；r 表示银行三个月贷款利率；$W_{\Delta T} = \dfrac{\dfrac{1}{\sigma_{\Delta T}}}{\dfrac{1}{\sigma_{\Delta T}} + \dfrac{1}{\sigma_{\Delta r}}}$，$W_{\Delta r} = \dfrac{\dfrac{1}{\sigma_{\Delta r}}}{\dfrac{1}{\sigma_{\Delta T}} + \dfrac{1}{\sigma_{\Delta r}}}$。

货币市场压力指数的预警作用如下：当跨境资本大量急剧流入时，容易催生信贷浪潮、经济过热等现象，加上经济的顺周期性，加剧金融体系的杠杆和脆弱性，金融机构信贷规模不断膨胀，各项贷款余额占存款余额比例越来越大，*MMP* 为正值且持续上升。当发生跨境资本急停时，市场主体外部融资成本增加，外部融资困难，而国内经济低迷甚至通货紧缩，信贷规模缩减，由此各项贷款余额占存款余额比例也不断减少，*MMP* 呈现下降趋势且可能为负值。对于货币市场极端波动的识别，参照钟伟（2007）和严宝玉（2018）的阈值判别方法，若货币市场压力指数超过其均值加或减两倍标准差，便认为发生极端波动，其中均值和标准差分别取 *MMP* 过去 5 年的样本值计算。具体来看，若第 *t* 期的 *MMP* 值超过其均值加两倍标准差，则表示这一期的风险为 *MMP* 上升风险；若第 *t* 期的 *MMP* 值超过其均值减两倍标准差，则表示这一期的风险为 *MMP* 下跌风险。

17.2.1.4　资产价格压力指数

资产价格压力指数（Index of Asset Price Pressure，APP），是本章参考资产泡沫压力指数构建的，指由跨境资本的流动直接或间接引起的某经济体内部资产价格的波动大小。当发生跨境资本大进时，带有"投机性"的资本大量流入金融和房地产等虚拟经济部门，推动经济过热增长、资产价格泡沫、通货膨胀等，资产价格也随之持续攀升，资产价格压力指数上涨。跨境资本的大量涌入使经济体金融脆弱性不断累积，一旦受到外部冲击或资产泡沫破灭，跨境资本急停便相伴而生。当发生跨境资本急停时，原先资本流入的经济体债务压力上升、经济状况恶化、资产泡沫破裂、通货紧缩，资产价格下跌，资产价格压力指数下降甚至为负值。2007 年的美国次贷危机，便是大量资本流入金融和房地产市场，推高股票和房地产价格，以致虚拟经济过度膨胀，导致美国房地产市场泡沫的破裂，提供住房抵押贷款的商业银行以及为抵押贷款转移风险的投资银行、保险公司等一批大型金融公司倒闭或亏损，美国股票市场暴跌。因此，研究和跟踪资产价格压力指数，是识别和预警跨境资本流动风险的重要方面。

市场主体持有的资产可分为金融资产和非金融资产，股票和基金是金融资产的重要组成部分，而市场主体持有的非金融资产，主要是房地产（李继伟，2010）。本章结合第 11 章以及李继伟（2010）的资产泡沫压力指数方法，采用上证指数和国房景气指数加权求和，来构建我国资产价格压力指数（APP）：

$$APP = W_{SSM} \times \frac{\Delta SSM}{SSM} + W_{NHE} \times \frac{\Delta NHE}{NHE} \tag{17.9}$$

其中，*APP* 表示资产价格压力指数；*SSM* 表示上证指数；*NHE* 表示国房景气指数；W_{SSM} 和 W_{NHE} 代表权重，构造与式（17.8）权重方法一致。

资产价格压力指数的预警作用如下：当发生跨境资本大进时，带有"投机性"的资本大量流入金融和房地产等虚拟经济部门，易催生资产价格泡沫、信贷扩张和通货膨胀，股价走势上扬，房价等资产价格高涨，资产价格压力指数持续上升且为正值。当发生跨境资本急停时，经济体债务压力上升、经济状况恶化、资产泡沫破裂、通货紧缩，资产价格下跌，资产价格压力指数不断下跌甚至为负值。对于资产价格市场极端波动的识别，参照钟伟（2007）和严宝玉

（2018）的阈值判别方法，若资产价格市场压力指数超过其均值加或减两倍标准差，便认为发生极端波动，其中均值和标准差分别取 APP 过去 5 年的样本值计算。具体来看，若第 t 期的 APP 值超过其均值加两倍标准差，则表示这一期的风险为 APP 上升风险；若第 t 期的 APP 值超过其均值减两倍标准差，则表示这一期的风险为 APP 下跌风险。

17.2.2　中国情况分析与风险预警

根据我们前面的研究结论：跨境资本流动风险突出表现为跨境资本极端波动导致的外汇市场、货币市场和资产价格市场的冲击和动荡，由此，这里将上述跨境资本流动风险的测度方法和三个细分市场压力指数构造方法应用于中国情况分析，首先识别出中国在样本区间内发生跨境资本流动风险的时间段，再判定该时间段内外汇市场、货币市场和资产价格市场的极端波动状况，最后，当跨境资本流动极端波动与外汇市场、货币市场和资产价格市场的极端波动同时发生时，则判断中国跨境资本流动出现风险，进而发出警情预测。

17.2.2.1　中国跨境资本流动风险识别

用上述跨境资本流动风险识别方法检验中国的数据，选取 1998 年第一季度至 2018 年第一季度的季度数据为样本区间。因为需要计算资本流动的累计波动和波动值过去 5 年的均值、标准差，故跨境资本流动风险识别期数据区间为：2004Q3—2018Q1。识别结果如图 17.1 所示，中国在 2009 年第四季度至 2010 年

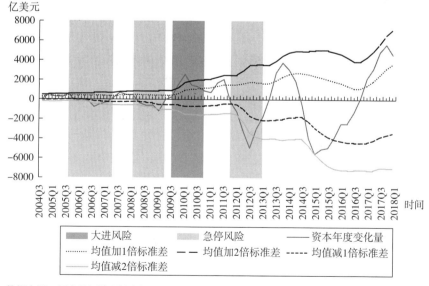

数据来源：国家外汇管理局官网。

图 17.1　中国跨境资本流动风险识别

第三季度期间发生了跨境资本大进风险，在 2005 年第四季度至 2007 年第一季度、2008 年第二季度至 2009 年第一季度、2012 年第一季度至第四季度期间发生了跨境资本急停风险。

17.2.2.2　中国外汇市场压力指数趋势

2005 年 7 月，中国人民银行宣布放弃原先仅盯住单一美元的货币政策，自此之后实行以市场供求为基础，参考一篮子货币进行调节，有管理的浮动汇率制度，人民币开始长期渐进式升值。由于数据的可获性，选取 1998Q1—2018Q3 为样本区间，考察中国的外汇市场承压状况。EMP 对极端波动识别如图 17.2 所示，EMP 的变动在 2002 年第四季度至 2003 年第一季度、2003 年第三季度、2004 年第四季度至 2005 年第三季度、2007 年第一季度、2008 年第一季度有汇率升值风险，EMP 的变动在 2015 年第三季度、2016 年第二季度、2016 年第四季度和 2018 年第二季度有汇率贬值风险。

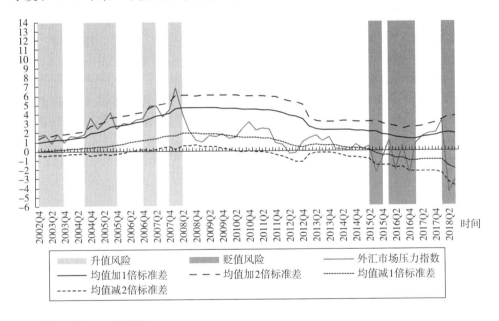

数据来源：Wind 数据库。

图 17.2　中国外汇市场压力指数极端波动识别

17.2.2.3　中国货币市场压力指数趋势

我们选取 1998 年第一季度至 2018 年第二季度的数据，识别货币市场压力指数的极端波动。由于需要计算变量的差分，故实际数据区间为 1998Q2—2018Q2。如图 17.3 所示，MMP 的变动没有识别出上升的风险，但是在 2005 年第二季度、

2008 年第四季度和 2015 年第一季度期间有 MMP 下跌风险。

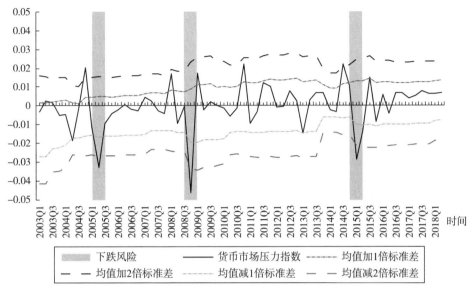

数据来源：Wind 数据库。

图 17.3　中国货币市场压力指数极端波动识别

17.2.2.4　中国资产价格压力指数趋势

我们以 2000 年第一季度至 2018 年第一季度的数据为样本，刻画中国的资产价格压力指数。如图 17.4 所示，资产价格压力指数在 2003 年第一季度、2009 年第三季度、2016 年第一季度为资产泡沫风险状态，APP 在 2008 年第二季度至 2009 年第一季度为下跌风险状态。

17.2.2.5　中国跨境资本流动风险预警

表 17.1 归纳出跨境资本流动风险识别的区间内，外汇市场压力指数、货币市场压力指数和资产价格压力指数对应的变化情况。由于跨境资本极端波动是跨境资本流动风险的最直接反映，跨境资本流动风险突出表现为跨境资本极端波动导致的外汇市场、货币市场和资产价格市场的冲击和动荡，因此，当发生了跨境资本大进或急停时，若外汇市场压力指数、货币市场压力指数和资产价格压力指数均显著极端波动（如处于持续上升或下降状态），则认为该跨境资本流动风险可能会对我国经济基本面、金融市场带来冲击，需要引起金融监管机构的高度重视；若发生了跨境资本极端波动，而外汇市场压力指数、货币市场压力指数和资产价格压力指数仅部分承压波动，则具体分析该现象的因果联系，从而判定是否需要预警跨境资本流动风险。

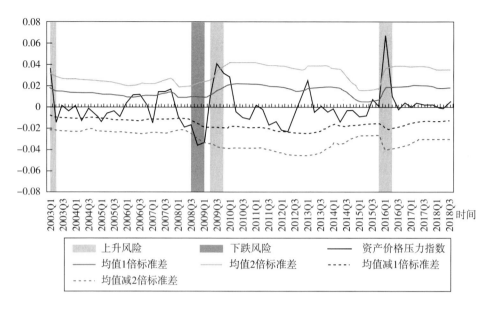

数据来源：Wind 数据库。

图17.4　中国资产价格压力指数极端波动识别

观察表17.1可知，在发生跨境资本大进风险期间，外汇市场、货币市场、资产价格市场均无极端波动，因此，判断该跨境资本大进对我国经济的冲击尚未达到需预警的程度。在跨境资本急停风险区间内，2005年第四季度至2007年第一季度仅外汇市场出现极端波动，但为汇率上升风险，与跨境资本急停风险对应的外汇市场变化相反，故该时间段不符合跨境资本流动风险预警条件。2005年7月，中国人民银行实行以市场供求为基础有管理的浮动汇率制度，人民币开始长期渐进式升值，2006年5月，直接标价法下人民币兑美元汇率首度（2000年以来）降到8以下。而且自2001年以来，我国进出口贸易顺差不断扩大，至2006年已高达2068亿美元，外汇储备不断累积。同时，2005年、2006年我国加快经济增长步伐，GDP年增长率分别高达9.9%和10.7%。人民币升值加上外汇储备规模的持续扩大，使EMP指数不断上升，增加了外汇市场汇率升值风险。在2008年第二季度至2009年第一季度时间段，受国际金融危机的影响，跨境资本急停风险发生，货币市场和资产价格市场出现下跌风险，结合图17.2可知，此时的外汇市场虽未超出极端波动阈值，但由于金融危机爆发后跨境资本回流至发达国家，EMP指数呈下降态势，由4.72降到1.19，降幅达75%。综合考虑，判定2008年第二季度至2009年第一季度的跨境资本急停风险对我国经济基本面影响较大，外汇市场、货币市场和资产价格市场均受到了冲击，需要对该风险高度重视，及时预警和防范。2012年第一至第四季度虽然发生了跨境资本急停风险，但和跨境资本流动关联较大的外汇、货币及资产价格市场均未发生极端波动，因此，我们认为经济体对该风险具备一定抵御能力，尚未达到预警程度。

表 17.1　　　　　　跨境资本流动风险期金融细分市场的极端波动

跨境资本流动风险区间		外汇市场极端波动	货币市场极端波动	资产价格市场极端波动
大进风险：2009Q4—2010Q3		无	无	无
急停风险	2005Q4—2007Q1	汇率上升风险	无	无
	2008Q2—2009Q1	无	MMP 下跌风险	APP 下跌风险
	2012Q1—2012Q4	无	无	无

17.3　综合指数方法研究与中国情况分析

本章前面部分阐述了跨境资本流动的单指标预警方法，然而跨境资本流动风险的预警既需要观察跨境资本流动风险对包括外汇市场、货币市场、资产价格市场在内的金融细分市场冲击情况，同时也应当综合考察跨境资本流动风险对上述金融细分市场的整体影响。因此，本节进一步引入 Zheng 和 Wang（2009）的多维度经济风险预警方法，该方法主要包括空间向量法和多维信号分析法，从多个角度出发，融合各项单一指标，全方位、多角度研究跨境资本流动风险预警。

17.3.1　空间向量法

17.3.1.1　方法机理介绍

Zheng 和 Wang（2009）提出，可以用空间向量法通过将多维度的指标按一定算法合成偏离距离和偏离夹角，来衡量风险的水平和变化。运用空间向量法来预警跨境资本流动风险，主要思想是将外汇市场压力指数、货币市场压力指数和资产价格市场压力指数依据空间向量法中的算法合成偏离距离、偏离夹角，若在跨境资本流动风险发生期间，偏离距离超出了风险界限值且偏离夹角有明显波动，则判断需要进行跨境资本流动风险预警。其中，偏离距离的方法是依据多维指标和均值间的偏离度来预警风险大小；对于偏离夹角，则是依据相关算法，建立多维指标与其均值间的联系来预测风险的未来趋势。

构建好多维度的单项预警指标后，可以运用空间向量法，合成偏离距离与偏离夹角，来刻画经济、金融体系运行状况偏离常态的大小，即风险水平。例如，对于两个 p 维向量 $x = (x_1, x_2, \cdots, x_p)$ 和 $y = (y_1, y_2, \cdots, y_p)$，其中 p 维向量 y，为向量 x 里各指标的均值构建的向量。偏离距离为

$$d(x,y) = \sqrt{(x-y)^T A(x-y)} \qquad (17.10)$$

其中，A 代表各项指标权重；$A = S^{-1}$；S 为 x 的协方差矩阵。而偏离夹角为

$$\alpha = \arccos\left(\frac{x_1 y_1 + x_2 y_2 + x_3 y_3 + \cdots x_p y_p}{\sqrt{x_1^2 + x_2^2 + \cdots + x_p^2} \times \sqrt{y_1^2 + y_2^2 + \cdots + y_p^2}}\right) \qquad (17.11)$$

Zheng 和 Wang（2009）认为，偏离距离可以代表经济金融指标偏离平均状态的水平，即偏离距离越高，说明风险水平越高。而偏离夹角的波动方向反映了风险的变化趋势，即偏离夹角取值越小，说明跨境资本波动越稳定。

17.3.1.2　中国情况分析

同样，根据我们前面的研究结论：跨境资本流动风险突出表现为跨境资本极端波动导致的外汇市场、货币市场和资产价格市场的冲击和动荡，我们将已经构造好的跨境资本极端波动、外汇市场压力指数、货币市场压力指数和资产价格压力指数作为中国跨境资本流动风险的预警指标，依据跨境资本极端波动发生后三个分市场的风险变化程度，综合判断风险的预警情况。选取 2000 年第二季度至 2017 年第一季度的数据作为样本区间，对于 p 维向量 y，以样本时间段内，向量 x 各指标前 5 年均值作为 y 的取值，因此实际预警时间段为 2003Q1—2017Q1。由此，通过空间向量法，构造中国跨境资本流动风险的金融市场综合预警指数，分析跨境资本流动的趋势和风险水平。由于偏离距离代表经济金融指标偏离平均状态的水平，即偏离距离越高，说明风险水平越高，因此，参照前文的风险阈值判定方法，以均值加两倍标准差作为风险发生的界限。若偏离距离超过均值加两倍标准差，此时偏离夹角曲线显著波动且发生了跨境资本大进或急停风险，则判断应当进行风险预警。

引用 Zheng 和 Wang（2009）的空间向量法，测算中国跨境资本流动风险的偏离距离（式 17.10）和偏离夹角（式 17.11），计算结果分别如图 17.5 和图 17.6 所示。本章第二节已经识别出中国在 2009 年第四季度至 2010 年第三季度发生过跨境资本大进风险，在 2005 年第四季度至 2007 年第一季度、2008 年第二季度至 2009 年第一季度和 2012 年第一至第四季度期间发生的跨境资本急停风险，将风险时间段与图 17.5 和图 17.6 的观察结果结合。图 17.5 为跨境资本风险偏离距离的描绘曲线，从图中可以看出，偏离距离曲线识别出 2008 年第四季度至 2009 年第一季度和 2016 年第一季度的风险区间，其中 2016 年第一季度不在我们识别的跨境资本极端波动区间范围内，2008 年第四季度至 2009 年第一季度为跨境资本急停风险时间段，且图 17.6 在该阶段有较明显波动，由此得出，应对 2008 年第二季度至 2009 年第一季度的跨境资本急停风险发出预警信号。

观察图 17.6 刻画的跨境资本流动偏离角度，可以发现除 2008 年第二季度至 2009 年第一季度之外，2012 年第二至第三季度、2014 年第二季度、2015 年第一

季度和 2015 年第三季度至 2016 年第一季度前后偏离夹角曲线有明显波动。具体分析，2012 年第二至第三季度处于欧债危机期间，跨境资本因为规避风险，纷纷流入美国等发达国家，该时间段我国跨境资本为净流出状态。2014 年第二季度，跨境资本由净流入转变为净流出，主要原因在于 2013 年至 2014 年第一季度期间，随着欧债危机的形势好转以及美联储的量化宽松货币政策，跨境资本大幅流入中国等新兴经济体。2013 年 7 月人民银行宣布全面放开金融机构贷款利率管制，利率市场化改革迈出新步伐以及 2013 年人民币持续升值趋势，人民币兑美元汇率累积升值幅度达到 2.84% 等，吸引国际收支项下证券投资和其他投资项下跨境资本大量涌入。然而，随着 2014 年国际上对美联储退出量化宽松货币政策和加息的预期越来越强烈，跨境资本为追求较高利率又逐渐投向美国。2015 年第一季度和 2015 年第三季度至 2016 年第一季度前后的跨境资本风险为跨境资本急停风险。2015 年 3 月 1 日，人民银行下调金融机构人民币 1 年期存款和贷款利率各 0.25 个百分点，加上 2014 年 11 月的人民银行降准，中国人民银行持续释放宽松货币政策信号，而美联储加息预期不断增强，国际资本出于经济恢复后的逐利需求，纷纷流入美国等发达国家。2015 年第一季度人民银行降息后，又分别于 2015 年 5 月、6 月、8 月、10 月持续降息，此时美联储于 2015 年 12 月 17 日开始渐进式加息，我国在该时间段内为跨境资本净流出状态，跨境资本流入逐渐减少，同时跨境资本流出不断增加。2015 年的"8·11"汇改带来人民币汇率波动的不确定性更加剧了资本的净流出，大量资本出于逐利动机流入美国。

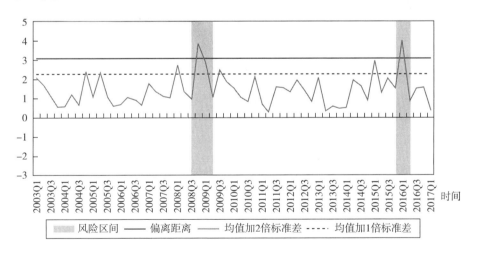

数据来源：Wind 数据库。

图 17.5 中国跨境资本流动风险预警距离指标

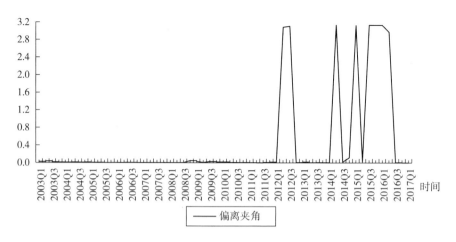

数据来源：Wind 数据库。

图 17.6　中国跨境资本流动风险预警角度指标

17.3.2　多维信号分析法

17.3.2.1　方法机理介绍

信号预警法是宏观经济预警的传统方法之一，其主要思想在于把相关经济、金融指标的风险划分为五种信号灯等级并分别给予分数，通过对单项预警指标确定预警界限，可以进一步依据其所属信号灯级别和分数，按一定权重加权求得综合预警指数，再根据综合预警指数所属信号区间，判断综合风险大小。

本章综合参考 Zheng 和 Wang（2009）的多维信号分析法，汪寿阳和张珣等（2015）、高铁梅和陈磊等（2015）以及石峻骅（2017）对于信号预警法的解读，结合前面我们关于跨境资本流动风险的单指标研究成果，构建基于多维信号分析法的跨境资本流动风险预警模型，具体步骤如下。

首先，选取单项预警指标，依据本书前面的研究成果，选择外汇市场压力指数、货币市场压力指数和资产价格压力指数三项预警指标，分析跨境资本极端波动区间内，外汇市场、货币市场和资产价格市场构建的综合预警指数的波动情况。

其次，确定预警界限和各信号灯对应分数。确定蓝灯、浅蓝灯、绿灯、黄灯、红灯所对应风险水平的预警界限。结合跨境资本流动风险的表现及已有的参考方法，用蓝灯代表跨境资本急停风险状态，政府应采取调控手段以防宏观经济遭受冲击；用浅蓝灯代表有发生跨境资本急停风险趋势，短期内有转稳或继续恶化可能；用绿灯代表跨境资本流动处于正常阶段，说明跨境资本波动在经济发展的合理范围；用黄灯代表有发生跨境资本大进风险趋势，在短期内有转稳或资本过度流入可能；用红灯代表跨境资本大进风险状态，政府亟须采取措施以防范跨境资本大进风险对宏观经济的破坏。

再次，对单项指标加权求和，得到综合预警指数。

最后，按照综合预警指数的波动和定性观察，确定综合预警界限，判断跨境资本流动对应的信号风险水平。

17.3.2.2　中国情况分析

同样，根据我们前面的研究结论：跨境资本流动风险突出表现为跨境资本极端波动导致的外汇市场、货币市场和资产价格市场的冲击和动荡。并且本章第二节已经构建了包括跨境资本极端波动、外汇市场压力指数、货币市场压力指数和资产价格压力指数在内的多维信号分析单项指标，这里引用前面的外汇市场压力指数、货币市场压力指数和资产价格压力指数的风险信号构建综合预警指数，结合跨境资本流动极端波动的时间段，综合预警跨境资本流动风险。因数据的可获得性限制，选取 1998 年第四季度至 2017 年第一季度数据为样本时间段。按照上文多维信号分析法预警模型的步骤，下一步需要确定单项指标的信号预警界限和信号得分。

首先，在已完成单项指标构建的基础上，确定单项指标的预警界限和信号得分。在预警界限的确定上，由于各单项指标波动较大且正负不一，参照石峻驿（2017）阐述的均值—标准差法来判断预警指标的界限值。均值—标准差法是指，根据各个风险预警单项指标计算的样本均值 u 和标准差 σ，分别以 $u - 2\sigma$、$u - \sigma$、$u + \sigma$、$u + 2\sigma$ 作为界限值，依次划分为蓝、浅蓝、绿、黄、红信号灯的区域范围，上述 5 种信号灯代表的风险含义已在本节说明。由此，依次作出外汇市场压力指数、货币市场压力指数、资产价格压力指数的预警界限图，如图 17.7 至图 17.9 所示。

在 5 种信号灯信号分数的确定上，参照高铁梅、陈磊等（2015）提到的依指标数转化法。用 i 表示 5 种信号的序号，5 代表红灯、4 代表黄灯、3 代表绿灯、2 代表浅蓝灯、1 代表蓝灯，GV_i 代表转换后各种等级分数，m 为预警指标个数，分数确定式：

$$GV_i = \frac{100 \times (i - 1)}{4 \times m} \tag{17.12}$$

经计算确定跨境资本流动风险预警的蓝、浅蓝、绿、黄、红信号灯分值依次为 0 分、8.33 分、16.67 分、25 分、33.33 分。

其次，对单项指标加权求和，得到综合预警指数。筛选出各指标对应的信号灯级别，将同一时间段各单项指标对应的信号灯加权求和，合成综合预警指数。关于综合预警指数的合成权重，有两种思路，一种是将各指标等权重加权求和（简称等权法），另一种是按熵权法确定权重，即按指标变异性的大小来确

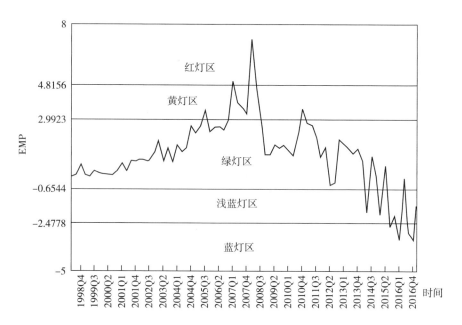

数据来源：Wind 数据库。

图 17.7　外汇市场压力指数信号预警界限

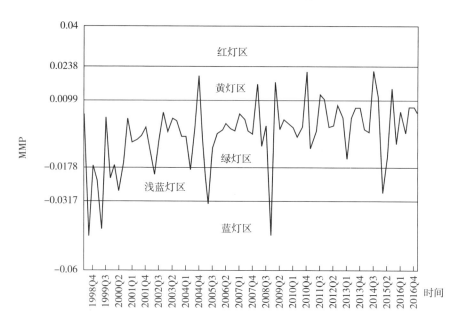

数据来源：Wind 数据库。

图 17.8　货币市场压力指数信号预警界限

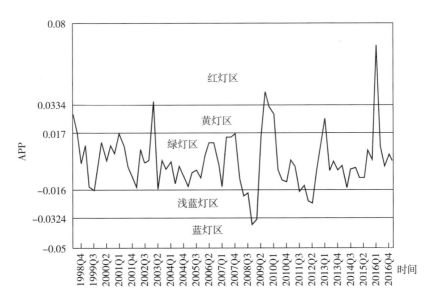

数据来源：Wind 数据库。

图 17.9　资产价格市场压力指数信号预警界限

定客观权重。关于熵权法，我们按公式计算的三个单项指标信息熵如表 17.2
所示。

表 **17.2** 　　　　　　　　　　三项指标信息熵

信息熵	APP	MMP	EMP
E_j	0.9760	0.9835	0.9778

表 17.2 中，E_j（$j=1$、2、3，分别对应 APP、MMP 和 EMP）代表指标的信息熵，依据熵权法的权重计算公式 $W_j = \dfrac{1 - E_j}{3 - \sum_{j=1}^{3} E_j}$，求得三项指标熵权法的权重如表 17.3 所示。

表 **17.3** 　　　　　　　　　　三项指标权重

权重	APP	MMP	EMP
W_j	0.38	0.26	0.35

按上述两种确定权重方法构建综合预警指数如表 17.4 所示（以 1998 年第二
季度至 2001 年第四季度为例）。

表 17.4　中国跨境资本流动风险预警指标和综合指数信号表

各项指标	1998Q2	1998Q3	1998Q4	1999Q1	1999Q2	1999Q3	1999Q4	2000Q1	2000Q2	2000Q3	2000Q4	2001Q1	2001Q2	2001Q3	2001Q4
资产价格压力指数	25	25	16.67	16.67	16.67	8.33	16.67	16.67	16.67	16.67	16.67	16.67	16.67	16.67	16.67
货币市场压力指数	16.67	0	16.67	8.33	0	16.67	8.33	16.67	8.33	16.67	16.67	16.67	16.67	16.67	16.67
外汇市场压力指数	16.67	16.67	16.67	16.67	16.67	16.67	16.67	16.67	16.67	16.67	16.67	16.67	16.67	16.67	16.67
等权法综合	58.34	41.67	50.01	41.67	33.34	41.67	41.67	50.01	41.67	50.01	50.01	50.01	50.01	50.01	50.01
熵权法综合	19.67	15.33	16.50	14.33	12.17	13.33	14.33	16.50	14.33	16.50	16.50	16.50	16.50	16.50	16.50

　　最后，确定综合预警界限，判断综合预警指数对应的信号风险水平。参照石峻驿（2017）阐述的均值—标准差法来判断综合预警指数的界限，由此，对于等权综合法和熵权综合法，分别以 32、41、58、67 和 10、13、19、22 作为各自划分蓝、浅蓝、绿、黄、红信号灯区域的临界值，并依次作出等权综合法和熵权综合法的跨境资本流动综合预警指数图，如图 17.10、图 17.11 所示。

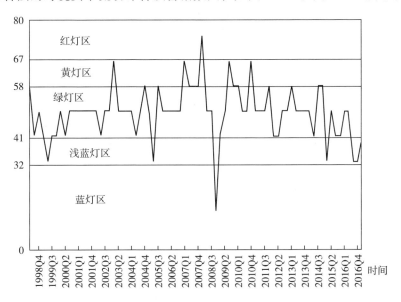

图 17.10　中国跨境资本流动风险综合预警指数（等权合成）

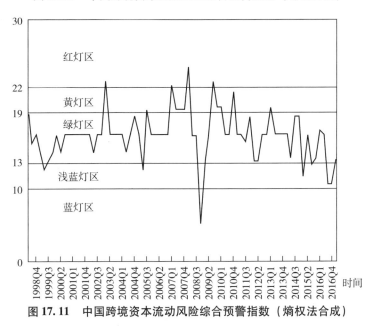

图 17.11　中国跨境资本流动风险综合预警指数（熵权法合成）

表 17.5 归纳出图 17.1 跨境资本流动风险的识别结果。以表 17.5 为参照，对比等权综合法和熵权综合法的跨境资本流动风险综合预警图可知，在跨境资本流动风险预警方面，两种综合方法均体现出 2009 年第四季度至 2010 年第三季度的跨境资本大进态势，但是图 17.10 在该时间段处于黄灯和红灯的交界线上，而图 17.11 预警为红灯区，相对来看，熵权综合法构造的综合预警指数对风险反应更敏感。在跨境资本急停风险预警方面，两种综合方法均对 2008 年第二季度至 2009 年第一季度的跨境资本急停风险发出预警信号，对其余风险时间段的预警效果不佳。综合对比发现，等权综合法和熵权综合法的预警效果类似，但是熵权综合法的预警更能反映市场波动的动态变化。

表 17.5 跨境资本极端波动识别结果

跨境资本极端波动	
跨境资本大进风险	跨境资本急停风险
	2005Q4—2007Q1
2009Q4—2010Q3	2008Q2—2009Q1
	2012Q1—2012Q4

观察图 17.11 可以看出，中国跨境资本流动在样本区间的大多数时间段为正常状态，2009 年第四季度至 2010 年第三季度期间有发生跨境资本大进风险态势，在 2008 年第二季度至 2009 年第一季度前后有跨境资本急停风险态势。2008 年国际金融危机前夕，全球经济高涨，市场主体对人民币升值预期不断增强，资本市场泡沫过热膨胀，中国的跨境资本流入活跃。国际金融危机爆发后，中国国内股价大跌，经济增速放缓，流入我国的跨境资本急剧减少，同时资本出于避险动机大量流出我国。金融危机之后，我国政府在 2008 年 11 月推出了"四万亿元计划"以刺激经济发展，随后 2009 年跨境贸易人民币结算试点启动，创业板在深交所上市等一系列资本账户开放举措，使中国成为金融危机后跨境资本重要流入国。

17.4 预警效果评述与预警立方体模型提出

本章从金融细分市场预警指标和综合预警指数视角构建了立方体预警框架，本节针对单项预警指标和综合预警模型展开评述，以探究跨境资本流动监测的重点领域，全方位、多角度预警跨境资本流动风险，构建全面、系统的中国跨境资本流动风险立方体预警体系。

分市场指标预警法量化考察跨境资本流动风险和风险发生前后外汇市场、货币市场、资产价格市场对应的承压变化。依据跨境资本流动风险的量化识别方法，识别出我国在 2009 年第四季度至 2010 年第三季度发生了跨境资本大进风险，在 2005 年第四季度至 2007 年第一季度、2008 年第二季度至 2009 年第一季度、2012 年第一至第四季度发生了跨境资本急停风险。基于跨境资本风险时间段和三个分市场受跨境资本流动影响后的表现，得出应及时预警 2008 年第二季度至 2009 年第一季度的跨境资本急停风险。图 17.12 反映了我国 1998 年以来私人部门跨境资本流动的季度数据，观察可得 2008 年第二季度至 2009 年第一季度正值国际金融危机爆发期间，我国的跨境资本净流动额减少，说明分市场指标预警法判别的跨境资本流动风险预警与市场实际波动相符。

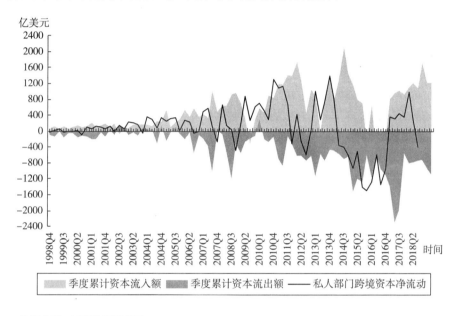

数据来源：国家外汇管理局。

图 17.12　中国私人部门跨境资本净流动

空间向量法和多维信号分析法，主要将单项指标合成，构建综合预警模型来研究跨境资本流动风险，两种综合方法各有重点，对于研究立方体跨境资本风险预警，应综合利用二者特点，全面、多维度预警。总结空间向量法的风险预警结果，得出在跨境资本流动风险时间段内，偏离距离和偏离夹角均预警了 2008 年第二季度至 2009 年第一季度的跨境资本急停风险。分析多维信号分析法发现，该方法对 2009 年第四季度至 2010 年第三季度的跨境资本流动大进风险和 2008 年第二季度至 2009 年第一季度的急停都发出预警信号。

对上述预警方法予以归纳，分市场指标预警法、空间向量法和多维信号分析法的结果均判定需要高度关注 2008 年第二季度至 2009 年第一季度的跨境资本流出情况，并判断出跨境资本急停风险的预警。另外，多维信号分析法的分析认为我国 2009 年第四季度至 2010 年第三季度的跨境资本大进风险对经济、金融市场带来大幅震荡，发出预警信号。中国在 2009 年第四季度至 2010 年第三季度发生了跨境资本流入的极端波动，主要原因在于：一是全球经济处于 2008 年国际金融危机后的恢复时期，各国陆续出台宽松货币政策刺激经济增长，国际资本出于逐利性动机，纷纷流入受危机影响相对较小且经济形势向好的新兴市场国家；二是我国于 2008 年第四季度出台了刺激经济平稳较快增长的"四万亿元计划"，经济增长内生动力强劲，2009 年第二季度 GDP 总量首度超过日本；三是 2009 年第四季度创业板正式在深圳证券交易所开市，2010 年第一季度证券公司融资融券试点和股指期货的正式推出，标志着我国证券市场的发展迈上新台阶；四是 2010 年第二季度人民币"汇改"引发的升值和 2010 年第三季度人民银行的加息。上述诸项举措均使中国迅速脱离 2008 年国际金融危机的影响，吸引大量跨境资本流入。观察图 17.12 的数据，2009 年第四季度至 2010 年第三季度，我国跨境资本季度累计流入规模较大，同比增长了 400%、178%、111%、156%。总结跨境资本大进的原因，主要有政府的刺激经济增长政策、资本市场的逐步开放以及受"汇改"、加息影响的人民币升值，上述政策对提振经济影响较大，初步估计将吸引跨境资本大量流入，因此需要及时对 2009 年第四季度至 2010 年第三季度的跨境资本大进风险发出预警信号。

综上所述，我们构建的跨境资本流动风险立方体预警体系既包括以跨境资本极端波动为中心，围绕外汇市场压力指数、货币市场压力指数和资产价格压力指数在内的金融细分市场极端波动的监测，也包含多维信号分析法对上述细分市场指标的综合预警，同时配合空间向量法测算的偏离距离和偏离夹角，来判断跨境资本流动风险的趋势和水平。具体预警思路为：当在跨境资本流动风险发生期间，对于分市场指标预警法，若 EMP、MMP、APP 三个指标均和跨境资本流动风险同步发生极端波动，则认为该风险冲击较大需要预警；若分市场指标 EMP、MMP、APP 中有两个指标和风险同步极端波动，另一指标虽未达到极端波动界限，但受跨境资本流动风险影响较大且走势和风险方向同步[①]，则判断该风险需要预警；若 EMP、MMP、APP 中只有一个发生极端波动，且该波动并非跨境资本流动影响，则无须予以预警，若发生极端波动的指标受跨境资本流动影响较大，则具体分析另外两项指标的波动综合判定。对于空间向量法，若在风险时间段内，由 EMP、MMP、APP 构造的偏离距离超过其均值加两倍标准差，且偏离夹角明显波动，则发出跨境资本流动风险预警。对于多维信号分析法，用 EMP、MMP、APP 合成综合指数后，若综合指数的区间位于蓝灯区内，且该时间段恰有跨境资本急停发生，则发出跨境资本急停预警信号；若综合指数的区间位于红灯区内，且该时间段恰有跨境资本大进发生，则发出跨境资本大进预警信号。当分市场指标预警法、空间向量法和多维信号分析法至少有一

---

① 若发生跨境资本大进风险，通常 EMP、MMP、APP 的曲线变化趋于上升；若发生跨境资本急停风险，通常 EMP、MMP、APP 的曲线变化趋于下降。

种方法发出预警信号时，便需对跨境资本流动风险予以预警。我们构建的跨境资本流动风险立方体预警体系框架如图 17.13 所示。

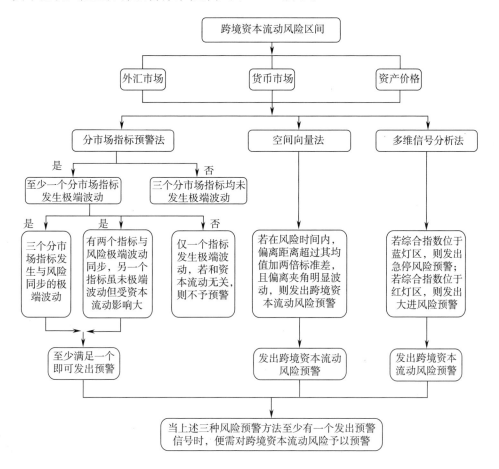

图 17.13 跨境资本流动风险立方体预警框架

17.5 本章小结

本章在总结前文的基础上，结合跨境资本流动风险突出表现为跨境资本极端波动对外汇市场、货币市场和资产价格市场的冲击和影响。首先，从跨境资本流动风险识别和外汇市场、货币市场、资产价格市场出发，量化构建了跨境资本流动风险预警指标并分析、验证了中国的跨境资本流动风险状况。我们的预警思路以识别出的跨境资本极端波动风险为重点，围绕外汇市场、货币市场和资产价格市场的压力变化程度，构建极端波动阈值，全面考量中国的跨境资本流动风险预警。其次，考虑到跨境资本流动风险预警需要全方位、多维度的特点，借鉴 Zheng 和 Wang（2009）、汪寿阳和张珣等（2015）、高铁梅和陈磊等（2015）以及石峻驿（2017）等诸多学者的经济、金融市场风险预警方法，从空间向量法和多维信号分析法两个角度建立综合的跨境资本流动风险预警模型。两种方法均用外汇市场压力指数、货币市场压力指数和资产价格压力指数的风险信号构建综合预警指数，以跨境资本极端波动时间区间为参照，从不同角度判断风险时间段内金融市场波动情况和跨境资本流动风险的影响程度，以及时对冲击较大的风险作出预警。最后，分别评述分市场指标预警和综合预警指数的预警效果，将本章诸多预警方法结合，构建全方位、系统化的跨境资本流动立方体预警体系，为金融监管机构多维度、高效率监测预警我国跨境资本流动风险提供参考。综合以上研究，我们得出三点结论。

第一，我国在 2009 年第四季度至 2010 年第三季度发生过跨境资本大进风险，在 2005 年第四季度至 2007 年第一季度、2008 年第二季度至 2009 年第一季度、2012 年第一至第四季度期间发生跨境资本急停风险，其中对于 2009 年第四季度至 2010 年第三季度的跨境资本大进风险和 2008 年第二季度至 2009 年第一季度的跨境资本急停风险需及时预警。分析风险时间段外汇、货币、资产价格市场的承压变化，得出跨境资本流动风险对我国的经济基本面和金融细分市场均造成一定程度的干扰和破坏，而 2008 年第二季度至 2009 年第一季度、2009 年第四季度至 2010 年第三季度期间的资本流动风险影响较为突出，金融监管部门需重视金融细分市场的变化情况尤其是外汇市场的变动，及时采取措施防范跨境资本流动风险。

第二，本章运用了分市场指标预警法、空间向量法和多维信号分析法判断及综合分析跨境资本流动风险的预警情况，构建出跨境资本流动立方体预警体系。该体系是以跨境资本流动风险的监测识别为中心，围绕其引起外汇市场、货币市场、资产价格市场的极端波动，既分析金融细分市场压力指数的承压状况判断风险的影响程度，也参考综合预警指数发出的预警信号判断风险的预警与否，同时围绕风险和平均状态的偏离水平以及偏离夹角曲线走势，多层次、全方位地综合高效预警跨境资本流动风险。

第三，对于防范和化解跨境资本流动风险，政府需要监管和引导并重。一方面，可以运用多种方法全方位、多角度地监测跨境资本极端波动及其高度关联的金融细分市场变化，提前预警对国民经济影响较大、经济体系自身难以抵御的跨境资本流动风险。另一方面，在加强监测力度的同时，有序推进资本市场开放，合理规范地引导跨境资本流入，及时有效地管控跨境资本流出。

另外，本章构建的跨境资本流动风险立方体预警体系，指标均为同步指标，这也是本章的不足之处。在后续的研究中，将会继续深入探讨跨境资本流动预警方法，加入先行指标，以改进和完善本章的跨境资本流动风险立方体预警体系。

参考文献

［1］ACHUTHAN L, BANERJI A. Beating the Business Cycle：How to predict and profit from turning points in the economy ［M］. Knoxville：Crown Business, 2004.

［2］AIZENMAN J, BINICI M. Exchange market pressure in OECD and emerging economies：Domestic vs. external factors and capital flows in the old and new normal ［J］. Journal of International Money and Finance, 2016, 66：65 – 87.

［3］BANERJI A, HIRIS L. A framework for measuring international business cycles ［J］. International Journal of Forecasting, 2001, 17（3）：333 – 348.

［4］BARANOFF E Z, BARANOFF E Z. Risk management and insurance ［M］. Danvers：Wiley, 2004.

［5］BARBERIS N, SHLEIFER A. Style investing ［J］. Journal of financial Economics, 2003, 68（2）：161 – 199.

［6］BARBER B M, HUANG X, ODEAN T. Which factors matter to investors? Evidence from mutual fund flows ［J］. The Review of Financial Studies, 2016, 29（10）：2600 – 2642.

［7］BARSEGHYAN L, MOLINARI F, O'DONOGHUE T, et al. The nature of risk preferences：Evidence from insurance choices ［J］. American Economic Review, 2013, 103（6）：2499 – 2529.

［8］CALVO G A, LEIDERMAN L, REINHART C M. Capital inflows and real exchange rate appreciation in Latin America：the role of external factors ［J］. Staff Papers, 1993, 40（1）：108 – 151.

［9］CALDERÓN C, KUBOTA M. Ride the Wild Surf：an Investigation of the Drivers of Surges in Capital Inflows ［R］. World Bank Policy Research Working Paper 6753, 2014.

［10］CARRIERO A, MARCELLINO M. A Comparison of Methods for the Construction of Composite Coincident and Leading Indexes for the UK ［J］. International Journal of Forecasting, 2007, 23（2）：219 – 236.

［11］DVORAK T. Do domestic investors have an information advantage? Evidence from Indonesia ［J］. The Journal of Finance, 2005, 60（2）：817 – 839.

［12］EICHENGREEN B, ROSE A K, WYPLOSZ C. Contagious currency crises ［R］. National Bureau of Economic Research, 1996.

［13］FERREIRA M A, MATOS P, PEREIRA J P, et al. Do locals know better? A comparison of the performance of local and foreign institutional investors ［J］. Journal of Banking & Finance, 2017, 82: 151 – 164.

[14] FORBES K J, WARNOCK F E. Capital flow waves: Surges, stops, flight, and retrenchment [J]. Journal of International Economics, 2012, 88 (2): 235 – 251.

[15] GIRTON L, ROPER D. A monetary model of exchange market pressure applied to the postwar Canadian experience [J]. The American Economic Review, 1977, 67 (4): 537 – 548.

[16] FORNI M, HALLIN M, LIPPI M, et al. The generalized dynamic – factor model: Identification and estimation [J]. Review of Economics and statistics, 2000, 82 (4): 540 – 554.

[17] FORNI M, HALLIN M, LIPPI M, et al. The generalized dynamic factor model: one – sided estimation and forecasting [J]. Journal of the American Statistical Association, 2005, 100 (471): 830 – 840.

[18] FROOT K A, O'CONNELL P G J, SEASHOLES M S. The portfolio flows of international investors [J]. Journal of financial Economics, 2001, 59 (2): 151 – 193.

[19] FROOT K A, RAMADORAI T. Institutional portfolio flows and international investments [J]. The Review of Financial Studies, 2008, 21 (2): 937 – 971.

[20] GIRTON L, ROPER D. A monetary model of exchange market pressure applied to the postwar Canadian experience [J]. The American Economic Review, 1977, 67 (4): 537 – 548.

[21] GRIFFIN J M, NARDARI F, Stulz R M. Are daily cross – border equity flows pushed or pulled? [J]. Review of Economics and Statistics, 2004, 86 (3): 641 – 657.

[22] HWANG I, JEONG D, Park H, et al. Which Net Capital Flows Matter? [J]. Emerging Markets Finance & Trade, 2017, 53 (2).

[23] HIRSHLEIFER D, LI J, YU J. Asset pricing in production economies with extrapolative expectations [J]. Journal of Monetary Economics, 2015, 76: 87 – 106.

[24] JING Z, DE HAAN J, JACOBS J, et al. Identifying banking crises using money market pressure: New evidence for a large set of countries [J]. Journal of Macroeconomics, 2015, 43: 1 – 20.

[25] KAMINSKY G L, REINHART C M, VÉGH C A. When it rains, it pours: procyclical capital flows and macroeconomic policies [J]. NBER macroeconomics annual, 2004, 19: 11 – 53.

[26] KRUGMAN P. Balance sheets, the transfer problem, and financial crises [M]. International finance and financial crises. Springer, Dordrecht, 1999: 31 – 55.

［27］ MARCELLINO M, STOCK J H, WATSON M W. A comparison of direct and iterated multistep AR methods for forecasting macroeconomic time series ［J］. Journal of econometrics, 2006, 135（1－2）：499－526.

［28］ MARKOWITZ H. Portfolio selection ［J］. The journal of finance, 1952, 7（1）：77－91.

［29］ MOWBRAY A H, BLANCHARD R H, WILLIAMS C A. Insurance: its theory and practice in the United States ［M］. New York: McGraw－Hill, 1969.

［30］ MORGAN J P. Creditmetrics － technical document ［J］. JP Morgan, New York, 1997.

［31］ MUNDELL R A. A theory of optimum currency areas ［J］. The American economic review, 1961, 51（4）：657－665.

［32］ OBSTFELD M, TAYLOR A M. Globalization and capital markets ［M］. Globalization in historical perspective. Chicago: University of Chicago Press, 2003：121－188.

［33］ REINHART C M, ROGOFF K S. The modern history of exchange rate arrangements: a reinterpretation ［J］. The Quarterly Journal of economics, 2004, 119（1）：1－48.

［34］ REINHART C M, ROGOFF K S. Is the 2007 US sub－prime financial crisis so different? An international historical comparison ［J］. American Economic Review, 2008, 98（2）：339－44.

［35］ ROSENBLOOM J S. A case study in risk management ［M］. Des Moines: Meredith Corp., 1972.

［36］ SACHS J, TORNELL A, VELASCO A. Financial crises in emerging markets: the lessons from 1995 ［R］. National bureau of economic research, 1996.

［37］ SEASHOLES M S, ZHU N. Is there information in the local portfolio choices of individuals ［J］. The Journal of Finance, 2005, 65（5）：1987－2010.

［38］ SEASHOLES M S, ZHU N. Individual investors and local bias ［J］. The Journal of Finance, 2010, 65（5）：1987－2010.

［39］ TESAR L L, WERNER I M. International equity transactions and US portfolio choice ［M］. The internationalization of equity markets. Chicago: University of Chicago Press, 1994：185－227.

［40］ TESAR L L, WERNER I M. Home bias and high turnover ［J］. Journal of international Money and Finance, 1995, 14（4）：467－492.

［41］ VAN NIEUWERBURGH S, VELDKAMP L. Information immobility and the home bias puzzle ［J］. The Journal of Finance, 2009, 64（3）：1187－1215.

［42］ VON HAGEN J, HO T K. Money market pressure and the determinants of banking crises［J］. Journal of Money, Credit and Banking, 2007, 39（5）：1037 - 1066.

［43］ZHENG G, WANG J. Multi - objective Economic Early Warning and Economic Risk Measure［M］. Cutting - Edge Research Topics on Multiple Criteria Decision Making. Springer, Berlin, Heidelberg, 2009：407 - 413.

［44］卜林，李政，张馨月. 短期国际资本流动、人民币汇率和资产价格：基于有向无环图的分析［J］. 经济评论，2015（1）：140 - 151.

［45］曹海军，朱永行. 中国股指期货与股票现货市场的风险溢出和联动效应：资本流动三阶段背景的研究［J］. 南开经济研究，2012（2）：67 - 84.

［46］陈修兰，吴信如. 跨境资本极端流动的分类与测度：国外研究述评及补充［J］. 国际贸易问题，2018（4）.

［47］陈浪南，陈云. 人民币汇率、资产价格与短期国际资本流动［J］. 经济管理，2009（1）：1 - 6.

［48］邓先宏. 跨境资本流动与或有负债关系分析［M］. 北京：中国商务出版社，2007.

［49］高铁梅，陈磊，王金明，等. 经济周期波动分析与预测方法［M］. 北京：清华大学出版社，2015.

［50］胡宣达，沈厚才. 风险管理学基础：数理方法［M］. 南京：东南大学出版社，2001.

［51］何国华，李洁. 跨境资本流动、金融波动与货币政策选择［J］. 国际金融研究，2017（9）：3 - 13.

［52］黄武俊，陈漓高. 中国国际资本流动与货币政策动态关系：1994—2007：基于BGT模型抵消和冲销系数分析［J］. 经济科学，2009（3）：36 - 48.

［53］胡杰. 资本流动对本国货币政策的影响［J］. 统计与决策，2005（20）：125 - 126.

［54］金祥荣，徐子福，霍炜. 中国资本流动风险预警研究［J］. 经济理论与经济管理，2006（10）：22 - 27.

［55］李苏骁. 20世纪90年代以来国际证券资金流动的特征及风险研究［D］. 北京：中国科学院大学，2017.

［56］李继伟. 我国资本项目开放中的风险预警研究［D］. 广州：暨南大学，2010.

［57］石峻驿. 宏观经济增长、波动与预警的统计方法及其实现［M］. 北京：经济科学出版社，2017.

［58］宋翠玲，乔桂明. 国际短期资本流动对货币政策有效性的影响分析：基于VAR模型和脉冲响应函数的研究［J］. 审计与经济研究，2014，29（5）：97 - 104.

［59］潘赛赛. 国际资本流动突然变动问题研究［D］. 天津：南开大学，2012.

［60］庞春阳，赵灵，陈昊. 我国跨境资金流动风险评级方法的构建与应用［J］. 南方金融，2018（5）.

［61］王成. 人民币升值预期、热钱流入与中国房地产价格变动的实证分析［J］. 统计与决策，2016（3）：153－158.

［62］王明涛，庄雅明. 股票市场流动性风险计量模型研究［J］. 中国管理科学，2011，19（2）：1－9.

［63］汪寿阳. 宏观经济预警方法应用与预警系统［M］. 北京：科学出版社，2015.

［64］吴元作，张世贤. 不同形式国际资本流动的风险比较［J］. 国际金融研究，1999（9）：25－30.

［65］严宝玉. 我国跨境资金流动的顺周期性、预警指标和逆周期管理［J］. 金融研究，2018（6）：22－39.

［66］杨海珍，李苏骁，史芳芳. 国际证券资金流动对中国股市的影响［J］. 系统工程理论与实践，2015，35（8）：1938－1946.

［67］杨海珍，李苏骁，史芳芳. 中国资本账户开放进程中跨境证券投资对国内金融市场的影响［J］. 经济理论与经济管理，2017（10）：17－31.

［68］杨海珍，纪学阳. 金融危机后中国跨境短期资本流动与人民币汇率及资产价格波动关联研究［J］. 数学的实践与认识，2017，47（8）：26－40.

［69］杨海珍，史芳芳. 金融自由化与国际资本流入大进、急停关系研究［J］. 南方金融，2017（1）：25－38.

［70］杨海珍. 审行察变：新疆宏观经济监测预警立方体综合体系建设［M］. 北京：科学出版社，2015.

［71］杨振宇，方蔚豪. 多重套利、货币政策冲击与中国国际短期资本流动：基于 VECM 的分析［J］. 经济经纬，2013（1）：138－143.

［72］姚余栋，李连发，辛晓岱. 货币政策规则、资本流动与汇率稳定［J］. 经济研究，2014，49（1）：127－139.

［73］中国人民银行广州分行外汇综合处课题组，陈瑜. 中国外汇市场压力水平测度与疏导策略［J］. 南方金融，2017（6）：56－64.

［74］钟伟，黄海南，贾林果. 中国货币危机预警实证研究［J］. 武汉金融，2007（5）：9－13.

［75］朱淑珍. 中国外汇储备的投资组合风险与收益分析［J］. 上海金融，2002（7）：26－28.

关于本书还有部分资料因印刷原因未能收录，请读者自行扫码获取，以供研究参考。

请在微信中扫描右边二维码获取资料。

资料目录